주피터 노트북과 파이썬을 이용한 데이터 분석
손에 잡히는 판다스
문용준 지음

# 손에 잡히는 판다스

## 주피터 노트북과 파이썬을 이용한 데이터 분석

**초판 1쇄 발행** | 2018년 11월 30일

**지은이** | 문용준
**펴낸이** | 김범준
**기획** | 서현
**책임편집** | 이동원
**교정교열** | 조서희
**편집디자인** | 김옥자
**표지디자인** | 김민정

**발행처** | 비제이퍼블릭
**출판신고** | 2009년 05월 01일 제300-2009-38호
**주 소** | 서울시 종로구 중학동 19 더케이트윈타워 B동 2층 WeWork 광화문점
**주문 · 문의** | 02-739-0739 **팩스** | 02-6442-0739
**홈페이지** | http://bjpublic.co.kr **이메일** | bjpublic@bjpublic.co.kr

**가격** | 32,000원
**ISBN** | 979-11-86697-72-6

주피터 노트북과 파이썬을 이용한 데이터 분석

# 손에 잡히는 판다스

문용준 지음

BJPUBLIC

# 책을 시작하며

2018년 여름방학에 파이썬 관련 특강을 부탁받았습니다. 학생들에게 단순히 파이썬이 어떤 내용인가를 전달하는 것보다는 앞으로의 데이터 분석을 위해서 판다스를 사용하는 방법을 알려주면 좋겠다고 생각했습니다.

이때만 해도 판다스에 대한 책이 시중에 별로 없었기 때문에, 학생들에게 가르치려면 다양한 예제를 직접 찾아 강의 자료를 일일이 만들어야 했습니다. 판다스에 대한 낯섦 때문인지 강의에 대한 호응도는 높지는 않았지만, 이 강의자료를 기반으로 책으로 집필해보자는 제의를 받았습니다. 그래서 그동안 정리했던 것을 책으로 바꿔보기로 한 것이 이 책을 쓰게 된 이유입니다.

실제 기업에서도 테이블 데이터를 많이 사용합니다. 판다스를 배우고 나면 테이블 데이터를 분석하는 것, 그리고 엑셀로 데이터를 작업하는 것 모두 더 쉽고 편리하게 편리한 기능을 다양하게 적용해볼 수 있으리라 생각합니다.

최근에는 판다스에 관한 번역서가 많이 나왔습니다. 번역서도 물론 저자가 공을 들였음에 틀림없지만, 한국 사람이 직접 이해하고 공부한 내용, 한국의 개발 환경이 반영된 저서도 반드시 필요하며, 그러한 측면에 이 책이 도움이 되길 원합니다.

글쓰기는 정말 어려웠습니다. 다양한 분들이 판다스를 공부하기를 바라는 마음으로 열심히 정리했으니 독자 여러분께 많은 도움이 되었으면 좋겠습니다.

## 감사의 글

이 책의 완성도를 높이는 데 많은 데이터를 크롤링해준 조현웅 님, 내용을 검토하고 콘텐츠의 방향성을 제시해준 조인석 님, 민형기 님, 김창덕 님, 신성진 님과 또한 글을 열심히 읽고 교정해준 큰딸인 경욱에게 고마운 마음 전합니다.

새로운 것에 도전하고 공부할 수 있도록 지원하고 응원해주는 아내와 가족들에게도 감사합니다.

## 누구를 위한 책인가?

엑셀을 많이 사용하시는 분들이 데이터 분석을 하기 위한 용도로 먼저 공부해두면 좋습니다. 또한 데이터를 분석하기 위해서 데이터 전처리 작업을 다양하게 수행하는데, 판다스의 기능을 이용해서 데이터 처리하는 법을 배운다면 다른 데이터를 처리할 때도 이 개념을 쉽게 적용할 수 있습니다. 이 책은 데이터를 분석하려는 모두를 위한 책입니다.

# 이 책의 구성과 개발 환경

## 구성

**1장 :** 데이터를 분석하는 절차나 과정을 간단히 정리하고 판다스를 배울 때 알아야 할 기본 원칙을 소개합니다.

**2장 :** 판다스의 기본 클래스인 시리즈와 데이터 프레임을 알아보고 내부의 데이터를 검색하는 방식, 원소를 갱신하고 삭제하는 처리 방법을 익힙니다. 내부의 값이 문자열일 경우 문자열 처리를 어떻게 하는지도 살펴봅니다.

**3장 :** 데이터 프레임 안의 메소드를 알아보고 연산자와 메소드 처리하는 방식 등을 알아봅니다. 데이터를 처리할 때 중요한 인덱스 레이블 및 누락 값에 대한 처리도 살펴봅니다.

**4장 :** 시리즈와 데이터 프레임 안의 행과 열의 인덱스에 들어가는 레이블의 관리 기준인 Index 클래스들을 알아보고 멀티인덱스를 구성하고 활용하는 방법을 공부합니다.

**5장 :** 시리즈와 데이터 프레임에 대한 정렬과 데이터를 재구조화해서 다른 데이터 프레임 구조로 변형하는 것을 익힙니다.

**6장 :** 데이터를 연결하고 실제 내부의 값을 조건식으로 선택 처리할 때 판다스는 실제 데이터베이스의 SQL 언어 처리와 어떻게 유사하게 처리되는지를 살펴봅니다.

**7장 :** 데이터에 대한 경향성을 알기 위해 통계 메소드 처리를 알아보고 많은 데이터에 대한 샘플링 처리도 배워봅니다.

**8장 :** 판다스가 제공하는 메소드나 함수로 벡터화 연산을 하고 사용자가 정의한 함수를 통해 벡터화 연산을 실행하는 방법을 살핍니다.

**9장 :** 그래프를 그려서 데이터의 경향을 파악할 수 있도록 그래프에 대한 기본 처리를 익힙니다.

**10장 :** 앞에서 배운 기능을 이용하여 다양한 데이터를 가져와서 데이터를 정돈하고  분석하는 실제 사례들을 알아봅니다.

## 예제 실행 환경

운영체제는 윈도우, 메모리 4GB의 일반적인 노트북에 Anaconda를 설치하고 주피터 노트북으로 실행했습니다. 파이썬 버전은 3.65, 판다스는 0.23 버전 기준입니다.

# 저자 소개

## 문용준

은행, SI 기업, 컨설팅 회사 등 20년 넘게 여러 회사를 다녔다. 금융기관 관련 ISP, EA 및 차세대 프로젝트에서 주로 비즈니스나 애플리케이션 아키텍처를 설계했고, 프로젝트에서 데이터 모델링, 객체 모델링, 서비스 모델링과 아키텍트 역할을 했다. 요즘 주 관심 분야는 금융권에 적용하는 핀테크, 빅데이터, 인공지능이며 아마도 평생 파이썬을 하면서 살 것 같다. 저서로는 〈손에 잡히는 파이썬〉이 있다.

# 추천사

이런 스타일의 판다스 책이 출판된다는 것이 다행이라고 생각합니다. 판다스 책은 국내에는 번역서들뿐인데, 대부분 데이터 사이언스의 활용에 맞춰져 판다스 자체를 처음부터 깊이 있게 다루지는 않습니다.

이 책은 판다스의 전체 영역을 방대하게 다루어서 프로젝트의 필요에 의해 판다스를 학습하고자 하는 분들께 큰 도움이 될 것으로 생각합니다. 특히 다양한 상황에서 찾아볼 수 있는 바이블의 역할을 하지 않을까 합니다.

확실한 것은 시리즈와 데이터 프레임부터 병합, 정리, 쿼리, 그리고 통계적 함수와 그래프 처리까지 전 영역을 다룬 책은 국내에서 찾기 어려울 것입니다. 독자들의 성과에 이 책이 도움이 될 것이라고 저는 확신합니다.

**〈파이썬으로 데이터 주무르기〉 저자, 로봇앤모어 수석연구원 민형기**

파이썬에 대해서 누구보다 열정적인, 〈손에 잡히는 파이썬〉을 집필한 저자의 두번째 책입니다. 〈손에 잡히는 파이썬〉이 파이썬의 코어에 집중했다면, 이번 책은 데이터 분석의 필수 라이브러리인 판다스에 대해 다루고 있습니다.

데이터 분석을 하면서 항상 해외 웹사이트나 번역서에 의존해야 했었는데, 판다스에 대한 기초 개념부터 SQL, 통계 및 시각화 등의 내용까지 쉽고 간결한 예제들을 통해 쉽게 익힐 수 있습니다. 이 책은 데이터 분석에 입문하는 초보부터 중급 분석가들까지 분석 실력을 한 단계 높일 수 있는 좋은 무기가 될 것입니다.

**네이버 서치앤클로바 챗봇 개발자 신성진**

본 책은 단순히 판다스의 개념 설명을 넘어서, 왜 판다스가 데이터 분석을 위해 필수적인 라이브러리가 되었는지 설명하고 있습니다. 전체 데이터 분석 프로세스에 대한 개념과 함께, 단계마다 판다스가 어떤 식으로 활용되는지 상당히 꼼꼼하게 설명하고 있습니다. 또한 책 후반부에는 실제 데이터 분석 프로젝트를 어떻게 진행하는지 맛볼 수 있어서, 책의 내용을 본인의 것으로 소화하기 위한 장치들을 제공하고 있습니다.

혹시 이 부분을 먼저 확인하고 싶다면, 마지막 챕터를 먼저 훑어보는 것도 이 책을 음미하기 위한 하나의 방법이라고 생각합니다. 데이터 분석 프로젝트를 수행하다가 어려움을 겪는 곳이 있다면, 그 부분만 따로 찾아봐도 좋습니다. 사전 형태로도 충분히 활용할 수 있는 책입니다.

이 책의 저자는 수십 년간 금융 분야에서 굵직한 프로젝트를 수행해온 베테랑입니다. 그렇기 때문에 실전에서 반드시 알아야 하는 세세한 내용까지 담으려고 노력한 흔적이 가득한 책입니다. 이는 초반에는 쉽게 간과할 수 있지만, 추후에 운영 환경에서 발생할 수 있는 문제의 해결에도 꼭 필요한 것들입니다. 이 부분들을 놓치지 않기 바랍니다. 그리고 판다스 세계에 입문함과 동시에 고급 활용까지 가능한 책이니, 폭넓게 활용될 수 있다고 생각합니다.

한국에 판다스를 폭넓고 깊게 다루는 책이 나와 기쁩니다. 그리고 이 책을 통해 데이터 분석의 묘미를 파이썬과 판다스로 충분히 즐길 수 있는 여러분이 되시길 진심으로 바라겠습니다.

Elastic 시니어 서포트 엔지니어 **조인석**

# 차 례

Chapter

# 데이터 구조에 익숙해지기

데이터를 전처리해서 데이터 분석에 사용하려면 먼저 데이터들을 분석에 필요한 방향으로 정리해야 합니다. 단순히 값만 정리하는 것이 아니라 데이터에 접근할 수 있는 레이블도 명확히 정의해야 합니다.

판다스 모듈은 이런 데이터 분석에 맞는 기능을 지원하는 클래스인 시리즈와 데이터 프레임을 제공하는데, 이를 이용해서 다차원 데이터에 쉽게 접근하고 변경할 수 있습니다.

데이터를 분석하는 과정에서 왜 판다스가 필요한지를 이해하고 세부 기능들을 예제를 통해 익숙해져야 합니다.

이번 장에서는 데이터 분석 과정에 판다스 모듈이 왜 필요한지를 이해하고 판다스의 클래스와 메소드나 함수들이 처리하는 특징을 알아봅니다.

- 데이터 분석 과정의 개념 이해하기
- 판다스 클래스의 데이터 구조
- 시리즈와 데이터 프레임 클래스 안의 속성
- 브로드캐스팅과 벡터화 연산
- 연산한 이후 인스턴스 관리 기준 이해하기
- 시리즈와 데이터 프레임 객체 안의 누락 값 처리하기
- 다차원 배열에 대한 축(axis) 처리하기
- 파일 및 한글 인코딩 처리하기
- 연산 처리에 대한 레이블 및 원소 처리 규칙

# 1.1 데이터 분석 과정 이해하기

판다스(pandas)는 파이썬에서 사용하는 데이터 분석 라이브러리로, 금융 데이터를 분석하기 위해 만들어졌습니다. 주로 금융 데이터는 시계열성 데이터를 많이 다루며 이를 데이터베이스에 넣어 테이블 단위로 관리됩니다. 또한 공공 데이터 등에서 제공하는 데이터들도 주로 엑셀을 기반으로 데이터를 제공합니다. 이렇게 행과 열로 구성된 데이터를 분석하기 위해 데이터를 정비하는 도구로 파이썬에서 제공하는 것이 바로 판다스 모듈입니다.

판다스 모듈을 기반으로 어떻게 데이터를 정비해서 데이터 분석에 사용할 기초 데이터를 만드는지 그 방법을 알아봅니다.

## 1.1.1 판다스 모듈을 이용한 데이터 분석

판다스 모듈을 이용하여 데이터를 분석하면 주로 기술적인 분석(Descriptive analysis)이 가능합니다. 이 분석은 주어진 데이터를 요약하고 집계해서 결과를 도출하는 데 많이 사용되며 데이터에 쉽게 접근할 수 있는 레이블도 제공합니다. 판다스 모듈을 통한 데이터 분석의 특징들을 알아봅니다.

### ■ 데이터 요약 및 집계

특히 영업 정보인 매출액, 인프라 관리 기준인 평균 세션 타임, 리서치 조사인 설문 응답자의 남/녀 비중 등 다양한 용도의 열이 구성되면 이 열을 기준으로 그룹화해 집계도 가능합니다. 또한 여러 데이터 프레임을 통합한 후에 하나의 요약된 정보도 만들 수 있습니다.

### ■ 데이터 분석

비즈니스 관점에서 특히 경영자, 주주 및 여러 이해 관계자들이 가장 눈여겨볼 수 있는 기본 지표를 간단하게 수치로 만들거나 과거의 데이터를 비교한 결과도 쉽게 뽑을 수 있습니다. 또한 집계된 결과를 따로 해석하는 과정을 별도로 거치지 않아도 간단하게 분석 결과를 도출해냅니다.

### ■ 데이터 시각화

처리한 데이터의 결과를 시각화하는 Pie chart, Box plot, Bar plot 등의 그래프도 판다스의 메소드로 지원하므로 실제 데이터를 요약 및 집계 처리하면서 그 내용을 시각화한 결과를 바로 볼 수 있습니다.

### ■ 데이터 분석에 필요한 구조로 구성

데이터 분석을 위한 데이터를 만들기 위해서는 먼저 데이터베이스나 다양한 외부 데이터를 모아서 테이블 구조로 만들어야 합니다. 특히 판다스는 데이터 프레임이라는 클래스로 테이블 구조의 데이터 처리 기능을 지원합니다.

수집된 데이터를 기반하여 관측된 결과를 행으로, 특징을 나타내는 것을 열 단위로 정리해야 합니다. 이런 데이터를 구성하려면 일단 분석하기 좋은 상태로 정리가 되어야 합니다.

데이터 분석 작업에서 대부분의 시간을 데이터 정리에 소요하며, 효율적으로 데이터를 정리하기 위해서는 다양한 방안을 마련해야 합니다. 이때 판다스를 이용하면 데이터를 정리하는 데 효과적입니다.

### ■ 데이터 조회의 편리성

관측된 결과를 행으로, 특징을 열로 구성했는데, 실제 데이터에 쉽게 접근하려면 행과 열에 대한 이름인 레이블을 관리해야 합니다. 판다스의 데이터 프레임은 접근 용이성을 위해 별도의 레이블을 제공하고 관리합니다.

데이터 분석은 주로 변수인 열 단위로 검색해서 처리하지만 행 단위가 필요할 때도 있습니다. 판다스는 열 단위를 기본으로 조회하지만 행 단위를 처리할 수 있는 추가적인 클래스도 제공합니다.

## 1.1.2 판다스를 이용한 데이터 전처리

판다스 모듈의 시리즈와 데이터 프레임 클래스는 데이터 전처리(preprocessing)를 하기 위해 변수를 재지정하거나 실제 값을 변경하는 다양한 함수 및 메소드를 제공합니다.

데이터를 재구조화할 기능 등을 제공하므로 열의 정보를 특징으로 변환해서 변수로 변경하는 기준을 제공합니다. 우선 변수들의 개념을 이해하고 판다스 내부의 함수와 메소드를 실행해서 열의 정보를 변수화해야 합니다. 데이터를 정보로 변환해서 변수로 확정하는 기준을 알아봅니다.

### ■ 변수의 유형

판다스의 데이터 프레임에서 열로 들어온 정보들을 확인해서 하나의 변수로 지정할 수도 있습니다. 데이터 프레임은 하나의 사료형만을 가지므로 데이터 분석에 필요한 변수를 구성하는 기본 조건을 만족합니다.

데이터 분석에서의 변수를 분류하는 방법에는 가장 기본적으로는 수치형(정수, 실수), 텍스트형(문자형, 범주형)이 있습니다. 다시 수치형 안에는 연속형(주어진 범위의 실수), 정수형(정수값)을 구분하고 텍스트형에서는 일반 텍스트와 일정 범위를 가진 범주형으로 나뉩니다.

이런 모든 변수들의 유형을 데이터 프레임에서 지원하고 있어 유형을 직접 만들기 편리합니다.

### ■ 범주형 변수 처리

판다스에는 범주형 데이터 자료형을 제공합니다. 일반적인 텍스트형의 자료를 확인해서 텍스트의 값들이 규칙적으로 작은 범주를 이루면 이를 범주형 변수를 만들어서 관리합니다.

### ■ 변수 선정

데이터 프레임에 들어온 다양한 열들이 모두 변수일 수는 없습니다. 열이 많을수록 다변수로 사용되는 것도 아닙니다. 이중에 필요한 것이 변수로 선정됩니다.

판다스는 다른 조건이 같을 때 모형에 바람직한 특징대로 간명성(parsimory) 또는 간결성(compactness)을 유지할 수 있는 다양한 메소드들을 제공해서 열을 통합하여 하나의 변수로 만들어줍니다.

### ■ 누락 값 보정 및 변경

데이터 프레임의 행의 값들을 확인하면 실제 값들이 들어오지 않습니다. 이를 누락 값(missing value)이라 합니다. 이런 누락 값을 삭제하거나 변경할 수 있는 기능을 제공해서 처리할 수 있습니다.

모든 누락 값을 삭제하는 것이 데이터 분석하는 데 중요하지 않으면 일부는 누락 값을 보정하거나 특정 값으로 변경을 처리해야 관측 값을 버리지 않고 데이터 분석에 사용 가능합니다.

### ■ 데이터 접근 레이블 지정

행과 열의 정보를 정리하고 나서 실제 변수와 관측 결과에 대한 명확한 이름도 중요합니다. 데이터 분석자와 데이터 사용자 간의 정보에 대한 기준을 같은 개념으로 정의해야 합니다. 행과 열의 레이블을 지정해서 반드시 개념을 확립해야 실제 행과 열의 정보를 접근해서 조회할 때의 명확한 기준을 정의할 수 있습니다.

### 1.1.3 판다스를 이용한 데이터 시각화

판다스도 데이터 전처리 및 분석 기능 등을 지원하면서도 데이터의 처리 결과 및 특성을 그래프로 볼 수 있는 시각화 기능도 지원합니다.

데이터 시각화에서는 단순하게 데이터들의 미적 형태를 확인할 수 있으며 데이터의 추세 및 빈도 등을 볼 수 있는 기능도 제공합니다. 이를 이용해서 데이터의 특성을 포함합니다.

ETRI에서 제공하는 시각화 절차의 단계 분류 기준을 통해서 왜 데이터의 시각화가 필요한지를 이해해봅시다.

**■ 정보 조직화 단계**

이 단계는 데이터가 제대로 정비되었는지의 여부를 데이터 과학자와 실제 사용자 각자의 기준으로 정보를 인지할 때 필요합니다.

대량의 데이터를 가지고 비교 분석을 하려면 데이터의 구성된 값만으로는 실제 데이터의 구성을 명확히 알 수 없습니다. 정보 조직화 단계에서는 대량의 데이터에서 필요한 데이터를 분류하고 정렬합니다. 이 과정으로 데이터를 재구성하고 조직화하며 실제 사용할 수 있는 데이터로 확정짓는데, 이러한 정보 조직화 단계에서 시각화는 매우 중요합니다.

**■ 정보 시각화 단계**

낱개로 흩어진 여러 데이터를 하나로 통합해서 데이터 분석을 하기 위한 데이터로 변환하려면 실제 사용자의 요구사항을 명확히 알아야 합니다. 사용자들이 아는 정보를 분석된 데이터에 반영하려면, 일반적인 데이터가 아닌 가공된 정보를 가지고 이를 비교할 수 있어야 합니다.

뿐만 아니라, 보다 효율적으로 정보를 전달하려면 인간 감성과 인지 능력을 최대한 이용한 정보 시각화가 필요합니다.

**■ 상호작용 단계**

데이터를 전처리한 결과가 사용자와 데이터 분석자 간의 상호의 필요한 정보라는 것을 확정하는 단계입니다. 향후 이 데이터가 추가적인 분석을 위한 데이터로 활용되려면 정보를 구성한 경험을 기반하여 다양한 시각화 디자인이 필요합니다.

단순한 데이터 측면이 아닌 활용을 위한 정보로서 사용할 때도 시각화 과정이 반드시 필요합니다. 실제 사용 가치를 극대화할 수 있는 하나의 기술로서의 특성도 고려한다면, 정보에 대한 상호작용 단계를 확장시키는 데 시각화를 이용하는 것이 상당히 중요합니다.

## 1.2 판다스를 사용하는 이유 – 클래스

우리가 사용하는 많은 데이터들은 스프레드 시트와 데이터베이스의 테이블처럼 평면에 행과 열로 구조화된 데이터들입니다. 이런 구조에 쉽게 접근해 데이터 조작을 쉽게 할 수 있도록 만든 것이 판다스입니다.

판다스는 넘파이(numpy) 모듈을 기반으로 만들었기 때문에 넘파이에서 제공하는 연산을 그대로 제공합니다. 다만 행과 열에 레이블을 붙여 내부 원소들의 접근을 빠르게 만들었다는 것이 넘파이와의 차이점입니다. 이번 절에서는 이러한 편리성에 대해 알아봅니다.

### 1.2.1 데이터 연산의 편리성

판다스의 시리즈나 데이터 프레임은 행과 열의 이름으로 접근할 수 있어 내부 데이터에 빠르게 접근 가능합니다. 판다스에서 클래스를 만들 때에 넘파이의 배열인 ndarray를 이용합니다. 그런 이유로 판다스의 내부 구조는 넘파이 모듈을 처리할 때와 일관성을 유지합니다.

#### ■ 연산자와 메소드 처리

파이썬 문법에서는 연산자(operator)를 제공하면서도 내부 엔진에서 연산자가 스페셜 메소드로 변환하여 처리합니다. 판다스 모듈도 마찬가지로 연산자 처리가 파이썬 기본과 똑같이 구성되어 있습니다. 차이점 있다면 연산자별로 별도의 메소드를 제공해서 내부적으로 연산을 확장했다는 것입니다.

#### [예제 1-1] 연산자와 메소드 이해하기

이 책에서 처리하는 판다스 모듈의 버전을 알아보겠습니다. 판다스를 임포트하고 관행적으로 사용하는 이름인 별칭(alias)으로 pd를 지정했습니다. 별칭이 지정되었으므로 판다스 모듈 안에서 제공하는 모든 것은 pd 이름으로 접근할 수 있습니다. pd. __version__ 속성에 접근하면 문자열로 현재 버전을 보여줍니다.

```
In :  import pandas as pd
```

```
In :  pd.__version__
```

```
Out:  '0.23.4'
```

이 책의 모든 예제는 주피터 노트북(Jupyter Notebook)으로 작성했습니다. 주피터 노트북에서는 하나의 셀에 파이썬 코드를 넣고 실행하고 이때 반환 값이 있으면 바로 밑에 출력 값이 표시됩니다.

판다스 모듈을 배우지는 않았지만 원리를 이해하기 위해 시리즈를 만들어보겠습니다.

시리즈는 1차원 벡터이므로 파이썬 리스트를 넣으면 생성됩니다. 파이썬 리스트와 달리 시리즈에는 단일 자료형만 들어갑니다. 또한 명시적인 레이블을 붙여서 인덱스를 사용할 수도 있기도 하며, 파이썬 리스트의 인덱스처럼 암묵적인 숫자 타입의 인덱스도 실행이 됩니다.

시리즈를 만들어서 변수 ser에 할당된 것을 셀에 넣고 실행하면 시리즈 객체의 레이블과 값들이 표시됩니다. 이 경우에는 단일 자료형인 dtype=int64로 처리된 것을 보여줍니다.

자료형을 명기하지 않을 때는 내부적으로 원소 값을 보고 추론해 가장 적절한 자료형을 선택합니다.

```
In :  ser = pd.Series([1,2,3])
```

```
In :  ser
```

```
Out:  0    1
      1    2
      2    3
      dtype: int64
```

위와 같은 시리즈 객체를 덧셈 연산자(operator)로 실행해보겠습니다. 실행하면, 계산된 결과는 다른 시리즈의 객체로 반환되는 것을 알 수 있습니다. 기존 시리즈의 값을 변경하지 않고 새로운 객체를 만들어서 반환하는 것이 판다스 모듈의 기본 원칙입니다.

수학 연산자와 똑같은 .add 메소드를 판다스에서 추가로 제공하는 이유는 다양한 처리가 필요할 때 매개변수를 넣어서 처리 가능하기 때문입니다.

In :
```
ser + ser
```

Out:
```
0    2
1    4
2    6
dtype: int64
```

In :
```
ser.add(ser)
```

Out:
```
0    2
1    4
2    6
dtype: int64
```

### ■ 검색과 슬라이싱 처리 편리성

파이썬에서 여러 원소를 갖는 Sequence 자료형은 숫자나 키 값(주로 문자열)을 가지고 검색을 합니다. 그리고 특정 부분을 검색(indexing)해서 조회하려면 슬라이싱을 사용합니다.

판다스는 행과 열에 별도의 이름인 레이블을 추가할 수 있으며 이를 이용해 검색과 슬라이싱을 할 수 있습니다.

또한 판다스는 행과 열에 대한 다양한 접근 방식뿐만 아니라 내부의 원소 및 부분집합을 만들 수 있는 구조도 제공합니다.

### [예제 1-2] 검색과 슬라이싱 편리성 이해하기

시리즈를 데이터 프레임의 생성자에 넣어서 데이터 프레임 객체를 하나 만들고 변수에 할당합니다.

일단 데이터 프레임 객체를 만들기 위해 행과 열의 레이블을 따로 지정하지 않았지만 변수를 실행해보면 행의 인덱스 레이블이 있고 열의 레이블 이름도 있는 것을 볼 수 있습니다. 이렇게 레이블에 이름을 지정하지 않으면 행과 열의 레이블이 정수형으로 지정됩니다.

In :
```
ser = pd.Series([1,2,3])
```

```
In : df = pd.DataFrame(ser)
```

```
In : df
```

Out:

| | 0 |
|---|---|
| **0** | 1 |
| **1** | 2 |
| **2** | 3 |

데이터 프레임의 열의 레이블이 0이므로 이 이름으로 조회하면 데이터 프레임은 2차원이므로 이보다 차원이 낮은 1차원의 시리즈가 조회되는 것을 알 수 있습니다.

데이터 프레임에서 인덱스 검색 조회의 기준은 항상 열입니다. 슬라이싱은 행을 기준으로 하므로 사용할 때 혼란을 야기할 수 있습니다. 따라서 검색 기준을 명확히 이해해야 합니다.

대량의 데이터 분석을 할 때에는 변수, 즉 열 단위 계산이 많습니다. 이런 경우 각 변수 단위의 처리를 위해 데이터 프레임의 인덱스 검색 기준은 열을 검색하는 것입니다.

데이터 프레임의 조회된 결과를 보면 name 속성이 0인 것을 알 수 있습니다.

```
In : df[0]
```

```
Out: 0    1
     1    2
     2    3
     Name: 0, dtype: int64
```

데이터 프레임 객체에서 행을 기준으로 내부의 데이터를 검색하려면 어떻게 해야 할까요? 이를 위해 별도의 속성인 인덱서(Indexer)를 제공해고 인덱스 검색과 슬라이싱을 통해 행 즉, 관측 값들을 조회할 수 있는 기능도 제공합니다.

일단 iloc 인덱서를 이용해 0을 조회하면 행 기준이므로 행의 암묵적 인덱스를 기준으로 읽습니다. 실제 데이터 프레임의 행의 레이블은 순서와 상관없이 생성해도 되므로 실제 레이블을 검색하는 .loc 속성과 암묵적인 인덱스로 검색하는 .iloc 두 가지를 제공합니다.

행 단위로 검색해도 2차원인 데이터 프레임이 하나의 차원으로 축소된 1차원의 시리즈가 만들어진 것을 알 수 있습니다.

In :
```
df.iloc[0]
```

Out:
```
0    1
Name: 0, dtype: int64
```

더 차원을 축소해서 데이터를 검색하려면 이번에는 .iloc 인덱서(Indexer)의 행과 열에 정수 0 두 개를 넣어서 행의 레이블과 열의 레이블을 지정합니다. 그러면 .iloc 인덱서는 최하위 원소를 검색해서 결과를 보여줍니다.

In :
```
df.iloc[0,0]
```

Out:
```
1
```

파이썬 리스트를 검색하듯이 인덱싱 연산자(operator)를 연속적으로 호출해도 가장 하위의 원소를 검색할 수 있지만, 행과 열을 한꺼번에 표시해서 처리하는 것이 더 편합니다.

In :
```
df[0]
```

Out:
```
0    1
1    2
2    3
Name: 0, dtype: int64
```

In :
```
df[0][0]
```

Out:
```
1
```

## 1.2.2 데이터 구조의 편리성

파이썬에서 객체 지향을 사용하는 이유는 클래스를 생성할 때 내부의 속성을 다양한 클래스들의 객체들과 결합해서 사용할 수 있기 때문입니다.

판다스의 시리즈나 데이터 프레임 클래스도 다양한 속성이 있고 다양한 클래스의 객체를 이용한 구조로 이루어져 있습니다. 실제 이 속성을 이용해 직접 접근도 가능하고, 다른 메소드를 사용해서 내부적으로 접근을 하여 원하는 형태로 결과물을 출력하는 것도 가능합니다. 이번 절에서는 어떤 속성들이 있는지 간략히 알아봅니다.

### ■ 행과 열에 대한 인덱스 정보 관리

판다스의 클래스에 대한 내부 정보에 접근할 수 있는 인덱스는 별도의 클래스입니다. 이 인덱스는 내부 정보를 별도로 관리하면서 정보를 연결해 특정 원소 값과 부분 집합을 처리할 수 있는 구조를 구성합니다. 데이터 처리는 넘파이의 클래스로 처리하므로 넘파이 모듈과의 연계성을 그대로 유지합니다.

### [예제 1-3] 인스턴스를 관리하는 속성 이해하기

하나의 데이터 프레임을 만들 때에는 행(index)과 열(columns) 등 기본으로 3개의 매개변수가 있고 이를 전부 인자로 전달합니다.

데이터 프레임의 생성 결과를 확인하면 행의 레이블과 열의 레이블이 지정되고, 내부 데이터 원소들의 값이 data로 전달된 값에 들어간 것을 볼 수 있습니다.

In :
```
df = pd.DataFrame(data=[[0,1,2],[3,4,5]], index=list('ab'),
                  columns=list('cde'))
```

In :
```
df
```

Out:

| | c | d | e |
|---|---|---|---|
| **a** | 0 | 1 | 2 |
| **b** | 3 | 4 | 5 |

생성된 데이터 프레임을 조회하면 2행 3열의 정보를 가진 것을 단순히 관찰하는 것도 좋지만, 내부적으로 데이터가 어떻게 관리되는지도 알아보도록 하겠습니다.

우선 행과 열의 레이블 정보를 관리하는 속성인 index, columns가 어떤 클래스로 만들어져 있는지를 확인합니다. 그리고 내부 데이터(values)를 관리하는 속성의 자료형을 확인합니다.

레이블을 관리하는 속성은 index 클래스의 인스턴스이고 데이터를 관리하는 속성은 numpy의 ndarray라는 것을 알 수 있습니다.

```
In :  type(df.index)
Out:  pandas.core.indexes.base.Index
```

```
In :  type(df.columns)
Out:  pandas.core.indexes.base.Index
```

```
In :  type(df.values)
Out:  numpy.ndarray
```

데이터 프레임에서 행과 축을 기반으로 데이터에 접근하기 위한 속성인 인덱서(indexer)도 어떤 클래스로 만들었는지 확인해볼까요?

인덱서(Indexer) .loc, .iloc 속성의 자료형을 type 클래스로 확인하면 두 개의 다른 클래스가 나오는 것을 볼 수 있습니다.

type 클래스는 데이터 프레임 등 판다스 클래스의 속성을 다양한 클래스로 내부의 정보를 사람들이 사용하기 편하게 보여줄 수 있는 기능을 제공해줍니다.

```
In :  type(df.iloc)
Out:  pandas.core.indexing._iLocIndexer
```

```
In :  type(df.loc)
Out:  pandas.core.indexing._LocIndexer
```

## 1.2.3 인스턴스 관리 기준

판다스 모듈은 파이썬에서 클래스로 인스턴스를 만드는 것과 같습니다. 그러나 실제 연산을 처리할 때는 파이썬과 달리 내부의 원소를 갱신하는 것이 아니라 새로운 인스턴스를 만듭니다.

필요한 경우에는 기존 인스턴스 내부를 갱신하기 위해 메소드 내부의 인스턴스에 지정해서 처리해야 합니다. 판다스에 이런 기준이 있는 이유는 대용량 처리를 하기 위해서는 기존 인스턴스 내부를 갱신하기보다 새롭게 만들어서 처리하는 것이 더 빠르기 때문입니다.

또한 하나의 인스턴스를 다른 변수에 할당을 할 경우에도 기존 인스턴스의 레퍼런스를 공유해 처리하는 구조입니다. 이를 별칭(alias)이라 하고, 실제 새로운 사본을 만들고자 한다면 copy 메소드를 사용해 다른 인스턴스를 생성하라는 것을 명확히 표시해야 합니다.

### ■ 변수를 할당할 경우 항상 별칭으로 사용

데이터 프레임을 하나 만들고 변수에 할당하여 그 내부의 값을 변경하면 원본에 있는 데이터를 갱신합니다. 따라서 사본을 만들어서 사용하지 않으면 항상 원본도 같이 수정되므로 조심해야 합니다.

### [예제 1-4] 데이터 프레임을 만들어 변수에 할당하기

하나의 데이터 프레임을 만들 때 3행 3열인 총 9개 원소를 가지고 각 열의 이름을 a, b, c로 지정해 생성한 뒤 변수 df에 할당합니다.

이를 다른 변수 df_a에 재할당하면 어떻게 변하는지를 알아봅니다.

```
In : df = pd.DataFrame([[1,2,3],[4,5,6],[7,8,9]],
                       columns=list('abc'))
```

```
In : df_a = df
```

새롭게 할당된 변수 df_a를 이용해 선택 연산자([ ])에 100이라는 값을 할당해서 갱신했습니다. 실제 인덱스 연산자를 왼쪽에 넣고 할당 연산자 다음에 값을 넣어 데이터 프레임의 내부의 값을 변경합니다.

이 변수 df_a를 확인하면 열 a 내의 원소들이 전부 100으로 바뀐 것을 볼 수 있습니다.

```
In : df_a['a'] = 100
```

```
In : df_a
```

Out:

| | a | b | c |
|---|---|---|---|
| **0** | 100 | 2 | 3 |
| **1** | 100 | 5 | 6 |
| **2** | 100 | 8 | 9 |

그리고 나서 처음에 만든 df 변수에 할당된 데이터 프레임을 확인해보면 열 a의 값이 변수 df_a 안의 a열의 값과 똑같이 변경된 것을 알 수 있습니다.

```
In : df
```

Out:

| | a | b | c |
|---|---|---|---|
| **0** | 100 | 2 | 3 |
| **1** | 100 | 5 | 6 |
| **2** | 100 | 8 | 9 |

왜 두 개의 변수에 저장된 데이터 프레임 객체가 똑같이 바뀌는 걸까요? 두 개의 데이터 프레임의 레퍼런스가 어떻게 동일하게 처리되는 것일까요?

두 개의 변수에 실제 값을 관리하는 속성인 values 안의 base 속성을 확인해보면 두 개의 레퍼런스가 같음을 알 수 있습니다.

'할당'은 단순히 새로운 사본을 만드는 것이 아니라 원본을 동일하게 참조하는 것이므로, 하나의 값을 수정하면 똑같이 변경되는 것을 알 수 있습니다.

```
In : id(df),id(df_a)
Out: (2237706011816, 2237706011816)
In : df.values.base is df_a.values.base
Out: True
```

### ■ 연산된 결과는 항상 새로운 인스턴스로 생성

위에서 선택 연산자를 사용한 경우에는 기존 객체의 값을 바꿨지만, 다른 연산자나 메소드 등은 대부분 연산을 수행할 때는 기존 원본은 변경하지 않고 새로운 사본을 만듭니다.

연산된 결과는 대부분 같은 차원의 구조를 반환하지만, 가끔 차원이 축소된 결과를 반환하기도 합니다.

### [예제 1-5] 연산을 수행할 경우 새로운 인스턴스 생성하기

앞에 생성된 df_a 변수에 있는 데이터 프레임을 가지고 특정 값 99를 덧셈으로 연산하여 다른 변수 df_b에 할당했습니다. df_b를 빈 셀에 넣고 실행하면 실제 값이 변경된 것을 알 수 있습니다.

In :
```
df_b = df + 99
```

In :
```
df_b
```

Out:

| | a | b | c |
|---|---|---|---|
| **0** | 199 | 101 | 102 |
| **1** | 199 | 104 | 105 |
| **2** | 199 | 107 | 108 |

변수 df_b와 df의 values 속성 안 base를 비교하면 False로 나옵니다. 이러한 이유는 덧셈 연산 등 대부분 판다스에서 제공하는 연산은 새로운 사본을 만들어 결과를 제공하므로, 변수에 할당하면 새로운 객체가 저장되기 때문입니다.

몇 가지 예외가 있지만, 주로 인덱스 연산자를 통한 할당은 기존 객체에 값을 변경하거나 열을 추가하는 것으로 이루어집니다.

실제 df 변수의 값을 확인하면 연산 결과와 상관 없이 원래 원소들이 그대로 유지된 것을 볼 수 있습니다.

In :
```
id(df_b), id(df)
```

Out: (2237701314600, 2237706011816)

In :
```
df_b.values.base is df.values.base
```

Out: False

In :
```
df
```

Out:

| | a | b | c |
|---|---|---|---|
| **0** | 100 | 2 | 3 |

```
1  100  5  6
2  100  8  9
```

이번에는 시리즈를 만들어서 데이터 프레임과 똑같이 처리되는지를 확인해보겠습니다. 먼저 넘파이 모듈을 임포트하고 시리즈의 data를 arange 함수로 4개의 원소를 만듭니다. index 매개변수에 a, b, c, d 4개의 이름을 부여해 원소를 생성합니다.

새로운 s2 변수에 시리즈가 할당된 s1을 할당한 후에 두 개의 레퍼런스를 확인하면 두 개의 변수에 저장된 변수의 레퍼런스가 같은 것을 알 수 있습니다.

```
In :  import numpy as np

In :  s1 = pd.Series(index=list('abcd'), data=np.arange(4))

In :  s2 = s1

In :  s1 is s2

Out:  True
```

다른 변수 s3에 s1 내부의 .copy 메소드를 이용해 할당한 후에 변수에 저장된 시리즈의 레퍼런스를 비교하면 두 개의 레퍼런스가 다른 것을 알 수 있습니다.

```
In :  s3 = s1.copy()

In :  s1 is s3

Out:  False
```

## 1.2.4 인덱스 검색과 슬라이싱 처리

파이썬 인덱스 검색과 슬라이싱은 대괄호([ ]) 연산으로 처리합니다. 판다스 모듈에는 파이썬이 제공하는 것 이외에 마스킹(masking) 검색, 팬시(fancy) 검색 등이 추가되었습니다. 또한 속성인 인덱서(indexer)라는 개념도 추가되어 행 중심으로 검색하는 기능도 지원합니다. 어떤 경우라도 대괄호([ ]) 연산을 이용하려면 실제 __getitem__ 스페셜 메소드가 구현되어 있어야 합니다.

### ■ 인덱싱 연산 기본 이해

판다스의 클래스인 시리즈나 데이터 프레임 안에는 어떻게 스페셜 메소드인 __getitem__이 만들어져 있는지 알아보고, 이를 실행하여 어떻게 작동하는지도 알아봅니다.

### [예제 1-6] __getitem__ 이해하기

판다스 모듈 안의 주요 클래스에 __getitem__ 스페셜 메소드가 정의되어 있는지를 확인해보면, 하나의 함수로 구현되어 있다고 나옵니다.

판다스에서는 파이썬처럼 클래스의 인스턴스 메소드가 함수로 유지되는 것을 알 수 있습니다. 그리고 실제 인스턴스 개체와 메소드가 바인딩되면 메소드로 실행되는 것도 볼 수 있습니다.

```
In :  pd.Series.__getitem__

Out:  <function pandas.core.series.Series.__getitem__(self, key)>

In :  pd.DataFrame.__getitem__

Out:  <function pandas.core.frame.DataFrame.__getitem__(self, key)>

In :  pd.Index.__getitem__

Out:  <function pandas.core.indexes.base.Index.__getitem__(self, key)>

In :  pd.MultiIndex.__getitem__

Out:  <function pandas.core.indexes.multi.MultiIndex.__getitem__(self, key)>
```

이번에는 데이터 프레임을 하나 만들고 그 내부에 있는 인덱서 속성 안에서 실제 인덱싱과 슬라이싱 처리를 위한 __getitem__ 스페셜 메소드가 있는지를 확인해봅니다.

클래스에서 조회했을 때는 함수였지만 인스턴스에서 조회하면 메소드로 표시되는 이유는 이번에는 인스턴스 메소드로 전환이 되었기 때문입니다.

```
In :  df = pd.DataFrame([[1,2,3,4],[5,6,7,8]],index=['a','b'],
                        columns=['가','나','다','라'])
```

In :
```
df.loc.__getitem__
```

Out:
```
<bound method _LocationIndexer.__getitem__ of <pandas.core.indexing._
LocIndexer object at 0x0000020901ACB278>>
```

In :
```
df.iloc.__getitem__
```

Out:
```
<bound method _LocationIndexer.__getitem__ of <pandas.core.indexing._
iLocIndexer object at 0x0000020901ACB818>>
```

데이터 프레임을 만들고 인덱스를 검색하면 파이썬은 행 단위 처리를 기준으로 하지만 판다스의 데이터 프레임은 열 단위를 기준으로 처리하는 것을 볼 수 있습니다.

실제 스페셜 메소드에 직접 인자를 넣고 처리해도 잘 실행된다면 연산자를 이용해서 실행하거나 스페셜 메소드(special method)를 직접 실행해도 같은 결과가 나오는 것을 알 수 있습니다. 실제 연산자는 모두 스페셜 메소드를 변환해서 작동되는 것임을 알 수 있습니다.

In :
```
df
```

Out:

| | 가 | 나 | 다 | 라 |
|---|---|---|---|---|
| **a** | 1 | 2 | 3 | 4 |
| **b** | 5 | 6 | 7 | 8 |

In :
```
df['나']
```

Out:
```
a    2
b    6
Name: 나, dtype: int64
```

In :
```
df.__getitem__('나')
```

Out:
```
a    2
b    6
Name: 나, dtype: int64
```

데이터 프레임의 한 열을 다른 변수에 저장하면 하나의 시리즈가 만들어지는 것을 알 수 있습니다. 이 시리즈의 인덱스 검색 연산자와 스페셜 메소드를 가지고 처리하는 결과가 같음을 알 수 있습니다.

In :
```
ser = df['나']
```

In :
```
ser
```

Out:
```
a    2
b    6
Name: 나, dtype: int64
```

In :
```
ser['a']
```

Out:
```
2
```

In :
```
ser.__getitem__('a')
```

Out:
```
2
```

파이썬에서는 하나의 키 값이 인덱스 번호를 기반으로 합니다. 반면에 판다스는 시리즈와 데이터 프레임의 레이블 이름으로 인덱스 검색이 가능합니다. 실제 논리식이 계산된 결과인 시리즈나 데이터 프레임을 가지고 인덱스 검색에서 사용하는 것도 가능합니다.

특정 원소들의 값이 True일 때는 가져오지만 False일 때는 가져오지 않고 없는 값으로 처리하기 위해 NaN으로 처리되면 정수 자료형도 실수 자료형으로 자동으로 변환이 되는 것을 알 수 있습니다.

자세한 사항은 인덱스 검색과 슬라이싱을 처리하는 장에서 설명하겠습니다.

In :
```
ser.__getitem__(ser > 3)
```

Out:
```
b    6
Name: 나, dtype: int64
```

In :
```
df.__getitem__(df > 3)
```

Out:

| | 가 | 나 | 다 | 라 |
|---|---|---|---|---|
| **a** | NaN | NaN | NaN | 4 |
| **b** | 5.0 | 6.0 | 7.0 | 8 |

# 1.3. 판다스를 사용하는 이유 - 메소드나 함수

판다스는 다양한 함수와 메소드를 제공합니다. 대량의 데이터를 처리하기 위해 순환문(loop) 없이 처리하는 기준을 수용했기에 모양이나 차원이 다른 경우는 먼저 브로드캐스팅(broadcasting)을 해서 모양을 맞춘 후에 내부의 원소를 계산합니다. 또한 없는 데이터가 발생하더라도 내부적으로 예외를 발생시키지 않고 데이터를 처리하면 차원별로도 계산이 가능합니다.

판다스에서는 다양한 파일을 읽어와 데이터 프레임을 만들 수도 있지만 한글 등 문자열 데이터에 대한 변환인 인코딩도 필요합니다. 어떻게 변환하는지 간단히 알아봅니다.

## 1.3.1 브로드캐스팅 및 벡터화 연산

판다스에 있는 시리즈나 데이터 프레임은 여러 원소를 가진 다차원 데이터이므로 이 원소를 순환문(loop)을 이용해 처리하기보다 내부적으로 각 원소별로 처리하는 것이 더 편리합니다.

여러 원소를 가진 시리즈나 데이터 프레임의 원소의 개수를 맞추는 것을 브로드캐스팅(broadcasting)이라고 하고 이를 한 번에 연산 처리하는 것을 벡터화 연산(vectorizing)이라고 합니다.

**■ 브로드캐스팅과 벡터화 연산**

시리즈나 데이터 프레임은 여러 차원으로 구성된 데이터이므로 이를 계산할 경우 각 원소들의 개수를 차원 단위로 맞추어야 합니다.

이를 자동으로 맞춘 후에 연산을 처리하므로 실제 차원이 다르다면 차원을 맞추는 일을 먼저 수행한 후에 연산을 처리합니다.

각 원소별로 계산할 때 브로드캐스팅 후에 순환을 수동으로 처리하지 않고 자동으로 처리되는 벡터화 연산을 수행해 모든 원소를 계산하도록 처리합니다.

**[예제 1-7] 브로드캐스팅과 벡터화 처리하기**

데이터 프레임을 만들 때 내부의 원소가 9개입니다. 이 차원을 3행과 3열로 구성하겠습니다. 열의 레이블 이름을 문자열로 주고 이를 list로 생성하면 각 열의 이름이 a, b, c로 구성되는 것을 알 수 있습니다. 행의 레이블은 지정하지 않았으므로 내부적으로 일련의 숫자로 처리되는 것을 볼 수 있습니다.

```
In : df = pd.DataFrame([[1,2,3],[4,5,6],[7,8,9]],
                       columns=list('abc'))
```

```
In : df
```

Out:

| | a | b | c |
|---|---|---|---|
| **0** | 1 | 2 | 3 |
| **1** | 4 | 5 | 6 |
| **2** | 7 | 8 | 9 |

같은 값으로 9개의 원소를 가진 것을 3개씩 3개의 행(3×3)을 가지는 리스트로 넣고 열의 이름을 columns에 넣어서 데이터 프레임을 만든 뒤 df1이라는 변수에 할당했습니다.

```
In : df1 = pd.DataFrame([[3,3,3],[3,3,3],[3,3,3]],
                        columns=list('abc'))
```

```
In : df1
```

Out:

| | a | b | c |
|---|---|---|---|
| **0** | 3 | 3 | 3 |
| **1** | 3 | 3 | 3 |
| **2** | 3 | 3 | 3 |

변수 df에 할당된 데이터 프레임에 상수 값 3을 더하면 실제 상수 3이 3행 3열의 데이터 프레임으로 바뀌는 브로드캐스팅 처리가 되고 + 연산자로 각 원소별로 계산이 됩니다. 기존 데이터 프레임의 각 원소에 3씩 증가된 것을 볼 수 있습니다.

```
In : df + 3
```

Out:

| | a | b | c |
|---|---|---|---|
| **0** | 4 | 5 | 6 |
| **1** | 7 | 8 | 9 |
| **2** | 10 | 11 | 12 |

두 개의 변수 df, df1 데이터 프레임에 + 연산자로 더했을 경우 위의 결과와 같은 것을 알 수 있습니다.

이 연산을 확인하면 실제 순환문(loop)이 없이 내부적으로 9개의 원소들끼리의 덧셈 연산이 처리되었는데, 이런 처리를 벡터화 연산이라고 합니다.

In :
```
df + df1
```

Out:

| | a | b | c |
|---|---|---|---|
| 0 | 4 | 5 | 6 |
| 1 | 7 | 8 | 9 |
| 2 | 10 | 11 | 12 |

파이썬의 덧셈 연산은 내부적인 __add__ 스페셜 메소드로 제공합니다. 이 연산자 내부의 함수를 __func__에 확인하면 실제 함수가 들어 있는 것을 알 수 있습니다.

파이썬은 내부적으로 method라는 클래스가 만드는 메소드가 있고 그 메소드 내부에는 실제 수행하는 함수가 존재합니다.

In :
```
type(df.__add__)
```

Out:
```
method
```

In :
```
type(df.__add__.__func__)
```

Out:
```
function
```

판다스에서는 데이터 프레임 안의 연산자 말고도 add라는 메소드도 별도로 제공합니다. 이 add라는 메소드는 스페셜 메소드와 동일하게 method 클래스에 만들어진 것을 알 수 있습니다. 메소드 내부에 __func__을 보면 함수가 저장되었습니다.

판다스에서 스페셜 메소드와 메소드를 이중으로 제공하는 이유는 실제 연산자 연산 말고 다양한 매개변수를 메소드에 넣어 기능을 확장 처리할 수 있도록 하기 때문입니다.

In :
```
type(df.add)
```

Out:
```
method
```

In :
```
type(df.add.__func__)
```

Out:
```
function
```

스페셜 메소드와 메소드 안의 함수가 같은지를 비교해보면 서로 다른 함수가 저장된 것을 알 수 있습니다. 실제 매개변수 차이로 두 개의 함수가 별도로 만들어져 __func__에 할당하고 처리하게 됩니다.

```
In : df.__add__.__func__ is df.add.__func__
Out: False
```

## 1.3.2 누락 값을 포함한 데이터 처리

판다스 클래스들의 특징은 실제 원소의 값이 들어가 있지 않아도 예외가 없이 처리됩니다는 것입니다. 판다스 모듈에 있는 대부분의 클래스는 대용량 데이터를 처리할 때 누락 값(missing)이 있어도 예외를 발생시키지 않고 처리합니다.

먼저 판다스의 주요한 클래스인 시리즈나 데이터 프레임을 사용해 누락 값을 어떻게 처리하는지 알아봅니다.

판다스에서 데이터 없음, 즉 누락 값을 표시하는 방법으로는 NaN을 사용합니다. 이 NaN값은 일반적으로 넘파이 모듈에서 np.nan을 의미합니다.

누락 값 연산을 처리할 때 수학 메소드들은 실제 값들이 있을 때만 계산을 수행하고 아닌 경우를 NaN으로 처리합니다. NaN값은 논리식으로 비교하면 항상 False처리가 됩니다.

### ■ 누락 값 처리

넘파이 모듈의 nan(not a number)를 이용해 시리즈나 데이터 프레임을 만들어 처리하면서 누락 값 처리의 간단한 원리를 알아봅니다.

### [예제 1-8] 누락 값을 가진 인스턴스 생성하기

데이터 프레임 생성자를 이용해서 인스턴스를 만들 때 두 개의 원소는 정수를 넣고 나머지 원소는 누락 값인 np.nan을 처리해 생성합니다.

누락 값인 NaN은 판다스에서는 float로 지정해서 관리하므로 생성된 자료의 데이터 자료형도 float64가 됩니다.

In :
```
import numpy as np
```

In :
```
df_na = pd.DataFrame([1,2,np.nan])
```

In :
```
df_na
```

Out:

| | 0 |
|---|---|
| **0** | 1.0 |
| **1** | 2.0 |
| **2** | NaN |

데이터 프레임 내부의 .sum 메소드를 실행하면 모든 원소를 더하고 더한 값을 반환합니다. 반환된 값은 1차원 시리즈로 만들어지는데, .sum 메소드는 계산 결과를 한 차원 축소한 결과를 반환합니다.

누락 값은 계산을 하지 않고 숫자만 계산해서 반환합니다. .sum 메소드에서 모든 원소를 전부 계산하고 싶을 때는 매개변수 skipna=True로 지정하면 누락 값을 포함해서 계산합니다. 그리고 그 결과는 NaN으로 처리됩니다. 모든 NaN 값과 계산된 결과는 NaN으로 처리됩니다.

In :
```
df_na.sum()
```

Out:
```
0    3.0
dtype: float64
```

In :
```
df_na.sum(skipna=False)
```

Out:
```
0   NaN
dtype: float64
```

비교 연산자를 사용하면 True와 False로 결과 값을 제공합니다. 누락 값과의 비교는 항상 False로 처리됩니다.

In :
```
df_na < 3
```

Out:

| | 0 |
|---|---|
| **0** | True |
| **1** | True |
| **2** | False |

누락 값인 np.nan을 이용해서 비교 연산자를 사용하면 같은 누락 값에 대해서도 False로 표시합니다. 즉, 누락 값은 비교 연산에 사용할 수 없다는 표시입니다.

```
In :  df_na < np.nan
```

Out:

| | 0 |
|---|---|
| **0** | False |
| **1** | False |
| **2** | False |

## 1.3.3 축

판다스는 다차원 계산을 처리하므로 실제 각 차원에 대한 축을 기준으로 계산합니다. 따라서 축을 이용해 데이터의 원소를 연결하기 위해 축(axis)이 무엇인지 명확히 알아야 합니다.

판다스에서는 클래스의 1차원인 시리즈와 2차원인 데이터 프레임을 생성한 후에 다양한 메소드를 지원하고 매개변수 axis에 각 축에 대한 정보를 0, 1로 지정해 각 축을 기준으로 처리합니다.

검색이나 병합 등 다양한 함수나 메소드를 처리할 때도 축을 기준으로 연결하므로 축에 대해 정확히 이해하고 넘어가길 권합니다.

**■ 축**

다차원 배열을 처리할 때 1차원인 시리즈는 축이 하나만 존재하므로 기본으로 0만을 사용하며 2차원인 데이터 프레임은 0인 행과 1인 열로 만들어집니다. 보통 축은 1차원일 때 0(index)만 있고 2차원일 때 0인 행과 1인 열을 가진다면, 판다스에서는 축에 대한 정보를 일관성 있게 처리합니다.

축은 열과 행을 처리하는 다양한 메소드에서 사용하고 실제 내부의 원소들을 계산할 때에도 사용됩니다. 원소들 계산할 때는 0축은 각 열에 대한 행의 원소들을 계산하도록 하고 1축은 각 행에 대한 열의 원소들을 계산합니다.

[그림 1-1]처럼 행과 열은 각각 axis=0과 axis=1을 의미합니다. 계산할 때는 axis를 주고 그 축에 대한 고정을 지정하면, 고정된 축을 기준으로 내부의 값들이 계산됩니다.

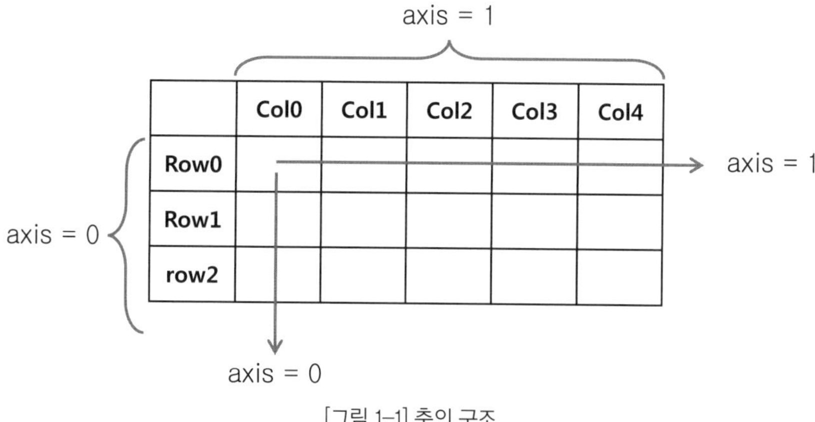


[그림 1-1] 축의 구조

## [예제 1-9] 축 알아보기

4개의 원소를 갖는 하나의 시리즈를 만들 때 행에 대한 레이블인 index 매개변수에 인자를 넣지 않고 생성합니다. 시리즈는 1차원이므로 0번 축인 열을 기준으로 만들어지는 것입니다.

```
In : df_sax = pd.Series([1,2,3,4])
```

```
In : df_sax
```

```
Out: 0    1
     1    2
     2    3
     3    4
     dtype: int64
```

축을 고정해서 계산한다는 것은 행을 고정해서 계산하라는 뜻입니다. 시리즈는 기본적으로 행에 대한 계산을 하기 때문입니다.

따라서 시리즈의 객체에 있는 .sum 메소드에 aixs 매개변수에 0을 입력하면 행을 고정해서 그 내부의 원소를 계산하라는 뜻입니다. 결과는 모든 원소를 더한 값이 정수로 출력됩니다.

```
In : df_sax.sum(axis=0)
```

```
Out: 10
```

2행 4열의 리스트를 넣어 데이터 프레임을 만들었습니다. 행과 열에 대한 정보를 할당하지 않아서 내부적으로 숫자로 행과 열의 레이블이 자동으로 들어간 것을 볼 수 있습니다.

```
In :  df_dax = pd.DataFrame([[1,2,3,4],[5,6,7,8]])
```

```
In :  df_dax
```

Out:

| | 0 | 1 | 2 | 3 |
|---|---|---|---|---|
| **0** | 1 | 2 | 3 | 4 |
| **1** | 5 | 6 | 7 | 8 |

.sum 메소드를 가지고 데이터 프레임의 axis=0을 전달하는 것은 열 단위로 계산을 하라는 뜻입니다. 반대로 생각해보면 열을 기준으로 고정했기 때문에 열이 레이블이 고정되어 있어 계산된 결과 값이 열 단위로 남아있습니다.

```
In :  df_dax.sum(axis=0)
```

```
Out:  0     6
      1     8
      2    10
      3    12
      dtype: int64
```

이번에는 axis=1을 지정하면 행을 고정하고 열의 모든 원소를 전부 계산하라는 뜻입니다.

이 데이터 프레임은 2행 4열이므로 두 개의 행을 기준으로 열의 합산을 계산해서 결과를 내는 것을 알 수 있습니다.

```
In :  df_dax.sum(axis=1)
```

```
Out:  0    10
      1    26
      dtype: int64
```

## 1.3.4 수학 연산 시 처리 규칙

판다스의 시리즈나 데이터 프레임에 대한 상세한 내용은 다음 절부터 알아볼 텐데, 실제로 어떻게 작동하는지 그 원리를 이해하는 것이 중요하므로 내부에 처리되는 규칙을 우선으로 살펴보겠습니다.

데이터 프레임 객체에 연산을 하면 단항(unary) 연산자는 주로 하나의 객체를 처리하므로 내부에 지정된 행과 열에 대한 레이블을 유지하지만 이항(binary) 연산자는 두 개의 객체를 처리하므로 행과 열의 레이블을 정렬(alignment)해서 비교한 후에 계산하므로 레이블이 정렬되어 처리됩니다.

### ■ 내부 원소에 대한 정렬

데이터 프레임을 만들 때 수학 연산이 발생하는 경우 단항 연산자와 이항 연산자들이 처리되는 결과를 확인합니다.

### [예제 1-10] 내부 원소 처리 기준 확인하기

넘파이 모듈을 이용하여 1부터 10까지의 숫자를 가지고 3행 3열의 배열을 만들고 데이터 프레임으로 정의합니다. 행의 레이블은 암묵적으로 처리되도록 지정하지 않았고, 열의 레이블을 A, B, C 로 부여합니다.

처리 결과를 보면 데이터 프레임도 3행 3열로 구성되고 행과 열의 레이블이 표시된 것을 알 수 있습니다.

In :
```
import numpy as np
```

In :
```
df_1 = pd.DataFrame(np.random.randint(1,10,(3,3)),columns=list('ABC'))
```

In :
```
df_1
```

Out:

| | A | B | C |
|---|---|---|---|
| **0** | 6 | 6 | 1 |
| **1** | 5 | 5 | 1 |
| **2** | 7 | 9 | 3 |

레이블은 순서 없이 구성되었으며 또 다른 데이터 프레임 객체를 만들었습니다.

In :
```
df_2 = pd.DataFrame(np.random.randint(1,10,(3,3)),columns=list('CAB'))
```

In :
```
df_2
```

Out:

| | C | A | B |
|---|---|---|---|
| **0** | 8 | 6 | 9 |
| **1** | 1 | 8 | 9 |
| **2** | 6 | 2 | 7 |

넘파이의 log 함수를 이용해서 데이터 프레임을 계산하면 현재 정의된 레이블은 유지되면서 계산된 결과에 새로운 데이터 프레임 객체를 반환합니다.

In :
```
np.log(df_2)
```

Out:

| | C | A | B |
|---|---|---|---|
| **0** | 2.079442 | 1.791759 | 2.197225 |
| **1** | 0.000000 | 2.079442 | 2.197225 |
| **2** | 1.791759 | 0.693147 | 1.945910 |

두 개의 데이터 프레임에 덧셈 연산인 즉 이항 연산자의 연산을 하면 행과 열의 레이블을 맞춰 정렬하여 계산한 후에 정렬된 데이터 프레임 객체를 반환합니다.

In :
```
df_1 + df_2
```

Out:

| | A | B | C |
|---|---|---|---|
| **0** | 12 | 15 | 9 |
| **1** | 13 | 14 | 2 |
| **2** | 9 | 16 | 9 |

이번에는 두 개의 열만을 갖는 데이터 프레임을 생성합니다.

In :
```
df_3 = pd.DataFrame(np.random.randint(1,10,(3,2)),columns=list('CB'))
```

In :
```
df_3
```

Out:

| | C | B |
|---|---|---|
| **0** | 3 | 5 |
| **1** | 1 | 8 |
| **2** | 5 | 8 |

이를 이전에 만들어진 df_1 데이터 프레임과 연산하면 정렬을 처리해서, 만들어질 때 없었던 A열의 값이 NaN으로 처리됩니다. 이때 NaN으로 계산되는 결과는 항상 NaN이므로 A열의 값이 전부 NaN으로 처리되는 것을 알 수 있습니다.

In :
```
df_1 + df_3
```

Out:

| | A | B | C |
|---|---|---|---|
| **0** | NaN | 11 | 4 |
| **1** | NaN | 13 | 2 |
| **2** | NaN | 17 | 8 |

## 1.3.5 파일 처리 및 한글 인코딩

판다스에서는 다양한 파일을 읽어서 데이터 프레임으로 변환하는 일이 많습니다. 특히 csv 파일을 읽어서 데이터 프레임으로 바로 변환하여 처리하는 방법이 아주 편하게 사용되기도 합니다.

파일 안의 문자열이 한글일 때 파이썬은 utf-8로 인코딩을 처리한 후에 데이터 프레임으로 전환해야 합니다.

한글을 사용하는 경우에는 완성형과 조합형으로 되어 있을 때가 많습니다. 이중에 완성형에서는 각 솔루션별로 다른 인코딩을 사용하므로 한글 인코딩도 작성된 솔루션에 맞춰 처리해야 합니다. 한글에 대한 변환은 uft-8, euc-kr, cp949(마이크로소프트) 등 다양한 인코딩을 제공합니다.

#### ■ 한글 인코딩

다양한 파일을 읽고 판다스로 변환하려면 한글에 대한 변환 인코딩은 필수입니다.

### [예제 1-11] 한글 인코딩 알아보기

파일을 읽고 그 파일이 어떤 형태로 한글 인코딩되는지를 알아볼 필요가 있습니다. 이때 다른 파이썬 모듈인 chardet 모듈을 추가해 설치해야 합니다.

특히 주피터 노트북에서 실제 쉘 명령어를 실행하려면 느낌표(!)를 처음에 붙이고 쉘 명령어인 pip로 파이썬 모듈인 chardet을 실행시킵니다.

In :
```
!pip install chardet
```

이 모듈이 설치된 후에 임포트하고 읽어온 파일을 열어(open) 이 파일이 어떤 인코딩으로 처리되는지를 확인합니다. detect 메소드로 이 파일의 정보를 읽은 후 result 변수에 'encoding' 속성을 확인해 인코딩 방식을 조회할 수 있습니다.

In :
```
import chardet
```

In :
```
def find_encoding(fname):
    r_file = open(fname, 'rb').read()
    result = chardet.detect(r_file)
    charenc = result['encoding']
    return charenc
```

판다스 모듈의 .read_csv 함수에 하나의 csv 파일에 있는 path를 넣고 open합니다. encoding 매개변수에 finde_encoding 함수에서 실행된 결과인 인코딩 정보를 가져와서 실행하면 데이터 프레임이 하나 만들어집니다.

그리고 실제 인코딩한 정보를 저장한 my_encoding1 변수를 출력하면 euc-kr로 출력되는 것을 알 수 있습니다. 인코딩으로 들어온 매개변수가 다를 경우 예외도 발생할 수 있습니다.

In :
```
my_encoding1 = find_encoding('../data/weight_loss.csv')
df_1 = pd.read_csv('../data/weight_loss.csv', encoding=my_encoding1)
```

In :
```
my_encoding1
```

Out:
```
'EUC-KR'
```

같은 파일을 가지고 이번에는 인코딩할 때 utf-8을 매개변수로 전달하면 euc-kr로 인코딩된 것을 처리할 수 없어서 예외가 발생합니다.

주로 특수문자를 관리하는 기준이 달라서 변환할 수 없는 것이 예외로 발생하기도 합니다.

In :
```
try :
    pd.read_csv('../data/weight_loss.csv', encoding="utf-8")

except Exception as e :
    print(e)
```

Out:
```
'utf-8' codec can't decode byte 0xc0 in position 0: invalid start byte
```

이 파일을 읽어온 것을 df_1 변수에 할당했으므로 이중에 앞에 있는 것을 head 메소드로 조회하면 이 데이터 프레임에 위의 5개까지 출력하는 것을 볼 수 있습니다.

이 파일은 열 이름은 한글이고 내부의 데이터도 한글로 처리된 것을 확인 가능합니다.

In :
```
df_1.head()
```

Out:

| | 이름 | 월 | 주 | 몸무게 |
|---|---|---|---|---|
| **0** | 지완 | 1월 | 1주 | 70 |
| **1** | 찬준 | 1월 | 1주 | 60 |
| **2** | 지완 | 1월 | 2주 | 69 |
| **3** | 찬준 | 1월 | 2주 | 59 |
| **4** | 지완 | 1월 | 3주 | 69 |

엑셀을 가지고 csv 파일을 만들어서 별도의 변환을 하지 않으면 엑셀은 기본적으로 cp949를 사용합니다. 파이썬에서 이 파일을 읽고 처리하려면 반드시 cp949로 인코딩해야 합니다.

한글도 utf-8로 저장하는 editor를 사용할 때는 utf-8로 한글을 처리하므로 csv 파일을 인코딩하려면 utf-8로 처리합니다.

엑셀에서 직접 만든 csv 파일을 기준으로 처리했으므로 파일을 읽을 때 인코딩으로 cp949을 넣어서 처리하면 됩니다.

In :
```
my_encoding2 = find_encoding('../data/korea_movie_list.csv')
df_2 = pd.read_csv('../data/korea_movie_list.csv', encoding=my_encoding2)
```

In :
```
my_encoding2
```

Out:
```
'CP949'
```

이번에는 인코딩을 utf-8로 처리했는데 특수문자가 변환이 안 된다는 내용의 예외가 발생합니다. 그 이유는 엑셀 처리가 된 것을 확인하면 cp949이므로 utf-8로 처리하면 특정한 특수문자가 변환이 안 되는 것을 볼 수 있습니다.

In :
```
try :
    pd.read_csv('../data/korea_movie_list.csv', encoding="utf-8")

except Exception as e :
    print(e)
```

Out:
```
'utf-8' codec can't decode byte 0xc7 in position 0: invalid continuation byte
```

인코딩을 처리해 csv 파일을 읽고 상위 행 5개를 출력해 한글이 잘 변환되었습니다. 이를 .head 메소드를 사용해서 조회합니다.

In :
```
df_2.head(2)
```

Out:

| | movie_code | title | title_Eng | show_time | produce_year | open_date | produce_state | type | nation | genre | director | actor | show_type | watch_grade |
|---|---|---|---|---|---|---|---|---|---|---|---|---|---|---|
| 0 | 20185801 | 할로우 차일드 | The Hollow Child | 88.0 | 2017 | 20180802 | 개봉예정 | 장편 | 캐나다 | 공포(호러)/판타지 | 제레미 루터 | NaN | NaN | 15세이상관람가 |
| 1 | 20187649 | 죽음의 리무진 | Glass Coffin | 75.0 | 2016 | 20180816 | 개봉예정 | 장편 | 스페인 | 스릴러/공포(호러) | 하리츠 쥬빌라가 | 파울라 본템피 | NaN | NaN |

pandas.read_csv 함수의 engine 매개변수에 python을 넣어서 파일을 읽으면 특정 인코딩을 처리하지 않아도 한글로 변환됩니다.

In :
```
df_3 = pd.read_csv('../data/korea_movie_list.csv', engine='python')
```

앞에서 읽은 파일을 head 메소드를 이용하면 한글이 제대로 출력되는 것을 알 수 있습니다.

In :
```
df_3.head(2)
```

Out:

| | movie_code | title | title_Eng | show_time | produce_year | open_date | produce_state | type | nation | genre | director | actor | show_type | watch_grade |
|---|---|---|---|---|---|---|---|---|---|---|---|---|---|---|
| 0 | 20185801 | 할로우 차일드 | The Hollow Child | 88.0 | 2017 | 20180802 | 개봉예정 | 장편 | 캐나다 | 공포(호러)/판타지 | 제레미 루터 | NaN | NaN | 15세이상관람가 |
| 1 | 20187649 | 죽음의 리무진 | Glass Coffin | 75.0 | 2016 | 20180816 | 개봉예정 | 장편 | 스페인 | 스릴러/공포(호러) | 하리츠 쥬빌라가 | 파울라 본템피 | NaN | NaN |

같은 파일을 engine에 c로 하면 cp949의 특수문자 때문에 한글로 변환되지 않습니다.

한글로 변환할 때 간단히 engine='python'으로 처리하면 쉽게 변환됩니다.

In :
```
try :
    pd.read_csv(../data/korea_movie_list.csv', engine='c')
except Exception as e : a
    print(e)
```

Out:
```
'utf-8' codec can't decode byte 0xc7 in position 0: invalid continuation byte
```

깃헙(Github)의 파일을 읽으려면 url 정보로 직접.read_csv 함수에 넣어서 처리할 수 있습니다.

예외가 발생할 수 있으므로 error_bad_lines=False를 주고 처리합니다.

In :
```
url = 'https://raw.githubusercontent.com/mwaskom/seaborn-data/master/attention.csv'
```

In :
```
df_att = pd.read_csv(url,error_bad_lines=False)
```

데이터를 읽어온 것을 확인하면 필요 없는 열이 하나 더 들어온 것을 알 수 있는데, 이를 .drop 메소드에 axis=1를 넣고 삭제하면 됩니다.

In :
```
df_att.head()
```

Out:

| | Unnamed: 0 | subject | attention | solutions | score |
|---|---|---|---|---|---|
| **0** | 0 | 1 | divided | 1 | 2.0 |
| **1** | 1 | 2 | divided | 1 | 3.0 |
| **2** | 2 | 3 | divided | 1 | 3.0 |
| **3** | 3 | 4 | divided | 1 | 5.0 |
| **4** | 4 | 5 | divided | 1 | 4.0 |

In :
```
df_att.drop('Unnamed: 0',axis=1).head()
```

Out:

| | subject | attention | solutions | score |
|---|---|---|---|---|
| **0** | 1 | divided | 1 | 2.0 |
| **1** | 2 | divided | 1 | 3.0 |
| **2** | 3 | divided | 1 | 3.0 |
| **3** | 4 | divided | 1 | 5.0 |
| **4** | 5 | divided | 1 | 4.0 |

Chapter

2

# 판다스의 기본 클래스 알아보기

이번 장에서는 먼저 판다스의 주요 클래스인 시리즈와 데이터 프레임의 인스턴스를 생성해봅니다. 이어서 내부 속성을 확인하고 어떤 자료들을 관리하는지 알아봅니다.

그후, 시리즈와 데이터 프레임을 생성하고 행과 열로 검색 및 슬라이싱을 처리해 내부의 원소나 부분집합을 가져오는 방법을 살펴봅니다.

마지막으로 인덱서를 이용해 검색과 슬라이싱 등을 혼합해 다양한 검색을 처리해봅니다.

- 시리즈와 데이터 프레임 생성하기
- 시리즈와 데이터 프레임 인덱스 검색과 슬라이싱 처리하기
- 시리즈와 데이터 프레임 인덱서 검색하기
- 시리즈와 데이터 프레임 갱신과 삭제하기
- 시리즈에서 문자열 데이터 처리하기

# 2.1 시리즈와 데이터 프레임 구조

판다스에서 가장 중요한 개념을 살피면서 간단하게 시리즈와 데이터 프레임을 생성한 후에 기본적인 데이터 처리 방법을 알아보았습니다. 실제 시리즈나 데이터 프레임 클래스에 있는 다양한 메소드의 작동 원리를 알아보기 전에 두 개의 클래스가 어떻게 구성되어 있는지를 이해하는 게 중요합니다. 이번에는 시리즈와 데이터 프레임에 대한 처리 구조 및 처리 기준을 상세히 알아봅니다.

## 2.1.1 시리즈

보통 배열(array)은 인덱스(index)와 값(values)을 갖는 구조로 만들어집니다. 판다스의 시리즈도 배열을 나타내지만 일반적인 배열과 차이점이 있습니다.

시리즈는 보통의 배열과 달리 인덱스에 추가적인 이름인 레이블을 붙여 사용할 수 있는 구조입니다. 문자열이나 날짜 등을 레이블로 붙여서 사용할 수 있으므로 특정 이름으로 검색이 가능합니다.

일반적인 파이썬 리스트(list)보다는 파이썬의 딕셔너리(dict) 자료형과 비슷한 구조입니다. 다만 딕셔너리와 다른 점은 시리즈를 구성하는 모든 값이 단일 자료형으로 처리가 됩니다.

### ■ 시리즈 구성

시리즈는 판다스 모듈에서 제공되는 1차원 배열이면서 판다스 모듈에 있는 데이터 프레임 등 다차원 배열의 원소로 구성되는 기본적인 클래스입니다.

시리즈에 있는 인덱스 즉, 행에 대한 레이블이 왜 관리되는지를 알아보고 이 기준을 확장한 데이터 프레임 내의 열에 대한 레이블을 차례로 알아보겠습니다.

1차원 배열로 구성되면 데이터에 접근할 때 레이블이 붙은 인덱스로 내부의 값들에 접근하는데 이 레이블 정의 규칙을 보면 숫자 형태가 기본이고 문자열, 날짜 등 다양한 구성을 할 수 있습니다. 단, 인덱스를 부여할 때는 매번 순서를 정하거나 일련의 정보를 갖도록 구성할 필요는 없이 필요한 정보를 임의로 지정해도 처리가 가능합니다.

[그림 2-1]을 보면 데이터와 인덱스로 구성된 시리즈가 생성되면 시리즈는 파이썬 리스트나 딕셔너리로 시리즈를 생성할 수 있습니다.

| Index | Data |
|---|---|
| 1 | 'A' |
| 2 | 'B' |
| 3 | 'C' |
| 4 | 'D' |
| 5 | 'E' |

[그림 2-1] 시리즈 구조

## [예제 2-1] 시리즈 멤버 알아보기

시리즈 클래스의 생성자를 이용해 하나의 객체를 만들려면 생성자 내의 매개변수 data, index, name을 넣어 실행합니다.

일단 data가 첫 번째 인자인데 파이썬 리스트(list)로 4개의 원소를 가지고, index에서 리스트(list)로 4개 문자열의 원소를 넣었습니다. 시리즈를 생성할 때 index를 지정했기 때문에 실제 결과 값을 확인하면 이 문자열로 행의 레이블을 처리합니다.

마지막 인자인 name에서 이름을 넣어서 실행하면 data, index, name에 지정된 인자들이 시리즈 안에 객체의 속성으로 들어갑니다.

```
In : sr = pd.Series([1,2,3,4],index=list('abcd'),name="SR1")
```

```
In : sr
```

```
Out: a    1
     b    2
     c    3
     d    4
     Name: SR1, dtype: int64
```

시리즈 객체의 name 속성을 확인하면 전달된 인자가 그대로 들어가 있는 것을 볼 수 있습니다. 이 객체의 원소들이 하나의 자료형을 유지하므로 dtype 속성을 확인해보면 int64 정수 자료형이라는 것을 볼 수 있습니다. 현재 자료형에 대한 정보를 dtype 매개변수(parameter variable)에 넘기지 않았지만 생성할 때 실제 data로 전달을 받은 원소들을 보고 자료형을 추론해 결정합니다.

```
In : sr.name
Out: 'SR1'
In : sr.dtype
Out: dtype('int64')
```

다른 배열과 달리 다양한 속성이 있고 시리즈가 배열이므로 차원 정보나 차원의 생긴 모양 등도 관리가 필요합니다.

이 속성에는 .shape와 .ndim이 있고 조회하면 1차원입니다. 원소의 개수는 튜플(tuple)인 (4,)이므로 한 개여서 차원은 1로 표시합니다.

```
In : sr.shape
Out: (4,)
In : sr.ndim
Out: 1
```

시리즈도 실제 확장이 가능하므로 크기와 확장 정보인 .size와 .strides 속성이 있습니다. 원소의 개수는 .size를 보고 확인이 가능합니다. 이 배열의 지속적인 확장 기준인 .strides 속성 안의 정보를 가지고 시리즈가 추가될 때마다 확장이 됩니다.

```
In : sr.size
Out: 4
In : sr.strides
Out: (8,)
```

앞에서 데이터가 들어간 속성 등을 알아보았습니다. 이번에는 배열의 레이블을 관리하는 속성을 봅니다.

시리즈에 레이블 정보를 관리하는 .index 속성을 조회하면 별도의 index 객체가 들어 있는 것을 알 수 있습니다. 이 객체 안의 원소 값은 파이썬의 자료형인 문자열로 구성되어 판다스의 자료형인 object로 표시합니다.

```
In :  sr.index
```

```
Out:  Index(['a', 'b', 'c', 'd'], dtype='object')
```

## 2.1.2 데이터 프레임

배열 중에 2차원인 경우는 열이나 행 중심으로 원소를 관리합니다. 1차원인 시리즈를 가지고 2차원 배열인 데이터 프레임을 관리합니다.

데이터 프레임의 구성은 열을 기반으로 관리하므로 1차원 배열인 시리즈가 열 단위로 저장됩니다.

시리즈와 데이터 프레임의 차이점은 일차적으로 차원이 확대되었고 각 차원에 대한 원소가 시리즈로 들어온다는 것입니다.

데이터 프레임의 구조와 가장 비슷한 것은 파이썬의 자료형인 딕셔너리(dict) 내부에 딕셔너리(dict)로 구성된 구조처럼 사용됩니다. 딕셔너리의 첫 번째 키는 열이 이름으로 들어가고 실제 값은 내부의 딕셔너리 값이 들어가는데, 이제 데이터 프레임 내부 구조를 알아보겠습니다.

### ■ 데이터 프레임 구성

데이터 프레임은 두 개의 인덱스(.index, .columns 속성)로 들어갑니다. 생성할 때 들어가는 데이터는 .values 속성에 들어가서 인덱스를 이용해서 조회하는 구조입니다.

[그림 2-2]는 데이터 프레임의 구조입니다. 행과 열에 대한 레이블이 있고 내부의 데이터는 시리즈를 통해 행과 열로 구조화되어 있습니다.

기본적으로 파이썬 리스트나 딕셔너리를 이용해서 데이터를 넣어 생성할 수 있습니다.

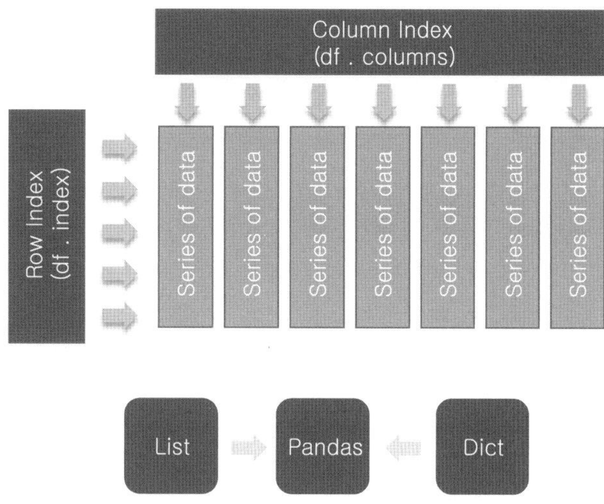


[그림 2-2] 데이터 프레임 구조

## [예제 2-2] 데이터 프레임 멤버 알아보기

데이터 프레임도 data, index, columns 매개변수에 값을 넣어서 생성이 가능합니다. 먼저 2차원 리스트를 data에 넣고 index, columns에 행(.row)과 열(.columns) 레이블을 할당해 생성합니다.

생성한 후에 변수 df에 할당된 것을 조회하면 행과 열의 레이블과 값들이 매핑된 것을 출력합니다.

In :
```
df = pd.DataFrame([[1,2,3,4],[5,6,7,8]],index=['a','b'],
                  columns=['c1','c2','c3','c4'])
```

In :
```
df
```

Out:

| | c1 | c2 | c3 | c4 |
|---|---|---|---|---|
| a | 1 | 2 | 3 | 4 |
| b | 5 | 6 | 7 | 8 |

데이터 프레임의 모양(.shape), 차원(.ndim), 사이즈(.size) 속성을 확인해 원소의 구성을 확인할 수 있습니다.

```
In : df.shape
```

```
Out: (2, 4)
```

```
In : df.ndim
```

```
Out: 2
```

```
In : df.size
```

```
Out: 8
```

데이터 프레임은 2차원의 레이블의 속성인 행(.index)과 열(.columns) 속성을 확인하면 index 클래스의 객체로 저장됩니다. index 클래스를 별도로 제공해서 인덱스 레이블을 관리합니다.

```
In : df.index
```

```
Out: Index(['a', 'b'], dtype='object')
```

```
In : df.columns
```

```
Out: Index(['c1', 'c2', 'c3', 'c4'], dtype='object')
```

데이터 프레임의 객체를 생성한 후에 종합적인 정보를 확인하려면 .info 메소드로 내부 정보를 확인합니다.

각 열에 저장된 정보와 전체 메모리에 대한 정보(memory usage)도 표시되는 것을 볼 수 있습니다.

```
In : df.info()
```

```
Out: <class 'pandas.core.frame.DataFrame'>
     Index: 2 entries, a to b
     Data columns (total 4 columns):
     c1     2 non-null int64
     c2     2 non-null int64
     c3     2 non-null int64
     c4     2 non-null int64
     dtypes: int64(4)
     memory usage: 80.0+ bytes
```

## 2.1.3 시리즈와 데이터 프레임 내부 멤버 확인하기

판다스의 시리즈와 데이터 프레임 클래스들에는 다양한 속성과 메소드가 있습니다.

두 클래스에 공통으로 존재하는 속성과 메소드에는 어떤 것이 있고 또 어떻게 사용되는지를 알아봅니다. 상이한 멤버(member)들도 추가된 것을 확인해서 클래스의 특성을 알아봅니다.

### ■ 시리즈와 데이터 프레임의 멤버 비교

파이썬에 있는 dir 함수는 시리즈와 데이터 프레임 클래스의 멤버들을 볼 수 있습니다. 이를 이용해서 내부 멤버를 확인합니다.

**[예제 2-3] 시리즈와 데이터 프레임의 다양한 멤버 확인하기**

파이썬 컴프리헨션(comprehension)에 시리즈와 데이터 프레임 클래스에 있는 스페셜 속성이나 보호 속성을 제외한 멤버들만 추출해 set 클래스로 비교할 수 있는 객체를 만듭니다.

In :
```
s = set([ i for i in dir(pd.Series) if not i.startswith("_")])
```

In :
```
d = set([ i for i in dir(pd.DataFrame) if not i.startswith("_")])
```

시리즈를 기준으로 데이터 프레임과 공통된 것을 뺀 시리즈만 있는 것을 추출합니다.

추출할 때 집합 연산의 차집합(마이너스 기호) 연산을 통해 새로운 부분집합을 만들어서 내부의 문자열을 출력하면 시리즈에만 있는 멤버들을 출력할 수 있습니다.

In :
```
count = 0
for i in (s - d ) :
    count += 1
    print(i, end=",  ")
    if (count % 4 == 0) :
        print()
```

Out:
```
base,  flags,  value_counts,  itemsize,
searchsorted,  argsort,  nonzero,  cat,
real,  is_monotonic_decreasing,  is_unique,  ptp,
unique,  hasnans,  repeat,  is_monotonic_increasing,
```

```
name,  data,  dtype,  argmax,
dt,  ftype,  item,  valid,
imag,  between,  strides,  reshape,
asobject,  map,  factorize,  nbytes,
to_frame,  is_monotonic,  ravel,  put,
str,  from_array,  tolist,  argmin,
compress,  view,  autocorr,
```

데이터 프레임에 있는 내용을 차집합 연산을 통해 문자열 형태로 출력합니다.

In :

```
count = 0
for i in (d - s ) :
    count += 1
    print(i, end=",  ")
    if (count % 4 == 0) :
        print()
```

Out:

```
from_dict,  columns,  itertuples,  melt,
to_records,  boxplot,  to_parquet,  corrwith,
join,  to_html,  info,  stack,
from_items,  pivot_table,  style,  set_index,
iterrows,  to_stata,  lookup,  eval,
merge,  query,  to_feather,  applymap,
to_panel,  insert,  select_dtypes,  to_gbq,
from_records,  pivot,  assign,
```

시리즈와 데이터 프레임 클래스에 공통으로 있는 것은 교집합(&) 연산을 통해 부분집합을 만들어서 출력하면 시리즈와 데이터 프레임에 가진 공통된 멤버들이 출력됩니다.

In :

```
count = 0
for i in (d & s ) :
    count += 1
    print(i, end=",  ")
    if (count % 8 == 0) :
        print()
```

Out:

```
notna,  kurt,  set_axis,  as_matrix,  duplicated,  select,  subtract,  tshift,
values,  ftypes,  first_valid_index,  max,  align,  tz_localize,  to_json,  var,
tail,  mode,  rtruediv,  unstack,  as_blocks,  to_xarray,  add_prefix,  idxmax,
rsub,  iloc,  rolling,  first,  empty,  pct_change,  eq,  last,
bool,  get,  mad,  rpow,  at_time,  median,  truncate,  equals,
all,  rename,  interpolate,  le,  last_valid_index,  dropna,  nlargest,  corr,
```

```
quantile, transpose, plot, any, describe, ndim, sample, memory_usage,
where, multiply, filter, drop_duplicates, iat, asof, apply, to_pickle,
add, squeeze, cov, loc, slice_shift, gt, nunique, reindex_axis,
sort_index, ge, pow, swapaxes, append, get_ftype_counts, pipe, round,
nsmallest, T, axes, reorder_levels, bfill, skew, rmod, kurtosis,
sort_values, combine_first, items, head, ffill, replace, mod, is_copy,
transform, xs, infer_objects, to_excel, pop, to_msgpack, isin, prod,
isna, groupby, copy, aggregate, get_value, hist, isnull, diff,
clip_upper, astype, to_string, rdiv, dtypes, sortlevel, rename_axis, to_dense,
cummax, shape, to_period, clip, asfreq, at, mean, reset_index,
count, cumsum, resample, lt, index, rmul, rfloordiv, add_suffix,
size, sub, abs, to_sparse, consolidate, sum, divide, ewm,
product, cumprod, min, ne, reindex, sem, take, blocks,
combine, rank, convert_objects, between_time, ix, to_dict, reindex_like, radd,
tz_convert, floordiv, keys, to_sql, set_value, shift, clip_lower, compound,
agg, dot, to_timestamp, to_csv, notnull, drop, div, to_clipboard,
to_latex, swaplevel, mask, get_dtype_counts, std, fillna, mul, cummin,
get_values, expanding, from_csv, to_hdf, update, idxmin, truediv, iteritems,
```

### [예제 2-4] 파일에 저장된 멤버 정보를 읽어와서 확인하기

이런 정보를 하나의 csv 파일로 만들어서 판다스의 함수 등을 이용해 처리하는 방법을 알아봅니다.

일단 판다스에서 제공하는 csv 파일을 읽는 .read_csv 함수를 통해 csv 파일을 읽으면 csv 파일이 기본 2차원 데이터이기 때문에 데이터 프레임으로 변환됩니다. 이때 각 열에 대한 정보를 usecols 매개변수를 이용해서 처리합니다.

또한 파일이 저장된 텍스트를 utf-8을 기준으로 변환해야 encoding 매개변수에 변환 기준인 euc-kr로 인코딩합니다.

저장된 df_f 변수에 데이터 프레임이 할당되어 있으므로 점 연산자를 통해서 .head 메소드로 내부의 값을 조회합니다.

In :
```
df_f = pd.read_csv('../data/series_dataframe.csv',
                   usecols=['Member','Series','DataFrame'],
                   encoding='euc-kr')
```

In :
```
df_f.head()
```

Out:

| | Member | Series | DataFrame |
|---|---|---|---|
| **0** | T | T | T |
| **1** | abs | abs | abs |
| **2** | add | add | add |
| **3** | add_prefix | add_prefix | add_prefix |
| **4** | add_suffix | add_suffix | add_suffix |

이 데이터 프레임의 행과 열에 대한 정보에서 모양(.shape) 속성을 확인하면 행은 264개이고 열은 3개인 것을 알 수 있습니다.

In :
```
df_f.shape
```

Out:
```
(264, 3)
```

데이터 프레임에서 하나의 열을 조회하려면 인덱싱 연산자([ ])를 이용해 열의 이름을 문자열로 넣어서 조회합니다. 한 차원이 축소된 열이 조회되어 시리즈로 보여줍니다.
이를 .head 메소드로 조회하면 상위 5개에 대한 정보를 확인할 수 있습니다.

In :
```
df_f['Series'].head()
```

Out:
```
0             T
1           abs
2           add
3    add_prefix
4    add_suffix
Name: Series, dtype: object
```

시리즈와 데이터 프레임 안에 264개의 속성과 멤버가 동일하게 구성되지 않아 빈 칸으로 채워졌습니다. 이런 누락 값을 확인하려면 .isnull 메소드로 시리즈 각 행의 값을 True와 False로 표시합니다.

파이썬의 bool 클래스는 int 클래스를 상속해서 만들기 때문에 True는 1이고 False는 0이므로 숫자 연산이 가능합니다. 누락 값을 시리즈의 .sum 메소드로 계산하면 시리즈는 29개, 데이터 프레임은 41의 누락 값이 있는 것을 알 수 있습니다.

In :
```
df_f['Series'].isnull().sum()
```

Out:
```
29
```

In :
```
df_f['DataFrame'].isnull().sum()
```

Out:
```
41
```

두 열을 인덱싱 연산자를 통해 읽어와서 비교 연산자를 실행하면 같은 이름은 True로 표시하고, 같지 않은 이름은 False로 표시하므로 공통된 것은 .sum 메소드로 계산하면 건수를 구할 수 있습니다. 일단 비교 연산자의 처리된 결과가 새로운 시리즈로 나오고 그 내부의 값이 True나 False로 처리되는 것을 볼 수 있습니다.

In :
```
(df_f['Member'] == df_f['Series']).head()
```

Out:
```
0    True
1    True
2    True
3    True
4    True
dtype: bool
```

## 2.2 시리즈 생성 방법

시리즈에 어떤 데이터를 넣어야 생성되는지를 알아봅니다. 파이썬 딕셔너리의 일반 구조와 유사하므로 시리즈를 생성하려면 인덱스 정보와 데이터 정보를 전달해야 합니다. 데이터 정보만 넣으면 내부적으로 인덱스는 만들어줍니다.

### 2.2.1 시리즈의 생성자 알아보기

시리즈 클래스의 생성자는 data, index, dtype, copy 4개의 매개변수를 받습니다. 기본적으로 데이터는 리스트나 딕셔너리를 받아서 1차원 배열을 만듭니다.

index, dtype, copy 등의 인자는 넣지 않아도 자동으로 인식되어 처리됩니다.

### ■ 리스트로 시리즈 생성

단순하게 data 매개변수의 인자로 리스트를 넣어서 시리즈를 만들어보고 내부의 주요 속성을 알아봅니다.

**[예제 2-5] 리스트로 시리즈 생성하기**

판다스 모듈을 먼저 임포트하고 이 모듈에 별칭을 pd로 붙여줍니다. 그리고 시리즈 클래스를 가지고 어떤 객체를 만들어보겠습니다.

실제 시리즈의 값으로 구성될 정보만 파이썬 리스트를 이용해서 전달되었습니다.

```
In :  import pandas as pd

In :  obj = pd.Series([1,2,3,4])

In :  obj

Out:  0    1
      1    2
      2    3
      3    4
      dtype: int64
```

시리즈 객체가 들어간 변수 obj로 시리즈 내부의 속성들을 확인해봅니다.

.data 속성으로 파이썬의 memoryview 클래스의 객체라는 것을 확인할 수 있습니다. 즉, 값의 위치가 서로 다르다는 것을 알 수 있는데, 그 내부의 .obj 속성으로 조회하면 생성할 때 입력한 값이 넘파이 모듈 배열로 표시됩니다. 다른 속성인 .values로 조회해도 같은 결과를 볼 수 있습니다.

```
In :  obj.data

Out:  <memory at 0x0000021DB609BF48>

In :  obj.data.obj

Out:  array([1, 2, 3, 4], dtype=int64)
```

In :
```
obj.values
```

Out:
```
array([1, 2, 3, 4], dtype=int64)
```

만들어진 시리즈에서 행의 레이블을 생성할 때 지정하지 않았습니다. .index 속성을 조회해 보면 암묵적으로 RangeIndex의 객체로 만들어서 행의 레이블을 제공하는 것을 알 수 있습니다. 또한 시리즈는 단일 차원이므로 하나의 자료형만 가지고 있어야 하기 때문에 .dtype 속성을 확인하면 int64가 지정됩니다.

In :
```
obj.index
```

Out:
```
RangeIndex(start=0, stop=4, step=1)
```

In :
```
obj.dtype
```

Out:
```
dtype('int64')
```

.dtype 속성에 들어갈 수 있는 자료형을  파이썬 기본 자료형과 간략히 비교해보면 다음 4가지 경우를 많이 사용합니다.

| 판다스 자료형 | 파이썬 자료형 | 설명 |
|---|---|---|
| object | str | 파이썬 자료형을 사용할 경우 판다스는 object로 인식 |
| int64 | int | 판다스는 다양한 자료형이 있지만 기본 64비트로 처리 |
| float64 | float | |
| datetime64 | datetime | |

[표 2-1] .dtype 속성에 들어갈 수 있는 자료형을 파이썬 기본 자료형과 비교

### ■ 딕셔너리로 시리즈 생성

시리즈를 생성할 때 딕셔너리로 전달하면 키는 행의 레이블로 처리되고 값은 시리즈의 데이터로 처리되어 명시적으로 레이블을 지정한 것과 같은 결과가 나옵니다.

### [예제 2-6] 딕셔너리로 시리즈 생성하기

파이썬 딕셔너리의 키는 문자열로 구성하고 값은 정수로 넣어서 생성합니다. 이번에는 시리즈의 이름을 부여하기 위해 name 매개변수에 something으로 할당합니다.

생성된 시리즈를 조회하면 파이썬 딕셔너리와 유사하게 구성된 것을 볼 수 있습니다. 또한 name 매개변수에 something 문자열을 넣어서 이 시리즈의 이름이 세팅되었습니다.

```
In :  d = {'a':1,'b':2,'c':3}
      ser = pd.Series(d,name='something')

In :  ser

Out:  a    1
      b    2
      c    3
      Name: something, dtype: int64
```

위의 방식을 파이썬 리스트를 이용해서 처리하려면 두 개의 리스트를 만들어서 하나는 데이터에 넣고 하나는 index에 넣어야 합니다.

생성된 결과를 조회해보면 index에 할당한 리스트는 행의 레이블에 값으로 할당되었습니다. 값으로 전달된 리스트는 시리즈의 값으로 들어가 있어 딕셔너리로 처리된 결과와 같습니다.

```
In :  index = ['a','b','c']

In :  obj1 = pd.Series([1,2,3],index=index,name="test")

In :  obj1

Out:  a    1
      b    2
      c    3
      Name: test, dtype: int64
```

#### ■ 넘파이 배열로 시리즈 생성

판다스는 내부적으로 넘파이로 관리하므로 넘파이의 배열을 이용해서 시리즈의 객체를 만들어서 파이썬 리스트나 딕셔너리 처리와의 차이점을 알아봅니다.

**[예제 2-7] 넘파이 모듈 이용해 생성하기**

넘파이 모듈을 사용하기 위해서 넘파이 모듈을 임포트하고 관행적으로 별칭을 np로 부여합니다.

넘파이의 random 모듈을 이용해서 무작위 값을 가지고 넘파이 배열을 만들어 시리즈의 데이터로 넣습니다. 특히 random 모듈의 randn을 이용하여 임의의 정규분포에서 5개의 원소를 추출해서 처리했습니다.

만들어진 결과를 보면 소수점을 가진 값들이므로 이 시리즈의 .dtype이 float64로 처리되었습니다.

In :
```
import numpy as np
import pandas as pd

s = pd.Series(np.random.randn(5))
```

In :
```
s
```

Out:
```
0    1.003096
1   -1.563330
2    0.415248
3   -0.186472
4    0.941730
dtype: float64
```

## 2.2.2 시리즈 구성 기본 속성

시리즈에 대한 다른 속성에 대해서도 조금 더 알아보겠습니다. 앞 절에서는 여러 자료형을 넣어 시리즈를 생성하는 것을 살펴봤습니다. 여기에서는 추가적인 속성 모양과 차원 등 기본으로 알아야 할 속성을 배웁니다.

### ■ 주요 속성 확인

판다스의 시리즈도 하나의 배열로 구성되어 있지만 파이썬 리스트(list)와 달리 다양한 기능을 제공하기 위해 여러 가지 정보를 관리하는 속성이 있습니다. 이런 속성들이 어떤 일을 하는지 알아봅니다.

## [예제 2-8] 시리즈의 기본 속성 알아보기

시리즈는 1차원 배열이므로 shape(모양), ndim(차원)에 대한 정보를 가지며, 이를 확인하면 행이 4개이고 ndim 값이 1입니다.

```
In :  obj = pd.Series([1,2,3,4],name="obj")

In :  obj.shape, obj.ndim

Out:  ((4,), 1)
```

내부적으로 데이터를 관리하는 속성으로 .data, .values, .blocks가 있습니다. .data.obj 속성으로도 내부의 값을 저장한 곳을 알 수 있지만, 실제로 .values 속성을 확인하는 방법을 많이 사용합니다. .blocks 속성도 데이터가 어떻게 들어가 있는지를 나타냅니다.

```
In :  id(obj.data.obj)

Out:  2326632608512

In :  id(obj.values)

Out:  2326632608512

In :  obj.blocks

Out:  {'int64': 0    1
       1    2
       2    3
       3    4
       Name: obj, dtype: int64}
```

또한 보관된 각 자료에 대한 개별 크기인 itemsize와 총 원소 개수를 곱하면 데이터가 갖는 총 자료의 바이트 수를 구할 수 있습니다. 총 바이트 수는 nbytes 속성에 보관합니다. .strides 속성으로 추가적인 data가 들어올 때 저장 공간을 확장합니다.

```
In :  obj.dtype, obj.itemsize, obj.nbytes

Out:  (dtype('int64'), 8, 32)
```

In :
```
obj.strides
```

Out:
```
(8,)
```

빈 시리즈를 만들었을 때 내부 값들이 비어 있는지 여부는 .empty라는 속성으로 확인합니다.

In :
```
obj_emp = pd.Series()
```

In :
```
obj_emp.empty
```

Out:
```
True
```

## 2.3 데이터 프레임 생성

데이터 프레임은 2차원 배열입니다. 데이터 프레임에서 행과 열에 대한 정보를 별도로 보관하고 내부의 관리는 1차원인 시리즈의 기준을 따릅니다.

일반적인 데이터 관리 기준은 열입니다. 그러나 행으로도 데이터를 처리할 수 있는 방법이 있습니다.

데이터 프레임은 파이썬 딕셔너리 안의 딕셔너리, 또는 시리즈로 전달하거나 2개 원소를 가진 튜플(tuple)을 원소로 하는 리스트 등을 전달하여 생성합니다.

리스트를 시리즈로 전달하면 이 시리즈가 열 단위가 아닌 행 단위로 구성되는 것을 알 수 있습니다.

### 2.3.1 데이터 프레임의 생성자 알아보기

판다스도 파이썬과 마찬가지로 클래스로 인스턴스를 만드는 구조입니다. 그러므로 2차원 배열인 데이터 프레임 클래스의 생성자를 이용해서 데이터 프레임 객체인 인스턴스를 만듭니다. 이 생성자에 다양한 데이터를 넣는 방법과, 인스턴스를 생성하는 기준도 알아봅니다.

#### ■ 시리즈를 딕셔너리에 넣어 데이터 프레임 생성

데이터 프레임은 행과 열의 레이블을 가지고 있으며 내부적으로 시리즈를 기반으로 구조화해서 처리합니다. 선형대수에서 벡터가 행렬의 원소가 되듯이, 같은 방식으로 시리즈가 데이터 프레임의 원소로 들어갑니다. 그러나 데이터 프레임은 열 기준으로 처리됩니다.

### [예제 2-9] 시리즈로 데이터 프레임 생성하기

먼저 시리즈 생성자로 시리즈 객체를 만듭니다. 하나의 시리즈는 정수이고 또 다른 하나는 문자열이 원소로 구성된 리스트를 넣어서 만듭니다.

In :
```
s1 = pd.Series([1,2,3,4],name='s1')
s2 = pd.Series(['a','b','c','d'],name='s2')
```

데이터 프레임 생성자에 위에서 만들어진 시리즈를 딕셔너리에 값으로 넣고 시리즈의 이름을 키에 문자열로 넣습니다.

생성된 결과를 가지고 조회하면 딕셔너리의 키 값의 열의 이름으로 들어간 것을 알 수 있습니다.

In :
```
df = pd.DataFrame({'s1':s1,'s2':s2})
```

In :
```
df
```

Out:

| | s1 | s2 |
|---|---|---|
| **0** | 1 | a |
| **1** | 2 | b |
| **2** | 3 | c |
| **3** | 4 | d |

데이터 프레임에 들어간 s1 문자열을 인덱싱 연산자에 넣어서 출력하면 하나의 시리즈가 출력됩니다.

시리즈와 데이터 프레임의 인덱싱 연산자의 값을 == 비교 연산자로 확인하면 비교된 결과가 같은 시리즈의 shape 형태이고 값은 bool형으로 표시됩니다. 같은 결과 값만 가지므로 전부 True 값을 가진 시리즈인 것을 알 수 있습니다.

In :
```
df['s1']
```

Out:
```
0    1
1    2
2    3
3    4
Name: s1, dtype: int64
```

In :
```
s1 == df['s1']
```

Out:
```
0    True
1    True
2    True
3    True
Name: s1, dtype: bool
```

이번에는 생성된 시리즈를 파이썬 리스트에 넣고 데이터 프레임 생성자로 객체를 만들어봅니다.

이 경우는 시리즈가 열이 아니라 행으로 들어갑니다. 그 이유는 딕셔너리처럼 키가 없어 리스트에 있는 시리즈를 보고 행의 레이블로 인식해서 행 단위로 저장하여 생성하기 때문입니다.

In :
```
df_a = pd.DataFrame([s1,s2])
```

In :
```
df_a
```

Out:

| | 0 | 1 | 2 | 3 |
|---|---|---|---|---|
| **s1** | 1 | 2 | 3 | 4 |
| **s2** | a | b | c | d |

### ■ 딕셔너리에 딕셔너리를 넣어 데이터 프레임 생성

시리즈를 생성할 때 딕셔너리를 넣고 만들었습니다. 데이터 프레임은 딕셔너리에 딕셔너리가 들어가는 이중구조를 만들면, 2차원 구조로 인식해서 데이터 프레임의 객체를 만듭니다.

### [예제 2-10] 딕셔너리가 원소인 딕셔너리로 데이터 프레임 생성하기

딕셔너리 안의 키는 문자열을 지정하고 값으로 딕셔너리를 지정해서 하나의 딕셔너리를 생성합니다. 이때 내부에 있는 키와 값의 개수는 똑같이 전부 만들었습니다.

```
In : data = {'AAA' : {'a' : 4,'b':5, 'c':6, 'd':7},
             'BBB' : {'a': 10, 'b' : 20, 'c':30, 'd': 40},
             'CCC' : {'a':100, 'b': 50, 'c': -30, 'd': -50} }
```

딕셔너리로 만든 데이터를 넣고 데이터 프레임을 생성하면 외부 딕셔너리의 키는 열의 레이블로 들어가고 내부 딕셔너리의 키는 행의 레이블로 들어갑니다. 또한, 값은 데이터 프레임의 값으로 들어갑니다.

이 내용에서 값을 딕셔너리에 넣으면 시리즈에 딕셔너리를 넣고 객체를 생성하는 것과 동일하게 처리하지만, 실제 데이터 프레임 안에는 열로 저장하는 것을 알 수 있습니다.

```
In : df = pd.DataFrame(data)
```

```
In : df
```

Out:

| | AAA | BBB | CCC |
|---|---|---|---|
| **a** | 4 | 10 | 100 |
| **b** | 5 | 20 | 50 |
| **c** | 6 | 30 | -30 |
| **d** | 7 | 40 | -50 |

이번에는 원하는 열의 레이블을 제한하기 위해 colums 매개변수에 리스트로 열의 이름을 두 개 넣었습니다.

실제 데이터에는 3개의 열이 있지만 columns 매개변수에 2개만 지정했으므로 매칭되는 2개의 열만 만들어지는 것을 볼 수 있습니다.

```
In : df2 = pd.DataFrame(data, columns=['AAA','CCC'])
```

```
In : df2
```

Out:

| | AAA | CCC |
|---|---|---|
| **a** | 4 | 100 |
| **b** | 5 | 50 |
| **c** | 6 | -30 |
| **d** | 7 | -50 |

## 2.3.2 데이터 프레임 구성 기본 속성 알아보기

데이터 프레임 생성자가 작동되는 원리를 알아보았습니다. 다음으로 데이터 프레임에 어떤 속성들이 있는지 보겠습니다.

### ■ 데이터 프레임 기본 속성

데이터 프레임은 2차원으로 구성되어 있고, 행과 열의 레이블이 있으며, 데이터를 별도로 관리합니다.

**[예제 2-11] 데이터 프레임의 기본 속성 알아보기**

리스트에 두 개의 튜플(tuple)이 있는 데이터를 만들기 위해 두 개의 리스트를 만들고 이를 파이썬의 zip 함수로 리스트를 묶습니다. 튜플이 만들어진 것에 다시 리스트 생성자를 이용해서 만듭니다.

In :
```
names = ['Bob','Jessica','Mary','John','Mel']
births = [968, 155, 77, 578, 973]
BabyDataSet = list(zip(names,births))
```

위에서 만들어진 2개의 원소를 가질 튜플의 리스트를 data에 넣고 두 개의 리스트를 보관하는 변수명과 같은 문자열을 colums 속성에 리스트로 넣었습니다.

데이터 프레임 객체가 생성된 것을 보면 2차원의 배열로 만들어진 것을 볼 수 있습니다.

In :
```
df = pd.DataFrame(data = BabyDataSet, columns=['Names', 'Births'])
```

In :
```
df.values
```

Out:
```
array([['Bob', 968],
       ['Jessica', 155],
       ['Mary', 77],
       ['John', 578],
       ['Mel', 973]], dtype=object)
```

행과 열의 레이블을 관리하는 .axes 속성과 행의 레이블을 관리하는 .index가 있고 열의 레이블을 관리하는 .columns의 속성으로 데이터 정보를 확인합니다.

```
In :  df.axes

Out:  [RangeIndex(start=0, stop=5, step=1),
       Index(['Names', 'Births'], dtype='object')]

In :  df.index

Out:  RangeIndex(start=0, stop=5, step=1)

In :  df.columns

Out:  Index(['Names', 'Births'], dtype='object')
```

데이터 프레임의 모양과 차원 그리고 실제 원소들의 개수를 나타내는 .size 라는 속성도 있습니다.

```
In :  df.shape, df.ndim, df.size

Out:  ((5, 2), 2, 10)
```

## 2.4 인덱스 검색

파이썬 인덱스 검색은 오로지 하나의 객체만 인자로 받아서 처리하는 것을 원칙으로 합니다. 그렇다면 인덱스 연산자에 슬라이싱을 해도 하나의 객체만 넣는 것일까요?

파이썬에는 슬라이싱을 지원하는 slice 클래스가 존재합니다. 이 클래스는 하나의 객체에 대해 슬라이싱 검색 또한 처리합니다.

파이썬의 인덱스 검색이나 슬라이싱 검색을 위한 대괄호([ ]) 연산자와 매칭되는 스페셜 메소드는 __getitem__입니다.

판다스도 인덱스 검색과 슬라이싱 검색을 지원합니다. 판다스도 파이썬을 따르므로 기본 스페셜 메소드인 __getitem__을 구현하고 이 스페셜 메소드를 확장해서 처리하는 구조입니다. 인덱스 검색을 위한 판다스 클래스인 시리즈(Series)는 행 단위로 구성되어 행을 기준으로 검색합니다. 그러나 데이터 프레임은 열 단위로 구성되어 있으므로 기본적인 인덱싱을 사용하면 열 단위로 조회가 됩니다.

이번 절에서는 판다스의 다양한 인덱스 검색에 대해서 알아봅니다.

[그림 2-3]에 데이터 프레임이 만들어지면 기본 인덱스 검색과 슬라이싱 검색을 처리하는 모습을 간략하게 나타냈습니다.

두 개의 열을 먼저 팬시 인덱싱으로 검색한 후에 행에 대한 슬라이싱은 1:3으로 처리하면 2열과 2행을 이루는 데이터 프레임의 서브 집합인 데이터 프레임이 만들어집니다.

하나의 열만을 선택할 수 있고, 하나의 행만을 선택할 수도 있습니다. 또한 열 하나를 삭제하는 것도 가능합니다.

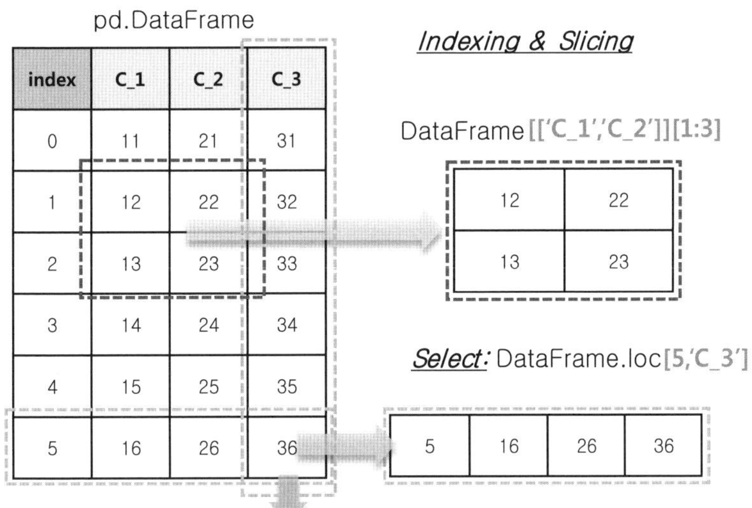

[그림 2-3] 인덱스 검색

## 2.4.1 인덱스 기본 검색과 슬라이싱

판다스의 시리즈와 데이터 프레임에 행과 열의 인덱스를 별도의 index 클래스로 관리하는 이유가 있습니다. 시리즈와 데이터 프레임의 원소를 검색하거나 갱신할 때도 사용하지만 기본 인덱스가 아닌 멀티인덱스를 처리할 수 있는 구조를 만든 것입니다. 인덱싱 연산자인 대괄호를 가지고 행과 열의 레이블로 간단하게 검색도 가능합니다.

판다스에서는 슬라이싱 검색도 레이블의 정보를 가지고 시리즈나 데이터 프레임의 행 단위로 검색이 가능합니다. 다만 슬라이싱을 한 결과는 별도의 사본이 아니라 기존 데이터 프레임의 뷰 역할을 합니다.

### ■ 데이터 프레임의 일반 검색 알아보기

하나의 csv 파일의 path를 .read_csv 함수에 인자로 넣고 이 파일의 텍스트 정보를 인코딩해서 결과를 데이터 프레임으로 만듭니다.

일반적인 검색과 슬라이싱을 하면서 열 단위와 행 단위의 기본 검색을 알아봅니다.

### [예제 2-12] 데이터를 읽어오기

[예제 2-12] 파일이 있는 패스를 지정하고 대학등록금 csv 파일을 읽습니다. 인코딩은 필수적으로 넣어서 처리하는 것이 좋습니다.

이 데이터는 공공 데이터 포탈에서 받은 대학의 평균등록금 파일을 가져온 것입니다. 기존 파일명이 한글이므로 영어로 바꾸어서 처리하도록 합니다. 파이썬과 달리 판다스는 한글 파일명이 처리가 안 되어서 영어로 파일의 이름을 사용해야 합니다. 읽어온 파일을 ct 변수에 할당했습니다.

In :
```
ct = pd.read_csv("../data/2017_college_tuition.csv",encoding='euc-kr')
```

변수에 할당된 정보를 확인하기 위해 데이터 프레임에 있는 .head 메소드를 사용했습니다. 기본 값이 5이므로 5개의 결과만 보여주는 것을 볼 수 있습니다.

In :
```
ct.head()
```

Out:

| | 학교명 | 설립구분 | 평균등록금 |
|---|---|---|---|
| 0 | 강릉원주대학교 | 국공립 | 4,262 |
| 1 | 강원대학교 | 국공립 | 4,116 |
| 2 | 경남과학기술대학교 | 국공립 | 3,771 |
| 3 | 경북대학교 | 국공립 | 4,351 |
| 4 | 경상대학교 | 국공립 | 3,967 |

데이터의 앞부분을 봤으니 이번에는 데이터의 마지막 부분을 확인하기 위해 .tail 메소드를 이용했습니다. 이 메소드도 기본값 5개를 보여줍니다.

더 많은 데이터를 보고 싶을 때는 인자에 .head나 .tail 메소드의 인자로 필요한 정수를 넣으면 해당 정수 개수만큼 자료를 보여줍니다.

In :
```
ct.tail()
```

Out:

| | 학교명 | 설립구분 | 평균등록금 |
|---|---|---|---|
| 191 | 호남대학교 | 사립 | 6,482 |
| 192 | 호남신학대학교 | 사립 | 6,438 |
| 193 | 호서대학교 | 사립 | 7,695 |
| 194 | 호원대학교 | 사립 | 6,929 |
| 195 | 홍익대학교 | 사립 | 8,297 |

데이터를 확인할 때 데이터 행의 개수와 열의 개수는 반드시 확인해야 하며 이때 .shape 속성을 사용합니다. .shape 속성을 조회하면 파이썬 tuple 자료형으로 표기된 것을 알 수 있습니다. 열의 레이블이 한글명이므로 .columns 속성을 확인하면 한글명으로 열의 정보를 관리하는 것을 볼 수 있습니다.

In :
```
ct.shape
```

Out:
```
(196, 3)
```

In :
```
ct.columns
```

Out:
```
Index(['학교명', '설립구분', '평균등록금'], dtype='object')
```

## [예제 2-13] 대괄호([ ])를 이용하여 검색하기

데이터 프레임의 객체를 파일을 읽어서 만들어보았습니다. 이번에는 검색 연산자인 대괄호([ ])를 가지고 인덱스 검색을 해보겠습니다.

대괄호([ ]) 연산자에  하나의 열을 조회하는 방식으로 이용하는 게 보통의 인덱스 검색 방법이며, 열의 이름을 하나 넣고 변수에 할당합니다.

데이터 프레임에서 일반적인 인덱스 검색을 하면 여러 열 중에 하나의 열만 처리합니다. 이 열은 시리즈의 인스턴스 정보를 담고 있습니다. .head 메소드로 상위의 학교명만 조회하면 한글 자음 순서로 정렬된 학교명이 조회됩니다.

In :
```
ct_ser = ct['학교명']
```

In :
```
ct_ser.head()
```

Out:
```
0        강릉원주대학교
1          강원대학교
2      경남과학기술대학교
3          경북대학교
4          경상대학교
Name: 학교명, dtype: object
```

이 시리즈를 가지고 숫자 레이블을 이용하면 시리즈의 특정 행을 조회할 수 있습니다.
인덱스를 검색하기 위해 대괄호([ ]) 연산자를 사용하고 정수 100을 넣어 조회하면 100의 위치에 있는 값을 가져와서 출력합니다.

In :
```
ct_ser[100]
```

Out:
```
'부산장신대학교'
```

파이썬의 인덱스 검색 연산자도 내부적으로는 하나의 스페셜 메소드인 __getitem__의 메소드입니다.

이 스페셜 메소드는 key 매개변수 하나만을 가지므로 시리즈일 때는 행의 인덱스인 레이블 100을 넣어 실행하면 인덱스 검색과 같은 결과를 표시합니다.

In :
```
ct_ser.__getitem__(100)
```

Out:
```
'부산장신대학교'
```

이번에는 데이터 프레임에도 인덱스 검색 연산자가 스페셜 메소드인 __getitem__ 으로 처리되는지를 확인합니다.

인덱스 검색 연산자 대신 스페셜 메소드를 주고 key 인자로 '학교명'인 열의 레이블을 주면 하나의 열을 검색해서 시리즈로 결과를 보여줍니다.

인덱스 검색 연산자와 스페셜 메소드가 데이터 프레임에서도 같은 결과를 보여주는 것을 알 수 있습니다.

```
In :  ct.__getitem__('학교명').head()
```

```
Out:  0        강릉원주대학교
      1          강원대학교
      2    경남과학기술대학교
      3          경북대학교
      4          경상대학교
      Name: 학교명, dtype: object
```

## ■ 데이터 프레임 일반 슬라이싱 검색 알아보기

판다스의 시리즈나 데이터 프레임 클래스로 슬라이싱 검색을 처리할 때에는 행을 기준으로 처리합니다.

일단 슬라이싱 검색에서는 열 단위로 처리할 수 없습니다.

### [예제 2-14] 대괄호([ ])로 슬라이싱 검색하기

대학교 이름을 가진 시리즈가 할당된 변수 ct_ser에 슬라이싱 정보인 시작점 10과 끝점 20을 넣고 처리하면 10부터 19까지 10개의 대학의 이름을 출력합니다.

파이썬이랑 동일하게 정수로 슬라이싱 처리하면 마지막 정수는 포함시키지 않습니다.

```
In :  ct_ser[10:20]
```

```
Out:  10        금오공과대학교
      11        대구교육대학교
      12          목포대학교
      13        목포해양대학교
      14          부경대학교
      15        부산교육대학교
      16          부산대학교
      17      서울과학기술대학교
      18        서울교육대학교
      19          서울대학교
      Name: 학교명, dtype: object
```

데이터 프레임이 할당된 ct 변수에 슬라이싱 정보를 처음은 10을 주고 마지막은 20을 부여합니다. 10부터 19까지의 정보를 가진 데이터 프레임 형태의 자료가 출력됩니다. 슬라이싱 검색으로 나온 결과는 항상 데이터 프레임에서는 데이터 프레임을 만들고 시리즈에서는 시리즈를 만듭니다.

이 예제에서는 슬라이싱 검색 결과를 다른 변수 ct_slice에 할당했고 이를 head 메소드로 조회했습니다.

In :
```
ct_slice = ct[10:20]
```

In :
```
ct_slice.head()
```

Out:

| | 학교명 | 설립구분 | 평균등록금 |
|---|---|---|---|
| **10** | 금오공과대학교 | 국공립 | 3,769 |
| **11** | 대구교육대학교 | 국공립 | 3,604 |
| **12** | 목포대학교 | 국공립 | 3,895 |
| **13** | 목포해양대학교 | 국공립 | 3,424 |
| **14** | 부경대학교 | 국공립 | 4,042 |

슬라이싱된 최종 결과를 확인하기 위해 ct_slice.shape으로 모양을 확인해보면 10개의 행과 3개의 열이 있습니다.

In :
```
ct_slice.shape
```

Out: (10, 3)

데이터 프레임의 스페셜 메소드 __getitem__에서 slice 클래스의 객체를 하나 만듭니다. 이 하나의 객체가 내부에서 행의 정보를 슬라이스해서 데이터 프레임 중 부분집합의 데이터 프레임을 만들어서 반환합니다.

처리되는 최종 결과는 대괄호([ ]) 연산자(operator)를 사용한 것과 같은 결과가 나옵니다.

In :
```
ct.__getitem__(slice(10,20)).head()
```

Out:

| | 학교명 | 설립구분 | 평균등록금 |
|---|---|---|---|
| **10** | 금오공과대학교 | 국공립 | 3,769 |
| **11** | 대구교육대학교 | 국공립 | 3,604 |

| 12 | 목포대학교 | 국공립 | 3,895 |
|---|---|---|---|
| 13 | 목포해양대학교 | 국공립 | 3,424 |
| 14 | 부경대학교 | 국공립 | 4,042 |

## 2.4.2 마스킹 검색

판다스에서는 인덱스 검색 연산자 내부의 값을 다양하게 받아서 처리할 수 있도록 확장했습니다. 특히 논리식의 결과를 갖고 있는 특정 열의 시리즈 내부 값들이 bool 인스턴스 값인 True/False로 처리됩니다.

이중에 True 값의 결과만을 추출할 수 있는 원소를 행 단위로 뽑아서 처리하는 것을 알 수 있습니다.

### ■ 데이터 프레임을 이용해 논리 검색 알아보기

논리식 검색을 통해 다양한 식을 처리하고 그 결과에 해당된 데이터만을 검색해 불러올 수 있습니다.

### [예제 2-15] 논리식 검색하기

파일에서 수능 성적에 대한 정보를 가져올 때 누락 값이 발생한 열을 삭제하기 위해 .dropna 메소드의 axis 매개변수에 1을 넣어 먼저 삭제합니다.

누락 값이 없는 열만을 가지고 처리가 되었는지 내부의 정보를 .head 메소드를 사용해서 확인합니다.

In :
```
sat = pd.read_csv("../data/2014_korea_sat_scores.csv",encoding='euc-kr').dropna(axis=1)
```

In :
```
sat.head()
```

Out:

| | 등급 | 과목 | 구분점수 | 도수(명) | 비율(%) |
|---|---|---|---|---|---|
| 0 | 1 | 국어 A형 | 128 | 13866 | 4.30 |
| 1 | 2 | 국어 A형 | 123 | 23599 | 7.32 |
| 2 | 3 | 국어 A형 | 116 | 42470 | 13.17 |

| 3 | 4 | 국어 A형 | 108 | 52640 | 16.32 |
|---|---|---|---|---|---|
| 4 | 5 | 국어 A형 | 97 | 63896 | 19.81 |

데이터 프레임의 모양을 보고 전체 건수의 행의 정보와 열을 구성한 정보를 .shape로 확인합니다.

특정 열의 데이터 자료형을 .dtype 속성으로 확인하면 float64라는 것을 알 수 있습니다.

```
In :  sat.shape

Out:  (342, 5)

In :  sat['도수(명)'].dtype

Out:  dtype('int64')
```

열에 대한 자료형을 int64로 변경하기 위해 넘파이 모듈을 임포트하고 열을 .astype 메소드로 자료형을 바꿉니다. .astype 메소드의 결과가 새로운 시리즈 객체를 반환하므로 기존 데이터 프레임을 갱신하기 위해 인덱스 검색을 이용해서 할당을 한 후에 자료형이 변경되었는지를 확인합니다.

```
In :  import numpy as np

In :  sat['도수(명)'] = sat['도수(명)'].astype(np.int64)

In :  sat['도수(명)'].dtype

Out:  dtype('int64')
```

변경된 열에 대해 참여한 사람이 20,000명보다 작은지를 확인하기 위해 비교 연산자를 이용합니다. 새로운 시리즈가 만들어져 각 행별로 조건이 맞으면 True가, 안 맞으면 False가 나오는 것을 볼 수 있습니다.

```
In :  (sat['도수(명)'] < 20000).head()
```

```
Out: 0     True
     1    False
     2    False
     3    False
     4    False
     Name: 도수(명), dtype: bool
```

데이터 프레임 중에 위의 논리식의 결과를 인덱스 검색에 넣으면 True인 행만 추출되는 것을 볼 수 있습니다. 이때 검색된 결과도 새로운 데이터 프레임으로 반환되지만 인덱스의 레이블은 기존 정보를 그대로 유지하는 것을 볼 수 있습니다.

```
In : sat[sat['도수(명)'] < 20000].head()
```

Out:

| | 등급 | 과목 | 구분점수 | 도수(명) | 비율(%) |
|---|---|---|---|---|---|
| 0 | 1 | 국어 A형 | 128 | 13866 | 4.30 |
| 1 | 9 | 국어 A형 | 60미만 | 12554 | 3.89 |
| 2 | 1 | 국어 B형 | 127 | 12615 | 4.45 |
| 3 | 8 | 국어 B형 | 59 | 19943 | 7.03 |
| 4 | 9 | 국어 B형 | 59미만 | 10868 | 3.83 |

### ■ 다중 논리식에 대한 불리언 처리

지금까지는 하나의 논리식을 가지고 검색을 수행했지만 여러 논리식의 결과를 하나로 묶어서 처리도 가능합니다.

파이썬에서는 논리 연산자는 and, or, not을 사용하지만 마스킹 검색에서는 문자로 된 논리 연산자를 사용할 수 없으므로 &, |, ~ 기호를 사용해서 처리합니다.

이 연산자는 비교 연산자보다 연산자 우선순위가 낮아서, 논리식을 여러 개 작성할 때는 각 논리식을 괄호로 묶어 명확히 먼저 처리해야 합니다.

### [예제 2-16] 다중 논리식 검색하기

먼저 사용한 논리식에 이번에는 다른 열을 추가해서 두 논리식이 모두 True일 때만 처리하도록 만들었습니다.

이 논리식의 결과는 시리즈로 반환하므로 처리된 결과가 행의 길이가 같은지를 .shape 속성으로 확인하면 같은 행의 길이를 알 수 있습니다. 두 개 논리식의 반환 값에서 True의 개수를 .sum 메소드로 확인합니다. True가 1이므로 전부 합산한 결과를 통해 도출합니다.

```
In : l_sat = ((sat['도수(명)'] < 20000) & (sat['비율(%)'] <= 5.0))

In : l_sat.shape

Out: (342,)

In : l_sat.sum()

Out: 71
```

위의 논리식의 결과를 인덱스 검색 연산자에 넣으면 71개의 True인 행의 결과를 추출해서 새로운 데이터 프레임 객체로 반환합니다.

처리된 결과를 .shape 속성으로 확인하면 행의 길이가 71이고 열이 5개입니다.

내부의 내용을 .head 메소드로 조회하면 행의 레이블은 기존의 레이블을 유지하고 있는 것을 알 수 있습니다.

```
In : sat_logic = sat[l_sat]

In : sat_logic.shape

Out: (71, 5)

In : sat_logic.head()

Out:
```

| | 등급 | 과목 | 구분점수 | 도수(명) | 비율(%) |
|---|---|---|---|---|---|
| **0** | 1 | 국어 A형 | 128 | 13866 | 4.30 |
| **8** | 9 | 국어 A형 | 60미만 | 12554 | 3.89 |
| **9** | 1 | 국어 B형 | 127 | 12615 | 4.45 |
| **9** | 9 | 국어 B형 | 59미만 | 10868 | 3.83 |
| **18** | 1 | 수학 A형 | 137 | 19675 | 4.77 |

### ■ 시리즈에 논리식 검색

마스킹 검색은 데이터 프레임에서 실행이 되므로 시리즈에서도 똑같이 처리됩니다.

### [예제 2-17] 시리즈에 논리식 검색하기

위에서 만들어진 데이터 프레임 중 하나의 열을 sat_ser 변수에 할당하고 조회합니다.

```
In :  sat_ser =  sat['도수(명)']

In :  sat_ser.head()

Out:  0     13866
      1     23599
      2     42470
      3     52640
      4     63896
      Name: 도수(명), dtype: int64
```

데이터 프레임에서 사용한 것과 같은 논리식을 이용해서 새로운 시리즈를 검색하고 바로 .shape 속성을 이용해서 결과를 확인합니다.

또한 같은 조건을 유지한 채로 이번에는 .head 메소드로 결과의 행을 조회합니다. 이번에도 기존 행의 레이블이 변경되지 않고 유지된 결과가 나오는 것을 볼 수 있습니다.

```
In :  sat_ser[sat_ser < 20000].shape

Out:  (294,)

In :  sat_ser[sat_ser < 20000].head()

Out:  0      13866
      8      12554
      9      12615
      16     19943
      17     10868
      Name: 도수(명), dtype: int64
```

### 2.4.3 팬시 검색하기

이전 절에서 인덱스 검색에 논리식의 결과를 가지고 처리하는 방법도 알아보았습니다. 이번에는 특정 레이블을 직접 리스트에 넣어서 검색하는 팬시(fancy) 검색을 알아봅니다.

시리즈일 때는 행 레이블을 이용하고 데이터 프레임일 경우는 열 레이블을 넣어야 팬시 검색이 가능합니다.

**■ 데이터 프레임의 팬시 검색**

이번에는 seaborn 모듈에서 제공하는 데이터셋(dataset)을 가지고 리스트에 레이블을 넣고 처리한 결과를 확인해봅니다.

**[예제 2-18] 데이터 프레임 팬시 검색하기**

데이터를 시각화하는 seaborn 모듈을 이용해 그 내부에 있는 데이터인 타이타닉을 가지고 팬시 검색을 해봅니다.

In :
```
import seaborn as sns
```

In :
```
titanic = sns.load_dataset('titanic')
```

타이타닉에 탑승한 사람들에 대한 정보와 타이타닉이 침몰했을 때 생존한 사람들의 정보를 확인할 수 있습니다.

In :
```
titanic.head()
```

Out:

| | survived | pclass | sex | age | sibsp | parch | fare | embarked | class | who | adult_male | deck | embark_town | alive | alone |
|---|---|---|---|---|---|---|---|---|---|---|---|---|---|---|---|
| 0 | 0 | 3 | male | 22.0 | 1 | 0 | 7.2500 | S | Third | man | True | NaN | Southampton | no | False |
| 1 | 1 | 1 | female | 38.0 | 1 | 0 | 71.2833 | C | First | woman | False | C | Cherbourg | yes | False |
| 2 | 1 | 3 | female | 26.0 | 0 | 0 | 7.9250 | S | Third | woman | False | NaN | Southampton | yes | True |
| 3 | 1 | 1 | female | 35.0 | 1 | 0 | 53.1000 | S | First | woman | False | C | Southampton | yes | False |
| 4 | 0 | 3 | male | 35.0 | 0 | 0 | 8.0500 | S | Third | man | True | NaN | Southampton | no | True |

타이타닉 정보에 대한 열을 .columns 속성으로 확인해봅니다.

In :
```
titanic.columns
```

Out:
```
Index(['survived', 'pclass', 'sex', 'age', 'sibsp', 'parch', 'fare',
       'embarked', 'class', 'who', 'adult_male', 'deck', 'embark_town',
       'alive', 'alone'],
      dtype='object')
```

이 데이터 프레임을 가지고 특정 열에만 새로운 데이터 프레임을 만들고 싶으면 파이썬 리스트에 열의 이름을 넣어서 검색하면 됩니다. 일단 age, sex, alive 열을 넣어서 검색하면 모든 열 중에 3개의 열로 구성된 데이터 프레임을 반환하는 것을 볼 수 있습니다.

In :
```
titanic[ ['age','sex','alive']] .head()
```

Out:

| | age | sex | alive |
|---|---|---|---|
| 0 | 22.0 | male | no |
| 1 | 38.0 | female | yes |
| 2 | 26.0 | female | yes |
| 3 | 35.0 | female | yes |
| 4 | 35.0 | male | no |

가져온 데이터에 누락 값이 있는지를 .isnull 메소드로 확인하고 True 값이 발생했다면 몇 개가 있는지를 .sum 메소드를 연결한 뒤 메소드 체인(method chain)을 구성해서 알아봅니다.
실제 age 열에 누락 값이 있음을 볼 수 있습니다.

In :
```
titanic[ ['age','sex','alive']].isnull().sum()
```

Out:
```
age      177
sex        0
alive      0
dtype: int64
```

하나의 열을 검색할 때도 데이터 프레임으로 반환 값을 받으려면 팬시 검색을 통해 수행하면 됩니다. 하나의 열 이름을 리스트에 넣고 실행한 후에 .head 메소드로 조회하면 시리즈가 아닌 데이터 프레임으로 결과를 반환하고, 인덱스 검색에 문자열만을 넣고 조회하면 시리즈가 반환되는 것도 볼 수 있습니다.

In :
```
titanic[ ['age']].head()
```

Out:

| | age |
|---|---|
| **0** | 22.0 |
| **1** | 38.0 |
| **2** | 26.0 |
| **3** | 35.0 |
| **4** | 35.0 |

In :
```
titanic['age'].head()
```

Out:
```
0    22.0
1    38.0
2    26.0
3    35.0
4    35.0
Name: age, dtype: float64
```

### ■ 시리즈의 팬시 검색

데이터 프레임만 팬시 검색이 되는 것이 아니라 시리즈도 팬시 검색할 수 있습니다. 이때는 행 레이블을 이용해 처리합니다.

### [예제 2-19] 시리즈 팬시 검색하기

[예제 2-19] 타이타닉 데이터 프레임 중 하나의 열인 age를 검색해서 시리즈를 만들어서 하나의 변수에 할당합니다.

이 시리즈 중 행의 레이블을 리스트에 넣어서 팬시 검색을 하면 결과도 시리즈로 반환합니다. 팬시 검색한 결과가 시리즈로 반환되지만 실제 행의 레이블은 변경하지 않고 기존 것 그대로 반환합니다.

In :
```
titanic_age = titanic['age']
```

In :
```
titanic_age[[0,3,4]]
```

```
Out: 0    22.0
     3    35.0
     4    35.0
     Name: age, dtype: float64
```

## 2.5 인덱서 검색

판다스가 기본적으로 데이터 프레임의 인덱스 검색을 처리할 때 열을 기준으로 제공하고 시리즈는 행을 기준으로 처리합니다.

특히 데이터 프레임을 처리할 때 행 단위로 검색해서 처리하려면 다른 방법이 필요한데, 이때는 별도의 인덱서 클래스를 속성으로 제공해 행 단위의 검색도 가능하도록 제공합니다.
또한 인덱서 검색은 복합 조회도 가능해서 행과 열을 동시에 넣어 검색도 가능합니다. 이번 절에서는 이런 다양한 검색에 대해 알아봅니다.

### 2.5.1 명시적 인덱서와 암묵적 인덱서 검색

인덱서(Indexer)는 검색에 명시적인 레이블을 이용하는 .loc와 암묵적인 레이블인 포지션(position)을 사용할 수 있는 .iloc 두 가지 속성이 있습니다.

이외에 다른 인덱서도 있지만 주로 이 두 개의 인덱서를 중심으로 알아보겠습니다.

#### ■ 명시적 인덱서(.loc) 검색

명시적 인덱서를 사용한다는 것은 시리즈나 데이터 프레임을 만들 때 .index와 .columns 속성의 정보를 이용함을 의미합니다.

**[예제 2-20] 명시적 인덱서 기본 검색하기**

이번에는 seaborn 모듈에 있는 데이터 중에 diamonds에 대한 데이터를 가져와서 인덱서 검색을 수행해봅니다.

```
In : import seaborn as sns
```

In :
```
diamonds = sns.load_dataset('diamonds')
```

데이터의 구조를 head 메소드로 확인하고 전체 행과 열의 개수를 확인하기 위해 shape 속성으로 점검합니다.

In :
```
diamonds.head()
```

Out:

| | carat | cut | color | clarity | depth | table | price | x | y | z |
|---|---|---|---|---|---|---|---|---|---|---|
| **0** | 0.23 | Ideal | E | SI2 | 61.5 | 55.0 | 326 | 3.95 | 3.98 | 2.43 |
| **1** | 0.21 | Premium | E | SI1 | 59.8 | 61.0 | 326 | 3.89 | 3.84 | 2.31 |
| **2** | 0.23 | Good | E | VS1 | 56.9 | 65.0 | 327 | 4.05 | 4.07 | 2.31 |
| **3** | 0.29 | Premium | I | VS2 | 62.4 | 58.0 | 334 | 4.20 | 4.23 | 2.63 |
| **4** | 0.31 | Good | J | SI2 | 63.3 | 58.0 | 335 | 4.34 | 4.35 | 2.75 |

In :
```
diamonds.shape
```

Out:
```
(53940, 10)
```

이번 데이터 프레임에 있는 데이터 중에 누락 값을 .isnull과 .sum 메소드로 조회하면 각 열에 값이 전부 0으로 조회됩니다. 실제 누락 값이 True인 열이 하나도 없다는 것을 알 수 있습니다.

In :
```
diamonds.isnull().sum()
```

Out:
```
carat      0
cut        0
color      0
clarity    0
depth      0
table      0
price      0
x          0
y          0
z          0
dtype: int64
```

인덱서(Indexer) .loc 속성을 확인해보면 기존에 배운 클래스가 아닌 별도의 클래스입니다. 특정 클래스의 인스턴스를 만들고 검색해서 결과를 반환하는 것을 알 수 있습니다.

```
In : type(diamonds.loc)
```

```
Out: pandas.core.indexing._LocIndexer
```

행 단위의 처리를 .loc에서 합니다. 인덱스 검색 인자로 0을 전달하면 데이터 프레임의 첫 번째 행의 정보를 시리즈로 출력합니다.

```
In : iamonds.loc[0]
```

```
Out: carat       0.23
     cut        Ideal
     color          E
     clarity      SI2
     depth       61.5
     table         55
     price        326
     x           3.95
     y           3.98
     z           2.43
     Name: 0, dtype: object
```

이번에는 .loc 속성에서 인덱스 검색으로 첫 번째 인자와 두 번째 인자를 하나씩 줍니다. 두 개의 인자를 인식하는 기준의 첫 번째는 행이고 두 번째는 열이므로 행과 열의 레이블을 검색해서 인덱스 검색을 수행합니다.

행과 열의 레이블을 전부 하나씩 부여했으므로 특정 값을 읽어와서 출력할 수 있습니다. 결과 값에서 차원이 없는 스칼라 값을 보여줍니다.

```
In : diamonds.loc[0, 'carat']
```

```
Out: 0.23
```

파이썬 슬라이싱도 인덱서에서는 행과 열에 전부 사용할 수 있습니다. 먼저 행에 슬라이싱을 처리하면 모든 데이터 프레임의 행을 다 가져오라는 뜻입니다.

두 번째 인자에 열의 이름을 부여하면 하나의 열을 가져오라는 의미로 하나의 열 정보가 됩니다. 그러므로 시리즈로 결과 값을 반환하는 것을 볼 수 있습니다.

In :
```
diamonds.loc[:, 'carat'].head()
```

Out:
```
0    0.23
1    0.21
2    0.23
3    0.29
4    0.31
Name: carat, dtype: float64
```

위의 인덱서 처리 방식은 인덱스 검색에서 열의 이름을 문자열로 전달하는 것과 같은 결과가 나옵니다.

In :
```
diamonds['carat'].head()
```

Out:
```
0    0.23
1    0.21
2    0.23
3    0.29
4    0.31
Name: carat, dtype: float64
```

인덱서로 데이터 프레임의 결과가 나오려면 열의 인자를 넣을 때 팬시 검색을 할 수 있는 열 이름의 리스트를 넣고 실행하면 됩니다.

하나의 열을 리스트로 넣어 팬시 검색을 하면 하나의 열을 갖는 데이터 프레임이 만들어져 반환됩니다.

In :
```
diamonds.loc[:, ['carat']].head()
```

Out:

| | carat |
|---|---|
| **0** | 0.23 |
| **1** | 0.21 |
| **2** | 0.23 |
| **3** | 0.29 |
| **4** | 0.31 |

일반적인 팬시 검색은 인덱스 검색에 넣어 실행한 것과 같은 결과가 도출됩니다.

In :
```
diamonds[['carat']].head()
```

Out:

| | carat |
|---|---|
| **0** | 0.23 |
| **1** | 0.21 |
| **2** | 0.23 |
| **3** | 0.29 |
| **4** | 0.31 |

실제 .xs 메소드를 가지고 행과 열을 중심으로 데이터를 가져올 수 있는데, 기본은 행 단위이므로 행 단위 인덱스 정보를 주고 조회합니다.

In :
```
diamonds.xs(0)
```

Out:
```
carat        0.23
cut         Ideal
color           E
clarity       SI2
depth        61.5
table          55
price         326
x            3.95
y            3.98
z            2.43
Name: 0, dtype: object
```

열 단위로 처리하려면 열 레이블을 넣고 axis=1을 지정해서 열 단위로 조회하면 열의 정보를 전체 조회합니다.

In :
```
diamonds.xs("carat",1).head()
```

Out:
```
0    0.23
1    0.21
2    0.23
3    0.29
4    0.31
Name: carat, dtype: float64
```

특정 행과 열의 레이블을 지정해서 원소 값만 처리하려면 .lookup 메소드를 이용합니다. 인자로 리스트로 행과 열의 매칭 정보를 주면 해당 값만 검색해서 넘파이 배열로 제공됩니다.

```
In : diamonds.lookup([0,1],['carat','cut'])
```

```
Out: array([0.23, 'Premium'], dtype=object)
```

### ■ 암묵적 인덱서 검색

판다스는 레이블이 명시적으로 정해져 있어도 일반적인 리스트처럼 암묵적인 인덱스 정보인 포지션이 있습니다.

암묵적인 인덱서를 이용하면 실제 행과 열의 레이블의 이름을 이용하지 않고도 검색이 가능합니다.

#### [예제 2-21] 암묵적 인덱서 검색하기

암묵적 인덱서인 .iloc에 0을 넣었을 때 실제 행의 레이블도 0이지만 같은 것은 아닙니다.

암묵적 인덱스는 레이블과 관계 없이 모든 것을 0부터 접근해서 처리합니다. 데이터 프레임의 첫 번째 행은 암묵적인 포지션이기 때문에 매번 0이므로 이를 암묵적인 인덱서인 .iloc에 넣으면 항상 첫 번째 행으로만 인식됩니다.

```
In : diamonds.iloc[0]
```

```
Out: carat        0.23
     cut         Ideal
     color           E
     clarity       SI2
     depth        61.5
     table          55
     price         326
     x            3.95
     y            3.98
     z            2.43
     Name: 0, dtype: object
```

이번에는 행과 열의 인자에 암묵적 포지션을 0으로 세팅하면 행과 열의 첫 번째에 있는 값을 출력합니다.

데이터 프레임으로 반환 값을 받으려면 열의 포지션을 리스트에 넣어서 조회해야 합니다.

```
In :  diamonds.iloc[0,0]

Out:  0.23

In :  diamonds.iloc[0,[0]]

Out:  carat    0.23
      Name: 0, dtype: object
```

여러 열을 가진 시리즈를 반환하기를 원한다면 하나의 행과 여러 열의 정보인 포지션 여러 개를 리스트 안에 정의해서 실행합니다. 그러면 하나의 행과 그 행의 각 열에 대한 정보를 가져다가 시리즈로 출력합니다.

```
In :  diamonds.iloc[0,[0,1,2]]

Out:  carat     0.23
      cut      Ideal
      color        E
      Name: 0, dtype: object
```

이번에는 행과 열에 인자로 두 개의 슬라이스를 넣어서 처리하면 포지션을 인식해서 데이터 프레임으로 결과를 반환합니다.

```
In :  diamonds.iloc[:5, :3]
```

Out:

| | carat | cut | color |
|---|---|---|---|
| **0** | 0.23 | Ideal | E |
| **1** | 0.21 | Premium | E |
| **2** | 0.23 | Good | E |
| **3** | 0.29 | Premium | I |
| **4** | 0.31 | Good | J |

## 2.5.2 복합 검색

지금까지 배운 다양한 검색을 혼합해서 사용할 수 있습니다. 판다스에서 추가된 논리 검색과 팬시 검색 등을 이용해서 복합 검색을 알아봅니다.

### ■ 명시적 인덱서 복합 검색

명시적인 인덱서는 레이블을 가지고 처리하고 슬라이스, 논리 검색과 팬시 검색을 연결해 다양한 검색을 수행할 수 있습니다.

### [예제 2-22] 명시적 인덱서 복합 검색하기

위에서 처리된 다이아몬드에 대한 데이터 프레임의 열에 대한 정보를 조회합니다.

In :
```
diamonds.columns
```

Out:
```
Index(['carat', 'cut', 'color', 'clarity', 'depth', 'table', 'price', 'x', 'y',
       'z'],
      dtype='object')
```

두 개의 열인 캐럿과 커팅에 대한 논리식을 이용해서 하나의 논리식 결과를 만듭니다.

In :
```
((diamonds['carat']== 0.23) &(diamonds['cut'] == 'Very Good')).head()
```

Out:
```
0    False
1    False
2    False
3    False
4    False
dtype: bool
```

이를 이용해서 .loc 인덱서의 행의 인자에 넣고 열의 인자에는 팬시 검색인 리스트에 열의 이름을 넣었습니다.

In :
```
carat_cut = diamonds.loc[((diamonds['carat']== 0.23) &
                         (diamonds['cut'] == 'Very Good')),
                        ['carat', 'cut','color','price']]
```

실제 검색된 결과를 확인하면 2차원인 .shape가 나오고, 열은 팬시 검색에 사용된 리스트의 원소 4개와 같음을 알 수 있습니다.

이 정보는 .head 메소드를 이용해 값을 조회할 수 있습니다.

In :
```
carat_cut.shape
```

Out: (197, 4)

In :
```
carat_cut.head()
```

Out:

| | carat | cut | color | price |
|---|---|---|---|---|
| 9 | 0.23 | Very Good | H | 338 |
| 21 | 0.23 | Very Good | E | 352 |
| 22 | 0.23 | Very Good | H | 353 |
| 25 | 0.23 | Very Good | G | 354 |
| 28 | 0.23 | Very Good | D | 357 |

인덱서의 모든 행을 처리하고 싶으면 행의 모든 값을 갖는 슬라이싱으로 처리하고 4개의 열 이름을 리스트에 넣어서 실행합니다.

반환 값을 보면 하나의 새로운 데이터 프레임으로 반환하는 것을 알 수 있습니다.

In :
```
diamonds.loc[:,['carat', 'cut','color','price']].head()
```

Out:

| | carat | cut | color | price |
|---|---|---|---|---|
| 0 | 0.23 | Ideal | E | 326 |
| 1 | 0.21 | Premium | E | 326 |
| 2 | 0.23 | Good | E | 327 |
| 3 | 0.29 | Premium | I | 334 |
| 4 | 0.31 | Good | J | 335 |

내부의 인덱서 클래스의 메소드 중에 보호 메소드를 확인하면 슬라이싱을 처리하는 _get_slice_axis 메소드가 존재합니다.

이 메소드에 slice 객체를 만들어서 전달하는 것은 실제 데이터 프레임의 특정 객체를 슬라이싱하는 것과 같습니다.

In :
```
diamonds.loc._get_slice_axis(slice(0,len(diamonds))).head()
```

Out:

| | carat | cut | color | clarity | depth | table | price | x | y | z |
|---|---|---|---|---|---|---|---|---|---|---|
| **0** | 0.23 | Ideal | E | SI2 | 61.5 | 55.0 | 326 | 3.95 | 3.98 | 2.43 |
| **1** | 0.21 | Premium | E | SI1 | 59.8 | 61.0 | 326 | 3.89 | 3.84 | 2.31 |
| **2** | 0.23 | Good | E | VS1 | 56.9 | 65.0 | 327 | 4.05 | 4.07 | 2.31 |
| **3** | 0.29 | Premium | I | VS2 | 62.4 | 58.0 | 334 | 4.20 | 4.23 | 2.63 |
| **4** | 0.31 | Good | J | SI2 | 63.3 | 58.0 | 335 | 4.34 | 4.35 | 2.75 |

위의 결과를 abc 변수에 할당하고 특정 열만을 뽑아서 처리할 수 있도록 데이터를 구조화하려면 __getitem__ 메소드에 4개의 열 이름을 팬시 검색으로 처리하면 됩니다.

In :
```
abc = diamonds.loc._get_slice_axis(slice(0,len(diamonds)))
abc.__getitem__(['carat', 'cut','color','price']).head()
```

Out:

| | carat | cut | color | price |
|---|---|---|---|---|
| **0** | 0.23 | Ideal | E | 326 |
| **1** | 0.21 | Premium | E | 326 |
| **2** | 0.23 | Good | E | 327 |
| **3** | 0.29 | Premium | I | 334 |
| **4** | 0.31 | Good | J | 335 |

## 2.5.3 내부값의 문자열일 경우 검색 처리 방식

인덱서를 사용할 경우, 특히 문자열로 된 레이블을 처리할 때 문자열의 순서를 가지고 검색할 수 있도록 내부적으로 지원합니다.

특히 슬라이스 처리할 때 문자의 순서가 중요하기 때문에 순서에 맞춰 처리가 되도록 구성하는 것이 중요합니다. 영어는 알파벳 순으로, 한글도 한글 자음과 모음이 순서대로 정렬(alignment)이 되지 않으면 예외가 발생할 수 있습니다.

특히 명시적인 레이블을 사용해서 처리할 때 중요하므로 이번 절에서 문자열에 대한 정렬의 중요함을 알아봅니다.

### ■ 명시적 인덱서를 사용할 때 문자열 레이블 처리 기준

행의 인덱스를 문자열로 정의해 슬라이스 처리할 때 정렬이 되지 않으면 예외가 발생합니다. 예외를 해결하는 방법을 알아봅니다.

#### [예제 2-23] 문자열 값 순서 검색하기

위에서 만들어진 seaborn 모듈의 데이터셋을 가져와 다이아몬드 데이터 프레임을 만든 것을 먼저 color 열로 .set_index 메소드를 사용해서 인덱스를 정하고 새로운 변수에 할당합니다.

변수를 조회하면 일반적인 정수형 인덱스가 사라지고 열의 정보가 인덱스로 만들어집니다.

In :
```
set_i = diamonds.set_index('color')
```

In :
```
set_i.head()
```

Out:

| color | carat | cut | clarity | depth | table | price | x | y | z |
|---|---|---|---|---|---|---|---|---|---|
| E | 0.23 | Ideal | SI2 | 61.5 | 55.0 | 326 | 3.95 | 3.98 | 2.43 |
| E | 0.21 | Premium | SI1 | 59.8 | 61.0 | 326 | 3.89 | 3.84 | 2.31 |
| E | 0.23 | Good | VS1 | 56.9 | 65.0 | 327 | 4.05 | 4.07 | 2.31 |
| I | 0.29 | Premium | VS2 | 62.4 | 58.0 | 334 | 4.20 | 4.23 | 2.63 |
| J | 0.31 | Good | SI2 | 63.3 | 58.0 | 335 | 4.34 | 4.35 | 2.75 |

이제 인덱서를 이용해서 행을 슬라이스로 처리하기 위해 E와 F를 넣었습니다. 행의 인덱스가 정렬되어 있지 않으므로 예외가 발생합니다. 일단 예외 메시지는 유일한 키가 아니라고 나옵니다.

In :
```
try :
    set_i.loc['E':'F']
except ValueError as e :
    print('ValueError', e)
except KeyError as e :
    print(' KeyError', e)
```

Out:
```
KeyError "Cannot get left slice bound for non-unique label: 'E'"
```

이번에는 데이터 프레임을 내부적으로 변경하고자 .sort_index 메소드를 실행할 때 내부의 매개변수를 inplace=True로 넣었습니다.

그리고 정렬된 것을 인덱서를 이용해서 슬라이싱으로 처리하면 예외 없이 검색됩니다. 검색된 결과를 변수 set_i_str에 할당합니다.

In :
```
set_i.sort_index(inplace=True)
```

In :
```
try :
    set_i_str = set_i.loc['E':'F']
except ValueError as e :
    print('ValueError', e)
except KeyError as e :
    print(' KeyError', e)
```

처리된 결과를 .shape 속성으로 확인해보면 특정 값만 처리된 것을 알 수 있습니다.

In :
```
set_i_str.shape
```

Out:
```
(19339, 9)
```

이 데이터 프레임의 내용을 .head 메소드로 조회하면 정렬된 순서로 나옵니다.

In :
```
set_i_str.head()
```

Out:

| | carat | cut | clarity | depth | table | price | x | y | z |
|---|---|---|---|---|---|---|---|---|---|
| **color** | | | | | | | | | |
| **E** | 2.01 | Ideal | SI2 | 62.2 | 57.0 | 17849 | 8.09 | 8.04 | 5.02 |
| **E** | 1.51 | Very Good | VVS2 | 60.2 | 61.0 | 17689 | 7.34 | 7.40 | 4.44 |
| **E** | 0.50 | Ideal | VVS2 | 61.5 | 57.0 | 2236 | 5.09 | 5.12 | 3.14 |
| **E** | 1.13 | Ideal | VVS1 | 60.6 | 57.0 | 14525 | 6.72 | 6.77 | 4.09 |
| **E** | 1.51 | Ideal | VS2 | 62.7 | 57.0 | 14482 | 7.31 | 7.26 | 4.57 |

마지막 정보를 .tail 메소드로 확인하면 조회되는 범위 안의 값만 출력됩니다.

In :
```
set_i_str.tail()
```

Out:

| color | carat | cut | clarity | depth | table | price | x | y | z |
|---|---|---|---|---|---|---|---|---|---|
| F | 1.01 | Ideal | VS1 | 62.5 | 54.0 | 7602 | 6.46 | 6.43 | 4.03 |
| F | 1.01 | Premium | VS1 | 62.5 | 58.0 | 7602 | 6.42 | 6.37 | 4.00 |
| F | 1.05 | Ideal | VS2 | 59.1 | 57.0 | 7697 | 6.67 | 6.66 | 3.94 |
| F | 1.01 | Good | VS2 | 57.3 | 62.0 | 5487 | 6.63 | 6.59 | 3.79 |
| F | 1.52 | Ideal | SI1 | 62.0 | 54.0 | 12071 | 7.36 | 7.44 | 4.59 |

## 2.6 갱신과 삭제 처리

시리즈와 데이터 프레임을 가지고 검색을 했습니다. 판다스에서 시리즈의 행과 데이터 프레임의 열 등의 정보를 갱신하거나 추가할 수도 있고 삭제도 가능합니다.

이때 값들이 어떻게 처리되는지를 이번 절에서 알아보겠습니다. 갱신과 추가는 인덱스 검색을 통해 특정 행과 열의 정보를 확인하고 값을 할당해서 처리도 가능합니다.

특히 판다스는 기존 값을 갱신할 때와 갱신해도 기존의 객체를 변경하지 않고 새로운 객체를 반환하는 경우가 발생하므로 이를 제대로 이해하면서 알아봅니다.

### 2.6.1 열 및 원소 추가 및 갱신

데이터 프레임의 단순히 열을 추가하거나 갱신할 때는 인덱스 검색을 통해 할 수 있습니다.

보통 이때는 파이썬의 스페셜 메소드인 __setitem__을 사용합니다. 이는 인덱스 검색과 할당 연산자를 동시에 사용해서 값을 할당 연산자 다음에 넣고 처리하는 방식입니다.

인덱서를 사용할 때는 인덱서를 이용한 검색을 통해 사용하지만 기본적인 __setitem__ 스페셜 메소드 처리 방식과 같은 방법으로 처리됩니다.

#### ■ 데이터 프레임 생성 후 열 추가

특정 열만 가지는 데이터 프레임을 만들어서 열을 할당 연산자와 인덱스 검색 방식으로 추가합니다.

## [예제 2-24] 데이터 프레임에 열 추가하기

하나의 파일을 읽어서 usecols 매개변수에 리스트를 주고 두 개의 열을 넣어서 데이터 프레임을 생성합니다. 두 개의 열만을 가진 데이터 프레임이 생성됩니다.

In :
```
movies = pd.read_csv("../data/movies.csv",usecols = ['Film','Year'])
```

In :
```
movies.head()
```

Out:

| | Film | Year |
|---|---|---|
| 0 | Zack and Miri Make a Porno | 2008 |
| 1 | Youth in Revolt | 2010 |
| 2 | You Will Meet a Tall Dark Stranger | 2010 |
| 3 | When in Rome | 2010 |
| 4 | What Happens in Vegas | 2008 |

이번에는 전체 파일을 읽어서 모든 열을 가지는 데이터 프레임을 만듭니다. 이를 조회하면 이 파일이 가진 전체 열이 다 데이터 프레임으로 들어옵니다.

In :
```
movies_add  = pd.read_csv("../data/movies.csv")
```

In :
```
movies_add.head()
```

Out:

| | Film | Genre | Lead Studio | Audience score % | Profitability | Rotten Tomatoes % | Worldwide Gross | Year |
|---|---|---|---|---|---|---|---|---|
| 0 | Zack and Miri Make a Porno | Romance | The Weinstein Company | 70 | 1.747542 | 64 | $41.94 | 2008 |
| 1 | Youth in Revolt | Company | The Weinstein Company | 52 | 1.090000 | 68 | $19.62 | 2010 |
| 2 | You Will Meet a Tall Dark Stranger | Company | Independent | 35 | 1.211818 | 43 | $26.66 | 2010 |
| 3 | When in Rome | Company | Disney | 44 | 0.000000 | 15 | $43.04 | 2010 |
| 4 | What Happens in Vegas | Company | Fox | 72 | 6.267647 | 28 | $219.37 | 2008 |

처음에 만들어진 데이터 프레임에 has_seen이라는 열을 인덱스 검색으로 만들고 할당 연산자를 이용해서 스칼라 0을 넣었습니다.

판다스는 순환문 없이 전체 열의 길이만큼 0이라는 값을 넣습니다. 자동으로 브로드캐스팅을 해서 열의 차원도 같게 만들며 실제 새로 생성된 열에 값이 들어갑니다. 갱신된 데이터 프레임을 .head 메소드로 확인하면 기존 데이터 프레임에 하나의 열이 더 추가되었다는 것을 볼 수 있습니다. 일반 인덱스 연산을 통한 갱신은 하나의 열을 기존 데이터 프레임에 추가하는 것입니다.

In :
```
movies['has_seen'] = 0
```

In :
```
movies.head()
```

Out:

| | Film | Year | has_seen |
|---|---|---|---|
| 0 | Zack and Miri Make a Porno | 2008 | 0 |
| 1 | Youth in Revolt | 2010 | 0 |
| 2 | You Will Meet a Tall Dark Stranger | 2010 | 0 |
| 3 | When in Rome | 2010 | 0 |
| 4 | What Happens in Vegas | 2008 | 0 |

전체 열을 읽은 데이터 프레임 안의 열에 대한 정보를 확인하기 위해 .columns 속성을 조회합니다.

In :
```
movies_add.columns
```

Out:
```
Index(['Film', 'Genre', 'Lead Studio', 'Audience score %', 'Profitability',
       'Rotten Tomatoes %', 'Worldwide Gross', 'Year'],
      dtype='object')
```

앞에서 0으로 세팅한 열의 값을 갱신하기 위해 전체 열을 데이터 프레임 중 두 열의 평균 값으로 계산하고 새로 생긴 시리즈를 할당했습니다.

갱신된 값을 조회하기 위해 .head 메소드를 실행하면 평균값이 들어가 있는 것을 볼 수 있습니다.

In :
```
movies['has_seen'] = (movies_add['Audience score %'] + movies_add['Rotten Tomatoes %'])// 2
```

In :
```
movies.head()
```

Out:

| | Film | Year | has_seen |
|---|---|---|---|
| **0** | Zack and Miri Make a Porno | 2008 | 67 |
| **1** | Youth in Revolt | 2010 | 60 |
| **2** | You Will Meet a Tall Dark Stranger | 2010 | 39 |
| **3** | When in Rome | 2010 | 29 |
| **4** | What Happens in Vegas | 2008 | 50 |

갱신된 결과의 열에 누락 값이 있는지를 확인하면 0이 나오므로 누락 값이 하나도 없다는 것을 확인할 수 있습니다.

In :
```
movies['has_seen'].isnull().sum()
```

Out: 0

이 데이터 프레임을 확인하기 위한 예시로 미국 통화 표기가 된 열을 이용해보겠습니다. 이를 원화로 환산해서 새로운 금액을 계산하려고 합니다.

기존 Worldwide Gross 열의 자료형을 확인하면 문자열로 처리되서 계산이 불가합니다. 이를 계산이 가능한 자료형으로 변환을 하는 것이 우선입니다.

먼저 $ 표기를 제거한 후에 자료형을 변환하기 위해 시리즈의 .str 속성 중 .replace 메소드를 이용해서 변경한 후에 .astype 메소드를 이용해서 자료형을 float64로 변경했습니다.

In :
```
movies_add['Worldwide Gross'].dtype
```

Out: dtype('O')

In :
```
d = movies_add['Worldwide Gross'].str.replace('$','').astype('float64')
```

현재 has_seen 열의 위치를 알기 위해 .columns 속성의 .get_loc 메소드를 사용해서 위치 정보를 가져왔습니다.

이번에는 열을 추가하기 위해 .insert 메소드를 사용합니다. .insert 메소드는 인덱스 검색을 통해 할당하는 것과 같도록 기존 데이터 프레임 안의 열을 추가합니다.

.insert 메소드의 열의 이름을 원화환산이라는 문자열로 넣고 달러에 원화를 곱해서 값을 넣었습니다.

In :
```
movies.columns.get_loc('has_seen')
```

Out:
```
2
```

In :
```
movies.insert(movies.columns.get_loc('has_seen')+1, "원화환산", d * 1200)
```

최종적으로 처리된 결과를 .head 메소드로 확인하면 마지막 열에 원화환산 열이 추가된 것을 볼 수 있습니다.

In :
```
movies.head()
```

Out:

| | Film | Year | has_seen | 원화환산 |
|---|---|---|---|---|
| 0 | Zack and Miri Make a Porno | 2008 | 67 | 50328.0 |
| 1 | Youth in Revolt | 2010 | 60 | 23544.0 |
| 2 | You Will Meet a Tall Dark Stranger | 2010 | 39 | 31992.0 |
| 3 | When in Rome | 2010 | 29 | 51648.0 |
| 4 | What Happens in Vegas | 2008 | 50 | 263244.0 |

### ■ 특정 원소 갱신

데이터 프레임은 열 단위 처리가 기본이지만 인덱서로 행 단위 및 하나의 특정 원소도 갱신할 수 있습니다.

이를 처리하기 위해 리즈의 특정 원소는 .put과 .get 메소드를 이용해 처리합니다.

### [예제 2-25] 시리즈와 데이터 프레임 내의 특정 원소 변경하기

먼저 데이터 프레임의 특정 원소를 읽어보기 위해 인덱서로 행과 열의 레이블 정보를 넣어 특정 원소의 값을 검색합니다.

In :
```
movies.loc[74,'has_seen']
```

Out:
```
84
```

누락 값을 특정 원소로 갱신하기 위해 넘파이 모듈을 임포트하고 인덱서로 검색한 결과 다음에 할당 연산자를 넣고 np.nan으로 할당하면 실제 값이 변경됨을 알 수 있습니다.

```
In :  import numpy as np

In :  movies.loc[74,'has_seen'] = np.nan

In :  movies.loc[74,'has_seen']

Out:  nan
```

누락 값이 있는지를 .isnull 메소드와 .sum 메소드를 메소드 체인으로 구성해 조회합니다. 시리즈 안의 원소 중에 하나의 누락 값이 들어 있습니다.

```
In :  movies['has_seen'].isnull().sum()

Out:  1
```

데이터 프레임의 열을 조회해서 이 중에 한 열인 Year 열을 하나의 시리즈로 만듭니다.

```
In :  movies.columns

Out:  Index(['Film', 'Year', 'has_seen', '원화환산'], dtype='object')

In :  movies_ser_at = movies['Year']

In :  movies_ser_at.head()

Out:  0    2008
      1    2010
      2    2010
      3    2010
      4    2008
      Name: Year, dtype: int64
```

시리즈의 원소 값을 갱신할 때는 .put 메소드를 이용해 처리합니다. 각 원소를 하나씩 읽을 때에는 .get 메소드로 처리합니다. .head 메소드로 조회하면 변경된 것을 알 수 있습니다.

```
In :  movies_ser_at.put(0,2024)

In :  movies_ser_at.get(0)

Out:  2024

In :  movies_ser_at.head()

Out:  0    2024
      1    2010
      2    2010
      3    2010
      4    2008
      Name: Year, dtype: int64
```

## 2.6.2 행 및 열 삭제

이번 절에서는 시리즈와 데이터 프레임에 대한 행과 열을 삭제하는 방법을 알아봅니다.

기본적인 메소드는 새로운 인스턴스를 반환하지만 자기 자신을 변경하고 싶을 때 .drop 메소드 안의 인자로 inplace=True로 지정해 사용합니다.

### ■ 행과 열 삭제

데이터 프레임의 행과 열의 삭제는 .drop 메소드에 매개변수인 축(axis)를 이용합니다.

시리즈도 행을 삭제할 때 동일한 메소드를 사용하지만 축에 대한 처리는 필요하지 않습니다.

**[예제 2-26] 시리즈와 데이터 프레임의 행과 열 삭제하기**

다시 하나의 파일을 읽어와서 데이터 프레임으로 만듭니다. 이 정보를 확인하기 위해 .shape 속성을 이용합니다. 이 예제에서는 두 개의 차원을 가지고 있으므로 데이터 프레임인 것을 알 수 있습니다.

```
In :  movies_del =  pd.read_csv("../data/movies.csv")

In :  movies_del.shape

Out:  (77, 8)
```

열을 삭제하려면 현재 데이터 프레임의 열에 대한 정보를 columns 속성으로 확인하고 .drop 메소드에 인자로 넣어 하나의 열을 삭제합니다. 열 단위로 삭제하기 위해 axis=1로 처리합니다.

삭제를 처리해도 기존 데이터 프레임은 유지되므로 새로운 변수에 삭제된 열을 가진 데이터 프레임을 저장했습니다.

In :
```
movies_del.columns
```

Out:
```
Index(['Film', 'Genre', 'Lead Studio', 'Audience score %', 'Profitability',
       'Rotten Tomatoes %', 'Worldwide Gross', 'Year'],
      dtype='object')
```

In :
```
movies_del1 = movies_del.drop('Rotten Tomatoes %', axis=1)
```

삭제된 결과를 .head 메소드와 .shape 속성을 가지고 확인해보면 열이 하나 삭제된 것을 볼 수 있습니다.

In :
```
movies_del1.head()
```

Out:

| | Film | Genre | Lead Studio | Audience score % | Profitability | Worldwide Gross | Year |
|---|---|---|---|---|---|---|---|
| 0 | Zack and Miri Make a Porno | Romance | The Weinstein Company | 70 | 1.747542 | $41.94 | 2008 |
| 1 | Youth in Revolt | Company | The Weinstein Company | 52 | 1.090000 | $19.62 | 2010 |
| 2 | You Will Meet a Tall Dark Stranger | Company | Independent | 35 | 1.211818 | $26.66 | 2010 |
| 3 | When in Rome | Company | Disney | 44 | 0.000000 | $43.04 | 2010 |
| 4 | What Happens in Vegas | Company | Fox | 72 | 6.267647 | $219.37 | 2008 |

In :
```
movies_del1.shape
```

Out:
```
(77, 7)
```

특정 행을 삭제하기 위해서 .drop 메소드의 인자로 행의 레이블을 넣고 axis=0으로 실행을 시키면 전체 행에서 4개가 줄어든 것을 볼 수 있습니다. .shape 속성으로 확인하면 행의 개수가 줄어들었습니다.

In :
```
movies_del2 = movies_del.drop([1,2,3,4], axis=0)
```

In :
```
movies_del2.shape
```

Out: (73, 8)

새롭게 생긴 데이터 프레임을 .head 메소드로 조회하면 기존 레이블이 그대로 남아있고 삭제된 레이블만 없어진 것을 확인합니다.

In :
```
movies_del1.head()
```

Out:

| | Film | Genre | Lead Studio | Audience score % | Profitability | Rotten Tomatoes % | Worldwide Gross | Year |
|---|---|---|---|---|---|---|---|---|
| 0 | Zack and Miri Make a Porno | Romance | The Weinstein Company | 70 | 1.747542 | 64 | $41.94 | 2008 |
| 5 | Water For Elephants | Drama | 20th Century Fox | 72 | 3.081421 | 60 | $117.09 | 2011 |
| 6 | WALL-E | Animation | Disney | 89 | 2.896019 | 96 | $521.28 | 2008 |
| 7 | Waitress | Romance | Independent | 67 | 11.089741 | 89 | $22.18 | 2007 |
| 8 | Waiting For Forever | Romance | Independent | 53 | 0.005000 | 6 | $0.03 | 2011 |

여러 열을 동시에 삭제하려면 .drop 메소드 안의 인자로 여러 열의 레이블을 넣고 삭제합니다.

In :
```
movies_del.shape
```

Out: (77, 8)

In :
```
movies_del3 = movies_del.drop(['Lead Studio','Worldwide Gross'], axis=1)
```
```
movies_del3.shape
```

Out: (77, 6)

삭제된 내용을 조회하면 열이 삭제된 것을 확인할 수 있습니다.

In :
```
movies_del3.head()
```

Out:

| | Film | Genre | Audience score % | Profitability | Rotten Tomatoes % | Year |
|---|---|---|---|---|---|---|
| 0 | Zack and Miri Make a Porno | Romance | 70 | 1.747542 | 64 | 2008 |
| 1 | Youth in Revolt | Company | 52 | 1.090000 | 68 | 2010 |
| 2 | You Will Meet a Tall Dark Stranger | Company | 35 | 1.211818 | 43 | 2010 |
| 3 | When in Rome | Company | 44 | 0.000000 | 15 | 2010 |
| 4 | What Happens in Vegas | Company | 72 | 6.267647 | 28 | 2008 |

내부의 데이터 프레임을 변경하려면 열을 매개변수에 inplace=True를 인자로 넣어야 합니다.

특히 데이터 양이 많으면 자기 자신을 변경하는 것은 성능상에 이슈가 되므로 항상 삭제하면서 새로운 데이터 프레임을 생성해 처리하는 것이 유리하기도 합니다. 이 점을 유념해서 사용해야 합니다.

```
In : movies_del.drop(['Lead Studio','Worldwide Gross'], axis=1, inplace=True)
```

```
In : movies_del.head()
```

Out:

| | Film | Genre | Audience score % | Profitability | Rotten Tomatoes % | Year |
|---|---|---|---|---|---|---|
| 0 | Zack and Miri Make a Porno | Romance | 70 | 1.747542 | 64 | 2008 |
| 1 | Youth in Revolt | Company | 52 | 1.090000 | 68 | 2010 |
| 2 | You Will Meet a Tall Dark Stranger | Company | 35 | 1.211818 | 43 | 2010 |
| 3 | When in Rome | Company | 44 | 0.000000 | 15 | 2010 |
| 4 | What Happens in Vegas | Company | 72 | 6.267647 | 28 | 2008 |

시리즈를 삭제하기 위해 데이터 프레임에서 하나의 열을 받아 시리즈로 전환합니다.

```
In : movies_ser = movies_del['Genre']
```

```
In : movies_ser.head()
```

```
Out: 0    Romance
     1    Comedy
     2    Comedy
     3    Comedy
     4    Comedy
     Name: Genre, dtype: object
```

시리즈에서 4개의 행을 삭제하고 기존 시리즈를 유지하려면 매개변수 inplace=True를 넣어야 합니다. .drop 메소드 실행 결과를 확인하면 행의 레이블이 4개가 삭제된 것을 볼 수 있습니다.

```
In : movies_ser.drop([1,2,3,4],inplace=True)
```

```
In : movies_ser.head()
```

```
Out:  0      Romance
      5        Drama
      6    Animation
      7      Romance
      8      Romance
      Name: Genre, dtype: object
```

# 2.7 문자열 데이터 처리

판다스에서 파이썬 문자열을 처리할 수 있도록 시리즈가 .str 속성을 가지면 이 .str 속성에 메소드들을 내장했습니다.

파이썬의 문자열은 하나씩 처리하지만 시리즈를 구성한 배열이므로 각 문자열 원소들을 벡터화 연산으로 처리합니다. 그래서 순환문이 없이 시리즈 안의 모든 문자열을 처리합니다.

이번 절에서는 시리즈 str 속성 안의 메소드 처리 방식을 알아봅니다.

## 2.7.1 문자열 조회

판다스에서는 파이썬 클래스의 다양한 자료형을 처리하기 위해 단일 자료형인 object 자료형으로 관리합니다.

판다스 안의 열이 문자열로 들어오면 이 문자열을 바꾸기 위해서 시리즈의 .str 속성을 통해 데이터를 정제해야 합니다.

**■ 문자열 조회**

먼저 문자열 내부의 값에 대한 조회를 알아봅니다.

**[예제 2-27] 문자열 조회하기**

하나의 파일을 읽어와서 해당 파일이 가진 헤더인 열에 대한 정보를 columns 속성으로 확인합니다. 그리고 이 파일이 읽어온 데이터 프레임의 모양에 대해 조회합니다.

```
In : movies_str =  pd.read_csv("../data/korea_movie_list.csv", engine="python")
```

```
In : movies_str.columns
```

```
Out: Index(['movie_code', 'title', 'title_Eng', 'show_time', 'produce_year',
            'open_date', 'produce_state', 'type', 'nation', 'genre', 'director',
            'actor', 'show_type', 'watch_grade'],
           dtype='object')
```

```
In : movies_str.shape
```

```
Out: (2827, 14)
```

내용을 읽어서 두 개의 행까지만 출력해봅니다.

```
In : movies_str.head(2)
```

Out:

| | movie_code | title | title_Eng | show_time | produce_year | open_date | produce_state | type | nation | genre | director | actor | show_type | watch_grade |
|---|---|---|---|---|---|---|---|---|---|---|---|---|---|---|
| **0** | 20185801 | 할로우 차일드 | The Hollow Child | 88.0 | 2017 | 20180802 | 개봉예정 | 장편 | 캐나다 | 공포(호러)/판타지 | 제레미 루터 | NaN | NaN | 15세이상관람가 |
| **1** | 20187649 | 죽음의 리무진 | Glass Coffin | 75.0 | 2016 | 20180816 | 개봉예정 | 장편 | 스페인 | 스릴러/공포(호러) | 하리츠 쥬빌라가 | 파울라 본템피 | NaN | NaN |

먼저 문자열을 처리하기 위해 하나의 열을 인덱스 검색해서 변수에 할당합니다. 그러면 하나의 시리즈가 저장됩니다.

저장된 시리즈의 객체에 .head 메소드로 조회하면 한글로 작성된 영화 제목들이 나옵니다.

```
In : movies_str_ser = movies_str['title']
```

```
In : movies_str_ser.head()
```

```
Out: 0                    할로우 차일드
     1                    죽음의 리무진
     2     극장판 도라에몽: 진구의 보물섬
     3        명탐정 코난 : 제로의 집행인
     4                    살아남은 아이
     Name: title, dtype: object
```

영어로 작성된 영화 제목을 하나의 변수에 저장하고 조회하면 누락 값이 있는 것을 볼 수 있습니다.

```
In :  movies_str_eng = movies_str['title_Eng']
```

```
In :  movies_str_eng.head()
```

```
Out:  0                     The Hollow Child
      1                         Glass Coffin
      2                                  NaN
      3    Detective Conan: Zero the Enforcer
      4                           Last Child
      Name: title_Eng, dtype: object
```

누락 값의 여부를 hasnans 속성을 가지고 확인하면 영어로 된 영화 제목에 누락 값이 있다고 표시합니다. 누락 값을 삭제하는 .dropna 메소드로 누락 값을 삭제하고 다른 변수에 할당합니다.

시리즈의 shape를 확인하면 누락 값이 삭제된 것을 알 수 있습니다.

```
In :  movies_str_ser.hasnans
```

```
Out:  False
```

```
In :  movies_str_eng.hasnans
```

```
Out:  True
```

```
In :  movies_str_eng= movies_str_eng.dropna()
```

```
In :  movies_str_eng.shape
```

```
Out:  (2226,)
```

파이썬은 문자열이 유니코드로 처리되므로 한글도 문자 단위로 처리합니다. 문자열을 생성하고 len 함수로 길이를 확인하면 한글도 문자 단위로 길이를 산정하므로 2가 나옵니다.

시리즈 안에서 문자열의 길이는 len 메소드로 처리합니다. 판다스는 벡터화 연산을 기본으로 처리해야 하므로 시리즈 안의 모든 원소의 길을 계산해서 시리즈로 반환하는 것을 볼 수 있습니다.

```
In : s = str("가을")
```

```
In : len(s)
```

```
Out: 2
```

```
In : movies_str_ser.str.len().head()
```

```
Out: 0     7
     1     7
     2    17
     3    16
     4     7
     Name: title, dtype: int64
```

특정 문자를 찾는 find 메소드를 사용하면 파이썬 문자열은 하나의 문자열에서 그 문자가 위치한 인덱스만 알려줍니다.

시리즈의 str 속성의 find 메소드는 모든 원소 안의 문자열을 각각 확인해서 그 위치를 보여줍니다.

```
In : s.find("을")
```

```
Out: 1
```

```
In : movies_str_ser.str.find('할로우').head()
```

```
Out: 0    0
     1   -1
     2   -1
     3   -1
     4   -1
     Name: title, dtype: int64
```

특정 문자가 몇 번 발생했는지를 조사하기 위해 .count 메소드를 이용합니다. 시리즈는 모든 원소에서 같은 문자가 있는지에 대해 매칭시키고 시리즈로 반환 값을 제공합니다.

```
In : s.count("을")
```

```
Out: 1
```

```
In : movies_str_ser.str.count('의').head()

Out: 0    0
     1    1
     2    1
     3    1
     4    0
     Name: title, dtype: int64
```

## 2.7.2 문자열 변경

문자열은 불변이므로 변경이 불가합니다. 하지만 새로운 값으로 반환하는 대체 처리가 가능합니다. 파이썬 문자열 안의 메소드는 기본 값 변경을 하지 않고 항상 새로운 문자열을 만들어서 반환합니다. 시리즈도 똑같이 처리되는지를 살펴봅시다.

### ■ 문자열 변경

다양한 변경 메소드가 있지만 자주 사용되는 기본 문자열의 메소드만 알아봅니다.

**[예제 2-28] 문자열 변경하기**

빈 공간이 앞뒤로 붙은 하나의 문자열을 만듭니다. 빈 칸도 하나의 문자열이므로 이 문자열의 길이를 확인합니다. 이 예제에서 문자열의 길이는 4이고 이 문자열에서 빈 칸을 없애는 .strip 메소드로 제거한 후에 문자의 길이를 먼저 확인하며 두 개의 빈 칸이 사라져서 문자가 두 개만 남습니다.

```
In : si = str(' 찬혁 ')

In : si

Out: ' 찬혁 '

In : len(si)

Out: 4

In : si = si.strip()
```

In : 
```
len(si)
```

Out: 2

하나의 인덱스를 만들어서 그 인덱스 안에 .str 속성이 있는지 확인하면 내부에 존재하는 것을 알 수 있습니다. 인덱스 레이블 이름이 다 문자열이고 이 안에 빈 칸이 있으므로 .strip 메소드를 이용해서 빈 칸을 없앨 수 있습니다.

In : 
```
idx = pd.Index([' 찬혁', '런던 ', ' 소셜 ', '겨울'])
```

In : 
```
idx.str.strip()
```

Out: Index(['찬혁', '런던', '소셜', '겨울'], dtype='object')

In : 
```
idx.str.lstrip()
```

Out: Index(['찬혁', '런던 ', '소셜 ', '겨울'], dtype='object')

In : 
```
idx.str.rstrip()
```

In : 
```
Index([' 찬혁', '런던', ' 소셜', '겨울'], dtype='object')
```

Out:

이제 하나의 시리즈 안에 내부에 문자열로 작성된 3개의 원소와 누락 값을 가진 하나의 원소가 있습니다. 문자열에 '_'이 들어가 있어서 이 문자열을 없애고 세부적인 문자열로 구분해서 사용하고 싶다면, split 메소드로 특정 단위의 단어를 끊어 사용할 수 있습니다.

시리즈의 문자열은 split 메소드로 세분화되고 그것을 리스트로 관리합니다.

In : 
```
import numpy as np
```

In : 
```
ss = pd.Series(['가_나_다', '라_마_바', np.nan, '사_아_자'])
```

In : 
```
ss.str.split('_')
```

```
Out: 0    [가, 나, 다]
     1    [라, 마, 바]
     2           NaN
     3    [사, 아, 자]
     dtype: object
```

위에 만든 문자열을 가지고 내부의 원소를 읽을 때 .get 메소드나 인덱스 검색의 대괄호([ ])를 사용해서 실제 위치를 검색하여 가져오면 시리즈 내부의 특정 위치의 값을 가져다 출력하는 것을 볼 수 있습니다.

```
In : ss.str.split('_').str.get(1)
```

```
Out: 0      나
     1      마
     2    NaN
     3      아
     dtype: object
```

```
In : ss.str.split('_').str[1]
```

```
Out: 0      나
     1      마
     2    NaN
     3      아
     dtype: object
```

시리즈에서 만들어진 것들 중 .split 메소드를 위해 내부의 원소를 분리했다면 이 원소 단위의 데이터 프레임으로 확장도 가능합니다.

이번에는 expand 매개변수에 True로 넣으면 기존 분리된 것을 기준으로 해서 데이터 프레임으로 변환된 것을 볼 수 있습니다.

또한 n=1은 전체를 다 데이터 프레임으로 변환하는 것이 아니라 하나의 열만 추가하려고 전달된 것입니다.

```
In : ss.str.split('_', expand=True)
```

Out:

| | 0 | 1 | 2 |
|---|---|---|---|
| **0** | 가 | 나 | 다 |
| **1** | 라 | 마 | 바 |
| **2** | NaN | NaN | NaN |
| **3** | 사 | 아 | 자 |

```
In : ss.str.split('_', expand=True, n=1)
```

Out:

| | 0 | 1 |
|---|---|---|
| **0** | 가 | 나_다 |
| **1** | 라 | 마_바 |
| **2** | NaN | NaN |
| **3** | 사 | 아_자 |

또한 반대 방향의 연산을 할 수 있도록 right부터 처리한 rsplit 메소드가 있습니다. 이번에 n=1을 인자로 전달하면 오른쪽을 기준으로 데이터 프레임을 만들기 때문에 왼쪽 열의 값을 마지막 열의 값이 처리한 나머지를 보관해서 처리합니다.

```
In : ss.str.rsplit('_', expand=True, n=1)
```

Out:

| | 0 | 1 |
|---|---|---|
| **0** | 가_나 | 다 |
| **1** | 라_마 | 바 |
| **2** | NaN | NaN |
| **3** | 사_아 | 자 |

실제 문자열을 비교해서 문자열을 변경하는 경우는 .replace 메소드를 이용해서 변경합니다. 이때는 매칭되는 정보를 두고 처리하면 됩니다.

```
In : ss.str.replace("_", "%")
```

```
Out: 0    가%나%다
     1    라%마%바
     2      NaN
     3    사%아%자
     dtype: object
```

문자열도 하나로 통합할 수 있는 기능을 cat 메소드로 제공합니다. sep=','로 부여하면 연결될 때 구분자로 사용됩니다. 아무 것도 없이 처리하면 현재 주어진 문자열로 처리되는 것을 알 수 있습니다.

In :
```
ss.str.cat(sep=',')
```

Out:
```
'가_나_다,라_마_바,사_아_자'
```

In :
```
ss.str.cat()
```

Out:
```
'가_나_다라_마_바사_아_자'
```

기존에 작성된 것을 기준으로 새로운 것을 붙이려면 인자로 행의 개수에 맞도록 지정해야 합니다. 그러면 기존 문자열 다음에 인자로 전달된 것이 합쳐져서 반환됩니다.

In :
```
ss.str.cat(['A', 'B', 'C', 'D'])
```

Out:
```
0    가_나_다A
1    라_마_바B
2        NaN
3    사_아_자D
dtype: object
```

In :
```
su = pd.Series(['A', 'B', 'C', 'D'])
```

In :
```
ss.str.cat(su)
```

Out:
```
0    가_나_다A
1    라_마_바B
2        NaN
3    사_아_자D
dtype: object
```

문자열로 처리한 시리즈의 인덱스 검색은 실제 문자열에 정의된 인덱스에 따라 정수형으로 대괄호([ ]) 기호 안에 넣어 조회가 가능합니다.

```
In : ss.str[0]

Out: 0      가
     1      라
     2    NaN
     3      사
     dtype: object
```

```
In : ss.str[1]

Out: 0      _
     1      _
     2    NaN
     3      _
     dtype: object
```

```
In : ss.str[2]

Out: 0      나
     1      마
     2    NaN
     3      아
     dtype: object
```

Chapter

# 판다스 시리즈와 데이터 프레임 실행하기

지금까지 시리즈와 데이터 프레임 클래스로 객체를 생성하고 객체의 구성 요소를 검색하는 방법을 알아보았습니다. 이번에는 시리즈와 데이터 프레임으로 연산자를 실행해보고 간단한 메소드들을 처리하는 방법을 익힙니다.

- 시리즈와 데이터 프레임 공통 메소드
- 연산자와 메소드 연산 이해하기
- 메소드를 이용한 다양한 처리 알아보기
- 누락 값 처리하기
- 범주형 데이터 처리하기

# 3.1 메소드

시리즈와 데이터 프레임 안에서 같은 메소드들을 많이 제공합니다. 계산된 결과가 시리즈와 데이터 프레임으로 나오는 것을 제외하면 같은 결과를 출력합니다.

먼저 어떤 메소드들이 같은지를 확인해보고 기본적인 연산을 실행해보겠습니다.

## 3.1.1 시리즈와 데이터 프레임의 동일 메소드 확인

시리즈와 데이터 프레임 안의 메소드를 확인해 같은 이름의 메소드를 확인합니다.

먼저 시리즈와 데이터 프레임이 갖는 속성과 메소드를 csv 파일로 저장합니다. 이 파일을 읽고 속성과 메소드를 분리해 처리합니다.

파이썬은 인스턴스 메소드를 클래스에서 보관합니다. 클래스에서 인스턴스 메소드를 단순한 함수로 인식합니다. 실제 인스턴스에서 메소드를 바인딩할 때 인스턴스 메소드로 변환되어 처리합니다.

### ■ 시리즈와 데이터 프레임에 있는 동일 메소드 확인

시리즈와 데이터 프레임에서 같은 이름으로 각 연산을 처리하는 메소드들이 있습니다. 이 메소드들에는 어떤 것이 있는지를 먼저 확인해봅니다.

**[예제 3-1] 시리즈와 데이터 프레임 안의 동일 메소드 확인하기**

시리즈와 데이터 프레임에 있는 속성과 메소드의 정보를 모아둔 csv 파일을 읽습니다. 이 파일은 기본적으로 영어로만 되어 있어 인코딩을 하지 않아도 데이터 프레임으로 전환이 됩니다.

In :
```
op = pd.read_csv('../data/series_dataframe.csv')
```

In :
```
op.head()
```

Out:

| | Member | Series | DataFrame |
|---|---|---|---|
| **0** | T | T | T |
| **1** | abs | abs | abs |
| **2** | add | add | add |
| **3** | add_prefix | add_prefix | add_prefix |
| **4** | add_suffix | add_suffix | add_suffix |

데이터 프레임을 읽어오면 2차원 데이터인지를 확인하기 위해 .shape 속성을 확인합니다.

In :
```
op.shape
```

Out:
```
(264, 3)
```

이 데이터 프레임 중 하나의 열은 Series에 대한 정보이고 다른 열은 DataFrame입니다. 이 두 열을 == 연산자로 비교하면 두 열의 각 원소별로 비교한 결과를 새로운 시리즈 객체에 불리언 값으로 반환합니다.

데이터 프레임 안의 .loc 속성으로 시리즈와 데이터 프레임 안의 동일한 이름을 가진 멤버를 검색해서 op_eq 변수에 할당합니다.

In :
```
(op['Series'] == op['DataFrame']).head()
```

Out:
```
0    True
1    True
2    True
3    True
4    True
dtype: bool
```

In :
```
op_eq = op.loc[(op['Series'] == op['DataFrame'])]
```

동일한 속성과 메소드는 총 190 정도가 되는 것을 알 수 있습니다.

In :
```
op_eq.shape
```

Out:
```
(190, 3)
```

첫 번째 5개를 .head 메소드로 조회하면 같은 이름이 3개의 열에 다 있는 것을 알 수 있습니다.

In :
```
op_eq.head()
```

Out:

| | Member | Series | DataFrame |
|---|---|---|---|
| 0 | T | T | T |
| 1 | abs | abs | abs |
| 2 | add | add | add |
| 3 | add_prefix | add_prefix | add_prefix |
| 4 | add_suffix | add_suffix | add_suffix |

하위 5개를 .tail 메소드로 조회합니다.

In :
```
op_eq.tail()
```

Out:

| | Member | Series | DataFrame |
|---|---|---|---|
| 256 | update | update | update |
| 259 | values | values | values |
| 260 | var | var | var |
| 262 | where | where | where |
| 263 | xs | xs | xs |

동일한 멤버(member)가 들어 있는 하나의 열을 선택해서 리스트로 변환합니다. 이때 .tolist 메소드를 실행하고 이를 op_eq_list 변수에 할당합니다.

In :
```
op_eq_list = op_eq['Member'].tolist()
```

같은 멤버들 중에 함수를 찾아서 확인해봅니다. types 모듈을 임포트합니다.

In :
```
import types
```

시리즈 클래스의 네임스페이스인 __dict__ 안의 속성을 확인하기 위해 문자열을 전달합니다. 매칭되는 객체를 찾아 types.FunctionType과 비교해서 True이면 함수입니다.

파이선 클래스에 있는 인스턴스 메소드는 클래스에 있을 때는 함수로 체크되고 인스턴스 객체와 바인딩(binging)될 때 인스턴스 메소드로 변환됩니다.

In :
```
count = 0
for i in op_eq_list :
    try :

        if type(pd.Series.__dict__[i]) == types.FunctionType :
            print(i, end=',  ')
            count += 1
        if count % 7 == 0 :
            print()
    except Exception as e :
        pass
```

시리즈 내부 속성을 제외한 함수인 인스턴스 메소드의 이름이 출력됩니다. 이 책에 이 메소드들을 가지고 많은 예제를 다루겠습니다.

Out:
```
add,  agg,  aggregate,  align,  all,  any,  append,
apply,  combine,  combine_first,  compound,  corr,  count,  cov,
cummax,  cummin,  cumprod,  cumsum,  diff,  div,  divide,
dot,  drop_duplicates,  dropna,  duplicated,  eq,  ewm,  expanding,
fillna,  first_valid_index,  floordiv,  ge,  get_value,  get_values,  gt,
hist,  idxmax,  idxmin,  isin,  isna,  isnull,  keys,
kurt,  kurtosis,  last_valid_index,  le,  lt,  mad,  max,
mean,  median,  memory_usage,  min,  mod,  mode,  mul,
multiply,  ne,  nlargest,  notna,  notnull,  nsmallest,  pow,
prod,  product,  quantile,  radd,  rdiv,  reindex,  reindex_axis,
rename,  reorder_levels,  reset_index,  rfloordiv,  rmod,  rmul,  rolling,
round,  rpow,  rsub,  rtruediv,  sem,  set_value,  shift,
skew,  sort_index,  sort_values,  sortlevel,  std,  sub,  subtract,
sum,  swaplevel,  to_csv,  to_dict,  to_excel,  to_period,  to_sparse,
to_string,  to_timestamp,  transform,  truediv,  unstack,  update,  var,
```

### 3.1.2 연산자와 메소드 처리

앞 절에서 판다스의 시리즈와 데이터 프레임의 공통된 메소드들의 이름을 알아보았습니다. 이제 이 메소드를 가지고 메소드의 기본적인 처리를 알아봅니다.

먼저 연산자를 처리하고 연산자에 해당하는 메소드를 추가해서 제공합니다. 연산자 계산과 연산자 대용으로 만든 메소드 처리 방법을 비교해보겠습니다.

## ■ 연산자와 메소드 처리

연산자나 메소드를 이용할 때는 시리즈나 데이터 프레임의 열의 자료형에 맞는 계산을 합니다.

배열 처리를 위해 넘파이 모듈에서 빌려와서 벡터화 연산을 수행하므로 별도의 순환문 처리가 필요 없습니다.

### [예제 3-2] 연산자와 메소드 계산하기

대학등록금 파일을 읽어와서 college 변수에 할당합니다. 이 데이터 프레임의 모양을 .shape로 확인합니다.

```
In : college = pd.read_csv('../data/2017_college_tuition.csv',encoding='euc-kr')
```

```
In : college.shape
```

```
Out: (196, 3)
```

이 파일을 .head 메소드로 조회하면 평균등록금이 숫자 자료형입니다.

```
In : college.shape
```

Out:

| | 학교명 | 설립구분 | 평균등록금 |
|---|---|---|---|
| 0 | 강릉원주대학교 | 국공립 | 4,262 |
| 1 | 강원대학교 | 국공립 | 4,116 |
| 2 | 경남과학기술대학교 | 국공립 | 3,771 |
| 3 | 경북대학교 | 국공립 | 4,351 |
| 4 | 경상대학교 | 국공립 | 3,967 |

```
In : college.dtypes
```

```
Out: 학교명        object
     설립구분      object
     평균등록금     int64
     dtype: object
```

이 데이터 프레임에 특정 정수를 더하면 어떻게 될까요? 예외가 발생됩니다. 파이썬 문자열은 문자열 간의 덧셈을 지원하지만 정수와의 덧셈을 처리할 수 없습니다.

스칼라인 정수가 먼저 브로드캐스팅이 되지만 문자열과 정수 덧셈이 발생하면 처리할 수 없어 예외가 발생합니다.

In :
```
try :
    college + 5
except Exception as e :
    print(e)
```

Out:
```
Could not operate 5 with block values must be str, not int
```

평균등록금 열만 정수이므로 단위를 맞추기 위해 여기에 1000을 곱했습니다. 새로운 시리즈가 발생합니다. 인덱스 검색에 평균등록금 열 이름 넣고 할당 연산자를 통해 갱신된 것을 할당하면 기존 데이터 프레임 안의 평균등록금 열이 갱신된 것을 알 수 있습니다.

In :
```
college['평균등록금'] = college['평균등록금'] * 1000
```

In :
```
college.head()
```

Out:

| | 학교명 | 설립구분 | 평균등록금 |
|---|---|---|---|
| 0 | 강릉원주대학교 | 국공립 | 4262000 |
| 1 | 강원대학교 | 국공립 | 4116000 |
| 2 | 경남과학기술대학교 | 국공립 | 3771000 |
| 3 | 경북대학교 | 국공립 | 4351000 |
| 4 | 경상대학교 | 국공립 | 3967000 |

연산자로 처리한 부분과 이 연산자에 해당하는 메소드를 실행한 결과를 확인하면 같은 결과가 나옵니다.

In :
```
(college['평균등록금'] + college['평균등록금']).head()
```

Out:
```
0    8524000
1    8232000
2    7542000
3    8702000
4    7934000
Name: 평균등록금, dtype: int64
```

In :
```
college['평균등록금'].add(college['평균등록금']).head()
```

```
Out:  0    8524000
      1    8232000
      2    7542000
      3    8702000
      4    7934000
      Name: 평균등록금, dtype: int64
```

어떻게 연산자와 이에 상응하는 메소드를 다 처리할 수 있는지를 살펴봅시다. .add를 help 함수로 조회하면 .add 메소드 내부에 여러 개의 매개변수가 있는 것을 알 수 있습니다.

```
In :  help(college['평균등록금'].add)
```

```
Out:  Help on method add in module pandas.core.ops:

      add(other, level=None, fill_value=None, axis=0) method of pandas.core.series.Series
      instance
          Addition of series and other, element-wise (binary operator `add`).

          Equivalent to ``series + other``, but with support to substitute a fill_value for
          missing data in one of the inputs.

          Parameters
          ----------
          other : Series or scalar value
          fill_value : None or float value, default None (NaN)
              Fill missing (NaN) values with this value. If both Series are
              missing, the result will be missing
          level : int or name
              Broadcast across a level, matching Index values on the
              passed MultiIndex level

          Returns
          -------
          result : Series

          See also
          --------
          Series.radd
```

### 3.1.3 데이터 프레임 내의 열의 자료형을 기준으로 데이터 불러오기

데이터 분석을 처리할 때는 행보다 열 기준으로 데이터를 처리하는 경우가 더 많습니다. 판다스에서 데이터 프레임을 처리할 때 기본으로 데이터 프레임의 열을 쉽게 읽는 것을 선택 연산자(operator)에 정의했습니다. 데이터 프레임의 각 열은 시리즈로 구성되고 이 열로 데이터 자료형을 구분해 관리합니다. 또한 특정 자료형으로 검색해 실제 열 단위로 가져와서 데이터 프레임을 재구성합니다.

### ■ 자료형별로 데이터 검색

데이터 프레임의 열이 많을 경우 실제 계산을 하기 위해서는 계산에 필요한 열을 별도로 구분해서 처리해야 합니다. 이때 어떤 자료형으로 구성되었는지를 메소드를 이용해서 구분하여 처리할 수 있습니다.

### [예제 3-3] 특정 자료형을 가지고 열을 구분하기

위에 파일로 읽어온 대학등록금에 대한 데이터 프레임의 각 열로 자료형을 조회하면 두 개는 object이고 하나가 int64로 구성되어 있는 것을 볼 수 있습니다.

```
In :  college.dtypes

Out:  학교명        object
      설립구분      object
      평균등록금     int64
      dtype: object
```

이 대학등록금의 데이터 프레임 자료형을 get_dtype_counts 메소드로 읽어오면 각 자료형으로 만들어진 열의 개수를 확인할 수 있습니다.

```
In :  college.get_dtype_counts()

Out:  int64     1
      object    2
      dtype: int64
```

이번에는 데이터 프레임 안의 특정 열을 특정 자료형으로 읽어오는 방법이 있습니다. 특정 데이터 자료형을 추출하기 위해 select_dtypes 메소드의 include 매개변수에 데이터 자료형을 넣고 조회하면 새로운 데이터 프레임이 만들어집니다.

```
In :  college.select_dtypes(include=['int64']).head()
```

Out:

| | 평균등록금 |
|---|---|
| 0 | 4262000 |
| 1 | 4116000 |
| 2 | 3771000 |
| 3 | 4351000 |
| 4 | 3967000 |

또한 전체 숫자 자료형으로 구성된 열을 가져오려면 number 문자열이나, np.number를 매개변수에 넣고 조회하면 됩니다.

In :
```
college.select_dtypes(include=['number']).head()
```

Out:

| | 평균등록금 |
|---|---|
| 0 | 4262000 |
| 1 | 4116000 |
| 2 | 3771000 |
| 3 | 4351000 |
| 4 | 3967000 |

문자열로 구성된 열도 object 문자열이나 np.object를 전달하면 열을 전부 검색해 새로운 데이터 프레임을 만드는 것을 알 수 있습니다.

In :
```
college.select_dtypes(include=['object']).head()
```

Out:

| | 학교명 | 설립구분 |
|---|---|---|
| 0 | 강릉원주대학교 | 국공립 |
| 1 | 강원대학교 | 국공립 |
| 2 | 경남과학기술대학교 | 국공립 |
| 3 | 경북대학교 | 국공립 |
| 4 | 경상대학교 | 국공립 |

### 3.1.4 시리즈와 데이터 프레임 내의 자료값 확인

시리즈와 데이터 프레임 클래스로 생성된 객체 인스턴스에는 다양한 값들이 들어가 있습니다. 이 값들에 대한 범주 등을 알아봐야 합니다.

실제 열에 구성된 값들의 빈도나 순위에 대해 알아보면 실제 값의 구성에 대한 기본적인 정보를 알 수 있습니다.

### ■ 시리즈 안의 값에 대한 확인

먼저 시리즈 안의 자료값이 공통으로 갖는 개수에 대해 .value_counts 메소드로 확인할 수 있습니다.

### [예제 3-4] 시리즈 안의 자료값 확인하기

이번 예제에서 시리즈의 각 원소의 값을 빈도로 표시하기 위해서는 .value_counts 메소드를 사용합니다. 빈도가 레이블로 변하고 그 빈도 수가 값으로 계산된 시리즈 객체를 결과 값으로 반환합니다. 그중에서 상위 5개만 보기 위해 .head 메소드를 이용해서 출력해보았습니다.

```
In : college['평균등록금'].value_counts().head()
```

```
Out: 3424000    2
     7161000    2
     6803000    1
     7535000    1
     6904000    1
     Name: 평균등록금, dtype: int64
```

시리즈의 값들에 대한 빈도를 퍼센트로 표시할 수 있는 normalize 매개변수도 지원합니다.

```
In : college['평균등록금'].value_counts(normalize=True).head()
```

```
Out: 7161    0.010204
     3424    0.010204
     4351    0.005102
     7756    0.005102
     2390    0.005102
     Name: 평균등록금, dtype: float64
```

문자열로 들어온 데이터를 기준으로 .value_counts 메소드를 적용하면 실제 범주 값이 나오는 것을 볼 수 있습니다. 결과를 보면 한국에는 주로 사립대학 형태가 많음을 알 수 있습니다.

```
In : college['설립구분'].value_counts().head()
```

```
Out: 사립      156
     국공립     40
     Name: 설립구분, dtype: int64
```

또한 실제 들어있는 값들이 중복되어 있는지 확인하기 위해 .duplicated 메소드로 실행하면 논리식으로 평가된 결과를 제공합니다.

```
In : college['설립구분'].head()
```

```
Out: 0    국공립
     1    국공립
     2    국공립
     3    국공립
     4    국공립
     Name: 설립구분, dtype: object
```

```
In : college['설립구분'].duplicated().head()
```

```
Out: 0    False
     1     True
     2     True
     3     True
     4     True
     Name: 설립구분, dtype: bool
```

유일한 값을 알고 싶을 때에는 .unique 메소드로 실행하면 numpy 배열 값으로 유일한 값을 반환합니다.

```
In : college['설립구분'].unique()
```

```
Out: array(['국공립', '사립'], dtype=object)
```

### ■ 내부의 값 중에 순서로 조회

내부 원소 값들의 순위를 확인해서 큰 것과 작은 것을 가지고 조회할 수 있습니다. 또한 정렬(alignment)을 통해 순차적으로 처리한 후에 조회해도 순서대로 처리됩니다.

### [예제 3-5] 내부 구성 값의 크기 비교하기

대학등록금을 확인할 수 있는 평균등록금 열을 읽어서 .nlargest 메소드로 값이 비싼 5개를 출력하면 인덱스 레이블은 변하지 않고 평균등록금이 높은 5개를 출력합니다. 하위 5개를 보기 위해서는 .nsmallest 메소드로 호출해서 처리하면 됩니다. 특정 금액이 0인 곳이 있습니다.

In :
```
college['평균등록금'].nlargest(5)
```

Out:
```
173    9004000
132    8824000
128    8649000
147    8526000
146    8499000
Name: 평균등록금, dtype: int64
```

In :
```
college['평균등록금'].nsmallest(5)
```

Out:
```
61           0
157    1760000
137    2000000
20     2390000
15     3024000
Name: 평균등록금, dtype: int64
```

데이터 프레임에서 .nlargest, .nsmallest 메소드를 처리할 때에는 순위를 정수로 표시하고 문자열로 열의 이름을 인자로 전달해서 처리합니다. 처리된 결과가 평균등록금 열에 따라 처리됩니다. 한 대학의 등록금이 0으로 들어온 것을 볼 수 있습니다.

In :
```
college.nlargest(5,'평균등록금')
```

Out:

| | 학교명 | 설립구분 | 평균등록금 |
|---|---|---|---|
| **173** | 한국산업기술대학교 | 사립 | 9004000 |
| **132** | 연세대학교 | 사립 | 8824000 |
| **128** | 신한대학교 | 사립 | 8649000 |
| **147** | 이화여자대학교 | 사립 | 8526000 |
| **146** | 을지대학교 | 사립 | 8499000 |

In :
```
college.nsmallest(5,'평균등록금')
```

Out:

| | 학교명 | 설립구분 | 평균등록금 |
|---|---|---|---|
| 61 | 광주가톨릭대학교 | 사립 | 0 |
| 157 | 중앙승가대학교 | 사립 | 1760000 |
| 137 | 영산선학대학교 | 사립 | 2000000 |
| 20 | 서울시립대학교 | 국공립 | 2390000 |
| 15 | 부산교육대학교 | 국공립 | 3024000 |

## 3.1.5 시리즈에만 있는 메소드

시리즈는 1차원 배열이면서 데이터 프레임의 열을 구성하는 기본 단위이고, 시리즈는 행 단위로 처리하므로 행을 기준으로만 처리하는 전용 메소드를 지원합니다.

### ■ 시리즈 안의 메소드 확인

이번 예제를 통해 시리즈 내에서만 작동하는 메소드들이 무엇이 있는지를 알아봅니다.

**[예제 3-6] 시리즈만 가지는 메소드 확인하기**

파일을 읽어서 Series와 DataFrame의 열을 인덱스 검색으로 가져와 각 필드가 다른 것을 처리해봅니다. 또한 레이블을 기준으로 검색하는 loc 인덱서를 통해 행 단위로 추출합니다.

In :
```
op = pd.read_csv('../data/series_dataframe.csv')
```

In :
```
op_not = op.loc[(op['Series'] != op['DataFrame'])]
```

행 단위로 추출한 데이터 프레임을 확인하면 Series와 DataFrame에 각각 존재하지 않는 것은 누락 값으로 표시된 것을 알 수 있습니다.

In :
```
op_not.head()
```

Out:

| | Member | Series | DataFrame |
|---|---|---|---|
| **12** | applymap | NaN | applymap |
| **13** | argmax | argmax | NaN |
| **14** | argmin | argmin | NaN |
| **15** | argsort | argsort | NaN |
| **19** | asobject | asobject | NaN |

In :
```
op_not.shape
```

Out:
```
(74, 3)
```

Series 열에 있는 메소드를 확인하기 위해 누락 값이 있는 요소를 .drapna 메소드로 삭제합니다. Series를 검색한 후에 .tolist 메소드로 리스트로 변환합니다.

In :
```
op_ser = op_not['Series'].dropna()
```

In :
```
op_ser_list = op_ser.tolist()
```

파이썬에서 클래스의 네임스페이스(namespace)에 있는 함수를 확인해서 출력하면 시리즈에 있는 메소드를 알 수 있습니다.

In :
```
count = 0
for i in op_ser_list :
    try :

        if type(pd.Series.__dict__[i])  ==  types.FunctionType :
            print(i, end=',  ')
            count += 1
            if count % 5 == 0 :
                print()
    except Exception as e :
        pass
```

Out:
```
argmax,  argmin,  argsort,  autocorr,  between,
compress,  items,  iteritems,  map,  nonzero,
ptp,  put,  ravel,  repeat,  reshape,
searchsorted,  to_frame,  unique,  valid,  view,
```

## 3.1.6 데이터 프레임만 있는 메소드

판다스의 2차원 배열인 데이터 프레임에 맞는 처리를 위한 기능이 있는 메소드가 있습니다.

### ■ 데이터 프레임 내의 메소드 확인

앞 절에서 시리즈만 보유한 메소드를 확인한 파일을 공부했습니다. 이번에는 데이터 프레임에만 있는 메소드를 확인해봅니다.

**[예제 3-7] 데이터 프레임만 가지는 메소드 확인하기**

데이터 프레임의 열을 가져와서 누락 값을 .dropna 메소드로 삭제하고 이를 리스트로 변환합니다.

In :
```
op_df = op_not['DataFrame'].dropna()
```

In :
```
op_df_list = op_df.tolist()
```

시리즈에서 처리한 것과 같이 데이터 프레임이 가진 메소드를 처리합니다.

In :
```
ount = 0
for i in op_ser_list :
    try :

        if type(pd.DataFrame.__dict__[i])  ==  types.FunctionType :
            print(i, end=',  ')
            count += 1
            if count % 5 == 0 :
                print()
    except Exception as e :
        pass
```

Out:
```
items,  iteritems,
```

# 3.2 인덱스 레이블과 누락 값 처리

판다스의 특징은 인덱스의 레이블을 가지고 행과 열로 검색해서 값을 갱신하고 처리한다는 것입니다. 또한 행과 열로 검색했을 때 내부의 빈 값들을 얻어낼 수도 있습니다.

판다스는 모든 데이터를 읽어오면 예외 처리를 하지 않기 위해 실제 값이 없는 경우에도 누락 값을 자동으로 만들어서 객체를 만드는데, 누락 값이 발생할 때 새로운 값으로 대체하거나 혹은 삭제해서 미완성된 데이터를 완성된 데이터로 만들어야 합니다. 이번 절에서는 누락 값이 생겼을 때 이를 다른 값으로 대체하거나 누락 값을 가진 행이나 열을 삭제해서 처리하는 방법에 대해 알아봅니다.

## 3.2.1 시리즈 인덱스 대체 및 변경

인덱스의 레이블을 만들 때 문자나 숫자일 경우 연속되지 않아도 됩니다. 이런 기준으로 레이블이 처리되므로 실제 연산을 할 때 레이블 매칭이 안 되어 이슈가 발생하기도 합니다.

### ■ 인덱스에 대한 정보 변경 및 대체

먼저 행의 레이블이 없는 인덱스를 정의해서 시리즈를 만든 후에 시리즈의 인덱스가 연산 등에 어떤 영향을 미치는지를 확인하고 행의 레이블을 변경하는 방법을 알아봅니다.

**[예제 3-8] 인덱스 변경 및 대체하기**

파이썬 리스트로 숫자만 받았고 index 매개변수에 아무것도 주지 않았습니다. 시리즈를 생성할 때 암묵적으로 행의 레이블이 만들어지는 것을 알 수 있습니다.

행의 레이블 이름을 바꿀 때는 .rename 메소드를 사용합니다. .rename 메소드의 인자에 딕셔너리(dict)의 기존 레이블과 변경 레이블을 넣어서 실행하면 실제 새로운 시리즈가 만들어집니다.

In :
```
s = pd.Series([1,2,3,4])
```

In :
```
s
```

```
Out: 0    1
     1    2
     2    3
     3    4
     dtype: int64
```

```
In : s_re = s.rename({0:'a',1:'b',2:'c',3:'d'})
```

```
In : s_re
```

```
Out: a    1
     b    2
     c    3
     d    4
     dtype: int64
```

이번에는 인덱스의 이름을 바꾼 것으로 다시 인덱스를 변경할 수 있습니다. 이때는 .reindex 메소드를 가지고 기존에 만들어진 인덱스 위치나 일부 인덱스를 바꿀 수 있습니다.

.reindex 메소드로 레이블만 바꾸는 것이 아니라 전체 인덱스의 위치와 새로운 인덱스도 추가할 수 있습니다.

```
In : s_re.reindex(['a','b','c','e'])
```

```
Out: a    1.0
     b    2.0
     c    3.0
     e    NaN
     dtype: float64
```

```
In : s_re.reindex(['a','b','c'])
```

```
Out: a    1
     b    2
     c    3
     dtype: int64
```

```
In : s_re.reindex(['c','b','a'])
```

```
Out: c    3
     b    2
     a    1
     dtype: int64
```

이번에는 index 매개변수에 리스트를 지정해서 행의 인덱스를 만들어봅니다.

먼저 하나의 시리즈를 만들고 index 매개변수에 리스트 리터럴로 숫자를 지정했습니다. .index.dtype으로 확인하면 int64인 것을 알 수 있습니다.

```
In : s1 = pd.Series([10,20,30], index=[0,1,2])

In : s1

Out: 0    10
     1    20
     2    30
     dtype: int64

In : s1.index.dtype

Out: dtype('int64')
```

시리즈의 index 매개변수 list 생성자를 이용해서 문자열을 지정했습니다. .index.dtype으로 자료형을 확인하면 문자열이므로 판다스 자료형으로는 object 자료형입니다.

```
In : s2 = pd.Series([1,2,3], index=list('012'))

In : s2

Out: 0    1
     1    2
     2    3
     dtype: int64

In : s2.index.dtype

Out: dtype('O')
```

두 개의 시리즈를 더하면 두 시리즈의 인덱스가 같아 보이지만 서로 다른 자료형이기 때문에 일치되지 않고, 두 개의 시리즈의 길이와 같은 시리즈가 만들어집니다. 매핑되는 행의 레이블이 없으므로 전부 NaN으로 처리합니다.

문자열인 .index를 숫자 리스트로 대체하고 계산하면 두 시리즈의 .index 속성이 같아져 서로 매핑되어 연산이 되는 것을 알 수 있습니다.

```
In :  s1 + s2

Out:  0    NaN
      1    NaN
      2    NaN
      0    NaN
      1    NaN
      2    NaN
      dtype: float64

In :  s2.index = [0,1,2]

In :  s1 + s2

Out:  0    11
      1    22
      2    33
      dtype: int64
```

새로운 시리즈를 만들고 행의 레이블을 .rename 메소드를 이용해서 정수형으로 변경한 후에 덧셈 연산을 하면 실행되는 것을 알 수 있습니다.

```
In :  s3 = pd.Series([11,12,13], index=list('012'))

In :  s3 = s3.rename({'0':0, '1':1,'2':2})

In :  s1 + s3

Out:  0    21
      1    32
      2    43
      dtype: int64
```

새로운 시리즈를 만들어서 .index.values 속성에 가서 .astype 메소드로 int64로 변환한 후에 덧셈 연산을 처리해도 됩니다.

```
In :  s4 = pd.Series([11,12,13], index=list('012'))
```

In :
```
s4.index.values
```

Out:
```
array(['0', '1', '2'], dtype=object)
```

In :
```
s4.index = s4.index.values.astype('int64')
```

In :
```
s1 + s4
```

Out:
```
0    21
1    32
2    43
dtype: int64
```

## 3.2.2 열 이름을 이용한 필터링

데이터 프레임에는 다양한 열이 있습니다. 이 열들의 이름이 초기 데이터일 때는 정제되지 않아 열의 이름이 잘 작성되어 있지 않을 수도 있습니다. 그러나 이런 열의 이름을 가지고 검색할 줄 알면 좋습니다.

특정 열에 대한 이름을 임의의 기준으로 필터링해서 가져와야 하는 경우 .filtering 메소드를 사용합니다.

정규표현식이나 특정 문자열의 포함 여부를 가지고 열을 추출하는 방법을 알아봅니다.

### ▪ 데이터 프레임에 대한 열 정보 검색

데이터 프레임 안의 .filter 메소드를 이용해 like, regex 매개변수로 열의 이름을 확인한 후 그에 해당되는 것만 추출하여 새로운 데이터 프레임으로 만들어서 반환합니다.

**[예제 3-9] 특정 열에 대한 정보를 가져오기**

엑셀로 만들어져 있는 파일은 utf-8이나 euc-kr 인코딩 처리하면 예외가 발생할 수 있습니다. 이런 예외가 발생하면 마이크로소프트가 제공하는 cp949로 인코딩을 이용해 처리하면 됩니다.

In :
```
flight_route_info = pd.read_csv('../data/flight_route_info.csv',encoding='cp949')
```

데이터 프레임에 .columns 속성에서 관리하는 열의 정보를 확인합니다.

In :
```
flight_route_info.columns
```

Out:
```
Index(['노선명', '항공사', '출발지', '출발국', '도착지', '도착국', '검수', '2016.6', '2018.5',
       '상태', '비고', '운항 횟수', '운항_2016', '운항_2017', '운항_2018', '운항_2016.12',
       '운항_2017.1', '운항_2017.2', '운항_2017.12', '운항_2018.1', '운항_2018.2',
       '운항_2016겨울', '운항_2017겨울', '운항_겨울 총합', '운항_2017.3', '운항_2017.4',
       '운항_2017.5', '운항_2018.3', '운항_2018.4', '운항_2018.5', '운항_2017봄',
       '운항_2018봄', '운항_봄 총합', '운항_2016.6', '운항_2016.7', '운항_2016.8',
       '운항_2017.6', '운항_2017.7', '운항_2017.8', '운항_2016여름', '운항_2017여름',
       '운항_여름 총합', '운항_2016.9', '운항_2016.10', '운항_2016.11', '운항_2017.9',
       '운항_2017.10', '운항_2017.11', '운항_2016가을', '운항_2017가을', '운항_가을 총합', '운송량',
       '운송량_2016', '운송량_2017', '운송량_2018', '운송량_2016.12', '운송량_2017.1',
       '운송량_2017.2', '운송량_2017.12', '운송량_2018.1', '운송량_2018.2', '운송량_2016겨울',
       '운송량_2017겨울', '운송량_겨울 총합', '운송량_2017.3', '운송량_2017.4', '운송량_2017.5',
       '운송량_2018.3', '운송량_2018.4', '운송량_2018.5', '운송량_2017봄', '운송량_2018봄',
       '운송량_봄총합', '운송량_2016.6', '운송량_2016.7', '운송량_2016.8', '운송량_2017.6',
       '운송량_2017.7', '운송량_2017.8', '운송량_2016여름', '운송량_2017여름', '운송량_여름 총합',
       '운송량_2016.9', '운송량_2016.10', '운송량_2016.11', '운송량_2017.9', '운송량_2017.10',
       '운송량_2017.11', '운송량_2016가을', '운송량_2017가을', '운송량_가을 총합'],
      dtype='object')
```

열 이름 중에 특정 값이 들어간 것을 검색하려면 .filter 메소드를 이용합니다. 열의 이름 중에 특정 문자열이 있는 것을 like 매개변수를 이용해서 처리하면 이 메소드에 처리된 결과만 열을 가져옵니다.

In :
```
flight_route_info.filter(like='2016.6').head()
```

Out:

| | 2016.6 | 운항_2016.6 | 운송량_2016.6 |
|---|---|---|---|
| **0** | 0 | 4 | 692 |
| **1** | 0 | 4 | 692 |
| **2** | 0 | 4 | 596 |
| **3** | 0 | 0 | 0 |
| **4** | 0 | 5 | 985 |

.filter 메소드의 regex 매개변수는 정규표현식(regular expression)을 이용해서 열의 이름을 선택할 수 있습니다. 열 이름에 숫자가 들어간 것을 선택하면 새로운 데이터 프레임으로 반환합니다.

In :
```
flight_regex = flight_route_info.filter(regex='\d')
```

In :
```
flight_regex.columns
```

```
Out:  Index(['2016.6', '2018.5', '운항_2016', '운항_2017', '운항_2018', '운항_2016.12',
         '운항_2017.1', '운항_2017.2', '운항_2017.12', '운항_2018.1', '운항_2018.2',
         '운항_2016겨울', '운항_2017겨울', '운항_2017.3', '운항_2017.4', '운항_2017.5',
         '운항_2018.3', '운항_2018.4', '운항_2018.5', '운항_2017봄', '운항_2018봄',
         '운항_2016.6', '운항_2016.7', '운항_2016.8', '운항_2017.6', '운항_2017.7',
         '운항_2017.8', '운항_2016여름', '운항_2017여름', '운항_2016.9', '운항_2016.10',
         '운항_2016.11', '운항_2017.9', '운항_2017.10', '운항_2017.11', '운항_2016가을',
         '운항_2017가을', '운송량_2016', '운송량_2017', '운송량_2018', '운송량_2016.12',
         '운송량_2017.1', '운송량_2017.2', '운송량_2017.12', '운송량_2018.1', '운송량_2018.2',
         '운송량_2016겨울', '운송량_2017겨울', '운송량_2017.3', '운송량_2017.4', '운송량_2017.5',
         '운송량_2018.3', '운송량_2018.4', '운송량_2018.5', '운송량_2017봄', '운송량_2018봄',
         '운송량_2016.6', '운송량_2016.7', '운송량_2016.8', '운송량_2017.6', '운송량_2017.7',
         '운송량_2017.8', '운송량_2016여름', '운송량_2017여름', '운송량_2016.9', '운송량_2016.10',
         '운송량_2016.11', '운송량_2017.9', '운송량_2017.10', '운송량_2017.11', '운송량_2016가을',
         '운송량_2017가을'],
        dtype='object')
```

## 3.2.3 누락 값 변경

실제 데이터가 들어오지 않아서 생기는 누락 값을 특정 목적에 대해 바꿔야 합니다. 특정 값 하나로 열의 모든 누락 값을 동일하게 처리하는 방법과 그 열에 있는 값을 보간하는 방법이 있습니다.

두 개의 .fillna, .interpolate 메소드를 이용하는 방법을 알아봅니다.

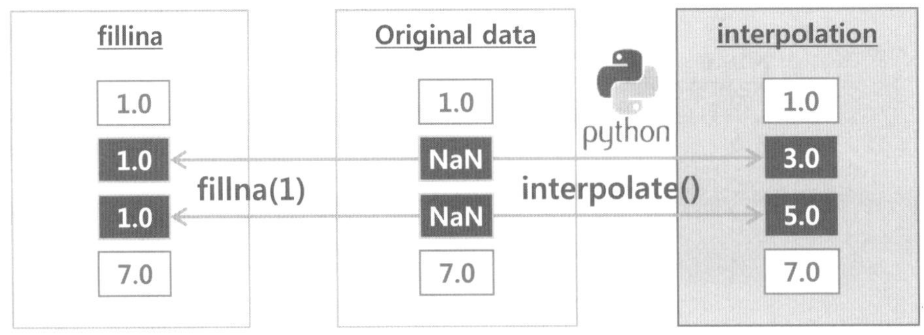


[그림 3-1] 누락 값 처리

### ■ 누락 값 변경

시리즈나 데이터 프레임 안에 누락 값이 있을 때 일부 연산이나 메소드에서 누락 값을 제외해서 계산할 수 있습니다. 먼저 누락 값을 필요한 값으로 바꾸는 방법을 알아봅니다.

## [예제 3-10] 누락 값 처리하기

시리즈를 만들어서 간단한 누락 값을 처리하기 위해 넘파이 모듈의 np.nan을 가지고 누락 값을 시리즈에 넣어 생성합니다.

In :
```
import numpy as np
```

In :
```
s = pd.Series([0, 1, np.nan, 3])
```

매개변수 인자로 ffill, pad를 주면 누락 값이 발생하기 전의 값으로 누락 값을 대체합니다.

In :
```
s.fillna(method='ffill')
```

Out:
```
0    0.0
1    1.0
2    1.0
3    3.0
dtype: float64
```

In :
```
s.fillna(method='pad')
```

Out:
```
0    0.0
1    1.0
2    1.0
3    3.0
dtype: float64
```

매개변수 인자로 bfill, backfill을 주면 누락 값이 발생한 후의 값을 가지고 누락 값을 대체합니다.

In :
```
s.fillna(method='bfill')
```

Out:
```
0    0.0
1    1.0
2    3.0
3    3.0
dtype: float64
```

In :
```
s.fillna(method='backfill')
```

```
Out:  0    0.0
      1    1.0
      2    3.0
      3    3.0
      dtype: float64
```

앞의 [예제 3-9]에서 읽은 파일을 가지고 실제 열별로 누락 값이 있는지를 .isnull 메소드로 실행하고 .sum 메소드로 처리하면 열로 누락 값의 개수를 알 수 있습니다.

```
In :  flight_route_info.isnull().sum().head(13)
```

```
Out:  노선명          0
      항공사          0
      출발지          0
      출발국          0
      도착지          0
      도착국          0
      검수            0
      2016.6          0
      2018.5          0
      상태            0
      비고          412
      운항 횟수       0
      운항_2016       0
      dtype: int64
```

데이터 프레임 전체의 누락 값을 알기 위해서는 .isnull.sum.sum 메소드를 연결해서 처리합니다. 그 결과 정수값으로 이 데이터 프레임 전체의 누락 값을 알려줍니다. 특정 열 '비고'의 값들의 빈도를 .value_counts 메소드로 알아볼 때 매개변수 dropna=False를 넣어 처리해야 누락 값의 빈도도 같이 나옵니다.

```
In :  flight_route_info.isnull().sum().sum()
```

```
Out:  412
```

```
In :  flight_route_info['비고'].value_counts(dropna=False).head()
```

```
Out:  NaN                           412
      2016.11.05. 이후 폐선           4
      2018.04.24. 이후 기록 없음      3
      2018.04.26. 이후 기록 없음      2
```

```
2017.03.24. 이후 폐선           2
Name: 비고, dtype: int64
```

이 데이터 프레임 안의 비고 열에 대한 자료형을 확인하면 object이므로 문자열입니다.

.fillna 메소드에 매개변수 axis=1을 넣으면 열에 있는 모든 원소를 처리합니다. 또한 기존 데이터 프레임을 유지하려면 매개변수 inplace=True를 넣습니다.

누락 값을 없앤 후에 데이터 프레임 전체에 누락 값이 있는지를 확인하면 정수 값이 0으로 처리되어 누락 값이 전부 대체된 것을 볼 수 있습니다.

```
In : flight_route_info['비고'].dtype

Out: dtype('O')

In : flight_route_info.fillna(" ",axis=1, inplace=True)

In : flight_route_info.isnull().sum().sum()

Out: 0
```

'비고' 열의 값의 빈도를 확인하기 위해 .value_counts 메소드를 실행하면 빈 문자열로 바뀐 것을 볼 수 있습니다.

```
In : flight_route_info['비고'].value_counts(dropna=False).head()

Out:                                  412
     2016.11.05. 이후 폐선             4
     2018.04.24. 이후 기록 없음        3
     2017.09.16  이후 폐선             2
     2017.03.24. 이후 폐선             2
     Name: 비고, dtype: int64
```

위의 누락 값이 같은지를 확인하기 위해 다시 파일을 읽고 비고 열의 값의 빈도를 확인하면 누락 값이 있음을 확인할 수 있습니다. 위처럼 같은 값으로 누락 값이 바뀝니다.

```
In : flight_route_info_2 = pd.read_csv('../data/flight_route_info.csv',encoding='cp949')
```

```
In :  flight_route_info_2['비고'].value_counts(dropna=False).head()

Out:  NaN                         412
      2016.11.05. 이후 폐선          4
      2018.04.24. 이후 기록 없음     3
      2018.04.26. 이후 기록 없음     2
      2017.03.24. 이후 폐선          2
      Name: 비고, dtype: int64
```

누락 값을 간단히 처리하기 위해 메소드 체인을 이용할 수 있습니다. 먼저 특정 자료형의 열을 가져오는 .select_dtypes 메소드에 object의 문자열을 가진 리스트를 넣으면 데이터 프레임 안의 object 자료형을 가진 열이 전부 검색됩니다.

다음 메소드인 .fillna를 연결해서 처리한 결과를 이번에는 다른 변수에 할당합니다.

누락 값이 없어진 것을 .value_counts 메소드로 조회하면 빈 문자열로 처리된 것을 알 수 있습니다.

```
In :  flight_route_info_3 = flight_route_info_2.select_dtypes(['object']).fillna('')

In :  flight_route_info_3['비고'].value_counts(dropna=False).head()

Out:                                412
      2016.11.05. 이후 폐선          4
      2018.04.24. 이후 기록 없음     3
      2018.04.26. 이후 기록 없음     2
      2017.03.24. 이후 폐선          2
      Name: 비고, dtype: int64
```

### ■ 누락 값 보간

누락 값이 발생할 때 임의의 값을 하나로 확정하는 것보다 특정 간격의 값을 넣어야 할 때가 있습니다. 이럴 때 보간 방식을 이용해서 처리하는 방법을 알아봅니다.

### [예제 3-11] 누락 값을 보간 처리하기

누락 값을 가진 시리즈를 하나 만듭니다. 이 시리즈의 값을 확인하기 위해 .interpolate 메소드를 실행하면 누락 값에 두 사이의 숫자의 중간 값이 할당된 것을 알 수 있습니다.

In :
```
import numpy as np
```

In :
```
s = pd.Series([0, 1, np.nan, 3])
```

In :
```
s.interpolate()
```

Out:
```
0    0.0
1    1.0
2    2.0
3    3.0
dtype: float64
```

데이터 프레임을 가지고 보간법을 처리하는 방식을 알아보기 위해서 하나의 csv 파일을 읽습니다. 누락 값이 발생했는지를 .isnull.sum으로 확인하면 총정원 열에 누락 값이 있습니다.

In :
```
airplane_info = pd.read_csv('../data/airplane_info.csv',encoding='cp949')
```

In :
```
airplane_info.isnull().sum()
```

Out:
```
기체번호      0
항공사        0
기종          0
정원_F        0
정원_C        0
정원_W        0
정원_Y        0
총정원       71
dtype: int64
```

데이터 프레임 인덱스 검색에 인자로 열의 이름이 들어간 리스트를 넣어서 조회하고 .tail 메소드를 실행하면 누락 값을 가진 기체번호가 조회됩니다.

In :
```
airplane_info[['기체번호','총정원']].tail()
```

Out:

| | 기체번호 | 총정원 |
|---|---|---|
| **2173** | VP-BWW | NaN |
| **2174** | VP-BRM | NaN |
| **2175** | VP-BWZ | NaN |
| **2176** | VP-BWX | NaN |
| **2177** | VP-BRB | NaN |

총정원 열을 검색한 후에 .interpolate 메소드를 실행하면 내부에 들어간 값들에 대해서 보간을 처리합니다.

```
In : a = airplane_info['총정원'].interpolate()

In : a.isnull().sum()

Out: 0

In : a.tail()

Out: 2173    180.0
     2174    180.0
     2175    180.0
     2176    180.0
     2177    180.0
     Name: 총정원, dtype: float64
```

### 3.2.4 누락 값 삭제

누락 값을 삭제하기 위해 .dropna나 .drop 메소드를 이용해 처리할 수 있습니다. 실제 데이터 값을 변경하지 않아도 된다고 생각하면 누락 값을 전부 제거하고 처리하는 것이 좋습니다.

누락 값은 행과 열 단위로 생기므로 삭제가 필요한 경우 행과 열 단위로 삭제해야 합니다.

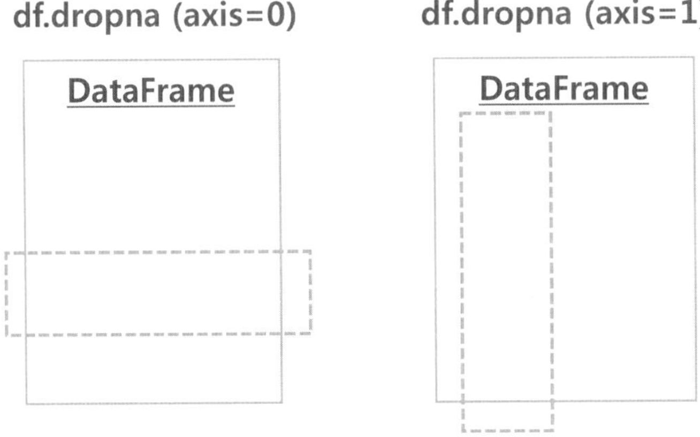


[그림 3-2] 누락 값 삭제

### ■ 열 삭제

열에 누락 값이 존재할 경우 열 전체를 삭제할 필요가 있다면 .dropna, .drop 메소드로 열을 삭제할 수 있습니다.

### [예제 3-12] 열 삭제하기

한글이 들어 있는 csv 파일을 읽습니다. 인코딩은 cp949로 처리해 읽습니다. 파일이 생성될 때 임의의 열이 들어가 있습니다.

In :
```
central_asia_flight_info = pd.read_csv('../data/central_asia_flight_info.csv',encoding='cp949')
```

In :
```
central_asia_flight_info.head()
```

Out:

| | 노선명 | 출발공항 | 출발국가 | 도착공항 | 도착국가 | 기체번호 | 기종 | 정원(전체) | 연도 | 월 | 일 | Unnamed: 11 |
|---|---|---|---|---|---|---|---|---|---|---|---|---|
| 0 | 7J105 | DYU | TJK | IKA | IRI | EY-444 | B737-3L9 | 149 | 2016 | 6 | 5 | NaN |
| 1 | 7J105 | DYU | TJK | IKA | IRI | EY-444 | B737-3L9 | 149 | 2016 | 6 | 12 | NaN |
| 2 | 7J105 | DYU | TJK | IKA | IRI | EY-757 | B757-231 | 197 | 2016 | 6 | 19 | NaN |
| 3 | 7J105 | DYU | TJK | IKA | IRI | EY-757 | B757-231 | 197 | 2016 | 6 | 26 | NaN |
| 4 | 7J105 | DYU | TJK | IKA | IRI | EY-757 | B757-231 | 197 | 2016 | 7 | 3 | NaN |

데이터 프레임 안에 실제 누락 값이 있는지를 확인합니다. 임의의 열만 전부 누락 값이 들어가 있습니다.

In :
```
central_asia_flight_info.count()
```

Out:
```
노선명          95015
출발공항        95015
출발국가        95015
도착공항        95015
도착국가        95015
기체번호        95015
기종            95015
정원(전체)      95015
연도            95015
월              95015
일              95015
Unnamed: 11         0
dtype: int64
```

실제 누락 값을 확인하기 위해 .isnull, .sum 메소드를 이용해 확인해봅니다.

```
In : central_asia_flight_info.isnull().sum()
```

```
Out: 노선명            0
     출발공항          0
     출발국가          0
     도착공항          0
     도착국가          0
     기체번호          0
     기종              0
     정원(전체)        0
     연도              0
     월                0
     일                0
     Unnamed: 11   95015
     dtype: int64
```

열 전체를 삭제하기 위해 .dropna 메소드를 실행해 누락 값이 있는 열을 삭제했습니다.

```
In : central = central_asia_flight_info.dropna(axis=1)
```

```
In : central.count()
```

```
Out: 노선명          95015
     출발공항        95015
     출발국가        95015
     도착공항        95015
     도착국가        95015
     기체번호        95015
     기종            95015
     정원(전체)      95015
     연도            95015
     월              95015
     일              95015
     dtype: int64
```

특정 열을 전부 삭제할 때는 .drop 메소드를 이용해도 삭제할 수 있습니다.

```
In : central_drop = central_asia_flight_info.drop('Unnamed: 11', axis=1)
```

```
In : central_drop.count()
```

```
Out: 노선명          95015
     출발공항        95015
     출발국가        95015
     도착공항        95015
     도착국가        95015
     기체번호        95015
     기종            95015
     정원(전체)      95015
     연도            95015
     월              95015
     일              95015
     dtype: int64
```

### ■ 행 삭제

행을 삭제하려면 누락 값이 들어있는 행에 대한 정보를 조회한 후에 행을 삭제해야 합니다. 행에 있는 누락 값을 비교한 후에 실제 행의 레이블을 추출하고 메소드를 실행해서 삭제해야 합니다.

### [예제 3-13] 행 삭제하기

하나의 한글 파일을 읽고 cp949로 인코딩해 처리합니다. 열에 누락 값이 있는지를 count 메소드로 확인합니다.

```
In : airplane_info = pd.read_csv('../data/airplane_info.csv',encoding='cp949')
```

```
In : airplane_info.count()
```

```
Out: 기체번호        2178
     항공사          2178
     기종            2178
     정원_F          2178
     정원_C          2178
     정원_W          2178
     정원_Y          2178
     총정원          2107
     dtype: int64
```

넘파이 모듈에서 배열 안에 누락 값을 점검하기 위한 .isnan 함수가 있습니다. 먼저 하나의 배열을 만들어서 이 함수를 실행하면 불리언 값으로 처리되는 것을 볼 수 있습니다.

```
In :  import numpy as np
```

```
In :  np.isnan(np.array([1,2,np.nan]))
```

```
Out:  array([False, False,  True])
```

데이터 프레임 안의 총정원 열에 누락 값이 있는지를 확인하려면 .apply 메소드를 이용해서 인자로 np.isnan 함수를 넣어 실행하여 누락 값이 있으면 True로 표시합니다.

```
In :  airplane_info['총정원'].apply(np.isnan).tail()
```

```
Out:  2173    True
      2174    True
      2175    True
      2176    True
      2177    True
      Name: 총정원, dtype: bool
```

하나의 열을 읽어와 .index 속성을 확인합니다. RangeIndex가 나오고 .index 속성을 팬시 검색으로 조회하면 Int64Index로 표시합니다.

```
In :  airplane_info['총정원'].index
```

```
Out:  RangeIndex(start=0, stop=2178, step=1)
```

```
In :  airplane_info['총정원'].index[[2107, 2108]]
```

```
Out:  Int64Index([2107, 2108], dtype='int64')
```

실제 .index 속성 안의 특정 인덱스 레이블을 가져올 때는 apply 메소드와 np.isnan 함수가 실행된 결과를 이용해서도 인덱스 레이블을 가져올 수 있습니다.

```
In :  index_nan = airplane_info['총정원'].index[airplane_info['총정원'].apply(np.isnan)]
```

```
In :  index_nan
```

```
Out:  Int64Index([2107, 2108, 2109, 2110, 2111, 2112, 2113, 2114, 2115, 2116, 2117,
                  2118, 2119, 2120, 2121, 2122, 2123, 2124, 2125, 2126, 2127, 2128,
```

```
 2129, 2130, 2131, 2132, 2133, 2134, 2135, 2136, 2137, 2138, 2139,
 2140, 2141, 2142, 2143, 2144, 2145, 2146, 2147, 2148, 2149, 2150,
 2151, 2152, 2153, 2154, 2155, 2156, 2157, 2158, 2159, 2160, 2161,
 2162, 2163, 2164, 2165, 2166, 2167, 2168, 2169, 2170, 2171, 2172,
 2173, 2174, 2175, 2176, 2177],
dtype='int64')
```

위에서 만들어진 인덱스 정보를 가지고 데이터 프레임의 행을 삭제하는 .drop 메소드의 인자로 전달해서 실행하면 누락 값이 삭제됩니다.

```
In : airplane_info_nan = airplane_info.drop(index=index_nan)

In : airplane_info_nan.shape

Out: (2107, 8)

In : airplane_info_nan.isnull().sum()

Out: 기체번호     0
     항공사       0
     기종         0
     정원_F       0
     정원_C       0
     정원_W       0
     정원_Y       0
     총정원       0
     dtype: int64
```

데이터 프레임의 행을 삭제할 경우 .dropna 메소드에 매개변수 axis=0을 이용해도 가능합니다.

```
In : airplane_info_dropna = airplane_info.dropna(axis=0)

In : airplane_info_dropna.shape

Out: (2107, 8)

In : airplane_info_dropna.isnull().sum()
```

```
Out:  기체번호      0
      항공사        0
      기종          0
      정원_F        0
      정원_C        0
      정원_W        0
      정원_Y        0
      총정원        0
      dtype: int64
```

하나의 열을 검색해서 시리즈로 만든 후에 이 시리즈의 누락 값을 .dropna 메소드에 axis=0을 주고 삭제할 수 있습니다.

```
In :  ai = airplane_info['총정원']
```

```
In :  ai.isnull().sum()
```

```
Out:  71
```

```
In :  ai_d = ai.dropna()
```

```
In :  ai_d.isnull().sum()
```

```
Out:  0
```

## 3.2.5 중복 값 확인 및 삭제

판다스는 누락 값만 관리하는 것이 아니라 중복된 값들도 시리즈나 데이터 프레임에서 관리합니다. 시리즈의 중복 값은 1차원이라 행에 속한 값들에 중복이 가능하고 데이터 프레임은 2차원이라 행과 열로 중복 값을 가질 수 있습니다.
이번 절에서는 중복 값을 확인하고 삭제하는 방법을 알아봅니다.

### ■ 중복 값 삭제

알고리즘 분석에 예제로 많이 사용되는 seaborn 모듈에서 제공하는 데이터셋 중에 iris를 가져와서 중복 값을 삭제하는 방법을 알아봅니다.

### [예제 3-14] 중복 값 삭제하기

데이터 프레임을 만들기 위해 seaborn 모듈을 임포트하고 load_dataset 함수에 iris 문자열을 넣으면 csv 파일을 가져옵니다. 변수명을 iris로 주고 할당하면 하나의 데이터 프레임이 생깁니다. .columns 속성을 보면 열의 이름을 확인할 수 있습니다.

In :
```
import seaborn as sns
```

In :
```
iris = sns.load_dataset('iris')
```

In :
```
iris.columns
```

Out:
```
Index(['sepal_length', 'sepal_width', 'petal_length', 'petal_width',
       'species'],
      dtype='object')
```

실제 iris 안의 데이터 정보를 조회합니다.

In :
```
iris.head()
```

Out:

| | sepal_length | sepal_width | petal_length | petal_width | species |
|---|---|---|---|---|---|
| **0** | 5.1 | 3.5 | 1.4 | 0.2 | setosa |
| **1** | 4.9 | 3.0 | 1.4 | 0.2 | setosa |
| **2** | 4.7 | 3.2 | 1.3 | 0.2 | setosa |
| **3** | 4.6 | 3.1 | 1.5 | 0.2 | setosa |
| **4** | 5.0 | 3.6 | 1.4 | 0.2 | setosa |

In :
```
iris.shape
```

Out:
```
(150, 5)
```

데이터 프레임의 중복된 데이터는 행에 포함된 모든 열이 같은 값을 가졌는지를 확인합니다. 데이터 프레임에 .duplicated 메소드를 실행하면 True/False 값으로 표시합니다. 이를 .sum 메소드로 확인하면 하나가 중복된 것을 알 수 있습니다.

또한 species 열을 조회해 하나의 시리즈를 만들고 .duplicated 메소드를 실행하면 중복된 값은 True로 표시됩니다.

```
In : iris.duplicated().sum()
```

```
Out: 1
```

```
In : iris['species'].duplicated().head()
```

```
Out: 0    False
     1     True
     2     True
     3     True
     4     True
     Name: species, dtype: bool
```

특정 열에 대한 정보를 보고 유일한 값을 확인하기 위해서는 .unique 메소드를 실행합니다.

중복된 열의 정보를 삭제하기 위해 .drop_duplicate 메소드를 실행하면 .duplicate 메소드 실행 결과 중에 True로 표시된 것을 삭제합니다.

```
In : iris['species'].unique()
```

```
Out: array(['setosa', 'versicolor', 'virginica'], dtype=object)
```

```
In : iris['species'].drop_duplicates()
```

```
Out: 0          setosa
     50     versicolor
     100     virginica
     Name: species, dtype: object
```

중복된 값을 삭제하기 위해 새로운 변수에 .copy 메소드를 사용해서 변수에 할당합니다.

```
In : iris.shape
```

```
Out: (150, 5)
```

```
In : iris_dup =  iris.copy()
```

기존 데이터의 첫 번째 행부터 모든 것을 사본으로 만들어진 데이터 프레임에 두 번째 행부터 넣습니다. 데이터 프레임의 .iloc 속성에 할당해도 기존 데이터 프레임이 변경되는 것을 알 수 있습니다.

.head 메소드로 조회하면 첫째 행과 둘째 행이 같습니다.

In :
```
iris.iloc[[0]]
```

Out:

| | sepal_length | sepal_width | petal_length | petal_width | species |
|---|---|---|---|---|---|
| 0 | 5.1 | 3.5 | 1.4 | 0.2 | setosa |

In :
```
iris_dup.iloc[1, : ] = iris.iloc[0, :]
```

In :
```
iris_dup.head(5)
```

Out:

| | sepal_length | sepal_width | petal_length | petal_width | species |
|---|---|---|---|---|---|
| 0 | 5.1 | 3.5 | 1.4 | 0.2 | setosa |
| 1 | 5.1 | 3.5 | 1.4 | 0.2 | setosa |
| 2 | 4.7 | 3.2 | 1.3 | 0.2 | setosa |
| 3 | 4.6 | 3.1 | 1.5 | 0.2 | setosa |
| 4 | 5.0 | 3.6 | 1.4 | 0.2 | setosa |

기존에 조회했던 것보다 중복된 행을 하나 더 만든 것을 알 수 있습니다.

중복된 것을 .drop_duplicates 메소드에 매개변수 inplace=True로 지정한 후 실행하면 데이터 프레임 내부에 중복이 제거됩니다.

In :
```
iris_dup.duplicated().sum()
```

Out: 2

In :
```
iris_dup.drop_duplicates(inplace=True)
```

In :
```
iris_dup.shape
```

Out: (148, 5)

.head 메소드로 데이터 프레임을 조회하면 레이블 1인 행이 삭제된 것을 알 수 있습니다. .duplicated 메소드로 확인하면 중복이 없는 것을 알 수 있습니다.

In :
```
iris_dup.head()
```

Out:

| | sepal_length | sepal_width | petal_length | petal_width | species |
|---|---|---|---|---|---|
| **0** | 5.1 | 3.5 | 1.4 | 0.2 | setosa |
| **2** | 4.7 | 3.2 | 1.3 | 0.2 | setosa |
| **3** | 4.6 | 3.1 | 1.5 | 0.2 | setosa |
| **4** | 5.0 | 3.6 | 1.4 | 0.2 | setosa |
| **5** | 5.4 | 3.9 | 1.7 | 0.4 | setosa |

In :
```
iris_dup.duplicated().sum()
```

Out: 0

# 3.3 범주형 데이터 처리

연속적인 숫자 데이터를 제외하고는 대부분 문자열 데이터입니다. 문자열 데이터를 구조화해서 범주형(category) 데이터를 만들어야 할 때가 많습니다.

모든 문자열 데이터가 범주형으로 변환이 되는 것은 아닙니다. 분명 변환이 되지 않는 문자열 데이터도 존재하지만, 이번 절에서는 범주 처리가 가능한 문자열 데이터를 어떻게 변환하는지부터 알아봅니다.

## 3.3.1 범주형 데이터 생성

자료형을 'category' 문자열로 범주형으로 지정해서 시리즈나 데이터 프레임을 생성합니다. 별도로 범주형 자료형을 Categorical 클래스로 만들어 이 객체를 시리즈나 데이터 프레임의 각 열에 자료형으로 지정하여 처리할 수 있습니다.

### ▪범주형 데이터 생성

범주형 데이터를 사용하기 위해 실제 범주형 자료형을 만들어보고 문자열로 생성된 것과의 차이점을 알아봅니다.

**[예제 3-15] 범주형 데이터 생성하기**

시리즈 생성자에는 리스트가 있고, 리스트 내에는 문자열의 값이 들어 있습니다.

매개변수 dtype에 문자열로 category를 지정하면 자료형이 object에서 category로 변경됩니다. 범주형 자료형의 정보는 3개의 원소, 내부는 문자열이라는 것을 알 수 있습니다.

```
In : s = pd.Series(["a","b","c","a"], dtype="category")

In : s

Out: 0    a
     1    b
     2    c
     3    a
     dtype: category
     Categories (3, object): [a, b, c]
```

만들어진 시리즈의 .values 속성 안에 .categories 속성이 추가되어 있는 것을 확인할 수 있습니다. 그 결과로 만들어진 객체가 Index 클래스의 객체입니다. .dtype 속성으로 확인해보면 CategoricalDtype 클래스의 객체 정보라는 것을 표시합니다.

```
In : s.shape

Out: (4,)

In : s.values.categories

Out: Index(['a', 'b', 'c'], dtype='object')

In : s.index

Out: RangeIndex(start=0, stop=4, step=1)

In : s.dtype

Out: CategoricalDtype(categories=['a', 'b', 'c'], ordered=False)
```

범주형 자료형은 범주형에 속하지 않은 데이터가 들어오면 갱신되지 않는다는 특징이 있습니다.

위에서 만들어진 시리즈에 특정 원소를 추가하면 범주의 값에 이 문자열이(string) 없어 예외를 발생시킵니다.

In :
```
try :
    s[2] = 'd'
except Exception as e :
    print(e)
```

Out:
```
Cannot setitem on a Categorical with a new category, set the categories first
```

기존 행의 레이블 범위 안을 범주형에 포함된 데이터로 갱신하면 변경됩니다.

새로운 레이블을 인덱스 검색에 넣고 처리하면 인덱스 레이블 범위가 넘기 때문에 예외를 발생시킵니다.

In :
```
s[2] = 'b'
```

In :
```
try :
    s[4] = 'c'
except Exception as e :
    print(e)
```

Out:
```
[4] not contained in the index
```

시리즈에서 레이블의 범위를 추가하려면 .loc 인덱서 속성을 이용하여 범주 값을 넣어서 처리합니다. 이렇게 시리즈의 행이 추가되는 것을 볼 수 있습니다.

In :
```
s.loc[4] ='c'
```

In :
```
s
```

Out:
```
0    a
1    b
2    b
3    a
4    c
dtype: object
```

## [예제 3-16] 범주형 데이터 클래스 이해하기

[예제 3-15]에서는 시리즈를 생성할 때 dtype에 범주형을 지정해 처리했습니다. 실제 범주형

자료형을 이해하기 위해서는 Categorical 클래스로 범주형 데이터를 만들어보는 것도 필요합니다.

Categorical 생성자에 문자열을 원소로 하는 리스트를 넣어서 실행하면 하나의 범주형 객체가 만들어집니다.

In :
```
cat = pd.Categorical(['a','b','c'])
```

In :
```
type(cat)
```

Out:
```
pandas.core.categorical.Categorical
```

범주형 데이터 안의 멤버와 시리즈 안의 멤버를 비교해 범주형 데이터에만 존재하는 멤버들을 확인해봅니다.

In :
```
c = set(dir(cat))
```

In :
```
ss = set(dir(pd.Series))
```

In :
```
c_d =  c - ss
```

시리즈와 범주형의 차집합을 처리하고 그 안의 범주형 데이터에만 있는 함수들을 확인해봅니다.

In :
```
count = 0
for i in c_d :
    if not i.startswith("_") :
        count += 1
        print(i, end=", ")
        if count % 5 == 0 :
            print()
```

Out:
```
codes, check_for_ordered, add_categories, as_unordered, reorder_categories,
from_codes, is_dtype_equal, ordered, take_nd, categories,
remove_categories, rename_categories, set_ordered, set_categories, remove_
unused_categories,
as_ordered,
```

위에서 생성된 범주형 안의 자료형에 대한 정보는 .categories 속성을 확인합니다.

```
In : cat.categories
```

```
Out: Index(['a', 'b', 'c'], dtype='object')
```

```
In : cat.dtype
```

```
Out: CategoricalDtype(categories=['a', 'b', 'c'], ordered=False)
```

만들어진 범주형 자료형으로 새로운 시리즈를 만들 때 매개변수 dtype에 넣습니다. 문자열로 categoriy로 지정한 것과 같음을 알 수 있습니다.

```
In : s1 = pd.Series(["a","b","c","a"], dtype=cat.dtype)
```

```
In : s1
```

```
Out: 0    a
     1    b
     2    c
     3    a
     dtype: category
     Categories (3, object): [a, b, c]
```

### [예제 3-17] 데이터 프레임에서 범주형 자료형 처리하기

범주형을 만들 때 실제 들어가는 값에 누락 값을 넣었습니다.
Categorical 클래스의 categories 매개변수에 범주 데이터를 넣고 실행하면 하나의 범주형 인스턴스가 만들어집니다.

```
In : import numpy as np
```

```
In : cat_1 = pd.Categorical(["a", "c", "c", np.nan], categories=["b", "a", "c"])
```

```
In : cat_1.dtype
```

```
Out: CategoricalDtype(categories=['b', 'a', 'c'], ordered=False)
```

데이터 프레임을 만들 때 하나의 열은 범주형으로, 하나는 문자열로 처리했습니다. 이 데이터 프레임의 열에 누락 값이 있음을 볼 수 있습니다.

In :
```
df = pd.DataFrame({"cat":cat_1, "s":["a", "c", "c", np.nan]})
```

In :
```
df
```

Out:

| | cat | s |
|---|---|---|
| **0** | a | a |
| **1** | c | c |
| **2** | c | c |
| **3** | NaN | NaN |

데이터 프레임의 특정 자료형으로 열을 검색하는 .select_dtypes 메소드로 exclude 매개변수에 object가 아닌 것을 검색하면 범주형 열만 가진 데이터 프레임이 조회됩니다.

In :
```
df.select_dtypes(exclude=['object'])
```

Out:

| | cat |
|---|---|
| **0** | a |
| **1** | c |
| **2** | c |
| **3** | NaN |

이 데이터 프레임 안의 범주형 열을 가지고 누락 값이 있는 행에 범주형 범위의 값을 넣어서 갱신하면 변경됩니다.

In :
```
df['cat'][3] = 'b'
```

In :
```
df
```

Out:

| | cat | s |
|---|---|---|
| **0** | a | a |
| **1** | c | c |
| **2** | c | c |
| **3** | b | NaN |

이번에는 .loc 인덱서 속성을 이용해서 특정 행의 두 열에 값을 추가합니다. 범주형 자료형일 때는 항상 범주형 자료형에 맞는 값을 넣어야 합니다.

In :
```
df.loc[4,:] = ['a','a']
```

In :
```
df
```

Out:

| | cat | s |
|---|---|---|
| **0** | a | a |
| **1** | c | c |
| **2** | c | c |
| **3** | b | NaN |
| **4** | a | a |

## 3.3.2 범주형 데이터 활용

문자열된 데이터를 분석해보면 한정된 값이 반복적으로 나옵니다. 이런 특정 범위만을 사용하는 데이터를 문자열로 처리하기보다 특정 범주형으로 지정해 처리하면 메모리 사용도 줄일 수 있고 범위가 지정되므로 임의로 값을 추가하는 것을 제약할 수 있습니다

### ■ 범주형 데이터를 변경해 처리

데이터 프레임의 열의 값들을 검토해 범주형으로 변환하는 것이 좋다고 판단했을 때, 그 데이터를 범주형으로 바꾸는 방법을 알아봅니다.

**[예제 3-18] 파일을 읽어서 범주형 자료형으로 변경하기**

하나의 파일을 읽어 와서 데이터 프레임의 객체로 만듭니다.

In :
```
airplane = pd.read_csv('../data/airplane_info.csv',encoding='cp949')
```

In :
```
airplane.head()
```

Out:

| | 기체번호 | 항공사 | 기종 | 정원_F | 정원_C | 정원_W | 정원_Y | 총정원 |
|---|---|---|---|---|---|---|---|---|
| **0** | VP-BDK | Aeroflot | A320-214 | 0 | 20 | 0 | 120 | 140.0 |
| **1** | VP-BWD | Aeroflot | A320-214 | 0 | 20 | 0 | 120 | 140.0 |
| **2** | VP-BWE | Aeroflot | A320-214 | 0 | 20 | 0 | 120 | 140.0 |
| **3** | VP-BWF | Aeroflot | A320-214 | 0 | 20 | 0 | 120 | 140.0 |
| **4** | VP-BRZ | Aeroflot | A320-214 | 0 | 20 | 0 | 120 | 140.0 |

이 데이터 프레임 중 항공사의 열을 .dtype으로 확인합니다. Object 자료형이므로 문자열로 처리됩니다.

```
In :  airplane['항공사'].dtype

Out:  dtype('O')
```

항공사 열을 Categorical 클래스의 데이터로 넣어서 하나의 범주 자료형을 만듭니다. .categories 속성으로 범주 안의 데이터를 확인합니다.

```
In :  air_cat = pd.Categorical(airplane['항공사'])

In :  air_cat.categories

Out:  Index(['AZAL Azerbaijan Airlines', 'Aeroflot', 'Air Arabia', 'Air Astana',
             'Air Baltic', 'Air China', 'Air Kyrgyzstan', 'Air Manas',
             'Airzena Georgian Airways', 'Asiana Airlines', 'AtlasGlobal',
             'Avia Traffic Company', 'Belavia', 'China Southern Airlines',
             'Ellinair', 'Etihad Airways', 'Finnair', 'Globus Airlines',
             'Hainan Airlines', 'Iran Aseman Airlines', 'KLM Royal Dutch Airlines',
             'Kam Air', 'Korean Air', 'LOT - Polish Airlines', 'Lufthansa',
             'MIAT - Monglian Airlines', 'Mahan Air', 'NordStar', 'Pegas Fly',
             'Pegasus Airlines', 'Pobeda', 'Red Wings', 'Rusline', 'S7 Airlines',
             'SCAT', 'Somon Air', 'Sunday Airlines', 'Tajik Air', 'Turkish Airlines',
             'Turkmenistan Airlines', 'Ukraine International Airlines',
             'Ural Airlines', 'Urumqi Air', 'Utair', 'Uzbekistan Airways',
             'VIM Airlines', 'Wizz Air', 'Yakutia Airlines', 'Yamal Airlines',
             'flydubai'],
            dtype='object')
```

생성된 범주 자료형의 변수가 어떤 정보를 가지고 있는지 확인해봅시다. Categoris 클래스의 객체로서 실제 전체 데이터와 내부의 범주형 값들도 보여줍니다.

```
In :  air_cat

Out:  [Aeroflot, Aeroflot, Aeroflot, Aeroflot, Aeroflot, ..., Red Wings, Red Wings, Red Wings, Red Wings, Red Wings]
      Length: 2178
      Categories (50, object): [AZAL Azerbaijan Airlines, Aeroflot, Air Arabia, Air Astana, ..., Wizz Air, Yakutia
      Airlines, Yamal Airlines, flydubai]

In :  air_cat.shape
```

```
Out:  (2178,)
```

데이터 프레임 원본인 airplane 안의 항공사 열에 자료형을 조회하고 기존 열의 자료형을 만들어진 범주형 자료형으로 변경합니다.

```
In :  airplane['항공사'].dtype
```

```
Out:  dtype('O')
```

```
In :  airplane['항공사'] = airplane['항공사'].astype(air_cat)
```

변경된 열의 자료형을 확인하면 범주형 자료형이라는 것을 알 수 있습니다.

```
In :  airplane['항공사'].dtype
```

```
Out:  CategoricalDtype(categories=['AZAL Azerbaijan Airlines', 'Aeroflot', 'Air Arabia',
                        'Air Astana', 'Air Baltic', 'Air China', 'Air Kyrgyzstan',
                        'Air Manas', 'Airzena Georgian Airways', 'Asiana Airlines',
                        'AtlasGlobal', 'Avia Traffic Company', 'Belavia',
                        'China Southern Airlines', 'Ellinair', 'Etihad Airways',
                        'Finnair', 'Globus Airlines', 'Hainan Airlines',
                        'Iran Aseman Airlines', 'KLM Royal Dutch Airlines',
                        'Kam Air', 'Korean Air', 'LOT - Polish Airlines',
                        'Lufthansa', 'MIAT - Monglian Airlines', 'Mahan Air',
                        'NordStar', 'Pegas Fly', 'Pegasus Airlines', 'Pobeda',
                        'Red Wings', 'Rusline', 'S7 Airlines', 'SCAT', 'Somon Air',
                        'Sunday Airlines', 'Tajik Air', 'Turkish Airlines',
                        'Turkmenistan Airlines', 'Ukraine International Airlines',
                        'Ural Airlines', 'Urumqi Air', 'Utair', 'Uzbekistan Airways',
                        'VIM Airlines', 'Wizz Air', 'Yakutia Airlines',
                        'Yamal Airlines', 'flydubai'],
                       ordered=False)
```

범주형으로 바뀐 항공사 열에 범주 값이 범위에 없는 것을 입력하면 예외가 발생하는 것을 알 수 있습니다.

```
In :  try :
          airplane['항공사'][0] = "Asia Airline"
      except Exception as e :
          print(e)
```

```
Out:  Cannot setitem on a Categorical with a new category, set the categories first
```

누락 값이 있는지를 확인하면 총정원 열에 71개가 나옵니다.

In :
```
airplane.isnull().sum()
```

Out:
```
기체번호      0
항공사        0
기종          0
정원_F        0
정원_C        0
정원_W        0
정원_Y        0
총정원       71
dtype: int64
```

총정원 열에만 누락 값이 있는지 또 한번 확인해봅니다.

In :
```
airplane.columns
```

Out:
```
Index(['기체번호', '항공사', '기종', '정원_F', '정원_C', '정원_W', '정원_Y', '총정원'], dtype='object')
```

In :
```
airplane['총정원'].isnull().sum()
```

Out:
```
71
```

총정원의 열에서 누락 값을 .loc 행으로 조회하고 정원_Y의 값으로 대체해서 할당하면 실제 데이터 프레임 내부의 값이 변경되어 누락 값이 전부 사라진 것을 알 수 있습니다.

In :
```
airplane.loc[airplane['총정원'].isnull(), '총정원']  = airplane.loc[airplane['총정원'].isnull(), '정원_Y']
```

Out:
```
airplane.isnull().sum()
```

In :
```
기체번호      0
항공사        0
기종          0
정원_F        0
정원_C        0
정원_W        0
정원_Y        0
총정원        0
dtype: int64
```

이번에는 총정원을 이용해서 다른 범주의 열을 추가하기 위해 특정 값의 사이에 있는 것을 확인합니다. 이때 .between 메소드로 특정 범주에 속한 데이터를 확인하면 결과가 True/False로 나오는 것을 볼 수 있습니다.

```
In : airplane['총정원'].between(1,120).sum()

Out: 235

In : mask = airplane['총정원'].between(1,120)
```

항공기를 소형과 중형으로 범주를 분리하기 위해서 넘파이 모듈의 where 함수를 이용해 논리값을 기준으로 소형과 중형의 값을 처리하도록 하고 이를 범주형인 Catergorical로 변환해 새로운 열인 category_R로 저장합니다.

```
In : import numpy as np

In : airplane['category_R'] = ""

In : airplane['category_R']  = pd.Categorical(np.where(mask, '소형', '중형'))
```

데이터 프레임을 확인하면 새로운 열이 추가된 것을 알 수 있습니다.

```
In : airplane.head()
```

Out:

| | 기체번호 | 항공사 | 기종 | 정원_F | 정원_C | 정원_W | 정원_Y | 총정원 | category_R |
|---|---|---|---|---|---|---|---|---|---|
| 0 | VP-BDK | Aeroflot | A320-214 | 0 | 20 | 0 | 120 | 140.0 | 중형 |
| 1 | VP-BWD | Aeroflot | A320-214 | 0 | 20 | 0 | 120 | 140.0 | 중형 |
| 2 | VP-BWE | Aeroflot | A320-214 | 0 | 20 | 0 | 120 | 140.0 | 중형 |
| 3 | VP-BWF | Aeroflot | A320-214 | 0 | 20 | 0 | 120 | 140.0 | 중형 |
| 4 | VP-BRZ | Aeroflot | A320-214 | 0 | 20 | 0 | 120 | 140.0 | 중형 |

새로 추가된 열의 값을 .value_counts 메소드로 확인합니다. 범주형 처리가 되었다는 사실을 알 수 있습니다. 그리고 이 열의 .dtype을 확인합니다.

In :
```
airplane['category_R'].value_counts()
```

Out:
```
중형    1943
소형     235
Name: category_R, dtype: int64
```

In :
```
airplane['category_R'].dtype
```

Out:
```
CategoricalDtype(categories=['소형', '중형'], ordered=False)
```

Chapter

# 판다스 Index 클래스 이해하기

시리즈와 판다스에서 검색하거나 연산할 때 정수나 문자열 레이블로 내부의 원소에 접근했습니다. 정수나 문자열의 레이블은 판다스 안의 Index 클래스와 같이 인덱스를 만드는 클래스에 의해 만들어지는 것입니다.

이 장에서는 인덱스를 검색하기 위한 다양한 방법들을 알아봅니다. 시리즈나 데이터 프레임 안의 행과 열의 정보를 관리하는 레이블을 만드는 방법, 숫자, 날짜, 문자열, 범주 등으로 구성된 단일 레이블 체계와 복수 레이블 체계가 어떻게 만들어지고 작동하는지에 대해 자세히 살펴봅니다.

- 숫자와 문자 인덱스 이해하기
- 날짜 인덱스 이해하기
- 범주 인덱스 이해하기
- 멀티인덱스 이해하기
- 멀티인덱스 데이터 선택하기

# 4.1 숫자와 문자 인덱스 처리

판다스에서 시리즈나 데이터 프레임을 만들 때 레이블의 구성을 지정하지 않아도 내부에서 행과 열에 기본으로 숫자형 인덱스가 생깁니다. 그러나 문자열 자료형으로 레이블을 만들 때는 레이블에 대한 정보를 명기해야 합니다.

이 장에서는 판다스의 시리즈와 데이터 프레임을 만들 때 .index, .columns 속성이 어떤 클래스의 정보를 관리하는지를 알아봅니다. 그중 가장 기본인 숫자와 문자 인덱스를 생성하는 방법을 배웁니다.

## 4.1.1 숫자와 문자 인덱스

숫자와 문자에 대한 기본 인덱스도 클래스에 의해 생성된 객체들입니다. 숫자와 문자에 대한 인덱스 클래스의 속성과 메소드들을 알아봅니다.

### ■ Index 클래스 확인

인덱스는 행과 열에 대한 레이블을 구성하는 객체를 만듭니다. 데이터를 관리하는 시리즈와 데이터 프레임 클래스와 구조가 다릅니다. 인덱스 클래스의 기준부터 예제를 통해 알아봅니다.

**[예제 4-1] 숫자와 문자 인덱스 생성하기**

판다스의 pd.Index를 조회하면 Index 클래스라는 것을 알 수 있습니다. Index 생성자에 정수를 원소로 갖는 리스트를 넣고 객체를 생성합니다. 이 생성된 객체를 type 클래스를 통해 어떤 클래스로 만들어졌는지를 확인하면 Int64Index 클래스라 보여줍니다.

```
In :  pd.Index

Out:  pandas.core.indexes.base.Index

In :  idx1 = pd.Index([1, 2, 3, 4])

In :  type(idx1)

Out:  pandas.core.indexes.numeric.Int64Index
```

이번에는 Index 클래스의 객체를 만들기 위해 파이썬 range 함수를 사용해서 만들면 그 객체의 클래스는 RangeIndex라는 것을 알 수 있습니다. 판다스에서 자동으로 만들어지는 정수 인덱스가 RangeIndex인 이유는 실제 정수 인덱스보다 적은 메모리 양을 사용하기 때문입니다.

```
In :  idx2 = pd.Index(range(1,4))
```

```
In :  type(idx2)
```

```
Out:  pandas.core.indexes.range.RangeIndex
```

두 클래스로 만들어진 객체 안의 숫자 레이블이 관리되는데 이 레이블에 대한 데이터 자료형을 .dtype 속성으로 확인하면 int64라는 것을 알 수 있습니다.

```
In :  idx1.dtype, idx2.dtype
```

```
Out:  (dtype('int64'), dtype('int64'))
```

문자열을 원소로 갖는 리스트를 인자로 받고 Index 생성자로 인덱스 객체를 만듭니다. Index 클래스임을 알 수 있습니다. 판다스는 Index 클래스를 가지고 Int64Inex, RangeIndex, Index의 객체를 생성합니다.

또한 문자열 레이블을 가지는 Index 객체의 자료형을 .dtype 속성으로 확인하면 파이썬 문자열이 들어왔으므로 판다스의 object 자료형이라는 것을 알 수 있습니다.

```
In :  idx_s = pd.Index(['a', 'b','c'])
```

```
In :  idx_s
```

```
Out:  Index(['a', 'b', 'c'], dtype='object')
```

Index 클래스에 의해 만들어진 객체도 시리즈나 데이터 프레임처럼 데이터를 .values 속성에 관리하고 이 인덱스의 차원과 개수 정보는 .shape 속성으로 관리합니다.

```
In :  idx_s.values
```

```
Out:  array(['a', 'b', 'c'], dtype=object)
```

In :
```
idx_s.shape
```

Out: (3,)

숫자 인덱스에는 정수형 이외의 실수형 인덱스도 있습니다. Index 클래스 생성자에서 매개변수 dtype='float'으로 지정하여 생성하면 만들어집니다.

In :
```
idx_f = pd.Index([1, 2, 3, 4],dtype='float')
```

In :
```
idx_f
```

Out: Float64Index([1.0, 2.0, 3.0, 4.0], dtype='float64')

## 4.1.2 숫자와 문자 인덱스 주요 특징

Index 클래스로 숫자와 문자 인덱스 객체인 배열을 만들었습니다. 이제 Index 내부에서 관리하는 속성과 메소드들을 확인하여 Index 클래스의 주요한 특징이 배열의 특징과 큰 차이가 없음을 확인하려고 합니다.

### ■ 숫자와 문자 인덱스 클래스 주요 특징

Index 클래스에서는 레이블의 정보 등을 검색하고 내부의 레이블도 변경할 수 있는 다양한 메소드를 갖고 있습니다. 예제를 통해 메소드가 어떻게 실행되는지 알아봅니다.

### [예제 4-2] 숫자와 문자 인덱스 특징 파악하기

[예제 4-1]에서 만들어진 숫자 인덱스의 첫 번째 레이블 정보를 알아보려면 시리즈나 데이터프레임의 원소를 검색하는 방식과 같이 인덱스를 검색할 때 쓰는 대괄호를 사용하면 됩니다.

인덱스 클래스도 배열이기 때문에 부분집합을 검색하는 슬라이스 처리도 가능합니다. 슬라이스 처리를 할 때에는 사본을 만드는 것이 아니라 기존에 있는 특정 부분을 검색해서 처리하는 것을 알 수 있습니다.

In :
```
idx1[0]
```

Out: 1

In :
```
idx_s[:]
```

Out:
```
Index(['a', 'b', 'c'], dtype='object')
```

판다스의 검색이 특징인 팬시 검색과 마스킹 검색도 배열의 특징이 있으므로 바로 적용할 수 있습니다.

팬시 검색은 인자로 리스트를 받으면 결과도 현재 자료형과 똑같은 사본을 만듭니다. 마스킹 검색은 비교 연산의 결과를 논리값으로 보관한 시리즈이고 이를 검색으로 사용합니다.

In :
```
idx1[[0]]
```

Out:
```
Int64Index([1], dtype='int64')
```

In :
```
idx1[idx1 < 3 ]
```

Out:
```
Int64Index([1, 2], dtype='int64')
```

시리즈나 데이터 프레임처럼 행 단위로 검색하기 위한 속성인 인덱서가 없습니다. .loc로 검색하면 인덱서가 없다고 예외를 발생시킵니다.

In :
```
try :
    idx1.loc[0]
except Exception as e :
    print(e)
```

Out:
```
'Int64Index' object has no attribute 'loc'
```

판다스의 인덱스 클래스는 불변(immutable) 객체만 만듭니다. 불변이라는 것은 내부의 원소를 변경할 수 없다는 의미입니다. 대신 같은 형태의 인덱스 클래스를 전체를 대체하는 것은 가능합니다.

새로운 Index 클래스로 정수 인덱스를 만들어서 특정 원소를 변경하면 예외가 발생합니다. 또한 다른 인덱스를 만들어서 같은 변수에 할당하면 나중에 할당된 객체의 정보만 관리하는 것을 볼 수 있습니다.

```
In :  idx4 = pd.Index([4,5,6,7])
```

```
In :  try :
          idx4[0] = 100
      except Exception as e :
          print(e)
```

```
Out:  Index does not support mutable operations
```

```
In :  idx4 = pd.Index([1,2,3,4])
```

```
In :  idx4
```

```
Out:  Int64Index([1, 2, 3, 4], dtype='int64')
```

## [예제 4-3] 숫자와 문자 인덱스 메소드 처리하기

두 개의 정수 Index 클래스의 객체를 만듭니다. 하나의 객체에는 포함되지만 다른 객체에 없는 특정 레이블을 찾기 위해 집합연산을 제공합니다.

집합연산을 통해 나온 결과도 새로운 인덱스 객체로 반환합니다. 판다스의 메소드 처리 기준은 새로운 객체를 만들어서 반환하는 방식인데, 이 방식이 거의 같습니다.

```
In :  idx1
```

```
Out:  Int64Index([1, 2, 3, 4], dtype='int64')
```

```
In :  idx2
```

```
Out:  RangeIndex(start=1, stop=4, step=1)
```

```
In :  idx1.difference(idx2)
```

```
Out:  Int64Index([4], dtype='int64')
```

정수 인덱스에 덧셈 연산자로 3을 더하면 인덱스 객체의 원소들 값이 모두 3씩 증가한 것을 볼 수 있습니다. 인덱스 클래스의 객체는 불변이라 새로운 객체가 반환됩니다.

시리즈나 데이터 프레임처럼 덧셈 연산자와 매칭되는 add 메소드가 있는지를 확인하면 속성이 없다고 표시합니다.

In :
```
idx1 + 3
```

Out:
```
Int64Index([4, 5, 6, 7], dtype='int64')
```

In :
```
try :
    idx1.add(3)

except Exception as e :
    print(e)
```

Out:
```
'Int64Index' object has no attribute 'add'
```

## 4.1.3 숫자와 문자 인덱스의 암묵적 처리

시리즈나 데이터 프레임의 원소에 대한 연산이나 메소드를 사용할 때는 레이블을 이용하여 원소에 접근합니다. 하나가 아닌 여러 개의 같은 레이블을 가질 경우 이 레이블들을 곱한 만큼의 개수가 생깁니다. 레이블이 생겼으므로 해당되는 값들도 들어갑니다.

또한 두 개의 시리즈가 연산 처리될 때 레이블이 한 시리즈만 있으면 다른 시리즈의 레이블이 생기지만, 값은 NaN으로 채워지므로 연산의 결과도 NaN으로 할당됩니다. 이런 암묵적 처리를 예제로 알아봅니다.

### ■ 숫자와 문자 인덱스 클래스의 암묵적 처리

숫자와 문자 인덱스를 가지고 연산 및 메소드 처리할 때 인덱스에 대한 정보를 가지고 암묵적인 처리 기준을 확인합니다.

**[예제 4-4] 암묵적 인덱스 변경 및 암묵적 NaN 처리하기**

먼저, 문자열 레이블을 갖는 두 개의 시리즈를 만듭니다. 두 개의 시리즈는 레이블을 구성하는 문자의 개수는 같지만 순서는 다릅니다.

In :
```
import numpy as np
```

In :
```
s1 = pd.Series(index=list('aaab'), data=np.arange(4))
```

In :
```
s1
```

Out:
```
a    0
a    1
a    2
b    3
dtype: int32
```

In :
```
s2 = pd.Series(index=list('baaa'), data=np.arange(4))
```

In :
```
s2
```

Out:
```
b    0
a    1
a    2
a    3
dtype: int32
```

두 개의 시리즈를 더하면 두 개의 레이블이 달라 시리즈 안의 레이블 개수끼리 곱한 만큼 카테시언 프로덕트(Cartesian product)를 처리한 레이블이 생깁니다.

In :
```
s1 + s2
```

Out:
```
a    1
a    2
a    3
a    2
a    3
a    4
a    3
a    4
a    5
b    3
dtype: int32
```

시리즈의 행 인덱스를 .sort_index 메소드로 정렬(alignment)해 레이블의 위치를 똑같이 만든 후에 .add 메소드를 사용하면 앞의 결과와 다르게 같은 레이블에 더한 결과를 볼 수 있습니다.

In :
```
s1.sort_index().add(s2.sort_index())
```

```
Out:  a    1
      a    3
      a    5
      b    3
      dtype: int32
```

첫 번째 만든 시리즈와 같은 행의 레이블을 가진 또 하나의 시리즈를 만들어서 덧셈 연산자로 더하면 레이블이 같으므로 레이블 기준으로 원소를 더합니다.

```
In :  s3 = pd.Series(index=list('aaab'), data=np.arange(4))
```

```
In :  s1 + s3
```

```
Out:  a    0
      a    2
      a    4
      b    6
      dtype: int32
```

이번에는 첫 번째 만든 시리즈와 4개의 레이블은 순서가 같지만 레이블 하나가 추가된 새로운 시리즈를 만듭니다. 이를 가지고 첫 번째 시리즈에 더할 때 레이블이 여러 개가 있으므로 매치되지 않아 카티션 프로덕트를 한 만큼 레이블이 생기고 값들도 들어가 있습니다.

특히 레이블 c는 첫 번째 시리즈에 존재하지 않으므로 결과 값이 NaN으로 처리됩니다.

```
In :  s4 = pd.Series(index=list('aaabc'), data=np.arange(5))
```

```
In :  s1 + s4
```

```
Out:  a    0.0
      a    1.0
      a    2.0
      a    1.0
      a    2.0
      a    3.0
      a    2.0
      a    3.0
      a    4.0
      b    6.0
      c    NaN
      dtype: float64
```

## 4.2 날짜 및 범주형 인덱스 처리

날짜 정보와 같은 인덱스의 레이블을 만든 데이터를 시계열(time series) 데이터라고 합니다. 실제 데이터를 분석하려면 많은 데이터가 특정 날짜와 시간으로 관리되어 처리하는 경우가 많은데, 특정 값들로 한정되어 사용되는 경우를 범주형 데이터라고 합니다. 이런 데이터를 인덱스로 사용도 가능합니다. 이런 연속적인 날짜 및 범주의 정보를 인덱스로 생성하고 메소드로 다루는 방법을 알아봅니다.

### 4.2.1 날짜 인덱스 처리

날짜를 연속적으로 만들어서 하나의 인덱스로 만들 수 있습니다. 이런 특정 날짜들이 연속된 레이블이 인덱스로 구성된 데이터를 시계열 데이터라고 앞서 잠깐 언급했는데, 실제 금융기관이나 대기업 등에서는 시계열 데이터들을 많이 보유하며 이를 분석해서 다양한 용도로 사용하고 있습니다. 여기서는 날짜 인덱스를 만들고 이를 이용하는 방법을 알아봅니다.

**■ 날짜 인덱스**

먼저 날짜에 대한 인덱스를 생성해보고 이에 대한 속성을 알아봅니다.

**[예제 4-5] 날짜 인덱스 생성 및 속성 보기**

Index 클래스로 날짜 인덱스를 생성할 수 있습니다. 이때 pd.date_range 함수를 이용해서 날짜 정보를 만들고 인자로 전달합니다.

만들어진 날짜 인덱스 객체의 .dtype 속성을 보면 datetime64라는 것을 알 수 있습니다. 이 데이터가 만들어질 때 특정 일자와 기간을 지정해서 내부적으로는 3일 간의 날짜가 만들어진 것을 볼 수 있는데, 이 기준이 날짜가 된 것을 .freq=D 속성으로 확인합니다. 알파벳 D는 일 단위 주기를 표시합니다.

In :
```
idx_d = pd.Index(pd.date_range('20130101',periods=3))
```

In :
```
idx_d
```

Out:
```
DatetimeIndex(['2013-01-01', '2013-01-02', '2013-01-03'], dtype='datetime64[ns]', freq='D')
```

In :
```
idx_d.values
```

```
Out:   array(['2013-01-01T00:00:00.000000000', '2013-01-02T00:00:00.000000000',
              '2013-01-03T00:00:00.000000000'], dtype='datetime64[ns]')
```

연속된 날짜를 만들었는데 빈도가 일 단위인지의 이유를 확인하기 위해 .freq 속성을 조회할 수도 있습니다.

```
In :  idx_d.freq

Out:  <Day>
```

Pd.DatetimeIndex 클래스 생성자를 이용해서 직접 날짜 인덱스를 만들어봅니다.

시리즈의 객체를 생성하는 날짜를 원소로 하는 리스트를 pd.DatetimeIndex에 넣어 날짜를 관리하는 객체를 생성합니다.

시리즈 생성자에 숫자 리스트를 넣고 index 매개변수에 날짜 인덱스를 만든 것을 넣습니다. 생성된 결과를 조회하면 .index 속성의 값으로 날짜 인덱스 정보가 들어간 것을 볼 수 있습니다.

```
In :  index = pd.DatetimeIndex(['2014-07-04', '2014-08-04',
                               '2015-07-04', '2015-08-04'])

In :  data = pd.Series([0, 1, 2, 3], index=index)

In :  data

Out:  2014-07-04    0
      2014-08-04    1
      2015-07-04    2
      2015-08-04    3
      dtype: int64
```

변수 index를 조회하면 날짜 정보가 들어가 있지만 이 날짜가 연속된 것이 아니므로 .freq 속성에 값이 없습니다. 배열로 구성되므로 모양과 자료형을 확인할 수도 있습니다.

```
In :  index

Out:  DatetimeIndex(['2014-07-04', '2014-08-04', '2015-07-04', '2015-08-04'], dtype='datetime64[ns]', freq=None)
```

```
In : index.shape
```

```
Out: (4,)
```

```
In : index.dtype
```

```
Out: dtype('<M8[ns]')
```

### [예제 4-6] 타임에 대한 빈도 이해하기

이번에는 특정 일자가 생성될 때 특정 주기를 가지고 만들어지는 객체에 대해 알아보겠습니다. 일단 data_range 함수를 이용해서 일자를 두 개 지정하면, 두 일자 사이의 차이에 따른 날짜들이 원소를 이루는 DatetimeIndex에서 하나의 객체가 만들어집니다.

생성된 객체를 보면 8개의 일자가 있고 그 일자들은 하루 간격으로 해서 만들어진 것을 알 수 있습니다.

```
In : dr1 = pd.date_range('2018-07-03', '2018-07-10')
```

```
In : dr1
```

```
Out: DatetimeIndex(['2018-07-03', '2018-07-04', '2018-07-05', '2018-07-06',
                    '2018-07-07', '2018-07-08', '2018-07-09', '2018-07-10'],
                   dtype='datetime64[ns]', freq='D')
```

하나의 일자를 지정하고 periods 매개변수에 8를 넣고 실행해도 위해서 생성된 것과 같은 객체가 만들어집니다.

특정 주기에 대한 처리 방식이 일자일 때는 두 가지 경우가 같은 방식입니다.

```
In : dr2 = pd.date_range('2018-07-03', periods=8)
```

```
In : dr2
```

```
Out: DatetimeIndex(['2018-07-03', '2018-07-04', '2018-07-05', '2018-07-06',
                    '2018-07-07', '2018-07-08', '2018-07-09', '2018-07-10'],
                   dtype='datetime64[ns]', freq='D')
```

이번에는 특정 주기를 배정해서 날짜, 시간 등 다양한 방식으로 날짜에 관한 객체를 생성하는 방법을 알아보겠습니다.

| 기호 | 시간 기준 | 기호 | 시간 기준 |
|---|---|---|---|
| D | 달력상 일 | B | 영업일 |
| W | 주 | M | 월말 |
| BM : | 영업기준 월말 | Q | 분기말 |
| BQ : | 영업기준 분기말 | A | 연말 |
| BA | 영업기준 연말 | H | 시간 |
| BH | 영업시간 | T | 분 |
| S | 초 | L | 밀리초 |
| N | 나노초 | | |

[표 4-1] 시간 주기를 나타내는 항목과 해당 기호

함수 data_range 안의 매개변수 freq에 [표 4-1]의 주기를 나타내는 항목을 넣어서 객체를 생성하면 그 기준에 따라 만들어집니다.

이번에는 특정 시간을 기준으로 만들어봅니다. 특정 일자를 넣고 periods에 24를 넣은 후 freq 속성에 H를 넣으면 이 특정 일자를 기준으로 24시간의 범위로 생성됩니다.

```
In :  dr3 = pd.date_range('2018-08-03', periods=24, freq='H')

In :  dr3

Out:  DatetimeIndex(['2018-08-03 00:00:00', '2018-08-03 01:00:00',
                     '2018-08-03 02:00:00', '2018-08-03 03:00:00',
                     '2018-08-03 04:00:00', '2018-08-03 05:00:00',
                     '2018-08-03 06:00:00', '2018-08-03 07:00:00',
                     '2018-08-03 08:00:00', '2018-08-03 09:00:00',
                     '2018-08-03 10:00:00', '2018-08-03 11:00:00',
                     '2018-08-03 12:00:00', '2018-08-03 13:00:00',
                     '2018-08-03 14:00:00', '2018-08-03 15:00:00',
                     '2018-08-03 16:00:00', '2018-08-03 17:00:00',
                     '2018-08-03 18:00:00', '2018-08-03 19:00:00',
                     '2018-08-03 20:00:00', '2018-08-03 21:00:00',
                     '2018-08-03 22:00:00', '2018-08-03 23:00:00'],
                    dtype='datetime64[ns]', freq='H')
```

데이터에 대해 만들어진 객체를 주기를 나타내는 인덱스로 바꾸기 위해 to_period 메소드를 이용해서 일자 기준으로 전환합니다. 그러면 현재 시간을 기준으로 만들어진 객체를 일자로 변형했으므로 같은 일자만 나오는 것을 볼 수 있습니다.

또한 주기를 나타내는 인덱스 클래스가 PeriodIndex로 변경되었습니다.

In :
```
dr3.to_period('D')
```

Out:
```
PeriodIndex(['2018-08-03', '2018-08-03', '2018-08-03', '2018-08-03',
             '2018-08-03', '2018-08-03', '2018-08-03', '2018-08-03',
             '2018-08-03', '2018-08-03', '2018-08-03', '2018-08-03',
             '2018-08-03', '2018-08-03', '2018-08-03', '2018-08-03',
             '2018-08-03', '2018-08-03', '2018-08-03', '2018-08-03',
             '2018-08-03', '2018-08-03', '2018-08-03', '2018-08-03'],
            dtype='period[D]', freq='D')
```

주기를 만드는 함수인 period_range에 특정 달을 넣고 periods 매개변수에 13, freq 매개변수에 M을 넣었습니다. 달을 기준으로 주기를 가지고 계산되어서 2019년 1월까지 인덱스를 만듭니다. 이 함수로 만들어진 객체의 클래스는 주기를 나타내는 PeriodIndex라는 것을 알 수 있습니다.

In :
```
dr_m = pd.period_range('2018-01', periods=13, freq='M')
```

In :
```
dr_m
```

Out:
```
PeriodIndex(['2018-01', '2018-02', '2018-03', '2018-04', '2018-05', '2018-06',
             '2018-07', '2018-08', '2018-09', '2018-10', '2018-11', '2018-12',
             '2019-01'],
            dtype='period[M]', freq='M')
```

특정 시간의 간격을 만들기 위해 이번에는 timedelta_range 함수로 특정 시간대부터 주기를 periods=10으로 주고 freq=H를 지정해서 시간별로 만들도록 했습니다.

만들어진 객체를 확인하면 00시부터 09시까지의 총 10개의 데이터가 만들어집니다. 시간을 기준으로 만들어, 특정 시간을 기준으로 timedelta64 자료형이 됩니다.

이 인덱스에 대한 클래스는 TimedeltaIndex의 객체가 만들어진 것을 알 수 있습니다.

In :
```
tm_1 = pd.timedelta_range(0, periods=10, freq='H')
```

```
In :  tm_1

Out:  TimedeltaIndex(['00:00:00', '01:00:00', '02:00:00', '03:00:00', '04:00:00',
                      '05:00:00', '06:00:00', '07:00:00', '08:00:00', '09:00:00'],
                     dtype='timedelta64[ns]', freq='H')
```

시간과 시간 사이의 계산을 하면 연산이 됩니다. 일단 한 시간을 빼면 배열이므로 벡터화(vectorizing) 연산이 되어 전체가 다 바뀌는 것을 확인할 수 있습니다.

timedelta64 자료형은 기본으로 시간에 대한 연산이 발생하면 그 차이를 관리하는 자료형인 것을 알 수 있습니다.

```
In :  tm_1 - tm_1[1]

Out:  TimedeltaIndex(['-1 days +23:00:00',          '00:00:00',          '01:00:00',
                              '02:00:00',          '03:00:00',          '04:00:00',
                              '05:00:00',          '06:00:00',          '07:00:00',
                              '08:00:00'],
                     dtype='timedelta64[ns]', freq='H')
```

또한 날짜로 생성된 DatetimeIndex 객체에 대해 수학 연산을 하면 그 결과에 대한 차이를 관리하는 TimedeltaIndex가 생성됩니다.

```
In :  dr2

Out:  DatetimeIndex(['2018-07-03', '2018-07-04', '2018-07-05', '2018-07-06',
                     '2018-07-07', '2018-07-08', '2018-07-09', '2018-07-10'],
                    dtype='datetime64[ns]', freq='D')

In :  dr2 - dr2[0]

Out:  TimedeltaIndex(['0 days', '1 days', '2 days', '3 days', '4 days', '5 days',
                      '6 days', '7 days'],
                     dtype='timedelta64[ns]', freq=None)
```

시간에 대한 인덱스를 분 단위로 지정할 수도 있습니다. 이때는 분 단위로 생성하고 이를 시리즈 행의 레이블로 지정하면 됩니다. 날짜 인덱스는 date_range 메소드 안의 freq=T를 넣어서 실행하여 만들어지는데, 이를 인덱스로 넣고 시리즈를 생성합니다.

In :
```
index = pd.date_range('1/1/2018', periods=9, freq='T')
```

In :
```
series = pd.Series(range(9), index=index)
```

위에서 만들어진 series를 확인하면 행의 레이블이 분 단위로 만들어져 있는 것을 볼 수 있습니다.

In :
```
series
```

Out:
```
2018-01-01 00:00:00    0
2018-01-01 00:01:00    1
2018-01-01 00:02:00    2
2018-01-01 00:03:00    3
2018-01-01 00:04:00    4
2018-01-01 00:05:00    5
2018-01-01 00:06:00    6
2018-01-01 00:07:00    7
2018-01-01 00:08:00    8
Freq: T, dtype: int64
```

1분 단위로 생성을 한 것을 그룹화(groupby)해서 시리즈 안에 만들어진 것을 특정 시간별로 묶어서 처리도 가능합니다.

일단 분 단위로 만들어진 시리즈를 3분 단위로 처리하기 위해 resample 메소드로 다른 시리즈로 만들었습니다.

다시 만들어진 객체를 조회하면 DateTimeIndexResampler 클래스의 객체가 만들어진 것을 볼 수 있습니다. 현재 객체만 만들어진 것이지 실제 실행한 결과를 갖는 것은 아닙니다.

In :
```
s_3T = series.resample('3T')
```

In :
```
s_3T
```

Out:
```
DatetimeIndexResampler [freq=<3 * Minutes>, axis=0, closed=left, label=left, convention=start, base=0]
```

위의 객체를 가지고 실제 합산을 하기 위해 .sum 메소드를 사용하면 계산된 결과는 3분 단위의 합산한 결과를 보여줍니다.

In :
```
s_3T.sum()
```

Out:
```
2018-01-01 00:00:00     3
2018-01-01 00:03:00    12
2018-01-01 00:06:00    21
Freq: 3T, dtype: int64
```

## 4.2.2 날짜 인덱스 주요 처리 방법

판다스의 클래스에 행의 레이블로 날짜을 붙이는 것은 관측된 결과가 시계열(time series)로 처리가 되는 곳에 매우 유용합니다. 보통 파일로 데이터를 읽어오면 날짜로 구성된 것처럼 보이지만 일반 문자열인 경우가 많습니다.

이런 문자열이 인덱스 처리가 되는 경우 날짜 인덱스로 변환해서 처리해야 합니다.

### ■ 날짜 인덱스 활용

시계열(time series) 데이터 등을 사용하기 위해서는 날짜가 인덱스로 처리되어야 합니다. 날짜 인덱스로 다양한 함수나 메소드에서 처리가 가능하므로 기본적인 날짜 처리에 대해 알아봅니다.

### [예제 4-7] 날짜 인덱스 활용하기

하나의 csv 파일을 읽을 때 parse_dates를 추가해 날짜를 인덱스로 처리합니다.

In :
```
data = pd.read_csv('../data/hanriver_bridge.csv', index_col='Date', parse_dates=True,encoding='cp949')
```

In :
```
data.head()
```

Out:

| Date | 한강 좌측 인도 | 한강 우측 인도 |
|---|---|---|
| 2012-10-03 00:00:00 | 4.0 | 9.0 |
| 2012-10-03 01:00:00 | 4.0 | 6.0 |
| 2012-10-03 02:00:00 | 1.0 | 1.0 |
| 2012-10-03 03:00:00 | 2.0 | 3.0 |
| 2012-10-03 04:00:00 | 6.0 | 1.0 |

파일에 대한 행과 열의 인덱스를 확인합니다. 행에 인덱스는 날짜로 되어 있는 것을 알 수 있습니다.

In :
```
data.columns
```

Out:
```
Index(['한강 좌측 인도', '한강 우측 인도'], dtype='object')
```

In :
```
data.index
```

Out:
```
DatetimeIndex(['2012-10-03 00:00:00', '2012-10-03 01:00:00',
               '2012-10-03 02:00:00', '2012-10-03 03:00:00',
               '2012-10-03 04:00:00', '2012-10-03 05:00:00',
               '2012-10-03 06:00:00', '2012-10-03 07:00:00',
               '2012-10-03 08:00:00', '2012-10-03 09:00:00',
               ...
               '2018-05-31 14:00:00', '2018-05-31 15:00:00',
               '2018-05-31 16:00:00', '2018-05-31 17:00:00',
               '2018-05-31 18:00:00', '2018-05-31 19:00:00',
               '2018-05-31 20:00:00', '2018-05-31 21:00:00',
               '2018-05-31 22:00:00', '2018-05-31 23:00:00'],
              dtype='datetime64[ns]', name='Date', length=49608, freq=None)
```

열의 이름에 빈 공간이 있으므로 단순하게 열 이름을 변경합니다. 실제 연산을 문자열로 만들어서 eval 메소드로 실행하면 새로운 합산 열에 추가됩니다.

In :
```
data.columns=['좌측','우측']
```

In :
```
data['합산'] = data.eval('좌측 + 우측')
```

In :
```
data.head()
```

Out:

| | 좌측 | 우측 | 합산 |
|---|---|---|---|
| **Date** | | | |
| **2012-10-03 00:00:00** | 4.0 | 9.0 | 13.0 |
| **2012-10-03 01:00:00** | 4.0 | 6.0 | 10.0 |
| **2012-10-03 02:00:00** | 1.0 | 1.0 | 2.0 |
| **2012-10-03 03:00:00** | 2.0 | 3.0 | 5.0 |
| **2012-10-03 04:00:00** | 6.0 | 1.0 | 7.0 |

누락 값을 삭제하기 위해 누락 값을 .isnull과 .sum 메소드로 찾으면 8개가 나옵니다. 이를 .dropna 메소드로 누락 값을 일단 삭제합니다.

In :
```
data.isnull().sum()
```

Out:
```
좌측    8
우측    8
합산    8
dtype: int64
```

In :
```
data.shape
```

Out:
```
(49608, 3)
```

In :
```
data_dp = data.dropna()
```

In :
```
data_dp.shape
```

Out:
```
(49600, 3)
```

특정 날짜를 기준으로 다시 샘플링해 .sum 메소드를 하고 처리하면 실제 데이터 프레임 안 행의 레이블이 전부 일자별로 변경되어 처리되는 것을 알 수 있습니다.

In :
```
daily = data.resample('D').sum()
```

In :
```
daily.head()
```

Out:

| | 좌측 | 우측 | 합산 |
|---|---|---|---|
| **Date** | | | |
| **2012-10-03** | 1760.0 | 1761.0 | 3521.0 |
| **2012-10-04** | 1708.0 | 1767.0 | 3475.0 |
| **2012-10-05** | 1558.0 | 1590.0 | 3148.0 |
| **2012-10-06** | 1080.0 | 926.0 | 2006.0 |
| **2012-10-07** | 1191.0 | 951.0 | 2142.0 |

기존 데이터를 다시 주 단위 리샘플링하기 위해 resample 메소드에 W를 넣고 평균을 계산하면 새로운 데이터 프레임이 만들어집니다. 행 인덱스가 7일 단위로 구성되는 것을 알 수 있습니다.

In :
```
weekly_r = data.resample('W').mean()
```

In :
```
weekly_r.head()
```

Out:

| Date | 좌측 | 우측 | 합산 |
|---|---|---|---|
| **2012-10-07** | 60.808333 | 58.291667 | 119.100000 |
| **2012-10-14** | 51.660714 | 48.309524 | 99.970238 |
| **2012-10-21** | 47.297619 | 45.017857 | 92.315476 |
| **2012-10-28** | 41.077381 | 38.904762 | 79.982143 |
| **2012-11-04** | 38.142857 | 34.440476 | 72.583333 |

기존 데이터 프레임에서 freq를 W로 바꾸려면 asfreq 메소드를 이용해 처리하면 됩니다. 이 때는 특정 날짜에 있는 행의 데이터로 세팅이 되고 나머지 데이터는 사라집니다.

리샘플링 메소드를 이용하면 날짜별로 값을 다양한 기준으로 합산하거나 평균을 내어 처리할 수 있습니다.

In :
```
weekly_f = data.asfreq('W')
```

In :
```
weekly_f.head()
```

Out:

| Date | 좌측 | 우측 | 합산 |
|---|---|---|---|
| **2012-10-07** | 6.0 | 5.0 | 11.0 |
| **2012-10-14** | 3.0 | 3.0 | 6.0 |
| **2012-10-21** | 5.0 | 12.0 | 17.0 |
| **2012-10-28** | 5.0 | 5.0 | 10.0 |
| **2012-11-04** | 7.0 | 11.0 | 18.0 |

## 4.2.3 범주형 인덱스 주요 처리 방법

범주형 인덱스를 만드는 CategoricalIndex 클래스도 별도로 제공하고 있습니다. 인덱스의 레이블을 범주형으로 관리하면 숫자나 문자열일 때와 어떻게 다른지를 알아봅니다.

### ■ 범주형 인덱스 생성 및 변경

범주형 인덱스를 만들어서 시리즈에 적용하고 레이블이 추가적으로 필요할 때 처리 방법을 알아봅니다.

#### [예제 4-8] 범주형 인덱스 활용하기

범주형 인덱스는 CategoricalIndex 클래스를 이용해서 정수 리스트를 인자로 받아 인덱스 내의 레이블이 한정된 정수값을 갖습니다.

```
In :  inx_i = pd.CategoricalIndex([1,2,3,4])
```

하나의 시리즈를 만들 때 범주형 인덱스를 넣어서 생성합니다. 정수의 값이므로 실제 정수 인덱스와 같아 보입니다.

.index 속성을 확인해보면 범주형 인덱스의 정보를 명확히 구분할 수 있습니다.

```
In :  s = pd.Series([1,2,3,4],index=inx_i)

In :  s

Out:  1    1
      2    2
      3    3
      4    4
      dtype: int64

In :  s.index

Out:  CategoricalIndex([1, 2, 3, 4], categories=[1, 2, 3, 4], ordered=False, dtype='category')
```

시리즈 내의 특정 원소를 갱신하기 위해 레이블을 지정해서 처리하면 범주형 레이블이 아닌 포지션 레이블이 알려주는 값이 갱신된 것을 알 수 있습니다.

```
In :  s[3] = 100

In :  s
```

```
Out:  1      1
      2      2
      3      3
      4    100
      dtype: int64
```

시리즈에서 레이블의 범위를 벗어나는 객체를 추가하려면 예외가 발생합니다.

```
In :  try :
          s[5] = 100
      except Exception as e :
          print(e)
```

```
Out:  index 5 is out of bounds for axis 0 with size 4
```

범주형 인덱스를 추가한 후에 인덱스 레이블을 추가해도 예외가 발생합니다. 범주형 인덱스로 처리하면 처음 생성된 기준을 유지하므로 실제 레이블 값이 변경되지 않습니다.

```
In :  s.index = s.index.add_categories(5)
```

```
In :  s.index
```

```
Out:  CategoricalIndex([1, 2, 3, 4], categories=[1, 2, 3, 4, 5], ordered=False, dtype='category')
```

```
In :  try :
          s.index = s.index.insert(4,5)
      except Exception as e :
          print(e)
```

```
Out:  Length mismatch: Expected axis has 4 elements, new values have 5 elements
```

시리즈의 레이블을 추가하기 위해 범주형 인덱스를 리스트로 변환하고 이를 시리즈에 .index 속성에 할당해서 정수형 인덱스로 변환합니다.

정수형일 경우는 인덱스의 레이블이 추가되므로 인덱스 검색에 따른 값을 할당합니다.

```
In :  stl = s.index.tolist()
```

```
In : stl
```

```
Out: [1, 2, 3, 4]
```

```
In : s.index = stl
```

```
In : s.index
```

```
Out: Int64Index([1, 2, 3, 4], dtype='int64')
```

```
In : s[5] = 100
```

```
In : s
```

```
Out: 1      1
     2      2
     3      3
     4    100
     5    100
     dtype: int64
```

시리즈의 행을 추가하고 다시 .index 속성을 .astype 메소드로 자료형을 변환하면 범주형 인덱스가 됩니다.

```
In : s.index = s.index.astype('category')
```

```
In : s
```

```
Out: 1      1
     2      2
     3      3
     4    100
     5    100
     dtype: int64
```

```
In : s.index
```

```
Out: CategoricalIndex([1, 2, 3, 4, 5], categories=[1, 2, 3, 4, 5], ordered=False, dtype='category')
```

# 4.3 멀티인덱스 처리

시리즈와 데이터 프레임을 사용하면 1차원과 2차원 처리만 가능하지만 다차원 처리가 필요한 경우 시리즈와 데이터 프레임을 어떻게 처리해야 할까요? 그 답은 계층적인 레이블을 만들어서 시리즈나 데이터 프레임의 차원을 확대하는 것입니다.

판다스에서는 계층적인 레이블을 만드는 MultiIndex 클래스를 제공합니다. 이 클래스를 이용해서 인덱스를 생성하는 방법을 먼저 알아봅니다. 또한 만들어진 계층적 레이블로 시리즈나 데이터 프레임의 행과 열에 접근하는 방법을 살펴봅니다.

## 4.3.1 멀티인덱스 생성

멀티인덱스(MultiIndex) 클래스에서 해당 객체를 만들기 위해 다양한 데이터 구조의 정보를 가져와서 처리하는 함수들을 알아봅니다.

### ■ 멀티인덱스 생성

멀티인덱스를 만들기 전에 인덱스를 튜플로 만들어서 처리해보면 멀티인덱스가 왜 필요한지를 이해할 수 있습니다. 멀티인덱스를 만들어서 레이블이 어떻게 붙어서 작용하는지를 알아봅니다.

**[예제 4-9] 멀티인덱스 생성하기**

2개를 원소 쌍으로 하는 튜플을 두 개 만들고 리스트에 넣습니다. 시리즈를 만들 때 매개변수 index에 이 리스트를 지정했습니다.

만들어진 시리즈 객체를 보면 튜플로 된 인덱스가 만들어진 것을 볼 수 있습니다.

.index 속성을 확인하면 계층적 인덱스가 아닌 단일 인덱스인 Index 클래스의 객체가 조회됩니다.

In :
```
import numpy as np
```

In :
```
ind = [("서울", 2017), ("경기도",2017)]
```

In :
```
si = pd.Series(np.random.randint(1,10,2),index=ind)
```

In :
```
si
```

Out:
```
(서울, 2017)       9
(경기도, 2017)     3
dtype: int32
```

In :
```
si.index
```

Out:
```
Index([('서울', 2017), ('경기도', 2017)], dtype='object')
```

Index 클래스의 객체는 단일 레이블이므로 튜플 단위로 검색을 처리해야 합니다. 이를 분리해서 검색에 사용하면 예외를 발생시킵니다.

In :
```
try :
    si['서울']
except Exception as e :
    print(e)
```

Out:
```
'서울'
```

In :
```
si['서울',2017]
```

Out:
```
9
```

In :
```
si[('서울',2017)]
```

Out:
```
9
```

위에서 만들어진 ind 변수를 이용해서 이번에는 계층적 레이블을 만들기 위해 멀티인덱스 클래스에 있는 .from_tuples 함수를 이용합니다.

멀티인덱스에 만들어진 index 변수를 확인하면 클래스가 MultiIndex라는 것을 알 수 있습니다.

들어간 레이블의 정보는 .levels와 .labels 두 개의 속성에 나눠 관리됩니다. .labels 속성에 들어간 숫자는 .levels 속성에 있는 레이블 이름의 위치를 가리키는 포지션 정보입니다.

```
In : index = pd.MultiIndex.from_tuples(ind)

In : index

Out: MultiIndex(levels=[['경기도', '서울'], [2017]],
                labels=[[1, 0], [0, 0]])
```

이 멀티인덱스를 갖는 시리즈 객체를 생성하기 위해 매개변수 index에 위에서 만들어진 index를 지정했습니다.

시리즈가 만들어진 것을 조회하면 행의 인덱스 레이블이 튜플로 들어가지 않고 개별적인 이름으로 들어간 것을 볼 수 있습니다.

```
In : s = pd.Series(np.random.randint(1,10,2),index=index)

In : s

Out: 서울   2017      9
     경기도  2017      5
     dtype: int32
```

멀티인덱스로 만들어진 레이블은 인덱스를 검색할 때 계층별로 분리해서 검색에 사용할 수 있습니다. 먼저 첫 번째 계층으로 조회하면 결과는 다음 계층의 레이블과 값으로 구성된 시리즈를 반환합니다.

첫 번째 계층 레이블과 두 번째 계층 레이블을 다 넣고 조회하거나 이를 튜플로 넣어 조회하면 이 레이블에 매칭되는 스칼라 값이 조회됩니다.

```
In : s['서울']

Out: 2017    9
     dtype: int32

In : s['서울',2017]

Out: 9

In : s[('서울',2017)]
```

```
Out:  9
```

또 인덱서의 .loc 속성을 이용해서 검색을 할 때에도 계층별 레이블을 이용하면 됩니다.

시리즈는 행을 중심으로 처리하므로 처리되는 결과가 인덱스 검색과 인덱서 검색이 동일한 것을 알 수 있습니다.

```
In :  s.loc['서울']
```

```
Out:  2017      9
      dtype: int32
```

```
In :  s[:,2017]
```

```
Out:  서울      9
      경기도    5
      dtype: int32
```

```
In :  s.loc[:,2017]
```

```
Out:  서울      9
      경기도    5
      dtype: int32
```

넘파이 배열을 두 개 지정하고 리스트의 원소로 넣어서 리스트를 만듭니다.

```
In :  import numpy as np
```

```
In :  arrays = [np.array(['bar', 'bar', 'baz', 'baz', 'foo', 'foo', 'qux', 'qux']),
               np.array(['one', 'two', 'one', 'two', 'one', 'two', 'one', 'two'])]
```

시리즈를 만들 때 매개변수 index에 arrays 변수를 지정했습니다. 만들어진 시리즈를 검색하면 멀티인덱스가 만들어진 것을 볼 수 있습니다.

```
In :  s = pd.Series(np.random.randn(8), index=arrays)
```

```
In :  s
```

```
Out:  bar  one   -0.176555
           two    0.072935
      baz  one    0.747105
           two   -1.226154
      foo  one    1.087123
           two    0.072995
      qux  one   -0.258387
           two    0.720419
      dtype: float64
```

만들어진 시리즈의 .index 속성을 조회하면 .levels와 .lables가 구성된 것을 알 수 있습니다. 리스트에 넣어진 넘파이 배열의 위치에 따라 levels의 포지션을 차지해서 구성되었습니다.

```
In : s.index
```

```
Out: MultiIndex(levels=[['bar', 'baz', 'foo', 'qux'], ['one', 'two']],
                labels=[[0, 0, 1, 1, 2, 2, 3, 3], [0, 1, 0, 1, 0, 1, 0, 1]])
```

파이썬 리스트에 리스트를 넣어서 멀티인덱스를 만들려면 MultiIndex 클래스의 .from_product 함수로 생성하면 됩니다.

이번에는 두 개의 계층적 레이블에 이름도 부여했습니다.

```
In : iterables = [['bar', 'baz', 'foo', 'qux'], ['one', 'two']]
```

```
In : arrays2 = pd.MultiIndex.from_product(iterables, names=['first', 'second'])
```

생성한 멀티인덱스의 객체를 조회하면 .levels, .labels, .names 속성에 값들이 지정한 대로 들어가 있는 것을 볼 수 있습니다.

```
In : arrays2
```

```
Out: MultiIndex(levels=[['bar', 'baz', 'foo', 'qux'], ['one', 'two']],
                labels=[[0, 0, 1, 1, 2, 2, 3, 3], [0, 1, 0, 1, 0, 1, 0, 1]],
                names=['first', 'second'])
```

생성된 속성을 하나하나 조회해보면 인덱스 정보는 바꿀 수 없다고 배웠는데 왜 갱신이 안 되었는지를 깨닫게 됩니다.

.levels, .labels 속성에 FrozenList 클래스의 인스턴스가 할당되어 있어 변경이 불가능한 리스트로 구성된 것을 알 수 있습니다.

내부의 값 중 .values 속성을 조회하면 넘파이 배열의 원소들이 튜플로 구성되어 있습니다. 각 계층별 이름도 바꿀 수 없는 객체에 값이 들어 있습니다.

In :
```
arrays2.levels
```

Out:
```
FrozenList([['bar', 'baz', 'foo', 'qux'], ['one', 'two']])
```

In :
```
arrays2.labels
```

Out:
```
FrozenList([[0, 0, 1, 1, 2, 2, 3, 3], [0, 1, 0, 1, 0, 1, 0, 1]])
```

In :
```
arrays2.values
```

Out:
```
array([('bar', 'one'), ('bar', 'two'), ('baz', 'one'), ('baz', 'two'),
       ('foo', 'one'), ('foo', 'two'), ('qux', 'one'), ('qux', 'two')],
      dtype=object)
```

In :
```
arrays2.names
```

Out:
```
FrozenList(['first', 'second'])
```

계층적 인덱스를 만든 객체를 시리즈의 매개변수 index에 넣어 생성자를 실행하면 계층적 인덱스가 만들어집니다. 이번에는 계층적 인덱스에서 이름이 맨 위에 표시되는 것도 볼 수 있습니다.

In :
```
s2 = pd.Series(np.random.randn(8), index=arrays2)
```

In :
```
s2
```

Out:
```
first  second
bar    one        1.399236
       two        0.566254
baz    one        0.921560
       two        0.822533
foo    one       -0.974971
       two       -0.647916
qux    one       -0.270709
       two       -0.382016
dtype: float64
```

멀티인덱스에서 객체의 값을 보관하는 .values를 보면 실제 튜플로 관리하므로 튜플을 원소로 가진 리스트가 만들어질 때 멀티인덱스의 .from_tuples 함수를 이용합니다. 계층적 인덱스의 특별한 위치를 지정하지 않아서 생성될 때 레이블의 정렬을 먼저 수행해서 처리된 것을 알 수 있습니다.

만들어진 인덱스를 확인하면 튜플의 첫 번째 원소들이 .levels 속성의 첫 번째 level에 들어가고 튜플의 두 번째 원소들이 .levels 속성의 두 번째 level로 들어갑니다.

.labels 속성을 확인하면 첫 번째 리스트는 튜플의 첫 번째 값들의 순서를 나타냅니다.

```
In :  index = [('서울',2008),('서울',2010),('부산',2008),('부산',2010), ('인천',2008),('인천',2010)]

In :  mul_index = pd.MultiIndex.from_tuples(index)

In :  mul_index

Out:  MultiIndex(levels=[['부산', '서울', '인천'], [2008, 2010]],
                 labels=[[1, 1, 0, 0, 2, 2], [0, 1, 0, 1, 0, 1]])
```

멀티인덱스의 객체 값을 조회하면 내부에 튜플을 지정한 값이 그대로 들어 있는 것을 확인할 수 있습니다. 이 값들의 빈도를 알아보기 위해 .value_counts를 실행합니다. 모든 레이블의 개수가 1인 것을 알 수 있습니다.

```
In :  mul_index.values

Out:  array([('서울', 2008), ('서울', 2010), ('부산', 2008), ('부산', 2010),
             ('인천', 2008), ('인천', 2010)], dtype=object)

In :  mul_index.value_counts()

Out:  (서울, 2010)    1
      (부산, 2010)    1
      (부산, 2008)    1
      (인천, 2008)    1
      (서울, 2008)    1
      (인천, 2010)    1
      dtype: int64
```

또한 .levels, .labels의 속성을 조회한 결과를 확인합니다.

In :
```
mul_index.levels
```

Out:
```
FrozenList([['부산', '서울', '인천'], [2008, 2010]])
```

In :
```
mul_index.labels
```

Out:
```
FrozenList([[1, 1, 0, 0, 2, 2], [0, 1, 0, 1, 0, 1]])
```

## 4.3.2 멀티인덱스 활용

단일 인덱스의 레이블로 시리즈의 값을 효율적으로 검색해보았습니다. 계층형 인덱스는 추가적인 차원을 확대하는 것이므로 검색하는 다른 기능도 제공합니다.

실제 시리즈와 데이터 프레임의 행과 열의 레이블에 대한 정보를 변형할 때 기존에 있는 열을 가지고 행의 레이블로 지정할 수 있고 행의 레이블을 열의 레이블로 지정할 수도 있습니다.

이런 활용은 '5장 데이터 재구성하기'에서 상세히 설명되므로 이번에는 멀티인덱스에 지정된 객체를 검색해서 사용하는 방법을 간략히 알아봅니다.

### ■ 멀티인덱스로 시리즈 생성

단일 인덱스와 멀티인덱스를 인덱스 검색을 통해 원소 하나 또는 부분집합의 슬라이스로 처리하는 방법을 알아봅니다.

### [예제 4-10] 멀티인덱스를 활용한 시리즈 만들기

앞 절에서 만들어진 멀티인덱스 객체인 mul_index를 시리즈 생성자의 매개변수인 index에 지정했고, 실제 값은 하나의 리스트로 만들었습니다. 실제 값은 멀티인덱스의 레이블 개수와 맞게 설정했습니다.

시리즈가 만들어진 후에 조회하면 두 개의 계층을 갖는 시리즈가 만들어집니다.

In :
```
populations = [ 30000,37000, 18970, 19370, 20850, 25140]
```

In :
```
pop = pd.Series(populations, index=mul_index)
```

```
In : pop

Out: 서울  2008    30000
           2010    37000
     부산  2008    18970
           2010    19370
     인천  2008    20850
           2010    25140
     dtype: int64
```

인덱스를 검색할 때 시리즈는 행 단위로만 처리하므로 하나의 값만 넣고 조회합니다. 하지만 멀티인덱스로 레이블이 지정되어 레이블에 접근하려면 레벨 순서로 입력해서 조회가 가능합니다.

첫 번째 레이블로 조회하면 해당되는 두 개의 값이 나오고 두 개의 레이블을 넣으면 시리즈 하나의 행과 매칭되어 하나의 값만 나옵니다.

```
In : pop['서울']

Out: 2008    30000
     2010    37000
     dtype: int64

In : pop['서울',2008]

Out: 30000
```

첫 번째 레이블 전체에 슬라이스 처리하고 두 번째 레이블 이름을 선택하면 첫 번째 레이블 기준으로 결과 값이 나옵니다.

```
In : pop[:, 2010]

Out: 서울    37000
     부산    19370
     인천    25140
     dtype: int64
```

문자로 처리되는 경우는 슬라이스 처리를 하기 위해서 .sort_index 메소드로 인덱스 값의 문자열을 정렬해야 합니다.

```
In :  try :
          pop["서울" : "인천"]
      except Exception as e :
          print(e)
```

```
Out:  'Key length (1) was greater than MultiIndex lexsort depth (0)'
```

```
In :  pop = pop.sort_index()
```

```
In :  pop["서울" : "인천"]
```

```
Out:  서울  2008   30000
            2010   37000
      인천  2008   20850
            2010   25140
      dtype: int64
```

멀티인덱스에도 각 레벨에 맞는 이름을 .index.nemes 속성에 리스트로 지정해서 넣으면 레벨별로 이름이 들어갑니다.

```
In :  pop.index.names = ['시','연도']
```

```
In :  pop
```

```
Out:   시   연도
      부산  2008   18970
            2010   19370
      서울  2008   30000
            2010   37000
      인천  2008   20850
            2010   25140
      dtype: int64
```

### ■ 멀티인덱스를 활용한 데이터 프레임

멀티인덱스를 갖는 데이터 프레임을 만들어봅니다. 데이터 프레임에는 여러 열이 있으므로 이를 인덱스로 바꿀 때 멀티인덱스 처리도 가능합니다.

이번에는 멀티인덱스에서 각 레벨의 이름을 이용하여 데이터 프레임에 접근하고 검색하는 법을 알아봅니다.

## [예제 4-11] 멀티인덱스를 이용한 데이터 프레임 활용하기

멀티인덱스는 두 개의 레벨을 연도와 정수 리스트로 표현했고 이 레벨명 이름을 '연도', '과제점수'라고 명명해서 멀티인덱스의 객체를 만들었습니다.

```
In :  r_inx = pd.MultiIndex.from_product([[2017,2018],[1,2]], names=['연도','과제점수'])

In :  r_inx

Out:  MultiIndex(levels=[[2017, 2018], [1, 2]],
                 labels=[[0, 0, 1, 1], [0, 1, 0, 1]],
                 names=['연도', '과제점수'])
```

다른 멀티인덱스는 .from_product 함수를 이용해서 2개의 레벨을 리스트로 만들었습니다.

```
In :  c_inx = pd.MultiIndex.from_product([['철수','영희','지원'],['컴공','경제']], names=['학생','학과'])

In :  c_inx

Out:  MultiIndex(levels=[['영희', '지원', '철수'], ['경제', '컴공']],
                 labels=[[2, 2, 0, 0, 1, 1], [1, 0, 1, 0, 1, 0]],
                 names=['학생', '학과'])
```

넘파이 모듈을 이용해서 4행 6열짜리 데이터를 만듭니다.

```
In :  import numpy as np

In :  data = np.round(np.abs(np.random.randn(4,6)),1)

In :  data

Out:  array([[0.4, 0.2, 0.1, 0. , 1. , 0.5],
             [0.4, 2.1, 1.3, 1.4, 1.5, 1.4],
             [1.9, 0.3, 0.8, 1.7, 0.6, 0.2],
             [0.7, 1. , 0.7, 1.3, 0.8, 0.2]])
```

위에 만들어진 두 개의 멀티인덱스를 데이터 프레임의 행과 열의 레이블로 지정해서 데이터 프레임을 생성합니다.

In :
```
study_data = pd.DataFrame(data, index=r_inx, columns=c_inx)
```

In :
```
study_data
```

Out:

| | 학생 | 철수 | | 영희 | | 지원 | |
|---|---|---|---|---|---|---|---|
| | 학과 | 컴공 | 경제 | 컴공 | 경제 | 컴공 | 경제 |
| 연도 | 과제점수 | | | | | | |
| **2017** | 1 | 0.4 | 0.2 | 0.1 | 0.0 | 1.0 | 0.5 |
| | 2 | 0.4 | 2.1 | 1.3 | 1.4 | 1.5 | 1.4 |
| **2018** | 1 | 1.9 | 0.3 | 0.8 | 1.7 | 0.6 | 0.2 |
| | 2 | 0.7 | 1.0 | 0.7 | 1.3 | 0.8 | 0.2 |

데이터 프레임 안의 .index와 .columns 속성을 확인해보면 멀티인덱스 객체로 들어가 있는 것을 알 수 있습니다.

In :
```
study_data.index
```

Out:
```
MultiIndex(levels=[[2017, 2018], [1, 2]],
           labels=[[0, 0, 1, 1], [0, 1, 0, 1]],
           names=['연도', '과제점수'])
```

In :
```
study_data.columns
```

Out:
```
MultiIndex(levels=[['영희', '지원', '철수'], ['경제', '컴공']],
           labels=[[2, 2, 0, 0, 1, 1], [1, 0, 1, 0, 1, 0]],
           names=['학생', '학과'])
```

.index, .columns 속성도 배열이므로 레벨별로 조회하면 튜플로 결과를 보여줍니다. 레벨이 두 개여서 .names 속성에도 이름이 두 개 들어 있으므로, 프로그램에서 하나씩 조회하도록 따로 입력했습니다.

In :
```
study_data.index[0]
```

Out:
```
(2017, 1)
```

In :
```
study_data.index[1]
```

Out:
```
(2017, 2)
```

In :
```
study_data.index.names[0]
```

Out:
```
'연도'
```

In :
```
study_data.index.names[1]
```

Out:
```
'과제점수'
```

데이터 프레임 안의 data 보관을 확인하는 .values 속성을 조회합니다.

In :
```
study_data.values
```

Out:
```
array([[0.4, 0.2, 0.1, 0. , 1. , 0.5],
       [0.4, 2.1, 1.3, 1.4, 1.5, 1.4],
       [1.9, 0.3, 0.8, 1.7, 0.6, 0.2],
       [0.7, 1. , 0.7, 1.3, 0.8, 0.2]])
```

먼저 인덱스 검색을 수행하기 위해 열을 기준으로 검색해서 처리합니다. 열의 레이블에서 첫 번째 레벨의 이름을 가져오면 그 아래 레벨의 데이터 프레임이 검색되는 것을 알 수 있습니다.

In :
```
study_data['지원']
```

Out:

| | 학과 | 컴공 | 경제 |
|---|---|---|---|
| 연도 | 과제점수 | | |
| **2017** | 1 | 1.0 | 0.5 |
| | 2 | 1.5 | 1.4 |
| **2018** | 1 | 0.6 | 0.2 |
| | 2 | 0.8 | 0.2 |

열의 레이블에서 두 개의 레벨을 차례로 지정하면 한 열의 정보를 가져와 시리즈로 반환합니다.

In :
```
study_data['지원','컴공']
```

Out:
```
연도    과제점수
2017  1        1.0
      2        1.5
2018  1        0.6
      2        0.8
Name: (지원, 컴공), dtype: float64
```

행을 기준으로 하는 인덱서 검색에 대해 이번에는 멀티인덱스 기준으로 처리하는 법을 예제를 통해 배워봅니다.

먼저 모든 행을 전부 포함하고 열의 정보를 레벨별로 해서 튜플로 묶었습니다. 모든 행에서 특정 열을 처리한 결과이므로 인덱스 검색에서 열 단위로 처리한 것과 같은 결과가 나옵니다.

In :
```
study_data.loc[:, ('지원','컴공')]
```

Out:
```
연도    과제점수
2017  1        1.0
      2        1.5
2018  1        0.6
      2        0.8
Name: (지원, 컴공), dtype: float64
```

인덱서 검색이라도 문자열을 넣고 슬라이스 검색을 할 때 문자열 레이블이 정렬되어 있지 않으면 예외가 발생합니다. 문자열 레이블일 경우에도 슬라이스 검색은 순서를 지정해서 처리됩니다. 한글일 경우에도 자음 순서대로 정렬이 필요합니다.

In :
```
try :
    study_data.loc[:2018, '철수':'영희']
except Exception as e :
    print(e)
```

Out:
```
'Key length (1) was greater than MultiIndex lexsort depth (0)'
```

데이터 프레임의 열의 레이블을 정렬하기 위해 .sort_index 메소드를 실행합니다. .sort_index 메소드에서는 열과 행을 전부 사용하는데, 이 경우에서는 기준으로 행을 사용하므로 axis 매개변수에 1을 넣어 열 단위 처리하는 것을 명기해야 합니다.

In :
```
study_data = health_data.sort_index(axis=1)
```

In :
```
study_data
```

Out:

| 학생 | | 철수 | | 영희 | | 지원 | |
|---|---|---|---|---|---|---|---|
| 학과 | | 컴공 | 경제 | 컴공 | 경제 | 컴공 | 경제 |
| 연도 | 과제점수 | | | | | | |
| 2017 | 1 | 0.4 | 0.2 | 0.1 | 0.0 | 1.0 | 0.5 |
| | 2 | 0.4 | 2.1 | 1.3 | 1.4 | 1.5 | 1.4 |
| 2018 | 1 | 1.9 | 0.3 | 0.8 | 1.7 | 0.6 | 0.2 |
| | 2 | 0.7 | 1.0 | 0.7 | 1.3 | 0.8 | 0.2 |

인덱서를 이용해서 행은 레벨(level) 1 기준으로 열은 레벨(level) 0 기준으로 슬라이싱을 처리해서 정보를 조회합니다.

In :
```
study_data.sort_index(axis=1).loc[:2018, '영희':'지원']
```

Out:

| 학생 | | 영희 | | 지원 | |
|---|---|---|---|---|---|
| 학과 | | 경제 | 컴공 | 경제 | 컴공 |
| 연도 | 과제점수 | | | | |
| 2017 | 1 | 0.0 | 0.1 | 0.5 | 1.0 |
| | 2 | 1.4 | 1.3 | 1.4 | 1.5 |
| 2018 | 1 | 1.7 | 0.8 | 0.2 | 0.6 |
| | 2 | 1.3 | 0.7 | 0.2 | 0.8 |

또 다른 방식으로 슬라이싱을 처리하려면 IndexSlice 속성을 이용해서 대괄호([ ]) 검색을 넣고 슬라이싱을 처리하면 됩니다.

이때는 차원에 맞는 슬라이싱과 인덱스 검색을 혼용해서 모두 사용할 수 있습니다.

In :
```
study_data.loc[pd.IndexSlice[:,1], pd.IndexSlice[:, '컴공']]
```

Out:

| 학생 | | 철수 | 영희 | 지원 |
|---|---|---|---|---|
| 학과 | | 컴공 | 컴공 | 컴공 |
| 연도 | 과제점수 | | | |
| 2017 | 1 | 0.4 | 0.1 | 1.0 |
| 2018 | 1 | 1.9 | 0.8 | 0.6 |

멀티인덱스 검색을 위한 .xs 메소드도 있습니다. 이 메소드에는 인덱스 레이블을 넣어서 검색하므로 먼저 인덱스에 대한 자료형을 확인합니다.

In :
```
study_data.index
```

Out:
```
MultiIndex(levels=[[2017, 2018], [1, 2]],
           labels=[[0, 0, 1, 1], [0, 1, 0, 1]],
           names=['연도', '과제점수'])
```

In :
```
study_data.index.levels[0].dtype
```

Out:
```
dtype('int64')
```

In :
```
study_data.index.levels[1].dtype
```

Out:
```
dtype('int64')
```

.xs 메소드에 레벨을 쌍으로 구성해서 처리하면 두 번째 레벨이 맞춰서 처리됩니다. 이 경우는 행을 기준으로 하므로 행의 멀티인덱스를 넣어서 처리했습니다.

In :
```
study_data.xs((2017,1))
```

Out:
```
학생  학과
철수  컴공    0.4
      경제    0.2
영희  컴공    0.1
      경제    0.0
지원  컴공    1.0
      경제    0.5
Name: (2017, 1), dtype: float64
```

In :
```
study_data.xs(2017)
```

Out:

| 학생 | 철수 | | 영희 | | 지원 | |
|---|---|---|---|---|---|---|
| 학과 | 컴공 | 경제 | 컴공 | 경제 | 컴공 | 경제 |
| 과제점수 | | | | | | |
| **1** | 0.4 | 0.2 | 0.1 | 0.0 | 1.0 | 0.5 |
| **2** | 0.4 | 2.1 | 1.3 | 1.4 | 1.5 | 1.4 |

데이터를 열 단위로 처리하기 위해서는 열의 레이블의 자료형을 확인해서 두 개의 레벨에 맞

춰 쌍을 만들어 작성하고 반드시 축 .axis=1로 지정해서 실행해야 합니다.

In :
```
study_data.columns.levels[0].dtype
```

Out:
```
dtype('O')
```

In :
```
study_data.columns.levels[1].dtype
```

Out:
```
dtype('O')
```

In :
```
study_data.xs(('지원','컴공'), axis=1)
```

Out:
```
연도    과제점수
2017  1      1.0
      2      1.5
2018  1      0.6
      2      0.8
Name: (지원, 컴공), dtype: float64
```

Chapter

# 데이터 재구성하기

데이터를 분석하려면 먼저, 새로운 데이터를 처리하기 전에 쌓여 있는 기존 데이터를 어떻게 변경해서 처리할 수 있는지에 대해 고민해야 합니다. 먼저 데이터의 값과 인덱스 레이블에 대한 정렬을 통해 데이터를 확인하는 작업이 우선되어야 하는데, 열에 들어온 데이터를 보고 데이터의 특징을 확인하고, 행의 데이터들을 보고 관측값들이 일관성을 확인해야 합니다. 기본적인 요소들을 확인한 후에 데이터를 단순히 위치를 변경하거나 접합 또는 변형을 수행합니다. 이번 장에서는 데이터를 정렬하고 다양하게 변형하여 재구성하는 방법을 익힙니다.

- 인덱스와 값을 정렬하기
- 데이터를 재구조화하기
- 데이터를 병합하기
- 데이터를 변형하기
- 데이터에 열 추가하기
- 여러 열을 변형하기

# 5.1 정렬 처리

많은 데이터를 처리하기 위해서는 먼저 내부의 값이나 검색을 수행하는 기준인 행과 열의 레이블을 먼저 정렬해야 합니다.

값과 인덱스의 레이블에 대한 정렬에 사용되는 .sort_index와 .sort_values 메소드에 대한 사용법을 익히고, 값들의 순위를 표시해서 정렬과 같은 역할을 하도록 열을 추가해서 관리하는 법을 알아봅니다.

## 5.1.1 시리즈 정렬

1차원 배열인 시리즈는 임의의 인덱스로 구성도 가능하고 외부에서 들어온 데이터가 시리즈로 처리할 때 인덱스가 순차적으로 정리가 되지 않을 수도 있기 때문에 인덱스와 값의 정렬에 대한 처리가 필요합니다.

### ■ 시리즈 내부의 값을 정렬

시리즈를 구성하는 값들을 무작위로 만든 후에 .sort_values 메소드로 정렬하는 법을 알아봅니다.

**[예제 5-1] 시리즈의 값 정렬하기**

시리즈는 내부 원소인 값을 임의로 부여하지만 인덱스의 레이블은 순서를 주고 시리즈를 만듭니다. 파이썬의 3버전부터는 문자열 기준이 텍스트로 바뀌어서 유니코드(Unicode) 처리가 가능하므로 한글로 지정할 수 있습니다.

```
In : obj1 = pd.Series([40,10,20,30], index=['가','다','나','라'])
```

```
In : obj1
```

```
Out: 가    40
     다    10
     나    20
     라    30
     dtype: int64
```

시리즈의 객체가 할당된 변수 obj1를 가지고 .sort_values 메소드를 실행해서 값에 대한 정렬을 하면 새로운 시리즈 객체를 만들어서 반환합니다.

정렬 처리의 기본은 매개변수 ascending=True로 들어가 있어 오름차순으로 정렬합니다.

```
In : obj1.sort_values()

Out: 다    10
     나    20
     라    30
     가    40
     dtype: int64
```

이번에는 내림차순(descending)으로 정렬하려고 합니다. 매개변수 ascending = False를 넣어서 처리합니다.

```
In : obj1.sort_values(ascending=False)

Out: 가    40
     라    30
     나    20
     다    10
     dtype: int64
```

시리즈의 원본을 확인하면 변경되지 않았다는 것을 알 수 있습니다. 대부분의 메소드를 실행한 결과는 사본을 만들어서 반환하고 별도의 변수에 할당해서 사용하도록 해야 합니다.

```
In : obj1

Out: 가    40
     다    10
     나    20
     라    30
     dtype: int64
```

정렬한 결과를 특정 포지션 정보를 받아서 처리해야 하는 경우에는 .argsort 메소드를 실행합니다. .argsort 메소드는 원본의 포지션 정보대로 오름차순이 정렬되는 것을 알려줍니다. 이때 인덱스 정보가 바뀌지 않아 혼란스러울 수도 있습니다.

또한 순위의 정보를 확인하기 위해 최솟값이나 최댓값의 위치 정보를 확인하는 .idxmin과 .idxmax 메소드를 실행해서 원본에서의 위치를 확인할 수 있습니다.

```
In : obj1.argsort()
```

```
Out: 가    1
     다    2
     나    3
     라    0
     dtype: int64
```

```
In : obj1.idxmin()
```

```
Out: '다'
```

```
In : obj1.idxmax()
```

```
Out: '가'
```

## ■ 시리즈 내부의 인덱스를 정렬

시리즈의 값을 정리하는 방법을 알아보았습니다. 인덱스 레이블도 순서없이 들어올 수 있으므로 이것도 하나의 값으로 생각해서 정렬할 수 있습니다.

이번에는 시리즈에 있는 행의 레이블인 인덱스를 기준으로 정렬하는 .sort_index 메소드로 처리하는 방법을 알아봅니다.

### [예제 5-2] 시리즈의 인덱스 정렬하기

시리즈 내부의 값을 검색할 수 있는 레이블을 무작위로 만들어서 시리즈를 생성해봅니다.

```
In : obj2 = pd.Series([40,10,20,30], index=['c','a','b','d'])
```

```
In : obj2
```

```
Out: c    40
     a    10
     b    20
     d    30
     dtype: int64
```

시리즈가 정렬이 되지 않아서 검색할 때는 이상 없지만 이를 이용해서 계산할 때는 문제가 발생할 수 있습니다. 특히 데이터를 검색하는 인덱스의 레이블이 문자열로 될 경우 슬라이스 검색이 문자열 순서에 맞춰 처리되어야 합니다.

그래서 레이블을 정렬하기 위해 .sort_index 메소드를 실행하면 기본은 문자열의 오름차순 즉 알파벳 순서대로 정렬합니다.

```
In :  obj2.sort_index()
```

```
Out:  a    10
      b    20
      c    40
      d    30
      dtype: int64
```

내림차순으로 정리하려면 높은 값부터 낮은 값으로 순서를 맞춰야 하므로 시리즈의 값을 정렬할 때처럼 내림차순이 필요할 경우는 매개변수 ascending=False로 지정해야 합니다.

```
In :  obj2.sort_index(ascending=False)
```

```
Out:  d    30
      c    40
      b    20
      a    10
      dtype: int64
```

## 5.1.2 데이터 프레임 정렬

1차원인 시리즈는 값과 레이블이 하나만 있으므로 정렬하기가 편했습니다. 시리즈는 행을 기준으로만 정렬을 했지만 2차원인 데이터 프레임은 행과 열에 대한 값과 레이블이 있어서 정렬도 행과 열을 기준으로 값과 레이블의 순서를 맞춰야 합니다.

행에 대해 정렬하는 방식은 시리즈와 같게 하면 됩니다. 그러므로 데이터 프레임에서는 열에 대한 정렬을 알아봅니다.

### ■ 데이터 프레임 내부의 값을 정렬

데이터 프레임은 열을 기준으로 처리되어 값을 정렬할 때도 열을 기준으로 정렬합니다. 값을 정렬하는 .sort_values 메소드는 동일해서 열의 기준으로 처리하는 방법을 알아봅니다.

## [예제 5-3] 데이터 프레임의 값 정렬하기

2차원 배열을 만들기 위해 넘파이 모듈을 이용해 .arange 함수로 8개의 값을 갖는 1차원 벡터를 만듭니다. 1차원을 다른 차원으로 바꾸는 .reshap 메소드를 통해 2차원으로 변환합니다.

```
In :  import numpy as np

In :  data = np.arange(8).reshape((2,4))

In :  data

Out:  array([[0, 1, 2, 3],
             [4, 5, 6, 7]])
```

데이터 프레임에 넘파이로 만든 data를 넣고 행의 매개변수인 index에 두 개의 문자열을 넣었습니다. 여기까지는 시리즈 생성 과정과 같습니다. 추가적으로 매개변수인 columns에 4개의 원소를 가진 리스트를 넣어 열의 레이블을 지정했습니다.

이 데이터 프레임을 생성하면 2행 4열을 갖는 데이터 프레임이 만들어집니다.

```
In :  frame = pd.DataFrame(data,
                         index=['three','one'],
                         columns=['d','a','b','c'])

In :  frame
```

Out:

| | d | a | b | c |
|---|---|---|---|---|
| **three** | 0 | 1 | 2 | 3 |
| **one** | 4 | 5 | 6 | 7 |

만들어진 데이터 프레임의 열이 순서가 정리되어 있지 않아서 이를 정렬해야 합니다. 그러려면 특정 열을 기준으로 값의 순서를 바꾸려면 매개변수 by에 열 이름을 지정해 .sort_value 메소드를 실행합니다.

모든 데이터 프레임의 원소가 b열의 기준으로 오름차순으로 처리되는 것을 볼 수 있습니다.

In :
```
frame.sort_values(by='a')
```

Out:

| | d | a | b | c |
|---|---|---|---|---|
| **three** | 0 | 1 | 2 | 3 |
| **one** | 4 | 5 | 6 | 7 |

내림차순으로 처리하기 위해 ascending=False를 지정하면 행의 위치가 바뀌는 것을 볼 수 있습니다.

In :
```
frame.sort_values(by='a', ascending=False)
```

Out:

| | d | a | b | c |
|---|---|---|---|---|
| **one** | 4 | 5 | 6 | 7 |
| **three** | 0 | 1 | 2 | 3 |

이번에는 넘파이 모듈에서 생성된 정수형 값을 .astype 메소드를 이용해서 실수형으로 변환하면 새로운 객체가 만들어집니다. 이를 다른 변수 data1에 저장합니다. 새로 만들어진 data1에 특정 위치의 포지션 정보를 이용해서 원소를 변경하는데 그 내부의 값을 누락 값인 np.nan로 할당했습니다. 데이터 프레임을 하나 생성합니다.

In :
```
data1 = data.astype(np.float)
```

In :
```
data1[0,1] = np.nan
```

In :
```
frame1 = pd.DataFrame(data1,
                      index=['three','one'],
                      columns=['d','a','b','c'])
```

생성된 데이터 프레임을 조회하면 a열과 three행에 누락 값이 들어가 있습니다. 이를 a열을 기준으로 값을 정렬하면 오름차순이므로 NaN이 제일 큰 수로 처리됩니다.

In :
```
frame1
```

Out:

| | d | a | b | c |
|---|---|---|---|---|
| **three** | 0.0 | NaN | 2.0 | 3.0 |
| **one** | 4.0 | 5.0 | 6.0 | 7.0 |

In :
```
frame1.sort_values(by='a')
```

Out:

| | d | a | b | c |
|---|---|---|---|---|
| **one** | 4.0 | 5.0 | 6.0 | 7.0 |
| **three** | 0.0 | NaN | 2.0 | 3.0 |

누락 값을 제외해서 정렬이 필요하면 매개변수 na_position에 first나 last 문자열을 지정해서 누락 값의 위치가 고정되도록 할 수 있습니다.

In :
```
frame1.sort_values(by='a',na_position='last')
```

Out:

| | d | a | b | c |
|---|---|---|---|---|
| **one** | 4.0 | 5.0 | 6.0 | 7.0 |
| **three** | 0.0 | NaN | 2.0 | 3.0 |

In :
```
frame1.sort_values(by='a',na_position='first')
```

Out:

| | d | a | b | c |
|---|---|---|---|---|
| **three** | 0.0 | NaN | 2.0 | 3.0 |
| **one** | 4.0 | 5.0 | 6.0 | 7.0 |

다른 데이터 프레임을 하나 더 만드는데 딕셔너리에 키와 값을 동일하게 넣었고 이를 리스트에 담았습니다. 딕셔너리에 들어가는 키는 열의 레이블이 되지만 행의 레이블은 지정하지 않아서 정수형 레이블이 자동으로 붙습니다.

In :
```
frame2 = pd.DataFrame([{'가':3, '나':15, '다': 3},
                       {'가':3, '나':10, '다': 5},
                       {'가':1, '나':20, '다': 5},
                       {'가':2, '나':15, '다': 7},
                       {'가':2, '나':100,'다': 9}])
```

데이터 프레임을 만들 때 매개변수 columns에 열 레이블 위치를 고정하지 않았으므로 내부적으로 레이블이 정렬되어 들어간 것을 볼 수 있습니다.

In :
```
frame2
```

Out:

| | 가 | 나 | 다 |
|---|---|---|---|
| **0** | 3 | 15 | 3 |
| **1** | 3 | 10 | 5 |
| **2** | 1 | 20 | 5 |
| **3** | 2 | 15 | 7 |
| **4** | 2 | 100 | 9 |

데이터 프레임의 여러 열을 정렬하려면 실제 by에 리스트를 이용해서 여러 열의 이름을 문자열로 전달하면 됩니다. 이번에는 by를 지정하지 않아도 정렬되는 열을 리스트로 주면 매개변수 by의 인자로 인식합니다.

추가로 열에 대한 정렬 순서를 정할 때 매개변수 ascending에 리스트로 False, True를 지정할 수 있습니다. 정렬을 위한 열의 정보와 매칭되어 첫 번째는 오름차순이고, 두 번째는 내림차순으로 값의 순서를 맞춥니다.

In :
```
frame2.sort_values(['가','나'], ascending=[False,True])
```

Out:

| | 가 | 나 | 다 |
|---|---|---|---|
| **1** | 3 | 10 | 5 |
| **0** | 3 | 15 | 3 |
| **3** | 2 | 15 | 7 |
| **4** | 2 | 100 | 9 |
| **2** | 1 | 20 | 5 |

### ■ 데이터 프레임 내부의 인덱스 정렬

시리즈처럼 데이터 프레임도 인덱스의 레이블을 정렬할 수 있습니다. 데이터 프레임의 인덱스에서 행과 열에 각각 레이블이 구성되어 두 개의 레이블을 각각 정렬할 수 있습니다. 정렬이 필요할 때 매개변수에 축(axis)의 정보를 추가하면 행과 열에 맞춰 레이블의 순서를 맞춥니다.

### [예제 5-4] 데이터 프레임의 인덱스 정렬하기

[예제 5-3]에서 만든 데이터 프레임의 매개변수 columns에 열 인덱스 레이블 정보를 리스트로 전달했습니다. 이번에는 레이블 순서대로 열이 고정되어 들어간 데이터 프레임이 만들어집니다.

In :
```
frame3 = pd.DataFrame([{'가':3, '나':15, '다': 3},
                       {'가':3, '나':10, '다': 5},
                       {'가':1, '나':20, '다': 5},
                       {'가':2, '나':15, '다': 7},
                       {'가':2, '나':100,'다': 9}],
                      columns=['다','가','나'])
```

In :
```
frame3
```

Out:

| | 다 | 가 | 나 |
|---|---|---|---|
| **0** | 3 | 3 | 15 |
| **1** | 5 | 3 | 10 |
| **2** | 5 | 1 | 20 |
| **3** | 7 | 2 | 15 |
| **4** | 9 | 2 | 100 |

행은 정렬이 된 상태지만 .sort_index 메소드에 매개변수 axis=0을 넣어 다시 처리하면 새로운 객체가 만들어져서 반환되는 것을 볼 수 있습니다.

In :
```
frame3.sort_index(axis=0)
```

Out:

| | 다 | 가 | 나 |
|---|---|---|---|
| **0** | 3 | 3 | 15 |
| **1** | 5 | 3 | 10 |
| **2** | 5 | 1 | 20 |
| **3** | 7 | 2 | 15 |
| **4** | 9 | 2 | 100 |

데이터 프레임의 열을 기준으로 정렬이 필요할 때 매개변수 axis=1을 지정하면 열 레이블이 정렬됩니다. 열의 레이블 위치가 변경될 때 열의 원소들도 같이 따라갑니다.

In :
```
frame2.sort_index(axis=1)
```

Out:

| | 가 | 나 | 다 |
|---|---|---|---|
| **0** | 3 | 15 | 3 |
| **1** | 3 | 10 | 5 |
| **2** | 1 | 20 | 5 |

| | | | |
|---|---|---|---|
| **3** | 2 | 15 | 7 |
| **4** | 2 | 100 | 9 |

행과 열의 레이블을 정렬할 때 행과 열을 연달아 처리하는 메소드 체인을 이용할 수 있습니다. .sort_index 메소드의 axis는 디폴트값이 0이므로 아무것도 지정하지 않으면 행을 정렬한 결과를 반환하고 바로 이어서 .sort_index 메소드에 axis=1를 지정한 메소드가 처리되어 새로운 객체를 반환합니다.

In :
```
frame2.sort_index().sort_index(axis=1)
```

Out:

| | 가 | 나 | 다 |
|---|---|---|---|
| **0** | 3 | 15 | 3 |
| **1** | 3 | 10 | 5 |
| **2** | 1 | 20 | 5 |
| **3** | 2 | 15 | 7 |
| **4** | 2 | 100 | 9 |

## 5.1.3 데이터의 순위 및 데이터 이동 처리

데이터 프레임의 구조를 정렬로 바꾸지 않고 정렬에 대한 정보를 만들어서 열로 추가할 수 있습니다. 또한 특정 열의 데이터 값만을 원하는 위치로 이동해서 처리가 가능합니다.

### ■순위 및 이동 처리

순위는 .rank 메소드를 이용해 내림차순과 오름차순으로 처리합니다. 값의 이동은 .shift 메소드를 사용해서 양수나 음수를 통해 원하는 위치로 옮길 수 있습니다.

**[예제 5-5] 데이터 프레임의 순위 및 이동시키기**

딕셔너리 안의 값은 리스트로 만들었고 딕셔너리 키는 문자열로 지정했습니다. 딕셔너리 키는 열의 레이블로 들어가는 데이터 프레임을 만듭니다.

In :
```
data1 = {'이름': ['길동', '옥주', '현웅', '주몽', '지원'],
         '학번': [2012, 2012, 2013, 2014, 2014],
         '과제건수': [1, 5, 2, 3, 4],
         '점수': [25, 94, 57, 62, 70]}
```

In :
```
frame3 = pd.DataFrame(data1)
```

In :
```
frame3
```

Out:

| | 과제건수 | 이름 | 점수 | 학번 |
|---|---|---|---|---|
| **0** | 1 | 길동 | 25 | 2012 |
| **1** | 5 | 옥주 | 94 | 2012 |
| **2** | 2 | 현웅 | 57 | 2013 |
| **3** | 3 | 주몽 | 62 | 2014 |
| **4** | 4 | 지원 | 70 | 2014 |

데이터 프레임 인덱스 검색은 열을 기준으로 처리하므로 열의 레이블인 점수로 검색하면 하나의 열이 객체가 반환됩니다. 이 시리즈를 이용해서 순위를 알아보기 위해 .rank 메소드에 순위를 내림차순으로 처리하도록 했습니다.

처리된 결과도 시리즈로 반환하지만 결과 값은 내부 값의 내림차순 순위 값으로 채워진 것을 볼 수 있습니다.

In :
```
frame3['점수'].rank(ascending=False)
```

Out:
```
0    5.0
1    1.0
2    4.0
3    3.0
4    2.0
Name: 점수, dtype: float64
```

위의 점수에 대한 순위를 하나의 열에 추가하면 데이터 프레임의 마지막 열로 구성됩니다.

In :
```
frame3['순위'] = frame3['점수'].rank(ascending=False)
```

In :
```
frame3
```

Out:

| | 과제건수 | 이름 | 점수 | 학번 | 순위 |
|---|---|---|---|---|---|
| **0** | 1 | 길동 | 25 | 2012 | 5.0 |
| **1** | 5 | 옥주 | 94 | 2012 | 1.0 |
| **2** | 2 | 현웅 | 57 | 2013 | 4.0 |

| | | | | | |
|---|---|---|---|---|---|
| **3** | 3 | 주몽 | 62 | 2014 | 3.0 |
| **4** | 4 | 지원 | 70 | 2014 | 2.0 |

순위 열을 가지고 값을 .sort_values 메소드를 통해 오름차순으로 정렬하면 실제 점수는 내림차순으로 표시된 것을 알 수 있습니다.

In :
```
frame3.sort_values(by="순위")
```

Out:

| | 과제건수 | 이름 | 점수 | 학번 | 순위 |
|---|---|---|---|---|---|
| **1** | 5 | 옥주 | 94 | 2012 | 1.0 |
| **4** | 4 | 지원 | 70 | 2014 | 2.0 |
| **3** | 3 | 주몽 | 62 | 2014 | 3.0 |
| **2** | 2 | 현웅 | 57 | 2013 | 4.0 |
| **0** | 1 | 길동 | 25 | 2012 | 5.0 |

정렬하면 새로운 객체로 반환하므로 이를 다른 변수에 할당합니다. 행의 인덱스 레이블을 변경하지 않고 기존 레이블대로 정렬을 처리합니다.

인덱스의 정보를 새롭게 변경해야 실제 순위로 정렬된 것과 레이블 정보가 맞게 처리됩니다.

In :
```
frame4 = frame3.sort_values(by="순위")
```

In :
```
frame4.index = [0,1,2,3,4]
```

In :
```
frame4
```

Out:

| | 과제건수 | 이름 | 점수 | 학번 | 순위 |
|---|---|---|---|---|---|
| **0** | 5 | 옥주 | 94 | 2012 | 1.0 |
| **1** | 4 | 지원 | 70 | 2014 | 2.0 |
| **2** | 3 | 주몽 | 62 | 2014 | 3.0 |
| **3** | 2 | 현웅 | 57 | 2013 | 4.0 |
| **4** | 1 | 길동 | 25 | 2012 | 5.0 |

데이터 이동을 위해 새로운 데이터 프레임을 하나 만듭니다. 각 열에 들어가는 시리즈의 값은 다르게 지정했고 인덱스에도 차이가 있습니다.

In :
```
data = {'가' : pd.Series([1.], index=['a']),
        '나' : pd.Series([1., 2.], index=['a', 'b']),
        '다' : pd.Series([1., 2., 3., 4.], index=['a', 'b', 'c', 'd'])}
```

In :
```
df = pd.DataFrame(data)
```

데이터 프레임이 만들어진 결과를 확인하면 각 열에 없는 행의 레이블에 누락 값이 들어갑니다.

In :
```
df
```

Out:

| | 가 | 나 | 다 |
|---|---|---|---|
| a | 1.0 | 1.0 | 1.0 |
| b | NaN | 2.0 | 2.0 |
| c | NaN | NaN | 3.0 |
| d | NaN | NaN | 4.0 |

데이터 프레임에 하나의 열을 인덱스 검색으로 지정하고 시리즈를 할당하면 기존 데이터 프레임이 변경됩니다.

In :
```
df['나'] = pd.Series([3,4,5,6],index=list('abcd'),dtype='float')
```

In :
```
df
```

Out:

| | 가 | 나 | 다 |
|---|---|---|---|
| a | 1.0 | 3.0 | 1.0 |
| b | NaN | 4.0 | 2.0 |
| c | NaN | 5.0 | 3.0 |
| d | NaN | 6.0 | 4.0 |

특정 열만을 갖는 하나의 데이터 프레임을 하나 더 만들어 다른 변수에 할당하고 내부를 조회하면 두 개의 열만 처리된 것을 알 수 있습니다.

In :
```
df1 = df[["나", "다"]]
```

In :
```
df1
```

Out:

| | 나 | 다 |
|---|---|---|
| a | 3.0 | 1.0 |
| b | 4.0 | 2.0 |
| c | 5.0 | 3.0 |
| d | 6.0 | 4.0 |

특정 행의 레이블과 열의 레이블을 넣어 하나의 원소를 변경할 때는 .at 레이블로 처리합니다.

In :
```
df1.at['a','나'] = 100
```

In :
```
df1
```

Out:

| | 나 | 다 |
|---|---|---|
| a | 100.0 | 1.0 |
| b | 4.0 | 2.0 |
| c | 5.0 | 3.0 |
| d | 6.0 | 4.0 |

.at 메소드 내부에 행과 열의 레이블을 리스트로 주면 매핑해서 각각의 원소를 갱신합니다.

In :
```
df1.at[['b','c'],['나']] = 99
```

In :
```
df1
```

Out:

| | 나 | 다 |
|---|---|---|
| a | NaN | 1.0 |
| b | 99.0 | 2.0 |
| c | 99.0 | 3.0 |
| d | 6.0 | 4.0 |

주피터 노트북에서는 SettingWithCopyWarning이 발생하면서 결과가 처리됩니다. 주피터 노트북의 판다스 모듈이 set_option 함수를 이용할 때 chained가 발생하지 않도록 해야 합니다.

In :
```
pd.set_option('chained',None)
```

내부의 값을 이동시키려면 .shift 메소드를 사용합니다. 밑에서 위로 이동을 시킬 때에는 음수로 표시해서 처리합니다.

```
In : a = df1.나.shift(-1)
```

```
In : a
```

```
Out: a    99.0
     b    99.0
     c     6.0
     d     NaN
     Name: 나, dtype: float64
```

```
In : df1['나'] = a
```

.shift 메소드를 양수로 처리하면 위에서 아래로 이동해서 처리합니다.

```
In : a = df1.나.shift(1)
```

```
In : a
```

```
Out: a     NaN
     b    99.0
     c    99.0
     d     6.0
     Name: 나, dtype: float64
```

```
In : df1['나'] = a
```

## 5.2 데이터 구조 변경

단순한 정렬을 통해 행과 열에 대한 위치 변경을 알아보았습니다. 이번에는 실제로 만들어진 데이터를 가지고 새로운 구조로 변환해서 처리하는 방법을 배워봅니다.

다양한 변수나 특징(feature)을 가지면서 관측한 결과가 있지만, 이는 특정 관측으로 분류해서 관리되어야 하고 이 관리되는 단위로 하나의 데이터 프레임을 구성하는 것이 중요합니다. 이런 처리를 하는 것을 '데이터 전처리'라고 합니다.

데이터 전처리를 위해서는 일단 데이터의 특징과 관측치의 구성이 명확해야 합니다. 잘 정리된 데이터를 정돈해도 되지만 새로운 구조로 데이터를 바꿔야 데이터 정돈이 되는 경우가 더 많이 발생합니다. 특히 정돈된 데이터(tidy data)를 만들기 위해 기존 데이터를 재구조화하는 메소드를 알아봅니다.

## 5.2.1 피봇을 통한 데이터 재구조화

첫 번째로 피봇을 이용하는 데이터의 재구조화 방식을 알아봅니다. 기존 데이터 프레임을 만들고 특정 열을 기준으로 피봇을 시정한 후에 행과 열의 기준을 정의합니다. .pivot 메소드와 .pivot_tabel 메소드에 대한 처리 방법은 다음과 같습니다.

### ■ 피봇 기능을 이용한 재구조화

피봇(pivot)과 피봇 테이블은 하나의 열을 다양한 열로 분리하고 값도 그 열에 맞춰 재구조화하는 방식을 말합니다.

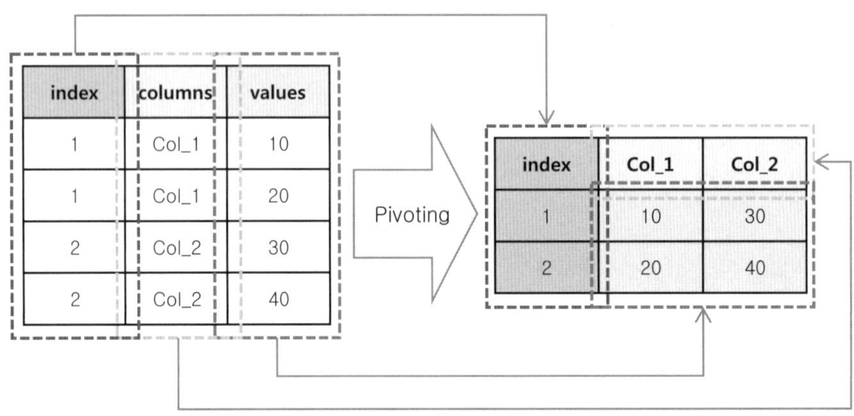


[그림 5-1] 피봇 처리

### [예제 5-6] 피봇으로 데이터 재구조화하기

3개의 열을 가진 데이터 프레임을 만듭니다. 행의 인덱스는 별도로 지정하지 않았기 때문에 여기서는 정수의 값으로 처리됩니다.

```
In :  df = pd.DataFrame({'foo': ['one','one','one','two','two','two'],
                        'bar': ['A', 'B', 'C', 'A', 'B', 'C'],
                        'baz': [1, 2, 3, 4, 5, 6]})
```

In :
```
df
```

Out:

| | bar | baz | foo |
|---|---|---|---|
| **0** | A | 1 | one |
| **1** | B | 2 | one |
| **2** | C | 3 | one |
| **3** | A | 4 | two |
| **4** | B | 5 | two |
| **5** | C | 6 | two |

위에서 처리된 특정 열 중에 bar가 범주형으로 되어있기 때문에 같은 이름이 반복됩니다.

이 열의 값을 추출해서 새로운 열을 만들면 새로운 데이터 프레임이 만들어집니다. .pivot 메소드 안의 index 매개변수에 foo, columns 매개변수에 bar, values 매개변수에 vaz를 지정하여 실행하면 새로운 데이터 프레임이 만들어집니다.

In :
```
df.pivot(index='foo', columns='bar', values='baz')
```

Out:

| bar | A | B | C |
|---|---|---|---|
| **foo** | | | |
| **one** | 1 | 2 | 3 |
| **two** | 4 | 5 | 6 |

.pivot 메소드를 처리할 때 columns 매개변수로 가는 열에 같은 패턴이 반복되면 처리가 되지만 특정 값이 더 많아지면 예외를 발생시키는 것을 주의해야 합니다.

열 bar의 값이 동일한 패턴을 유지하지 못하고 A가 더 많이 들어갔습니다.

In :
```
df1 = pd.DataFrame({'foo': ['one','one','one','two','two','two'],
                    'bar': ['A', 'B', 'A', 'A', 'B', 'C'],
                    'baz': [1, 2, 3, 4, 5, 6]})
```

앞에서 만들어진 데이터 프레임에서 피봇을 만들 때 중복되는 열의 이름이 있어 새로운 데이터 프레임을 만들 수 없다고 합니다.

In :
```
try :
    df1.pivot('foo','bar','baz')
except Exception as e :
    print(e)
```

Out: Index contains duplicate entries, cannot reshape

중복이 발생할 경우에는 피봇을 만들기 전에 .drop_duplicate 메소드로 중복된 열의 값을 제거합니다.

In :
```
df1 = df1.drop_duplicates(['foo','bar'])
```

In :
```
df1
```

Out:

| | bar | baz | foo |
|---|---|---|---|
| **0** | A | 1 | one |
| **1** | B | 2 | one |
| **3** | A | 4 | two |
| **4** | B | 5 | two |
| **5** | C | 6 | two |

다시 피봇을 통해 데이터 프레임을 만들면 패턴이 매칭되지 않는 열에 값을 넣을 수 없어서 누락 값을 표시합니다.

In :
```
df1.pivot('foo','bar','baz')
```

Out:

| bar | A | B | C |
|---|---|---|---|
| **foo** | | | |
| **one** | 1.0 | 2.0 | NaN |
| **two** | 4.0 | 5.0 | 6.0 |

외부의 데이터를 읽어온 후 피봇을 이용해서 데이터를 재구조화하는 법을 알아봅니다. 일단 시본(seaborn) 모듈에서 제공하는 타이타닉을 읽어옵니다.

In :
```
import seaborn as sns
```

In :
```
titanic = sns.load_dataset('titanic')
```

In :
```
titanic.head()
```

Out:

| | survived | pclass | sex | age | sibsp | parch | fare | embarked | class | who | adult_male | deck | embark_town | alive | alone |
|---|---|---|---|---|---|---|---|---|---|---|---|---|---|---|---|
| 0 | 0 | 3 | male | 22.0 | 1 | 0 | 7.2500 | S | Third | man | True | NaN | Southampton | no | False |
| 1 | 1 | 1 | female | 38.0 | 1 | 0 | 71.2833 | C | First | woman | False | C | Cherbourg | yes | False |
| 2 | 1 | 3 | female | 26.0 | 0 | 0 | 7.9250 | S | Third | woman | False | NaN | Southampton | yes | True |
| 3 | 1 | 1 | female | 35.0 | 1 | 0 | 53.1000 | S | First | woman | False | C | Southampton | yes | False |
| 4 | 0 | 3 | male | 35.0 | 0 | 0 | 8.0500 | S | Third | man | True | NaN | Southampton | no | True |

타이타닉 데이터의 누락 값이 있는지를 확인하기 위해 간단히 count 메소드로 각 열의 데이터 건수를 확인합니다.

In :
```
titanic.count()
```

Out:
```
survived       891
pclass         891
sex            891
age            714
sibsp          891
parch          891
fare           891
embarked       889
class          891
who            891
adult_male     891
deck           203
embark_town    889
alive          891
alone          891
dtype: int64
```

다음 장에서 배울 그룹화 처리를 간단하게 미리 알아보면, .groupby 메소드로 survived 열을 이용해 그룹화하고 실제 값은 그룹화된 것을 평균으로 처리할 수 있습니다. 타이타닉 데이터프레임의 열 중에 수치 값인 부분을 전부 평균으로 처리합니다.

In :
```
titaic_s =  titanic.groupby('survived').mean()
```

In :
```
titaic_s
```

Out:

| survived | pclass | age | sibsp | parch | fare | adult_male | alone |
|---|---|---|---|---|---|---|---|
| 0 | 2.531876 | 30.626179 | 0.553734 | 0.329690 | 22.117887 | 0.817851 | 0.681239 |
| 1 | 1.950292 | 28.343690 | 0.473684 | 0.464912 | 48.395408 | 0.257310 | 0.476608 |

그룹화한 데이터 프레임을 기준으로 .pivot 메소드를 이용해서 새로운 데이터 프레임을 만듭니다. 행은 pclass이고 열은 age이고 값은 fare입니다. 4개의 값이 필요하지만 실제로는 2개의 값만 있으므로 나머지 값은 누락 값이 들어갑니다.

In :
```
titaic_s.pivot(index='pclass', columns='age', values='fare')
```

Out:

| pclass \ age | 28.343689655172415 | 30.62617924528302 |
|---|---|---|
| 1.950292 | 48.395408 | NaN |
| 2.531876 | NaN | 22.117887 |

위에서는 그룹화한 후에 피봇으로 새로운 데이터 프레임을 만들었습니다. 이런 것을 하나의 피봇테이블(pivot_table)로 처리할 수 있습니다. 피봇(pivot)과 피봇 테이블은 집계 연산을 할 수 있어 다양한 값을 만들 수 있다는 차이점이 있습니다.

다음으로는 타이타닉 데이터를 가지고 행은 sex, 열은 class, 값은 survive을 넣고 생존자에 대한 합산으로 값을 변경한 새로운 데이터 프레임을 만들었습니다.

In :
```
titanic_ = titanic.pivot_table(values='survived',
                               index='sex',
                               columns='class',
                               aggfunc='sum')
```

In :
```
titanic_
```

Out:

| sex \ class | First | Second | Third |
|---|---|---|---|
| female | 91 | 70 | 72 |
| male | 45 | 17 | 47 |

생존자들의 값이 맞는지를 확인하기 위해 새로 만들어진 데이터 프레임 전체를 합산하고 기존에 있는 타이타닉 survived 열이 합산한 결과가 동일한가를 비교합니다.

In :
```
titanic_.sum().sum()
```

Out: 342

In :
```
titanic['survived'].sum()
```

Out: 342

특정 파일을 읽어서 데이터 프레임을 구성하는 법을 알아봅니다. 이 데이터 프레임도 행 인덱스를 별도로 지정하지 않은 것을 알 수 있습니다.

In :
```
weight = pd.read_csv('../data/weight_loss.csv',encoding='cp949')
```

In :
```
weight.head()
```

Out:

| | 이름 | 월 | 주 | 몸무게 |
|---|---|---|---|---|
| **0** | 지완 | 1월 | 1주 | 70 |
| **1** | 찬준 | 1월 | 1주 | 60 |
| **2** | 지완 | 1월 | 2주 | 69 |
| **3** | 찬준 | 1월 | 2주 | 59 |
| **4** | 지완 | 1월 | 3주 | 69 |

이번에는 특정 열의 값을 문자열로 비교해서 처리하는 .query 메소드로 특정 데이터 프레임을 만듭니다.

.query 메소드의 특징은 문자열로 들어온 것을 실행해서 논리적인 결과가 맞는 것만을 데이터 프레임으로 뽑아주는 역할을 합니다.

In :
```
week4 = weight.query('주 == "4주"')
```

In :
```
week4
```

Out:

| | 이름 | 월 | 주 | 몸무게 |
|---|---|---|---|---|
| **6** | 지완 | 1월 | 4주 | 69 |
| **7** | 찬준 | 1월 | 4주 | 59 |
| **14** | 지완 | 2월 | 4주 | 66 |

| 15 | 찬준 | 2월 | 4주 | 56 |
|---|---|---|---|---|
| 22 | 지완 | 3월 | 4주 | 64 |
| 23 | 찬준 | 3월 | 4주 | 54 |
| 30 | 지완 | 4월 | 4주 | 62 |
| 31 | 찬준 | 4월 | 4주 | 52 |

이 데이터 프레임으로 이름이 반복 패턴을 유지하고 있어 이 열의 값을 가지고 두 개의 열로 만들고 실제 값을 몸무게 열로 처리한 새로운 데이터 프레임을 생성합니다.

In :
```
week4.pivot(index='월', columns='이름', values="몸무게")
```

Out:

| 이름<br>월 | 지완 | 찬준 |
|---|---|---|
| **1월** | 69 | 59 |
| **2월** | 66 | 56 |
| **3월** | 64 | 54 |
| **4월** | 62 | 52 |

피봇 테이블도 기본은 평균이지만 하나의 값만 있으면 현재 있는 값을 기준으로 피봇 테이블을 만들어서 피봇 처리와 같은 결과가 나옵니다.

In :
```
week4.pivot_table(index='월',columns='이름',values="몸무게")
```

Out:

| 이름<br>월 | 지완 | 찬준 |
|---|---|---|
| **1월** | 69 | 59 |
| **2월** | 66 | 56 |
| **3월** | 64 | 54 |
| **4월** | 62 | 52 |

### 5.2.2 스택을 통한 데이터 재구조화

열을 많이 가지고 있는 폭이 넓은(wide) 데이터와 행을 많이 갖는 폭이 좁은(long) 데이터를 생성해봅니다. 이런 구조는 변경을 해도 실제 값에 대한 변경은 없습니다.

이번 재구조화는 단순하게 행과 열의 인덱스 정보를 전치(transpose)해 재구조화하는 방식을 따르는데, 여기에는 .stack과 .unstack 메소드가 있습니다. 이번에는 이 메소드들의 처리 방법을 알아봅니다.

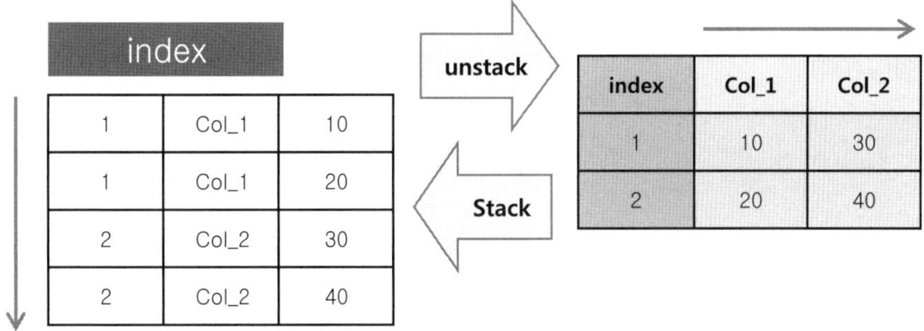


[그림 5-2] 스택(.stack) 및 언스택(.unstack) 처리

[그림 5-3]을 보면 멀티인덱스의 열을 가진 데이터 프레임을 .stack 메소드로 처리하면 행의 멀티인덱스 레벨이 늘어납니다.

멀티인덱스 행을 .unstack 메소드로 실행하면 열의 멀티인덱스 레벨이 늘어납니다.

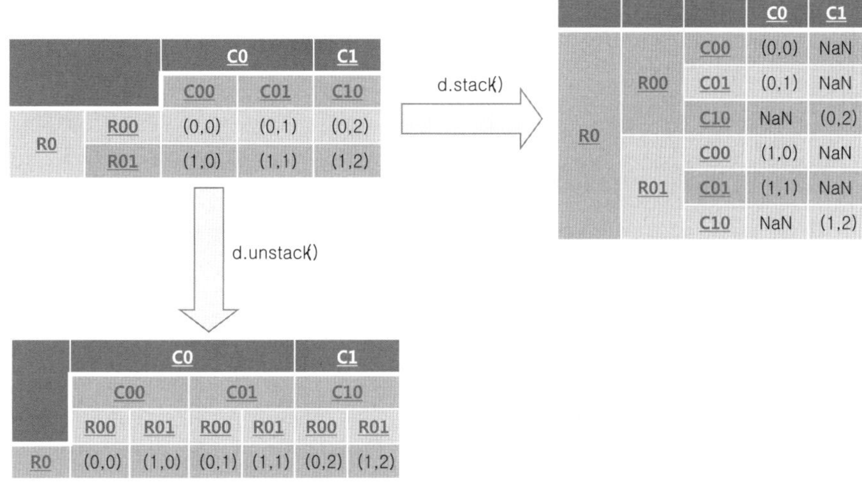


[그림 5-3] 스택(.stack) 및 언스택(.unstack) 처리를 상세하게 나타낸 그림

### ■ 스택(.stack)을 이용한 재구조화

실제 .stack과 .unstack 메소드를 실행해서 [그림 5-3]과 같은지 알아봅니다.

## [예제 5-7] 스택으로 데이터 재구조화하기

5.2.1절에서 만들어진 week4는 데이터 프레임을 출력했습니다. 이 데이터는 행의 레이블이 단일 정수 레이블만 가지고 있습니다. 이 데이터 프레임을 가지고 재구조화 처리를 하는 방법을 알아봅니다.

In :
```
week4
```

Out:

| | 이름 | 월 | 주 | 몸무게 |
|---|---|---|---|---|
| 6 | 지완 | 1월 | 4주 | 69 |
| 7 | 찬준 | 1월 | 4주 | 59 |
| 14 | 지완 | 2월 | 4주 | 66 |
| 15 | 찬준 | 2월 | 4주 | 56 |
| 22 | 지완 | 3월 | 4주 | 64 |
| 23 | 찬준 | 3월 | 4주 | 54 |
| 30 | 지완 | 4월 | 4주 | 62 |
| 31 | 찬준 | 4월 | 4주 | 52 |

먼저 행의 인덱스를 멀티인덱스로 변환하기 위해 .set_index에 열의 이름을 2개 지정한 리스트를 전달합니다. 새로 생긴 데이터 프레임을 확인하면 행에 두 개의 레이블이 생겼습니다.

In :
```
week5 = week4.set_index(['이름','월'])
```

In :
```
week5.head(2)
```

Out:

| | | 주 | 몸무게 |
|---|---|---|---|
| 이름 | 월 | | |
| 지완 | 1월 | 4주 | 69 |
| 찬준 | 1월 | 4주 | 59 |

열은 단일 인덱스 체계로 구성되어 있어 .stack 메소드를 실행하면 어떻게 변하는지를 알아봅니다. 실행된 결과를 확인해보면 열의 인덱스가 없어졌으므로 데이터 프레임에서 시리즈로 변환된 것을 알 수 있습니다.

In :
```
week5_st = week5.stack()
```

In :
```
type(week5_st)
```

Out:
```
pandas.core.series.Series
```

행이 멀티인덱스로 되어 있는데 레벨이 어떻게 구성되어 있는지를 알아봅니다. 인덱스의 레이블 정보를 확인하기 위해 .get_level_values 메소드에 인자로 정수를 넣어서 조회하면 멀티인덱스의 레벨별로 조회됩니다.

만들 때 멀티인덱스가 레벨을 2개 만들었는데 .stack 메소드를 실행했으므로 열의 레이블이 세 번째 행의 레이블로 들어간 것을 볼 수 있습니다.

In :
```
week5_st.index.get_level_values(0)
```

Out:
```
Index(['지완', '지완', '찬준', '찬준', '지완', '지완', '찬준', '찬준', '지완', '지완', '찬준', '찬준',
       '지완', '지완', '찬준', '찬준'],
      dtype='object', name='이름')
```

In :
```
week5_st.index.get_level_values(1)
```

Out:
```
Index(['1월', '1월', '1월', '1월', '2월', '2월', '2월', '2월', '3월', '3월', '3월', '3월',
       '4월', '4월', '4월', '4월'],
      dtype='object', name='월')
```

In :
```
week5_st.index.get_level_values(2)
```

Out:
```
Index(['주', '몸무게', '주', '몸무게', '주', '몸무게', '주', '몸무게', '주', '몸무게', '주', '몸무게',
       '주', '몸무게', '주', '몸무게'],
      dtype='object')
```

시리즈로 만들어진 데이터를 .values로 확인하면 주 열과 몸무게 열의 값이 들어가 있는 것을 알 수 있습니다.

In :
```
week5_st.values
```

Out:
```
array(['4주', 69, '4주', 59, '4주', 66, '4주', 56, '4주', 64, '4주', 54, '4주',
       62, '4주', 52], dtype=object)
```

시리즈인 week5_st를 .head 메소드로 조회한 후에 데이터 프레임으로 변환할 때에는 .to_frame 메소드로 변환합니다. .head 메소드로 조회하면 데이터 프레임으로 변환된 것을 알 수 있습니다.

In :
```
week5_st.head(3)
```

Out:
```
이름  월
지완  1월  주      4주
           몸무게   69
찬준  1월  주      4주
dtype: object
```

In :
```
to_week5 = week5_st.to_frame()
```

In :
```
to_week5.head()
```

Out:

| | | | 0 |
|---|---|---|---|
| **이름** | **월** | | |
| **지완** | **1월** | **주** | 4주 |
| | | **몸무게** | 69 |
| **찬준** | **1월** | **주** | 4주 |
| | | **몸무게** | 59 |
| **지완** | **2월** | **주** | 4주 |

데이터 프레임으로 변환한 정보를 가지고 행의 레이블을 .levels 속성으로 확인한 후 열의 인덱스 레이블이 숫자로 나온 것을 확인하기 위해 .columns 속성을 조회하면 RangeIndex가 생성된 것이 보입니다.

인덱스가 전부 사라지면 자동으로 RangeIndex로 만들어지는 것을 알 수 있습니다.

In :
```
to_week5.index.levels
```

Out:
```
FrozenList([['지완', '찬준'], ['1월', '2월', '3월', '4월'], ['주', '몸무게']])
```

In :
```
to_week5.columns
```

Out:
```
RangeIndex(start=0, stop=1, step=1)
```

이제는 .stack 메소드로 처리가 더 이상 불가하므로 반대로 .unstack으로 처리해봅니다. 행의 멀티인덱스가 두 개의 인덱스를 가진 week5 변수에 .unstack 메소드를 실행하면 행의 멀티인덱스가 하나 줄고 열의 인덱스를 멀티인덱스로 만듭니다.

In :
```
week5_un = week5.unstack()
```

In :
```
week5_un.head()
```

Out:

| | 주 | | | | 몸무게 | | | |
|---|---|---|---|---|---|---|---|---|
| **월** | **1월** | **2월** | **3월** | **4월** | **1월** | **2월** | **3월** | **4월** |
| **이름** | | | | | | | | |
| **지완** | 4주 | 4주 | 4주 | 4주 | 69 | 66 | 64 | 62 |
| **찬준** | 4주 | 4주 | 4주 | 4주 | 59 | 56 | 54 | 52 |

메소드 체인(method chain)을 이용해서 .unstack 메소드를 두 번 연속해서 사용하면 시리즈가 만들어집니다.

In :
```
week5_un_un = week5.unstack().unstack()
```

In :
```
type(week5_un_un)
```

Out:
```
pandas.core.series.Series
```

실제 남아있는 값을 확인하면 열의 레이블에 맞춰 값들이 위치가 바뀐 것을 볼 수 있습니다.

In :
```
week5_un_un.values
```

Out:
```
array(['4주', '4주', '4주', '4주', '4주', '4주', '4주', '4주', 69, 59, 66, 56, 64,
       54, 62, 52], dtype=object)
```

다시 .to_frame 메소드를 실행하면 시리즈로 된 것은 같은 것이므로 데이터 프레임으로 변환됩니다.

In :
```
week5_un_un.to_frame().head()
```

Out:

|  | 월 | 이름 | 0 |
|---|---|---|---|
| 주 | 1월 | 지완 | 4주 |
|  |  | 찬준 | 4주 |
|  | 2월 | 지완 | 4주 |
|  |  | 찬준 | 4주 |
|  | 3월 | 지완 | 4주 |

이번에는 더욱 단순하게 데이터 프레임의 몸무게 열을 인덱스 검색해서 하나의 변수에 할당하면 시리즈가 만들어집니다. 이 시리즈의 .index 속성에 멀티인덱스를 할당하면 .index 속성이 대체됩니다.

In :
```
week4_s = week4['몸무게']
```

In :
```
week4_s.index = week5['몸무게'].index
```

In :
```
week4_s.head()
```

Out:
```
이름  월
지완  1월    69
찬준  1월    59
지완  2월    66
찬준  2월    56
지완  3월    64
Name: 몸무게, dtype: int64
```

이 시리즈에 .unstack 메소드를 실행하면 행의 레이블이 열로 전환되면서 자동으로 데이터 프레임으로 변환됩니다.

In :
```
week4_s.unstack()
```

Out:

| 월<br>이름 | 1월 | 2월 | 3월 | 4월 |
|---|---|---|---|---|
| 지완 | 69 | 66 | 64 | 62 |
| 찬준 | 59 | 56 | 54 | 52 |

위에서 처리된 결과를 확인하면 데이터 프레임으로 변환된 것을 알 수 있습니다.

In :
```
type(week4_s.unstack())
```

Out:
```
pandas.core.frame.DataFrame
```

행의 멀티인덱스의 level에 맞춰 .unstack 메소드로 처리가 가능합니다. 이때 level 매개변수에 행의 멀티인덱스의 레벨을 부여해서 .unstack 처리를 하면 원하는 결과를 만들 수 있습니다.

In :
```
week4_s.unstack(level=0)
```

Out:

| 이름<br>월 | 지완 | 찬준 |
|---|---|---|
| 1월 | 69 | 59 |
| 2월 | 66 | 56 |
| 3월 | 64 | 54 |
| 4월 | 62 | 52 |

In :
```
week4_s.unstack(level=1)
```

Out:

| 월<br>이름 | 1월 | 2월 | 3월 | 4월 |
|---|---|---|---|---|
| 지완 | 69 | 66 | 64 | 62 |
| 찬준 | 59 | 56 | 54 | 52 |

## 5.2.3 데이터 접합

하나의 데이터 프레임을 가지고 재구조화하는 방법을 알아보았습니다. 이제 두 개의 데이터 프레임이나 시리즈를 가지고 하나로 붙이는 방법을 알아봅니다.

[그림 5-4]는 간단하게 데이터 프레임과 시리즈를 붙이거나 축(axis)을 기준으로 데이터 프레임 두 개를 하나로 붙이는 모습을 보여줍니다. 내부의 값을 변경하지 않고 단순하게 연결하는 방법을 알아봅니다.

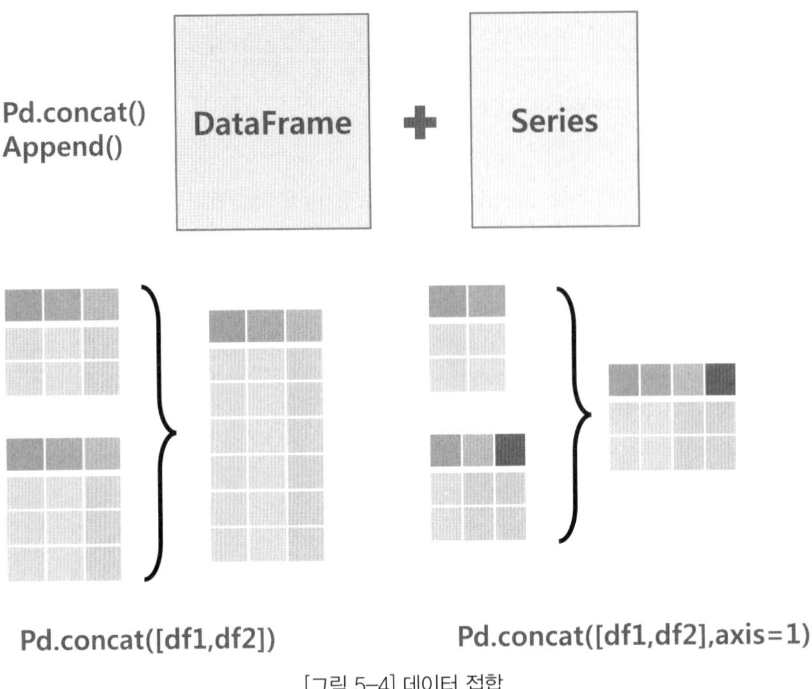


[그림 5-4] 데이터 접합

■ 데이터 연결

판다스의 클래스인 시리즈와 데이터 프레임을 하나로 연결해서 단순하게 병합하는 법을 알아봅니다.

[예제 5-8] 데이터 합치기

넘파이 모듈을 이용해 열에 들어갈 배열을 만들고 데이터에 들어갈 것을 4행 4열의 문자열로 만들었습니다.

실제 데이터의 구조를 행 단위로 만들었으므로 이를 열 단위로 바꿔기 위해 데이터의 구조를 전치(T)로 해서 만들었습니다.

In :
```
import numpy as np
```

In :
```
columns = np.array(['봄','여름','가을','겨울'])
```

In :
```
data = np.array([['A0','A1','A2','A3'],
                 ['B0','B1','B2','B3'],
                 ['C0','C1','C2','C3'],
                 ['D0','D1','D2','D3']])
```

두 번째 데이터 프레임을 만들 때도 같은 열을 사용하므로 데이터를 전치(transpose)해서 열과 일치시켰습니다.

In :
```
data1 = np.array([['A4','A5','A6','A7'],
                  ['B4','B5','B6','B7'],
                  ['C4','C5','C6','C7'],
                  ['D4','D5','D6','D7']])
```

In :
```
df2 = pd.DataFrame(data1.T,columns=columns)
```

두 개의 데이터 프레임은 같은 열을 가지므로 일단 concat 함수를 사용해서 연결합니다. 판다스에서 제공하는 concat 함수도 기본은 행 축을 기준으로 연결하므로 열의 이름이 같으면 단순하게 붙일 수 있습니다.

단, 두 개의 데이터 프레임을 넣어서 처리하므로 리스트에 두 개의 데이터 프레임을 넣어서 처리했습니다. 붙여진 결과를 보면 행의 레이블은 그대로 유지되는 것을 알 수 있습니다.

In :
```
df_con = pd.concat([df1,df2])
```

In :
```
df_con
```

Out:

| | 봄 | 여름 | 가을 | 겨울 |
|---|---|---|---|---|
| **0** | A0 | B0 | C0 | D0 |
| **1** | A1 | B1 | C1 | D1 |
| **2** | A2 | B2 | C2 | D2 |
| **3** | A3 | B3 | C3 | D3 |
| **0** | A4 | B4 | C4 | D4 |
| **1** | A5 | B5 | C5 | D5 |
| **2** | A6 | B6 | C6 | D6 |
| **3** | A7 | B7 | C7 | D7 |

행의 인덱스 레이블을 변경하기 위해 range 함수로 인덱스를 만들어서 새롭게 만들어진 행의 인덱스를 대체합니다.

데이터 프레임을 조회하면 행 레이블이 변경된 것을 알 수 있습니다.

In :
```
index_r = list(range(0,8))
```

In :
```
df_con.index = index_r
```

In :
```
df_con
```

Out:

| | 봄 | 여름 | 가을 | 겨울 |
|---|---|---|---|---|
| **0** | A0 | B0 | C0 | D0 |
| **1** | A1 | B1 | C1 | D1 |
| **2** | A2 | B2 | C2 | D2 |
| **3** | A3 | B3 | C3 | D3 |
| **4** | A4 | B4 | C4 | D4 |
| **5** | A5 | B5 | C5 | D5 |
| **6** | A6 | B6 | C6 | D6 |
| **7** | A7 | B7 | C7 | D7 |

이런 행 레이블 변경을 하지 않기 위해 행의 레이블을 자동으로 변경시킬 수 있습니다. 이때는 concoat 함수의 매개변수인 ignore_index=True를 넣고 접합을 처리하면 됩니다. 새로 생긴 데이터 프레임을 확인하면 행 레이블이 새롭게 만들어졌습니다.

In :
```
df_con1 = pd.concat([df1,df2],ignore_index=True)
```

In :
```
df_con1
```

Out:

| | 봄 | 여름 | 가을 | 겨울 |
|---|---|---|---|---|
| **0** | A0 | B0 | C0 | D0 |
| **1** | A1 | B1 | C1 | D1 |
| **2** | A2 | B2 | C2 | D2 |
| **3** | A3 | B3 | C3 | D3 |
| **4** | A4 | B4 | C4 | D4 |
| **5** | A5 | B5 | C5 | D5 |

| 6 | A6 | B6 | C6 | D6 |
|---|---|---|---|---|
| 7 | A7 | B7 | C7 | D7 |

축을 변경해서 연결하고 싶을 때 .concat 함수의 매개변수에 축의 방향을 지정하는 매개변수 axis=1로 처리하면 같은 열이지만 가로 축으로 연결되어 처리됩니다.

In :
```
df_h = pd.concat([df1,df2],axis=1)
```

In :
```
df_h
```

Out:

| | 봄 | 여름 | 가을 | 겨울 | 봄 | 여름 | 가을 | 겨울 |
|---|---|---|---|---|---|---|---|---|
| 0 | A0 | B0 | C0 | D0 | A4 | B4 | C4 | D4 |
| 1 | A1 | B1 | C1 | D1 | A5 | B5 | C5 | D5 |
| 2 | A2 | B2 | C2 | D2 | A6 | B6 | C6 | D6 |
| 3 | A3 | B3 | C3 | D3 | A7 | B7 | C7 | D7 |

이때는 같은 열의 이름을 가집니다. 열의 이름을 변경하려면 기존 데이터 프레임에 보관된 columns를 대체해야 합니다. 새롭게 열의 이름을 전부 지정해서 대체하면 기존 데이터 프레임에서 열의 이름이 변경됩니다.

In :
```
columns_r = ['봄', '여름', '가을', '겨울', '봄_', '여름_', '가을_', '겨울_']
```

In :
```
df_h.columns = columns_r
```

In :
```
df_h
```

Out:

| | 봄 | 여름 | 가을 | 겨울 | 봄_ | 여름_ | 가을_ | 겨울_ |
|---|---|---|---|---|---|---|---|---|
| 0 | A0 | B0 | C0 | D0 | A4 | B4 | C4 | D4 |
| 1 | A1 | B1 | C1 | D1 | A5 | B5 | C5 | D5 |
| 2 | A2 | B2 | C2 | D2 | A6 | B6 | C6 | D6 |
| 3 | A3 | B3 | C3 | D3 | A7 | B7 | C7 | D7 |

열을 만들 때 매개변수 ignore_index=True로 지정하면 기존 열의 레이블 정보를 무시하고 새로운 열의 이름이 생기지만 RangeIndex로 만들어집니다.

In :
```
df_g = pd.concat([df1,df2],axis=1,ignore_index=True)
```

In :
```
df_g
```

Out:

| | 0 | 1 | 2 | 3 | 4 | 5 | 6 | 7 |
|---|---|---|---|---|---|---|---|---|
| **0** | A0 | B0 | C0 | D0 | A4 | B4 | C4 | D4 |
| **1** | A1 | B1 | C1 | D1 | A5 | B5 | C5 | D5 |
| **2** | A2 | B2 | C2 | D2 | A6 | B6 | C6 | D6 |
| **3** | A3 | B3 | C3 | D3 | A7 | B7 | C7 | D7 |

### ■ 데이터 단순 추가

이번에는 단순히 현재 만들어진 데이터 프레임에 특정 데이터를 추가하는 기능을 알아봅니다.

#### [예제 5-9] 데이터 추가하기

먼저 기존에 만들어진 데이터 프레임을 가져와서 새로운 사본을 .copy 메소드로 만듭니다.

In :
```
df1
```

Out:

| | 봄 | 여름 | 가을 | 겨울 |
|---|---|---|---|---|
| **0** | A0 | B0 | C0 | D0 |
| **1** | A1 | B1 | C1 | D1 |
| **2** | A2 | B2 | C2 | D2 |
| **3** | A3 | B3 | C3 | D3 |

In :
```
df11 = df1.copy()
```

인덱서(Indexer)를 이용해서 하나의 행을 추가하면 기존 데이터 프레임이 변경된 것을 알 수 있습니다.

In :
```
df11.loc[4] = ['A4','B4','C4','D4']
```

In :
```
df11
```

Out:

| | 봄 | 여름 | 가을 | 겨울 |
|---|---|---|---|---|
| **0** | A0 | B0 | C0 | D0 |
| **1** | A1 | B1 | C1 | D1 |
| **2** | A2 | B2 | C2 | D2 |
| **3** | A3 | B3 | C3 | D3 |
| **4** | A4 | B4 | C4 | D4 |

데이터 프레임의 .append 메소드 안에 딕셔너리로 추가할 열의 레이블을 딕셔너리의 키로 넣고 데이터는 딕셔너리의 값으로 넣습니다. 매개변수 .ignore_index = True로 지정해서 실행시킵니다.

하나의 행이 추가되었고 행의 인덱스가 새롭게 만들어진 것을 볼 수 있습니다.

In :
```
df11_a = df11.append({'봄':'A5','여름' :'B5','가을':'C5','겨울':'D5'},
                     ignore_index=True)
```

In :
```
df11_a
```

Out:

| | 봄 | 여름 | 가을 | 겨울 |
|---|---|---|---|---|
| **0** | A0 | B0 | C0 | D0 |
| **1** | A1 | B1 | C1 | D1 |
| **2** | A2 | B2 | C2 | D2 |
| **3** | A3 | B3 | C3 | D3 |
| **4** | A4 | B4 | C4 | D4 |
| **5** | A5 | B5 | C5 | D5 |

기본 데이터 프레임은 .append 메소드를 실행해도 변경이 없습니다.

In :
```
df11
```

Out:

| | 봄 | 여름 | 가을 | 겨울 |
|---|---|---|---|---|
| **0** | A0 | B0 | C0 | D0 |
| **1** | A1 | B1 | C1 | D1 |
| **2** | A2 | B2 | C2 | D2 |
| **3** | A3 | B3 | C3 | D3 |
| **4** | A4 | B4 | C4 | D4 |

위에 만들어진 df2를 조회하면 4행 4열의 데이터 프레임입니다.

```
In : df2
```

Out:

| | 봄 | 여름 | 가을 | 겨울 |
|---|---|---|---|---|
| **0** | A4 | B4 | C4 | D4 |
| **1** | A5 | B5 | C5 | D5 |
| **2** | A6 | B6 | C6 | D6 |
| **3** | A7 | B7 | C7 | D7 |

데이터 프레임이 할당된 변수 df11를 이용해 .append 메소드에 인자로 넣어서 처리하면 행으로 추가됩니다.

```
In : df11.append(df2)
```

Out:

| | 봄 | 여름 | 가을 | 겨울 |
|---|---|---|---|---|
| **0** | A0 | B0 | C0 | D0 |
| **1** | A1 | B1 | C1 | D1 |
| **2** | A2 | B2 | C2 | D2 |
| **3** | A3 | B3 | C3 | D3 |
| **4** | A4 | B4 | C4 | D4 |
| **0** | A4 | B4 | C4 | D4 |
| **1** | A5 | B5 | C5 | D5 |
| **2** | A6 | B6 | C6 | D6 |
| **3** | A7 | B7 | C7 | D7 |

### ■ 일반적인 조인 처리

접합을 처리할 때도 단순한 연결만 되는 것뿐만 아니라 실제 내부의 값을 바꾸는 처리도 가능합니다.

### [예제 5-10] 데이터를 조인하여 처리하기

하나의 데이터 프레임을 다시 만들고 열의 정보를 다르게 만들었습니다.

In :
```
data3 = np.array([['A8','A9','A10','A11'],
                  ['B8','B9','B10','B11'],
                  ['E8','E9','E10','E11'],
                  ['F8','F9','F10','F11']])
```

In :
```
columns3 = np.array(['봄','여름','춘분','추분'])
```

In :
```
df3 = pd.DataFrame(data3.T,columns=columns3)
```

만들어진 데이터를 확인하면 위에서 만들어진 것과 두 개의 열만 같습니다.

In :
```
df3
```

Out:

| | 봄 | 여름 | 춘분 | 추분 |
|---|---|---|---|---|
| **0** | A8 | B8 | E8 | F8 |
| **1** | A9 | B9 | E9 | F9 |
| **2** | A10 | B10 | E10 | F10 |
| **3** | A11 | B11 | E11 | F11 |

데이터를 접합할 때 내부의 레이블을 기준으로 처리하는 방법을 알아봅니다. 판다스의 .concat 함수는 기본이 axis=0으로 처리하므로 동일한 레이블 처리를 위해 매개변수 join = inner를 사용하면 두 개의 데이터 프레임의 같은 열 레이블이 있는지를 확인합니다.

두 개의 데이터 프레임이 동일한 열 레이블이 두 개가 있어 이들의 값이 접합됩니다. 또 매개변수 ignore_index = True를 지정했으므로 새로운 행의 레이블을 만듭니다.

In :
```
df4 = pd.concat([df1,df3],join='inner',ignore_index=True)
```

In :
```
df4
```

Out:

| | 봄 | 여름 |
|---|---|---|
| **0** | A0 | B0 |
| **1** | A1 | B1 |
| **2** | A2 | B2 |
| **3** | A3 | B3 |

| | | |
|---|---|---|
| 4 | A8 | B8 |
| 5 | A9 | B9 |
| 6 | A10 | B10 |
| 7 | A11 | B11 |

매개변수 axis=1로 주면 축을 변환해서 연결하라는 뜻이고 매개변수 join=inner로 지정했기 때문에 행의 레이블이 같은 것만 접합해야 합니다. 두 개의 데이터 프레임에서 행의 레이블이 동일하므로 연결됩니다.

```
In : df5 = pd.concat([df1,df3],axis=1, join='inner')
```

```
In : df5
```

Out:

| | 봄 | 여름 | 가을 | 겨울 | 봄 | 여름 | 춘분 | 추분 |
|---|---|---|---|---|---|---|---|---|
| 0 | A0 | B0 | C0 | D0 | A8 | B8 | E8 | F8 |
| 1 | A1 | B1 | C1 | D1 | A9 | B9 | E9 | F9 |
| 2 | A2 | B2 | C2 | D2 | A10 | B10 | E10 | F10 |
| 3 | A3 | B3 | C3 | D3 | A11 | B11 | E11 | F11 |

축을 axis=1로 주고 매개변수 join=outer으로 처리하면 두 개의 데이터 프레임이 단순히 연결만 됩니다.

```
In : df6 = pd.concat([df1,df3],axis=1, join='outer')
```

```
In : df6
```

Out:

| | 봄 | 여름 | 가을 | 겨울 | 봄 | 여름 | 춘분 | 추분 |
|---|---|---|---|---|---|---|---|---|
| 0 | A0 | B0 | C0 | D0 | A8 | B8 | E8 | F8 |
| 1 | A1 | B1 | C1 | D1 | A9 | B9 | E9 | F9 |
| 2 | A2 | B2 | C2 | D2 | A10 | B10 | E10 | F10 |
| 3 | A3 | B3 | C3 | D3 | A11 | B11 | E11 | F11 |

접합하는 함수인 .concat에서 매개변수 keys='사계절'을 하나 넣어서 처리하면 두 개의 데이터 프레임이 전부 보이는 것이 아니라 첫 번째 데이터 프레임만 보입니다.

```
In : pd.concat([df1,df3],axis=1, keys=['사계절'],join='inner')
```

Out:

| | 사계절 | | | |
|---|---|---|---|---|
| | 봄 | 여름 | 가을 | 겨울 |
| 0 | A0 | B0 | C0 | D0 |
| 1 | A1 | B1 | C1 | D1 |
| 2 | A2 | B2 | C2 | D2 |
| 3 | A3 | B3 | C3 | D3 |

접합하는 함수인 .concat에서 매개변수 keys=['사계절', '춘추분] 두 개를 넣으면 두 데이터 프레임이 전부 출력되는 것을 볼 수 있습니다.

In :

```
pd.concat([df1,df3],axis=1, keys=['사계절','춘추분'],join='inner')
```

Out:

| | 사계절 | | | | 사계절 | | | |
|---|---|---|---|---|---|---|---|---|
| | 봄 | 여름 | 가을 | 겨울 | 봄 | 여름 | 춘분 | 추분 |
| 0 | A0 | B0 | C0 | D0 | A8 | B8 | E8 | F8 |
| 1 | A1 | B1 | C1 | D1 | A9 | B9 | E9 | F9 |
| 2 | A2 | B2 | C2 | D2 | A10 | B10 | E10 | F10 |
| 3 | A3 | B3 | C3 | D3 | A11 | B11 | E11 | F11 |

이번에는 .join 메소드를 이용해서 처리하는 것과 비교해봅니다. .join 메소드는 같은 열의 이름을 구분해야 하므로 실제 내부 매개변수 lsuffix와 rsuffix를 지정해서 열의 이름을 변경할 수 있도록 지원합니다.

In :

```
df1.join(df3,how='inner',lsuffix='_lx', rsuffix='_rx')
```

Out:

| | 봄_lx | 여름_lx | 가을 | 겨울 | 봄_rx | 여름_rx | 춘분 | 추분 |
|---|---|---|---|---|---|---|---|---|
| 0 | A0 | B0 | C0 | D0 | A8 | B8 | E8 | F8 |
| 1 | A1 | B1 | C1 | D1 | A9 | B9 | E9 | F9 |
| 2 | A2 | B2 | C2 | D2 | A10 | B10 | E10 | F10 |
| 3 | A3 | B3 | C3 | D3 | A11 | B11 | E11 | F11 |

In :

```
df1.join(df3,how='outer',lsuffix='_lx', rsuffix='_rx')
```

Out:

| | 봄_lx | 여름_lx | 가을 | 겨울 | 봄_rx | 여름_rx | 춘분 | 추분 |
|---|---|---|---|---|---|---|---|---|
| **0** | A0 | B0 | C0 | D0 | A8 | B8 | E8 | F8 |
| **1** | A1 | B1 | C1 | D1 | A9 | B9 | E9 | F9 |
| **2** | A2 | B2 | C2 | D2 | A10 | B10 | E10 | F10 |
| **3** | A3 | B3 | C3 | D3 | A11 | B11 | E11 | F11 |

조인할 키를 주면 같은 값이 없을 때는 inner 조인은 열의 이름만 출력하고 outer 조인은 전체가 나옵니다. 하지만 불일치한 곳은 누락 값으로 처리됩니다.

In :
```
df1.join(df3,on='봄',how='inner',lsuffix='_lx', rsuffix='_rx')
```

Out:

| 봄 | 봄_lx | 여름_lx | 가을 | 겨울 | 봄_rx | 여름_rx | 춘분 | 추분 |
|---|---|---|---|---|---|---|---|---|

In :
```
df1.join(df3,on='봄',how='outer',lsuffix='_lx', rsuffix='_rx')
```

Out:

| | 봄 | 봄_lx | 여름_lx | 가을 | 겨울 | 봄_rx | 여름_rx | 춘분 | 추분 |
|---|---|---|---|---|---|---|---|---|---|
| **0** | A0 | A0 | B0 | C0 | D0 | NaN | NaN | NaN | NaN |
| **1** | A1 | A1 | B1 | C1 | D1 | NaN | NaN | NaN | NaN |
| **2** | A2 | A2 | B2 | C2 | D2 | NaN | NaN | NaN | NaN |
| **3** | A3 | A3 | B3 | C3 | D3 | NaN | NaN | NaN | NaN |
| **3** | 0 | NaN | NaN | NaN | NaN | A8 | B8 | E8 | F8 |
| **3** | 1 | NaN | NaN | NaN | NaN | A9 | B9 | E9 | F9 |
| **3** | 2 | NaN | NaN | NaN | NaN | A10 | B10 | E10 | F10 |
| **3** | 3 | NaN | NaN | NaN | NaN | A11 | B11 | E11 | F11 |

## 5.2.4 데이터 변형

데이터 프레임은 여러 열을 갖습니다. 실제 실험을 하다 보니 관측 값들을 여러 변수로 구성할 수 있습니다. 데이터 분석을 하려면 이런 여러 열이 하나의 특징으로 묶여야 하는 경우가 많이 발생합니다.

여러 열을 하나로 통합해야 할 경우 어떻게 처리하는지를 이번 절에서 알아봅니다.

기존의 데이터 프레임에 정해진 특정 열들이 데이터 분석에서 하나의 값에 해당되는 경우 데이터를 재구성할 때 pd.melt 함수를 사용합니다. 이때 해당하는 열의 레이블을 특정 열의 값으로 넣고 이와 매칭되어 있던 값들도 특정 열로 재구성합니다.

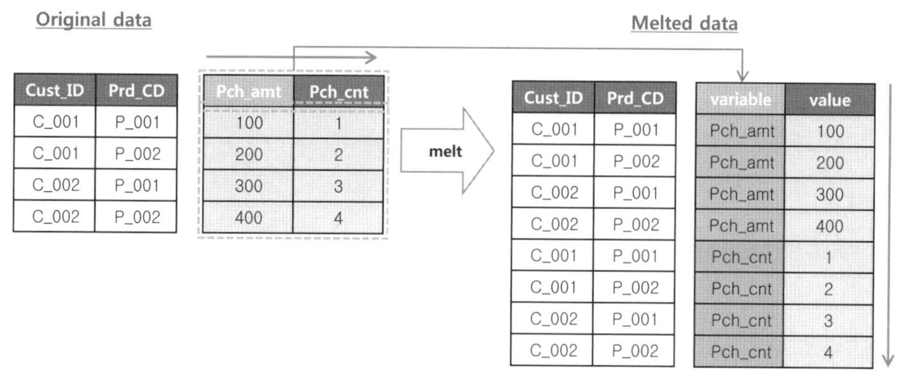

[그림 5-5] 데이터 변형

## ■ 기존 데이터 변형

여러 열들을 조합해서 하나의 관측값을 나타낼 때도 있습니다. 이런 경우, 열들을 합쳐서 하나의 열로 만들 경우가 발생합니다. 여러 열을 통합해서 하나의 변수와 값으로 처리하는 pd.melt 함수에 대해 알아봅니다.

### [예제 5-11] 데이터 병합하기

엑셀로 만든 csv 파일을 읽어옵니다. 내부 값에 한글이 들어있어 인코딩을 cp949로 처리합니다.

데이터 프레임에서 열의 이름을 .columns 속성으로 확인합니다. 문자열이므로 Index 클래스의 객체로 만들어진 것을 알 수 있습니다.

```
In :  movie = pd.read_csv('../data/korea_movie_list.csv',encoding='cp949')
```

```
In :  movie.columns
```

```
Out:  Index(['movie_code', 'title', 'title_Eng', 'show_time', 'produce_year',
             'open_date', 'produce_state', 'type', 'nation', 'genre', 'director',
             'actor', 'show_type', 'watch_grade'],
            dtype='object')
```

이 데이터 프레임에서 .head 메소드에 인자를 2를 주고 실행하면 2개의 행만 읽어옵니다.

```
In :  movie.head(2)
```

Out:

| | movie_code | title | title_Eng | show_time | produce_year | open_date | produce_state | type | nation | genre | director | actor | show_type | watch_grade |
|---|---|---|---|---|---|---|---|---|---|---|---|---|---|---|
| **0** | 20185801 | 할로우 차일드 | The Hollow Child | 88.0 | 2017 | 20180802 | 개봉예정 | 장편 | 캐나다 | 공포(호러)/판타지 | 제레미 루터 | NaN | NaN | 15세이상관람가 |
| **1** | 20187649 | 죽음의 리무진 | Glass Coffin | 75.0 | 2016 | 20180816 | 개봉예정 | 장편 | 스페인 | 스릴러/공포(호러) | 하리츠 쥬빌라가 | 파울라 본템피 | NaN | NaN |

새로운 데이터 프레임을 만들기 위해 고정 열을 id_var에 넣고 실제 값으로 바뀌는 변수를 매개변수 value_vars에 넣어 실행한 뒤 변수에 할당합니다.

In :
```
df_ml = pd.melt(movie,id_vars=['title'], value_vars=['title_Eng'])
```

새롭게 만들어진 데이터 프레임을 .head 메소드로 조회하면 title_Eng 열이 variable 열에 속한 행의 값으로 변경되었고, 이 열의 값이 value 열로 전환된 것을 알 수 있습니다.

In :
```
df_ml.head()
```

Out:

| | title | variable | value |
|---|---|---|---|
| **0** | 할로우 차일드 | title_Eng | The Hollow Child |
| **1** | 죽음의 리무진 | title_Eng | Glass Coffin |
| **2** | 극장판 도라에몽: 진구의 보물섬 | title_Eng | NaN |
| **3** | 명탐정 코난 : 제로의 집행인 | title_Eng | Detective Conan: Zero the Enforcer |
| **4** | 살아남은 아이 | title_Eng | Last Child |

생성된 데이터 프레임의 마지막 정보를 .tail 메소드로 조회하면 전체가 pd.melt 함수에 의해 새로운 데이터 프레임으로 만들어진 것을 볼 수 있습니다.

In :
```
df_ml.tail()
```

Out:

| | title | variable | value |
|---|---|---|---|
| **2822** | 여간호사의 쾌감 | title_Eng | Sexy nurse 3 |
| **2823** | 엑소시즘 2017 | title_Eng | Evil Born (12/12/12) |
| **2824** | 선배부인과 비밀공유 | title_Eng | he glossy and beautifl widow "I'm sorry, hone... |
| **2825** | 불륜녀의 황홀한 입맞춤 | title_Eng | Affair party |
| **2826** | 대머리 오일마사지사 | title_Eng | Lonely aunt Confessions of abstinence Miku Aoki |

위에서 만들어진 데이터 프레임에서 variable, value 열의 이름은 기본 값으로 지정되었습니다. 실제 데이터 분석을 위한 명확한 레이블을 부여해서 관리하는 것이 좋습니다. 매개변수 var_name과 value_name에 인자를 넣어 명확한 열의 이름으로 변환했습니다.

In :
```
df_ml2 = pd.melt(movie,id_vars=['title'], value_vars=['title_Eng'],
                 var_name='영어이름', value_name='영어명')
```

In :
```
df_ml2.head()
```

Out:

| | title | 영어이름 | 영어명 |
|---|---|---|---|
| 0 | 할로우 차일드 | title_Eng | The Hollow Child |
| 1 | 죽음의 리무진 | title_Eng | Glass Coffin |
| 2 | 극장판 도라에몽: 진구의 보물섬 | title_Eng | NaN |
| 3 | 명탐정 코난 : 제로의 집행인 | title_Eng | Detective Conan: Zero the Enforcer |
| 4 | 살아남은 아이 | title_Eng | Last Child |

새로운 데이터 프레임을 만들면 내부의 값을 확인해야 합니다. 먼저 누락된 값이 있는지를 .isnull.sum으로 확인하면, 영어명 열에 601개가 NaN으로 처리되었습니다.

In :
```
df_ml2.isnull().sum()
```

Out:
```
title        0
영어이름      0
영어명      601
dtype: int64
```

두 개의 열인 title, title_Eng을 고정시키고 다음 열인 open_date를 열에서 행으로 변환했습니다. 변환된 변수와 값의 이름을 지정했습니다.

In :
```
df_ml3 = pd.melt(movie,id_vars=['title', 'title_Eng'], value_vars=['open_date'],
                 var_name='변수이름', value_name='영어명과 개봉일자')
```

만들어진 데이터 프레임을 .head 메소드로 조회하면 4개의 열로 구성된 데이터 프레임을 알 수 있습니다.

In :
```
df_ml3.head()
```

Out:

| | title | title_Eng | 변수이름 | 영어명과 개봉일자 |
|---|---|---|---|---|
| **0** | 할로우 차일드 | The Hollow Child | open_date | 20180802 |
| **1** | 죽음의 리무진 | Glass Coffin | open_date | 20180816 |
| **2** | 극장판 도라에몽: 진구의 보물섬 | NaN | open_date | 20180815 |
| **3** | 명탐정 코난 : 제로의 집행인 | Detective Conan: Zero the Enforcer | open_date | 20180808 |
| **4** | 살아남은 아이 | Last Child | open_date | 20180830 |

마지막 부분도 .tail 메소드로 조회하면 똑같이 처리된 것을 확인할 수 있습니다.

In :
```
df_ml3.tail()
```

Out:

| | title | title_Eng | 변수이름 | 영어명과 개봉일자 |
|---|---|---|---|---|
| **2822** | 여간호사의 쾌감 | Sexy nurse 3 | open_date | 20170102 |
| **2823** | 엑소시즘 2017 | Evil Born (12/12/12) | open_date | 20170102 |
| **2824** | 선배부인과 비밀공유 | he glossy and beautifl widow "I'm sorry, hone... | open_date | 20170102 |
| **2825** | 불륜녀의 황홀한 입맞춤 | Affair party | open_date | 20170102 |
| **2826** | 대머리 오일마사지사 | Lonely aunt Confessions of abstinence Miku Aoki | open_date | 20170102 |

여러 개의 열이 하나로 합쳐지는 경우가 많으므로 열에서 행으로 바뀌는 열을 두 개 지정하고 pd.melt 함수를 실행한 후에 .head 메소드로 조회하면 새로운 데이터 프레임이 만들어진 것을 볼 수 있습니다.

In :
```
df_ml4 = pd.melt(movie,id_vars=['title', 'title_Eng'], value_vars=['produce_year','open_date'],
            var_name='변수이름', value_name='영어명과 개봉일자')
```

In :
```
df_ml4.head()
```

Out:

| | title | title_Eng | 변수이름 | 영어명과 개봉일자 |
|---|---|---|---|---|
| **0** | 할로우 차일드 | The Hollow Child | open_date | 2017 |
| **1** | 죽음의 리무진 | Glass Coffin | open_date | 2016 |
| **2** | 극장판 도라에몽: 진구의 보물섬 | NaN | open_date | 2018 |
| **3** | 명탐정 코난 : 제로의 집행인 | Detective Conan: Zero the Enforcer | open_date | 2018 |
| **4** | 살아남은 아이 | Last Child | open_date | 2017 |

## 5.2.5 메소드로 열 추가

데이터 프레임에 인덱스 검색을 이용해서 시리즈를 할당하면 열이 추가됩니다. .assign 메소드를 이용해서 5.2.4절과 같은 처리를 할 수 있습니다.

.assign 메소드를 이용하면 단순히 인덱스 검색으로 처리할 때보다 메소드 안의 매개변수를 활용하여 새로운 결과를 만들어내기도 합니다.

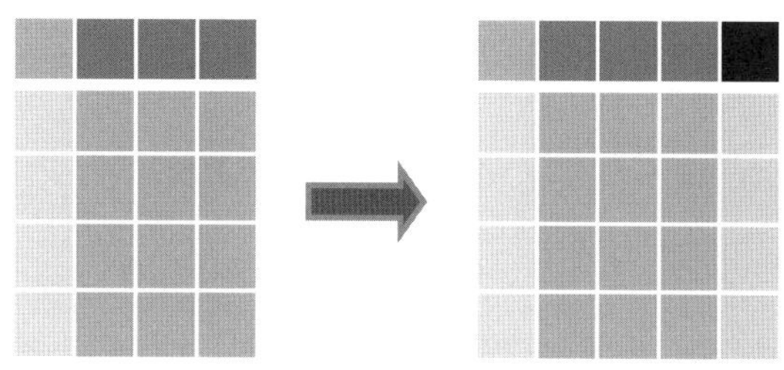

[그림 5-6] 열 추가

### ■ 새로운 열 처리

열은 다양한 방식으로 추가할 수 있지만, 이번에는 .assign 메소드를 이용해봅니다.

### [예제 5-12] 열 추가하기

파이썬 range 함수와 넘파이 random 모듈로 데이터를 만들고 이를 data에 넣는 데이터 프레임을 만듭니다.

In :
```
import numpy as np
```

In :
```
df = pd.DataFrame({'A': range(1, 11), 'B': np.random.randn(10)})
```

In :
```
df
```

Out:

| | A | B |
|---|---|---|
| **0** | 1 | -0.578041 |
| **1** | 2 | -0.649620 |
| **2** | 3 | 0.887643 |
| **3** | 4 | -0.077781 |

| | | |
|---|---|---|
| **4** | 5 | -1.076302 |
| **5** | 6 | -0.468845 |
| **6** | 7 | 0.325364 |
| **7** | 8 | 1.711585 |
| **8** | 9 | -0.601389 |
| **9** | 10 | 0.194217 |

데이터 프레임을 변수에 할당하면 데이터 프레임에 대한 별칭만 만들어집니다. 새로운 사본을 만들기 위해서는 .copy 메소드를 실행합니다.

.assign 메소드 안의 매개변수 ln_A를 지정했습니다. 이 변수가 기존 열에 없으면 새로운 열이 추가되고 있으면 값이 갱신됩니다.

In :
```
df_1 = df.copy()
```

In :
```
df_1.assign(ln_A = lambda x: np.log(x.A))
```

Out:

| | A | B | ln_A |
|---|---|---|---|
| **0** | 1 | -0.578041 | 0.000000 |
| **1** | 2 | -0.649620 | 0.693147 |
| **2** | 3 | 0.887643 | 1.098612 |
| **3** | 4 | -0.077781 | 1.386294 |
| **4** | 5 | -1.076302 | 1.609438 |
| **5** | 6 | -0.468845 | 1.791759 |
| **6** | 7 | 0.325364 | 1.945910 |
| **7** | 8 | 1.711585 | 2.079442 |
| **8** | 9 | -0.601389 | 2.197225 |
| **9** | 10 | 0.194217 | 2.302585 |

메소드 대신 인덱스 검색에 따른 갱신을 처리하기 위해 다시 .copy 메소드를 실행해서 사본을 변수에 할당합니다.

인덱스 검색을 사용하므로 ln_A를 문자열로 지정하고 할당 연산문을 이용해서 결과를 저장하면 새로운 열이 생깁니다. 메소드는 연산자 처리와 달리 새로운 객체를 반환하므로 기존 객체는 그대로 남아 있어 다른 용도로 사용이 가능합니다.

In :
```
df_2 = df.copy()
```

In :
```
df_2['ln_A'] = np.log(df_2['A'])
```

In :
```
df_2
```

Out:

| | A | B | ln_A |
|---|---|---|---|
| 0 | 1 | -0.578041 | 0.000000 |
| 1 | 2 | -0.649620 | 0.693147 |
| 2 | 3 | 0.887643 | 1.098612 |
| 3 | 4 | -0.077781 | 1.386294 |
| 4 | 5 | -1.076302 | 1.609438 |
| 5 | 6 | -0.468845 | 1.791759 |
| 6 | 7 | 0.325364 | 1.945910 |
| 7 | 8 | 1.711585 | 2.079442 |
| 8 | 9 | -0.601389 | 2.197225 |
| 9 | 10 | 0.194217 | 2.302585 |

### ■ 필터링해서 열 할당

다양한 열이 있는 데이터 프레임을 간략하게 축소해서 만들기 위해 .filter 메소드와 .assign 메소드를 이용한 정제도 가능합니다.

### [예제 5-13] 열에 대한 추가 활용법 알아보기

일단 다양한 열을 가진 하나의 파일을 읽고 데이터 프레임으로 변환된 결과를 변수에 저장합니다. 인코딩도 cp949 기준으로 변환되었습니다.

In :
```
movie = pd.read_csv('../data/korea_movie_list.csv',encoding='cp949')
```

In :
```
movie.head(2)
```

Out:

| | movie_code | title | title_Eng | show_time | produce_year | open_date | produce_state | type | nation | genre | director | actor | show_type | watch_grade |
|---|---|---|---|---|---|---|---|---|---|---|---|---|---|---|
| 0 | 20185801 | 할로우 차일드 | The Hollow Child | 88.0 | 2017 | 20180802 | 개봉예정 | 장편 | 캐나다 | 공포(호러)/판타지 | 제레미 루터 | NaN | NaN | 15세이상 관람가 |
| 1 | 20187649 | 죽음의 리무진 | Glass Coffin | 75.0 | 2016 | 20180816 | 개봉예정 | 장편 | 스페인 | 스릴러/공포(호러) | 하리츠 쥬빌라가 | 파울라 본템피 | NaN | NaN |

데이터 프레임에 만들어진 열들의 특성을 확인한 후에 .filter 메소드로 새로운 데이터 프레임을 두 개 생성합니다. 생성된 데이터 프레임을 확인하면 prod, title 이름을 가진 4개의 열로 데이터 프레임을 만든 것을 볼 수 있습니다.

In :
```
movie_ = pd.concat([movie.filter(like='prod'),
                    movie.filter(like='title')],
                   axis=1)
```

In :
```
movie_.head()
```

Out:

| | produce_year | produce_state | title | title_Eng |
|---|---|---|---|---|
| 0 | 2017 | 개봉예정 | 할로우 차일드 | The Hollow Child |
| 1 | 2016 | 개봉예정 | 죽음의 리무진 | Glass Coffin |
| 2 | 2018 | 개봉예정 | 극장판 도라에몽: 진구의 보물섬 | NaN |
| 3 | 2018 | 개봉예정 | 명탐정 코난 : 제로의 집행인 | Detective Conan: Zero the Enforcer |
| 4 | 2017 | 개봉예정 | 살아남은 아이 | Last Child |

이 데이터 프레임에 새로운 열을 추가합니다. .assign 메소드를 이용해서 새로운 열인 show_time에 기존 데이터 프레임의 movie['show_time']을 할당했습니다. 메소드 체인을 연결해서 .head 메소드를 처리해보면 하나의 열이 추가되어 있는 것이 보입니다.

In :
```
movie_.assign(show_time= movie['show_time']).head()
```

Out:

| | produce_year | produce_state | title | title_Eng | show_time |
|---|---|---|---|---|---|
| 0 | 2017 | 개봉예정 | 할로우 차일드 | The Hollow Child | 88.0 |
| 1 | 2016 | 개봉예정 | 죽음의 리무진 | Glass Coffin | 75.0 |
| 2 | 2018 | 개봉예정 | 극장판 도라에몽: 진구의 보물섬 | NaN | 107.0 |
| 3 | 2018 | 개봉예정 | 명탐정 코난 : 제로의 집행인 | Detective Conan: Zero the Enforcer | 110.0 |
| 4 | 2017 | 개봉예정 | 살아남은 아이 | Last Child | 123.0 |

## 5.2.6 여러 열에 대한 변형(wide_to_long)

여러 열을 가진 데이터 프레임을 가지고 유사한 열과 그 열의 값들이나 관측된 결과를 통합해서 처리하는 경우가 있습니다. 여러 열을 하나의 변수 즉, 특징으로 통합해서 처리하고 싶을 때 pd.wide_to_long 함수로 통합한 새로운 데이터 프레임을 만들 수 있습니다. pd.wide_to_long 함수와 Pd.melt 함수의 차이점도 알아봅니다.

#### ■ 데이터 프레임을 특정 열 통합

특정 열을 통합하기 위해 pd.wide_to_long 함수를 이용해서 유사한 열들을 하나의 열로 통합하고 통합된 열의 이름을 기록하는 방법을 알아봅니다.

**[예제 5-15] pd. wide_to_long 처리하기**

데이터 프레임을 하나 만듭니다. 이때 유사한 값을 가진 열을 두 개 만들었습니다.

In :
```
df_new = pd.DataFrame({'구분': ['가', '나', '다', '라', '마'],
                       '연도': [2013, 2014, 2016, 2013, 2014],
                       '측정값1': [100, 245, 200, 200, 300],
                       '측정값2': [100, 245, 200, 200, 300]})
```

In :
```
df_new
```

Out:

| | 구분 | 연도 | 측정값1 | 측정값2 |
|---|---|---|---|---|
| 0 | 가 | 2013 | 100 | 100 |
| 1 | 나 | 2014 | 245 | 245 |
| 2 | 다 | 2016 | 200 | 200 |
| 3 | 라 | 2013 | 200 | 200 |
| 4 | 마 | 2014 | 300 | 300 |

먼저 데이터 프레임의 통합되어야 할 열의 이름을 지정합니다. 그리고 고정된 열은 매개변수 i에 리스트로 넣고 매개변수 j에는 새롭게 처리되는 값의 열 이름을 지정합니다.

In :
```
wl = pd.wide_to_long(df_new, ['측정값'],i=['구분','연도'], j='측정값구분')
```

In :
```
type(wl)
```

```
Out:   pandas.core.frame.DataFrame
```

열에 있던 이름 중에 일부가 열의 값으로 가서 실제 값들을 그대로 유지하는 구조가 만들어진 것을 알 수 있습니다.

```
In :  wl
```

Out:

| | | | 측정값 |
|---|---|---|---|
| 구분 | 연도 | 측정값구분 | |
| 가 | 2013 | 1 | 100 |
| | | 2 | 100 |
| 나 | 2014 | 1 | 245 |
| | | 2 | 245 |
| 다 | 2016 | 1 | 200 |
| | | 2 | 200 |
| 라 | 2013 | 1 | 200 |
| | | 2 | 200 |
| 마 | 2014 | 1 | 300 |
| | | 2 | 300 |

다시 열을 복원하기 위해 .unstack 메소드를 사용했습니다. 열의 이름이 두 개가 생기는 것을 확인할 수 있습니다.

```
In :  wl_t = wl.unstack()
```

```
In :  wl_t
```

Out:

| | | 측정값 | |
|---|---|---|---|
| | 측정값구분 | 1 | 2 |
| 구분 | 연도 | | |
| 가 | 2013 | 100 | 100 |
| 나 | 2014 | 245 | 245 |
| 다 | 2016 | 200 | 200 |
| 라 | 2013 | 200 | 200 |
| 마 | 2014 | 300 | 300 |

기존 행의 정보를 .index로 확인해볼까요? 측정값으로 처리된 행의 정보가 사라져 열의 정보로 갔습니다. 또한 열의 정보를 .columns 속성으로 확인해보면 멀티인덱스로 만들어졌다는 것을 볼 수 있습니다.

In :
```
wl_t.index
```

Out:
```
MultiIndex(levels=[['가', '나', '다', '라', '마'], [2013, 2014, 2016]],
           labels=[[0, 1, 2, 3, 4], [0, 1, 2, 0, 1]],
           names=['구분', '연도'])
```

In :
```
wl_t.columns
```

Out:
```
MultiIndex(levels=[['측정값'], [1, 2]],
           labels=[[0, 0], [0, 1]],
           names=[None, '측정값구분'])
```

인덱스를 통합하기 위해 .columns 속성 안의 .map 메소드를 이용해서 내부에 format하는 로직을 처리한 후에 .columns에 할당하면 멀티인덱스가 단일 인덱스로 변환되어 저장됩니다.

In :
```
wl_t.columns = wl_t.columns.map('{0[0]}{0[1]}'.format)
```

In :
```
wl_t
```

Out:

| | | 측정값1 | 측정값2 |
|---|---|---|---|
| **구분** | **연도** | | |
| **가** | 2013 | 100 | 100 |
| **나** | 2014 | 245 | 245 |
| **다** | 2016 | 200 | 200 |
| **라** | 2013 | 200 | 200 |
| **마** | 2014 | 300 | 300 |

단일 열로 처리한 후에 행의 index로 지정된 것을 reset_index 메소드로 실행하면 다시 원위치되는 것을 알 수 있습니다.

In :
```
wl_t.reset_index()
```

Out:

| | 구분 | 연도 | 측정값1 | 측정값2 |
|---|---|---|---|---|
| 0 | 가 | 2013 | 100 | 100 |
| 1 | 나 | 2014 | 245 | 245 |
| 2 | 다 | 2016 | 200 | 200 |
| 3 | 라 | 2013 | 200 | 200 |
| 4 | 마 | 2014 | 300 | 300 |

### [예제 5-16] .wide_to_long으로 여러 중복열 처리하기

이번에는 열의 이름에 특정 연도를 넣어서 특징을 중복시켜 만들어봅니다. 다양한 열을 하나의 열로 통합해서 특징을 통합하는 과정을 알아봅니다.

또한 통합된 것을 다시 원래의 데이터 프레임으로 되돌리는 법도 알아봅니다.

In :
```
import numpy as np
```

In :
```
np.random.seed(123)
```

In :
```
df = pd.DataFrame({"가수1970" : {0 : "남진", 1 : "나훈아", 2 : "문주란"},
                   "가수1980" : {0 : "전영록", 1 : "이용", 2 : "민혜경"},
                   "판매량1970" : {0 : 2.5, 1 : 1.2, 2 : .7},
                   "판매량1980" : {0 : 3.2, 1 : 1.3, 2 : .1},
                   "X"      : dict(zip(range(3), np.random.randn(3)))
                    })
```

기존 인덱스를 키 값으로 처리하기 위해 열에 추가했습니다.

In :
```
df["id"] = df.index
```

In :
```
df
```

Out:

| | 가수1970 | 가수1980 | 판매량1970 | 판매량1980 | X | id |
|---|---|---|---|---|---|---|
| 0 | 남진 | 전영록 | 2.5 | 3.2 | -2.426679 | 0 |
| 1 | 나훈아 | 이용 | 1.2 | 1.3 | -0.428913 | 1 |
| 2 | 문주란 | 민혜경 | 0.7 | 0.1 | 1.265936 | 3 |

이번에는 두 개의 열을 통합해야 해서 가수와 판매량으로 된 열을 통합합니다.

파이썬 3 버전부터는 유니코드를 지원하므로 변수도 한글로 작명할 수 있어, 처리된 결과를 한글 변수명에 저장했습니다.

In :
```
가수판매량 = pd.wide_to_long(df, ["가수", "판매량"], i="id", j="연도")
```

In :
```
가수판매량
```

Out:

| | | X | 가수 | 판매량 |
|---|---|---|---|---|
| **id** | **연도** | | | |
| **0** | 1970 | -2.426679 | 남진 | 2.5 |
| **1** | 1970 | -0.428913 | 나훈아 | 1.2 |
| **2** | 1970 | 1.265936 | 문주란 | 0.7 |
| **0** | 1980 | -2.426679 | 전영록 | 3.2 |
| **1** | 1980 | -0.428913 | 이용 | 1.3 |
| **2** | 1980 | 1.265936 | 민혜경 | 0.1 |

처리된 결과에 대한 행의 레이블과 열의 레이블을 확인합니다. 연도는 임의로 지정해서 구분할 목적이므로 제대로 된 값이 들어가 있습니다.

In :
```
가수판매량.index
```

Out:
```
MultiIndex(levels=[[0, 1, 2], [1970, 1980]],
           labels=[[0, 1, 2, 0, 1, 2], [0, 0, 0, 1, 1, 1]],
           names=['id', '연도'])
```

In :
```
가수판매량.columns
```

Out:
```
Index(['X', '가수', '판매량'], dtype='object')
```

행의 레이블이 멀티인덱스로 구성되어 있는 것을 .unstack 메소드로 처리하면 열의 멀티인덱스로 변경됩니다. 열의 레이블을 단일 인덱스로 처리하기 위해 .map 함수를 이용해서 두 개의 열의 레이블을 통합했습니다.

In :
```
가수판매량_un = 가수판매량.unstack()
```

In :
```
가수판매량_un.columns
```

```
Out:  MultiIndex(levels=[['X', '가수', '판매량'], [1970, 1980]],
                labels=[[0, 0, 1, 1, 2, 2], [0, 1, 0, 1, 0, 1]],
                names=[None, '연도'])
```

```
In :  가수판매량_un.columns = 가수판매량_un.columns.map('{0[0]}{0[1]}'.format)
```

```
In :  가수판매량_un
```

Out:

| id | X1970 | X1980 | 가수1970 | 가수1980 | 판매량1970 | 판매량1980 |
|---|---|---|---|---|---|---|
| **0** | -2.426679 | -2.426679 | 남진 | 전영록 | 2.5 | 3.2 |
| **1** | -0.428913 | -0.428913 | 나훈아 | 이용 | 1.2 | 1.3 |
| **2** | 1.265936 | 1.265936 | 문주란 | 민혜경 | 0.7 | 0.1 |

행의 레이블을 제거하기 위해 reset_index 메소드를 사용하면 중복된 id와 X열의 이름이 나옵니다. 이를 .drop 메소드로 삭제하고 하나의 X 변수의 이름을 rename 메소드로 변경합니다. 그러면 처음에 만들어진 데이터 프레임으로 돌아가는데, 한글부터 정렬하기 위해 .sort_index를 실행했습니다.

```
In :  가수판매량_un =가수판매량_un.reset_index()
```

```
In :  가수판매량_un = 가수판매량_un.drop(['id','X1980'],axis=1)
```

```
In :  가수판매량_un.rename(index=str, columns={"X1970": "X"},inplace=True)
```

```
In :  가수판매량_un.sort_index(axis=1,ascending=False)
```

Out:

| | 판매량1980 | 판매량1970 | 가수1980 | 가수1970 | X |
|---|---|---|---|---|---|
| **0** | 3.2 | 2.5 | 전영록 | 남진 | -2.426679 |
| **1** | 1.3 | 1.2 | 이용 | 나훈아 | -0.428913 |
| **2** | 0.1 | 0.7 | 민혜경 | 문주란 | 1.265936 |

Chapter

# 쿼리처럼 데이터 처리하기

판다스의 데이터 프레임은 일반적인 데이터베이스의 테이블과 구조가 비슷합니다. 그래서 데이터베이스의 테이블을 검색해서 처리하는 SQL 같은 기능을 통해 유사하게 기능을 처리할 수 있습니다.

데이터 프레임을 지원하는 함수와 메소드를 이용해서 데이터베이스의 SQL과 같이 어떤 방법으로 데이터를 처리하는지를 알아봅니다.

- 데이터 통합 방법 알아보기
- 데이터를 통합할 때 조인 처리 알아보기
- 조건식을 이용 조건절 메소드 알아보기
- SQL 문장 처리 비교하기
- 그룹화 처리 이후 메소드 적용하기

# 6.1 데이터 연결

두 개의 다른 데이터 프레임 안의 원소를 병합해 별도의 데이터 프레임을 만들어서 처리할 수도 있습니다. 이런 연결을 할 수 있는 merge 함수 등의 사용법을 이해하고 내부의 조인 처리를 자세히 알아봅니다.

```
pd.merge(df1, df2,
         left_index=True,
         right_inex = Ture,
         how='left')
```

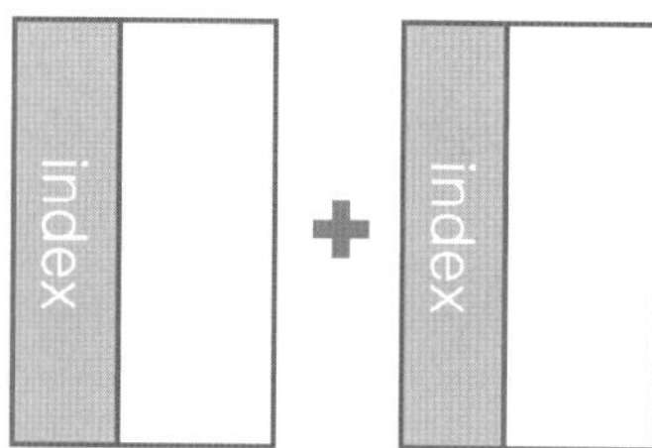


[그림 6-1] 원소 통합

## 6.1.1 데이터 통합

두 개의 다른 데이터 프레임에 특정 기준을 부여해 하나로 통합한 데이터 프레임을 만들어서 이용합니다. 이때, 데이터 통합을 위해 다양한 조인 기능이 이용됩니다.

### ■ 데이터 통합

여러 개의 데이터 프레임을 만들어서 데이터 통합에 필요한 매개변수들의 작동 원리를 알아봅니다.

**[예제 6-1] 데이터 병합 이해하기**

데이터 프레임을 만들기 위해 넘파이 모듈의 arrange 함수를 통해 16개의 1차원 배열을 만듭니다. reshape 메소드를 이용해서 4행과 4열의 데이터를 생성합니다. 인덱스 레이블의 정보도 각각 행과 열에 리스트로 지정하고 매개변수에 전달해서 만듭니다.

In :
```
import numpy as np
```

In :
```
df11 = pd.DataFrame(np.arange(16).reshape(4,4),
                    index=['a','b','c','d'],
                    columns=['f','g','h','i'])
```

In :
```
df11
```

Out:

| | f | g | h | i |
|---|---|---|---|---|
| a | 0 | 1 | 2 | 3 |
| b | 4 | 5 | 6 | 7 |
| c | 8 | 9 | 10 | 11 |
| d | 12 | 13 | 14 | 15 |

두 개의 데이터 프레임을 병합하기 위해 같은 방법으로 데이터 프레임을 만듭니다. 행과 열의 레이블은 똑같이 만들지만 내부에 들어가는 값은 다르게 생성해야 합니다.

In :
```
df12 = pd.DataFrame(np.arange(16,32).reshape(4,4),
                    index=['a','b','c','d'],
                    columns=['f','g','h','i'])
```

In :
```
df12
```

Out:

| | f | g | h | i |
|---|---|---|---|---|
| a | 16 | 17 | 18 | 19 |
| b | 20 | 21 | 22 | 23 |
| c | 24 | 25 | 26 | 27 |
| d | 28 | 29 | 30 | 31 |

두 개의 데이터 프레임을 합치면 단순하게 통합하는 것이 아니어서, 결과가 없이 열의 레이블 정보만 보입니다.

특정 열을 키로 지정해도 실제 원소가 매칭되는 것이 없어서 실제 열의 레이블만 보이는데, 키를 on 매개변수로 지정하면 키를 제외한 열에 suffix가 들어가 있는 것을 볼 수 있습니다.

In :
```
pd.merge(df11,df12)
```

Out:

| f | g | h | i |
|---|---|---|---|

In :
```
pd.merge(df11,df12,on='f')
```

Out:

| f | g_x | h_x | i_x | g_y | h_y | i_y |
|---|---|---|---|---|---|---|

다시 같은 값, 행과 열의 레이블도 데이터 프레임을 하나 더 만듭니다.

In :
```
df22 = pd.DataFrame(np.arange(16).reshape(4,4),
                    index=['a','b','c','d'],
                    columns=['f','g','h','i'])
```

In :
```
df22
```

Out:

| | f | g | h | i |
|---|---|---|---|---|
| a | 0 | 1 | 2 | 3 |
| b | 4 | 5 | 6 | 7 |
| c | 8 | 9 | 10 | 11 |
| d | 12 | 13 | 14 | 15 |

두 개의 데이터 프레임을 넣고 매개변수로 left_on, right_on에 두 데이터 프레임의 키를 고정해서 넣습니다. 그 다음 매개변수 how=inner를 지정하고 merge 함수를 실행합니다.

새로 만들어진 데이터 프레임을 확인하면 같은 값을 가진 키는 하나만 나오지만 두 개의 나머지 열의 이름이 suffix가 붙어서 두 데이터 프레임이 하나로 통합된 것을 볼 수 있습니다.

In :
```
df_m1 = pd.merge(df11,df22, left_on="f", right_on="f", how='inner')
```

In :
```
df_m1
```

Out:

| | f | g_x | h_x | i_x | g_y | h_y | i_y |
|---|---|---|---|---|---|---|---|
| a | 0 | 1 | 2 | 3 | 1 | 2 | 3 |
| b | 4 | 5 | 6 | 7 | 5 | 6 | 7 |
| c | 8 | 9 | 10 | 11 | 9 | 10 | 11 |
| d | 12 | 13 | 14 | 15 | 13 | 14 | 15 |

두 개의 데이터 프레임의 같은 레이블이 키이므로 매개변수 on으로 지정한 후 매개변수 how=inner로 지정해서 실행하면 내부의 같은 값을 가지고 매칭된 것을 보여줍니다.

나머지 열에 대해서는 suffix가 붙어서 같은 데이터 프레임으로 나옵니다.

In :
```
df_m2 = pd.merge(df11,df22, on="f", how='inner')
```

In :
```
df_m2
```

Out:

| | f | g_x | h_x | i_x | g_y | h_y | i_y |
|---|---|---|---|---|---|---|---|
| a | 0 | 1 | 2 | 3 | 1 | 2 | 3 |
| b | 4 | 5 | 6 | 7 | 5 | 6 | 7 |
| c | 8 | 9 | 10 | 11 | 9 | 10 | 11 |
| d | 12 | 13 | 14 | 15 | 13 | 14 | 15 |

실제 .join 메소드를 사용할 때는 lsuffix와 rsuffix를 지정해서 처리하는 것과 똑같이 처리되는 것을 알 수 있습니다. 판다스의 merge 함수와의 차이점은 키가 매칭되어도 두 개가 다 나온다는 것입니다.

In :
```
df_j = df11.join(df22,lsuffix="_L", rsuffix="_R")
```

In :
```
df_j
```

Out:

| | f_L | g_L | h_L | i_L | f_R | g_R | h_R | i_R |
|---|---|---|---|---|---|---|---|---|
| a | 0 | 1 | 2 | 3 | 0 | 1 | 2 | 3 |
| b | 4 | 5 | 6 | 7 | 4 | 5 | 6 | 7 |
| c | 8 | 9 | 10 | 11 | 8 | 9 | 10 | 11 |
| d | 12 | 13 | 14 | 15 | 12 | 13 | 14 | 15 |

같은 값이 없는 두 개의 데이터 프레임을 합치는 경우 매칭되는 원소들이 없으므로 매개변수 how=outer로 지정합니다. 그러면 불일치되더라도 두 개의 데이터 프레임 안에 있는 모든 것을 하나로 합쳐서 처리됩니다. 불일치되는 부분에는 누락 값이 표시됩니다.

In :
```
df_miss = pd.merge(df11,df12, on="f", how='outer')
```

In :
```
df_miss
```

Out:

| | f | g_x | h_x | i_x | g_y | h_y | i_y |
|---|---|---|---|---|---|---|---|
| 0 | 0 | 1.0 | 2.0 | 3.0 | NaN | NaN | NaN |
| 1 | 4 | 5.0 | 6.0 | 7.0 | NaN | NaN | NaN |
| 2 | 8 | 9.0 | 10.0 | 11.0 | NaN | NaN | NaN |
| 3 | 12 | 13.0 | 14.0 | 15.0 | NaN | NaN | NaN |
| 4 | 16 | NaN | NaN | NaN | 17.0 | 18.0 | 19.0 |
| 5 | 20 | NaN | NaN | NaN | 21.0 | 22.0 | 23.0 |

| 6 | 24 | NaN | NaN | NaN | 25.0 | 26.0 | 27.0 |
|---|---|---|---|---|---|---|---|
| 7 | 28 | NaN | NaN | NaN | 29.0 | 30.0 | 31.0 |

처리하는 방법을 알았으니 이번에는 한글로 처리되는 것도 확인해봅니다. 두 개의 데이터 프레임에 한글을 적용해서 열 이름과 내용도 한글로 생성합니다.

```
In :  df_emp = pd.DataFrame({'근로자' : ['철수','후순','영희','영재'],
                            '부서' : ['회계부','전산부','전산부','인사부']})
```

```
In :  df_name = pd.DataFrame({'이름' : ['철수','후순','영희','영재'],
                            '고용연도' : [2004,2005,2006,2007]})
```

두 개의 데이터 프레임에서 키의 이름이 다르므로 매개변수 on을 사용하지 않고 두 개의 별도의 키를 매개변수 left_on과 right_on에 지정합니다. 매개변수 how가 없으면 기본으로 inner로 처리됩니다. 두 개의 키나 열의 레이블 이름이 다르므로 모두 다 표시된 데이터 프레임이 만들어집니다.

```
In :  pd.merge(df_emp,df_name, left_on='근로자', right_on='이름')
```

Out:

| | 근로자 | 부서 | 고용연도 | 이름 |
|---|---|---|---|---|
| 0 | 철수 | 회계부 | 2004 | 철수 |
| 1 | 후순 | 전산부 | 2005 | 후순 |
| 2 | 영희 | 전산부 | 2006 | 영희 |
| 3 | 영재 | 인사부 | 2007 | 영재 |

데이터 프레임을 만들고 필요 없는 열이 있을 때는 메소드 체인 방식을 이용합니다. 불필요한 열에 대해서는 .drop 메소드에 매개변수 axis=1를 넣어 하나의 열을 삭제합니다.

```
In :  pd.merge(df_emp,df_name, left_on='근로자', right_on='이름').drop('이름',axis=1)
```

Out:

| | 근로자 | 부서 | 고용연도 |
|---|---|---|---|
| 0 | 철수 | 회계부 | 2004 |
| 1 | 후순 | 전산부 | 2005 |
| 2 | 영희 | 전산부 | 2006 |
| 3 | 영재 | 인사부 | 2007 |

## 6.1.2 행의 인덱스를 통한 데이터 통합

[예제 6-1]에서는 값을 가지고 데이터를 병합했는데, 이번에는 행의 인덱스를 이용해서 두 개의 데이터 프레임을 통합하는 방법을 알아봅니다.

### ■ 인덱스를 기준으로 데이터 통합

두 개의 데이터 프레임에 동일한 행의 인덱스를 가지고 처리하는 방법을 익혀봅니다.

#### [예제 6-2] 인덱스로 데이터 병합하기

두 개의 데이터 프레임을 생성합니다. 같은 정보로 근로자 열을 만듭니다.

```
In :  df4 = pd.DataFrame({'근로자' : ['철수','후순','영희','영재'],
                          '부서' : ['회계부','전산부','전산부','인사부']})
```

```
In :  df5 = pd.DataFrame({'근로자' : ['철수','후순','영희','영재'],
                          '고용연도' : [2004,2005,2006,2007]})
```

두 개의 데이터 프레임 안의 동일한 열인 근로자를 행의 인덱스로 만들기 위해 .set_index 메소드를 사용해서 행의 인덱스를 지정합니다.

```
In :  df4 = df4.set_index('근로자')
```

```
In :  df5 = df5.set_index('근로자')
```

두 개의 데이터 프레임을 통합하기 위해 인덱스를 키로 지정해야 하므로 매개변수 left_index, right_index를 True로 지정해서 merge 함수를 실행합니다.

열의 이름이 중복되지 않고 값이 일치하는 것을 이용하여 키가 매칭되는 정보가 데이터 프레임으로 표시됩니다.

```
In :  df_inx = pd.merge(df4,df5, left_index=True, right_index=True)
```

```
In :  df_inx
```

Out:

| | 부서 | 고용연도 |
|---|---|---|
| 근로자 | | |
| 철수 | 회계부 | 2004 |
| 후순 | 전산부 | 2005 |
| 영희 | 전산부 | 2006 |
| 영재 | 인사부 | 2007 |

### 6.1.3 데이터 통합을 위한 조인 이해

데이터를 통합할 때 다양한 조인 기준이 있습니다. 조인을 처리하는 방법을 먼저 이해하고 예제를 통해 조인 결과를 확인해보도록 합니다.

보통 조인에는 LEFT JOIN이 있으면 좌측에 들어온 데이터 프레임을 기준으로 처리합니다. RIGHT JOIN은 우측에 들어온 데이터 프레임을 기준으로 처리합니다.

합집합은 OUTER JOIN이고 교집합은 INNER JOIN입니다.

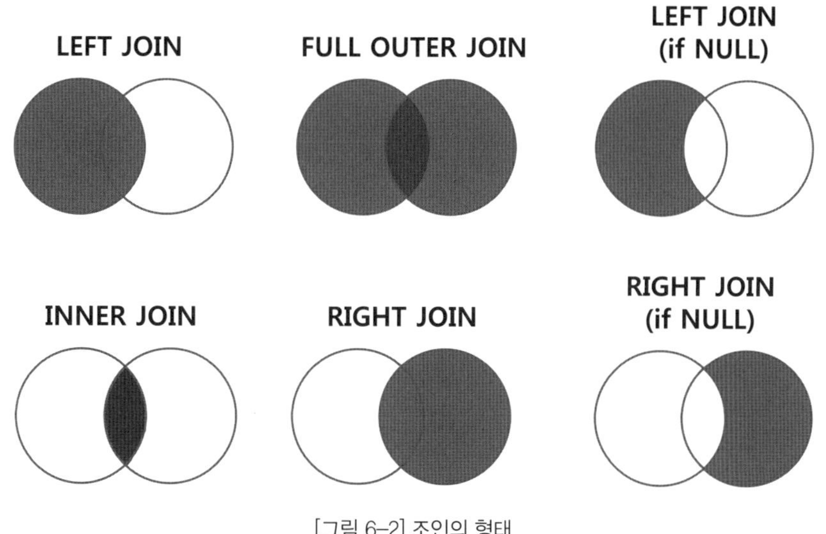


[그림 6-2] 조인의 형태

**■ 데이터 통합에 따른 원소들 매핑**

두 개의 데이터 프레임을 통합할 때 내부의 원소들을 기준으로 매핑되는 원소들이 일대일이나 일대다로 처리된 결과를 가지고 데이터 프레임을 만듭니다.

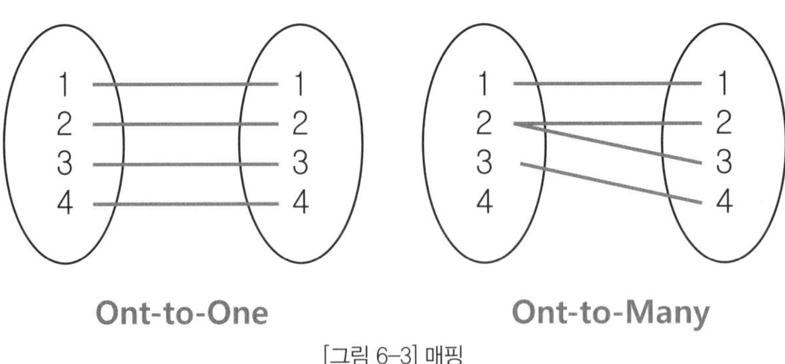


[그림 6-3] 매핑

## [예제 6-3] 내부 값들에 대한 매핑 관계 확인하기

[예제 6-1]에 정의된 데이터 프레임인 df11, df22에 구성된 값들을 확인합니다.

In :
```
df11
```

Out:

| | f | g | h | i |
|---|---|---|---|---|
| a | 0 | 1 | 2 | 3 |
| b | 4 | 5 | 6 | 7 |
| c | 8 | 9 | 10 | 11 |
| d | 12 | 13 | 14 | 15 |

In :
```
df22
```

Out:

| | f | g | h | i |
|---|---|---|---|---|
| a | 0 | 1 | 2 | 3 |
| b | 4 | 5 | 6 | 7 |
| c | 8 | 9 | 10 | 11 |
| d | 12 | 13 | 14 | 15 |

두 데이터 프레임에 있는 각 원소별 매핑은 열인 f에 매칭되는 것이 1 : 1로 매핑됩니다.

In :
```
df_one = pd.merge(df11,df22, on='f', how='inner')
```

In :
```
df_one
```

Out:

| | f | g_x | h_x | i_x | g_y | h_y | i_y |
|---|---|---|---|---|---|---|---|
| **0** | 0 | 1 | 2 | 3 | 1 | 2 | 3 |
| **1** | 4 | 5 | 6 | 7 | 5 | 6 | 7 |
| **2** | 8 | 9 | 10 | 11 | 9 | 10 | 11 |
| **3** | 12 | 13 | 14 | 15 | 13 | 14 | 15 |

두 개의 데이터 프레임을 다시 만드는데, 특정 열인 부서에 대한 정보가 일대다 관계를 가지도록 합니다.

In :
```
df3 = pd.DataFrame({'고용자' : ['홍길동','김아무개','서용덕','조현웅'],
                    '부서' : ['재무부','공학부','공학부','인사부'],
                    '고용연도' : [2014,2015,2016,2017]})
```

In :
```
df4 = pd.DataFrame({'부서' : ['재무부','공학부','인사부'],
                    '해당임원' : ['한규돈', '박찬주', '문달']})
```

두 개의 데이터 프레임의 키를 부서로 merge 함수를 실행하면 하나의 데이터 프레임으로 통합되어 나옵니다. 부서와 매핑되는 해당 임원이 두 번 나오는 것을 볼 수 있습니다.

In :
```
df_one_many = pd.merge(df3,df4, on='부서')
```

In :
```
df_one_many
```

Out:

| | 고용연도 | 고용자 | 부서 | 해당임원 |
|---|---|---|---|---|
| **0** | 2014 | 홍길동 | 재무부 | 한규돈 |
| **1** | 2015 | 김아무개 | 공학부 | 박찬주 |
| **2** | 2016 | 서용덕 | 공학부 | 박찬주 |
| **3** | 2017 | 조현웅 | 인사부 | 문달 |

### 6.1.4 데이터 통합 활용

엑셀 파일이나 데이터베이스의 테이블 등을 읽어서 만든 것은 데이터 프레임으로 처리됩니다. 두 개의 데이터 프레임을 읽어 동일한 원소로 매칭되는 데이터 프레임을 통합해서 하나로 만든 후에 처리하는 방법을 알아봅니다.

### ■ 데이터 통합에 대한 활용

실제 데이터를 통합한 후에 필요한 부분으로 변환하고 삭제하는 것이 중요합니다. 데이터 전처리(preprocessing)에서는 필요한 데이터만을 변환하고 저장해 다음 단계로 진행한다는 것을 기억하기 바랍니다.

## [예제 6-4] 데이터 병합 활용하기

엑셀 파일을 읽어서 한글이 들어간 것을 마이크로소프트사 기준의 한글 인코딩인 cp949를 이용하여 변환해 처리합니다. 판다스에서 제공되는 read_excel 함수에 파일 위치에 대한 문자열과 인코딩 처리를 해서 읽어오고 변수에 저장합니다.

In :
```
korea_2012 = pd.read_excel('../data/korea_pop_2012.xls',encoding='cp949')
```

In :
```
korea_2012.head()
```

Out:

| | 2008 | 2009 | 2010 | 2011 | 2012 |
|---|---|---|---|---|---|
| 계 | 49,540 | 49,773 | 50,515 | 50,734 | 50,948 |
| 서울 | 10,201 | 10,208 | 10,312 | 10,250 | 10,195 |
| 부산 | 3,565 | 3,543 | 3,568 | 3,551 | 3,538 |
| 대구 | 2,493 | 2,489 | 2,512 | 2,508 | 2,506 |
| 인천 | 2,693 | 2,710 | 2,758 | 2,801 | 2,844 |

이제 두 번째 엑셀 파일을 또 읽어옵니다.

In :
```
korea_2017 = pd.read_excel('../data/korea_pop_2017.xls',encoding='cp949')
```

In :
```
korea_2017.head()
```

Out:

| | 2013 | 2014 | 2015 | 2016 | 2017 |
|---|---|---|---|---|---|
| 계 | 51,141 | 51,328 | 51,529 | 51,696 | 51,778 |
| 서울 | 10,144 | 10,103 | 10,022 | 9,930 | 9,857 |
| 부산 | 3,528 | 3,519 | 3,513 | 3,470 | 3,498 |
| 대구 | 2,502 | 2,493 | 2,487 | 2,484 | 2,475 |
| 인천 | 2,880 | 2,903 | 2,925 | 2,943 | 2,948 |

두 개의 데이터 프레임의 인덱스가 같은지 확인합니다. 인덱스의 정보를 하나씩 확인할 필요 없이 .index 속성을 비교해서 같으면 True 값이 나옵니다. 비교 결과가 전부 True로 나와 행의 인덱스가 같음을 알 수 있습니다. 또한 정렬이 안 되면 인덱스 정렬이 필요합니다.

In :
```
korea_2017.index == korea_2012.index
```

Out:
```
array([ True,  True,  True,  True,  True,  True,  True,  True,  True,
        True,  True,  True,  True,  True,  True,  True,  True,  True])
```

두 개의 데이터 프레임의 인덱스나, 레이블의 위치도 같아서 별도의 정렬은 하지 않았습니다. 일단 두 개의 데이터 프레임을 인덱스로 병합했고 .get_dtype_counts 메소드를 이용해서 열이 자료형을 확인하고 나서 전부 문자열로 처리된 것을 확인합니다.

In :
```
korea_pop = pd.merge(korea_2012, korea_2017, left_index=True, right_index=True)
```

In :
```
korea_pop.get_dtype_counts()
```

Out:
```
object    10
dtype: int64
```

숫자 자료형으로 변환하기 위해서는 숫자 안의 쉼표를 없애야 합니다. 그러므로 시리즈 안 str을 가지고 문자열에서 쉼표를 제거해야 합니다.

쉼표를 없애기 위해 전체 행 안 있는 값들 중에 iloc 검색을 통해 행을 가져와도 결과는 시리즈로 나옵니다. 이 시리즈의 str 속성에 있는 .replace 메소드를 이용해서 쉼표를 없앱니다.

최종 결과를 조회하면 내부에 쉼표가 없는 것을 볼 수 있습니다.

In :
```
for i in range(0,18) :
    a = korea_pop.iloc[i].str.replace(',','')
    korea_pop.iloc[i] = a
```

In :
```
korea_pop.head()
```

Out:

| | 2008 | 2009 | 2010 | 2011 | 2012 | 2013 | 2014 | 2015 | 2016 | 2017 |
|---|---|---|---|---|---|---|---|---|---|---|
| **계** | 49540 | 49773 | 50515 | 50734 | 50948 | 51141 | 51328 | 51529 | 51696 | 51778 |
| **서울** | 10201 | 10208 | 10312 | 10250 | 10195 | 10144 | 10103 | 10022 | 9930 | 9857 |
| **부산** | 3565 | 3543 | 3568 | 3551 | 3538 | 3528 | 3519 | 3513 | 3470 | 3498 |
| **대구** | 2493 | 2489 | 2512 | 2508 | 2506 | 2502 | 2493 | 2487 | 2484 | 2475 |
| **인천** | 2693 | 2710 | 2758 | 2801 | 2844 | 2880 | 2903 | 2925 | 2943 | 2948 |

변경된 데이터 프레임의 자료형을 .get_dtype_counts 메소드로 확인해도 현재 자료형은 문자열입니다. 내부에 있는 누락 값을 .isnull.sum 메소드로 확인하면 없는 것을 알 수 있습니다.

In :
```
korea_pop.get_dtype_counts()
```

Out:
```
object    10
dtype: int64
```

In :
```
korea_pop.isnull().sum()
```

Out:
```
2008    0
2009    0
2010    0
2011    0
2012    0
2013    0
2014    0
2015    0
2016    0
2017    0
dtype: int64
```

하지만 자료를 만들 때 문자열 중에 누락 값을 빈 문자열로 만들지 않고 문자( – )로 표시했습니다. 이를 문자열 NaN으로 바꿔야 내부적으로 누락 값을 변환할 수 있습니다.

쉼표를 없애는 방식과 똑같이 '–' 문자를 'NaN'으로 변환합니다. 변환된 결과를 누락 값으로 바꾸려면 float64로 변환해야 하므로 .astype 메소드로 자료형을 변환합니다.

In :
```
for i in range(0,18) :
    a = korea_pop.iloc[i].str.replace('-','NaN')
    korea_pop.iloc[i] = a
```

In :
```
korea_pop = korea_pop.astype('float64')
```

저장된 결과를 확인하면 실수형으로 데이터가 변경되었고 누락 값이 NaN으로 바뀌었음을 확인할 수 있습니다.

```
In : korea_pop.head(9)
```

Out:

| | 2008 | 2009 | 2010 | 2011 | 2012 | 2013 | 2014 | 2015 | 2016 | 2017 |
|---|---|---|---|---|---|---|---|---|---|---|
| 계 | 49540.0 | 49773.0 | 50515.0 | 50734.0 | 50948.0 | 51141.0 | 51328.0 | 51529.0 | 51696.0 | 51778.0 |
| 서울 | 10201.0 | 10208.0 | 10312.0 | 10250.0 | 10195.0 | 10144.0 | 10103.0 | 10022.0 | 9930.0 | 9857.0 |
| 부산 | 3565.0 | 3543.0 | 3568.0 | 3551.0 | 3538.0 | 3528.0 | 3519.0 | 3513.0 | 3470.0 | 3498.0 |
| 대구 | 2493.0 | 2489.0 | 2512.0 | 2508.0 | 2506.0 | 2502.0 | 2493.0 | 2487.0 | 2484.0 | 2475.0 |
| 인천 | 2693.0 | 2710.0 | 2758.0 | 2801.0 | 2844.0 | 2880.0 | 2903.0 | 2925.0 | 2943.0 | 2948.0 |
| 광주 | 1423.0 | 1433.0 | 1455.0 | 1463.0 | 1469.0 | 1473.0 | 1476.0 | 1472.0 | 1469.0 | 1463.0 |
| 대전 | 1481.0 | 1484.0 | 1504.0 | 1516.0 | 1525.0 | 1533.0 | 1532.0 | 1518.0 | 1514.0 | 1502.0 |
| 울산 | 1112.0 | 1114.0 | 1126.0 | 1136.0 | 1147.0 | 1156.0 | 1166.0 | 1173.0 | 1172.0 | 1165.0 |
| 세종 | NaN | NaN | NaN | NaN | 113.0 | 122.0 | 156.0 | 210.0 | 243.0 | 280.0 |

.isnull.sum 메소드로 특정 열에 실제로 누락 값이 발생했다는 것을 알 수 있습니다.

```
In : korea_pop.isnull().sum()
```

```
Out: 2008    1
     2009    1
     2010    1
     2011    1
     2012    0
     2013    0
     2014    0
     2015    0
     2016    0
     2017    0
     dtype: int64
```

이제 .fillna 메소드를 실행해서 누락 값을 0으로 변환한 후 이를 확인하면 누락 값이 실제 값으로 대체됩니다.

```
In : korea_pop = korea_pop.fillna(0)
```

```
In : korea_pop.head(9)
```

Out:

| | 2008 | 2009 | 2010 | 2011 | 2012 | 2013 | 2014 | 2015 | 2016 | 2017 |
|---|---|---|---|---|---|---|---|---|---|---|
| **계** | 49540.0 | 49773.0 | 50515.0 | 50734.0 | 50948.0 | 51141.0 | 51328.0 | 51529.0 | 51696.0 | 51778.0 |
| **서울** | 10201.0 | 10208.0 | 10312.0 | 10250.0 | 10195.0 | 10144.0 | 10103.0 | 10022.0 | 9930.0 | 9857.0 |
| **부산** | 3565.0 | 3543.0 | 3568.0 | 3551.0 | 3538.0 | 3528.0 | 3519.0 | 3513.0 | 3470.0 | 3498.0 |
| **대구** | 2493.0 | 2489.0 | 2512.0 | 2508.0 | 2506.0 | 2502.0 | 2493.0 | 2487.0 | 2484.0 | 2475.0 |
| **인천** | 2693.0 | 2710.0 | 2758.0 | 2801.0 | 2844.0 | 2880.0 | 2903.0 | 2925.0 | 2943.0 | 2948.0 |
| **광주** | 1423.0 | 1433.0 | 1455.0 | 1463.0 | 1469.0 | 1473.0 | 1476.0 | 1472.0 | 1469.0 | 1463.0 |
| **대전** | 1481.0 | 1484.0 | 1504.0 | 1516.0 | 1525.0 | 1533.0 | 1532.0 | 1518.0 | 1514.0 | 1502.0 |
| **울산** | 1112.0 | 1114.0 | 1126.0 | 1136.0 | 1147.0 | 1156.0 | 1166.0 | 1173.0 | 1172.0 | 1165.0 |
| **세종** | 0.0 | 0.0 | 0.0 | 0.0 | 113.0 | 122.0 | 156.0 | 210.0 | 243.0 | 280.0 |

실수형을 이용해서 누락 값을 전부 처리했습니다. 이제 이를 다시 정수형으로 변환하기 위해 .astype 메소드에 인자로 int64를 넣어 실행한 후에 변환 여부를 조회하면 변경된 것을 알 수 있습니다.

In :
```
korea_pop = korea_pop.astype('int64')
```

In :
```
korea_pop.head(9)
```

Out:

| | 2008 | 2009 | 2010 | 2011 | 2012 | 2013 | 2014 | 2015 | 2016 | 2017 |
|---|---|---|---|---|---|---|---|---|---|---|
| **계** | 49540 | 49773 | 50515 | 50734 | 50948 | 51141 | 51328 | 51529 | 51696 | 51778 |
| **서울** | 10201 | 10208 | 10312 | 10250 | 10195 | 10144 | 10103 | 10022 | 9930 | 9857 |
| **부산** | 3565 | 3543 | 3568 | 3551 | 3538 | 3528 | 3519 | 3513 | 3470 | 3498 |
| **대구** | 2493 | 2489 | 2512 | 2508 | 2506 | 2502 | 2493 | 2487 | 2484 | 2475 |
| **인천** | 2693 | 2710 | 2758 | 2801 | 2844 | 2880 | 2903 | 2925 | 2943 | 2948 |
| **광주** | 1423 | 1433 | 1455 | 1463 | 1469 | 1473 | 1476 | 1472 | 1469 | 1463 |
| **대전** | 1481 | 1484 | 1504 | 1516 | 1525 | 1533 | 1532 | 1518 | 1514 | 1502 |
| **울산** | 1112 | 1114 | 1126 | 1136 | 1147 | 1156 | 1166 | 1173 | 1172 | 1165 |
| **세종** | 0 | 0 | 0 | 0 | 113 | 122 | 156 | 210 | 243 | 280 |

필요 없는 값이 들어 있는 행은 삭제할 수 있습니다. 서울 위의 '계' 행을 없애기 위해 이 행을 .drop 메소드로 제거합니다.

In :
```
korea_pop = korea_pop.drop(["계"],axis=0)
```

In :
```
korea_pop.head()
```

Out:

| | 2008 | 2009 | 2010 | 2011 | 2012 | 2013 | 2014 | 2015 | 2016 | 2017 |
|---|---|---|---|---|---|---|---|---|---|---|
| 서울 | 10201 | 10208 | 10312 | 10250 | 10195 | 10144 | 10103 | 10022 | 9930 | 9857 |
| 부산 | 3565 | 3543 | 3568 | 3551 | 3538 | 3528 | 3519 | 3513 | 3470 | 3498 |
| 대구 | 2493 | 2489 | 2512 | 2508 | 2506 | 2502 | 2493 | 2487 | 2484 | 2475 |
| 인천 | 2693 | 2710 | 2758 | 2801 | 2844 | 2880 | 2903 | 2925 | 2943 | 2948 |
| 광주 | 1423 | 1433 | 1455 | 1463 | 1469 | 1473 | 1476 | 1472 | 1469 | 1463 |

## 6.1.5 SQL 문장의 조인 비교

실제 데이터베이스에 사용하는 SQL 문장에서 사용되는 조인과 데이터 프레임에서 사용하는 방식이 같습니다. 처리 방식을 자세히 알아보겠습니다.

### ■ 조인문 비교

특정 키를 가지고 두 개의 데이터 프레임을 하나로 통합할 경우 실제 조인이 많이 발생합니다. 간단한 데이터 프레임을 만들어서 조인 처리를 알아봅니다.

**[예제 6-5] 조인문 비교하기**

넘파이 모듈의 random으로 두 개의 데이터 프레임을 만듭니다.

In :
```
import numpy as np
```

In :
```
df1 = pd.DataFrame({'키': ['봄', '여름', '가을', '겨울'],
                    '값': np.random.randn(4)})
```

In :
```
df2 = pd.DataFrame({'키': ['여름', '겨울', '겨울', '기타'],
                    '값': np.random.randn(4)})
```

SQL 문장에 INNER 조인을 처리하기 위해 두 개의 테이블과 각 테이블의 같은 키 값을 비교해 가져왔습니다. 데이터 프레임에서는 merge 함수로 두 개의 데이터 프레임을 받고 같은 열 이름으로 on 매개변수에 키를 지정해 처리하면 INNER 조인과 같은 결과가 나옵니다.

In :
```
SELECT *
FROM df1
INNER JOIN df2
  ON df1.key = df2.key;
```

In :
```
pd.merge(df1, df2, on='키')
```

Out:

| | 값_x | 키 | 값_y |
|---|---|---|---|
| 0 | -0.941665 | 여름 | 1.675965 |
| 1 | -1.064685 | 겨울 | 0.323348 |
| 2 | -1.064685 | 겨울 | 0.806367 |

데이터 프레임은 키 값이 인덱스일 가능성이 있으므로 인덱스 레이블을 이용하려면 right_inde, left_index 매개변수를 True로 처리해 같은 키를 비교하도록 합니다.

In :
```
pd.merge(korea_2012, korea_2017, left_index=True, right_index=True).head()
```

Out:

| | 2008 | 2009 | 2010 | 2011 | 2012 | 2013 | 2014 | 2015 | 2016 | 2017 |
|---|---|---|---|---|---|---|---|---|---|---|
| 계 | 49,540 | 49,773 | 50,515 | 50,734 | 50,948 | 51,141 | 51,328 | 51,529 | 51,696 | 51,778 |
| 서울 | 10,201 | 10,208 | 10,312 | 10,250 | 10,195 | 10,144 | 10,103 | 10,022 | 9,930 | 9,857 |
| 부산 | 3,565 | 3,543 | 3,568 | 3,551 | 3,538 | 3,528 | 3,519 | 3,513 | 3,470 | 3,498 |
| 대구 | 2,493 | 2,489 | 2,512 | 2,508 | 2,506 | 2,502 | 2,493 | 2,487 | 2,484 | 2,475 |
| 인천 | 2,693 | 2,710 | 2,758 | 2,801 | 2,844 | 2,880 | 2,903 | 2,925 | 2,943 | 2,948 |

SQL에서 LEFT 조인은 왼쪽에 있는 키를 기준으로 처리하므로, 오른쪽 테이블에 없으면 빈 값을 표시합니다. 데이터 프레임에서는 how 매개변수에 인자로 left를 넣어서 처리하면 SQL과 같은 결과를 표시합니다.

In :
```
SELECT *
FROM df1
LEFT OUTER JOIN df2
  ON df1.key = df2.key;
```

In :
```
pd.merge(df1, df2, on='키', how='left')
```

Out:

| | 값_x | 키 | 값_y |
|---|---|---|---|
| 0 | -0.748283 | 봄 | NaN |
| 1 | -0.941665 | 여름 | 1.675965 |
| 2 | 0.843136 | 가을 | NaN |
| 3 | -1.064685 | 겨울 | 0.323348 |
| 4 | -1.064685 | 겨울 | 0.806367 |

SQL에서 RIGHT 조인은 LEFT 조인의 반대로 처리되는 것이므로 기준이 오른쪽에 제공되는 테이블입니다.

In :
```
SELECT *
FROM df1
RIGHT OUTER JOIN df2
  ON df1.key = df2.key;
```

In :
```
pd.merge(df1, df2, on='키', how='right')
```

Out:

| | 값_x | 키 | 값_y |
|---|---|---|---|
| 0 | -0.941665 | 여름 | 1.675965 |
| 1 | -1.064685 | 겨울 | 0.323348 |
| 2 | -1.064685 | 겨울 | 0.806367 |
| 3 | NaN | 기타 | 2.158837 |

SQL에서 OUTER 조인은 전체의 키를 전부 표시하기 때문에 위에서 만든 모든 조인의 결과가 OUTER 조인에서 전부 표시되는 것을 알 수 있습니다.

데이터 프레임에서는 how 매개변수에 OUTER를 넣고 실행하면 됩니다.

In :
```
SELECT *
FROM df1
FULL OUTER JOIN df2
  ON df1.key = df2.key;
```

In :
```
pd.merge(df1, df2, on='키', how='outer')
```

Out:

| | 값_x | 키 | 값_y |
|---|---|---|---|
| 0 | -0.748283 | 봄 | NaN |
| 1 | -0.941665 | 여름 | 1.675965 |
| 2 | 0.843136 | 가을 | NaN |
| 3 | -1.064685 | 겨울 | 0.323348 |
| 4 | -1.064685 | 겨울 | 0.806367 |
| 5 | NaN | 기타 | 2.158837 |

SQL에서 두 개의 테이블이 특정 열들을 선택한 후에 두 개를 동일하게 연결할 때 UNION으로 연결합니다. 중복된 값도 처리할 수 있도록 결합되므로 데이터 프레임에서는 .concat 함

수를 통해 데이터 프레임들을 연결하면 됩니다.

In :
```
SELECT city, rank
FROM df1
UNION ALL
SELECT city, rank
FROM df2;
```

In :
```
pd.concat([df1, df2])
```

Out:

| | 값_x | 키 |
|---|---|---|
| 0 | -0.748283 | 봄 |
| 1 | -0.941665 | 여름 |
| 2 | 0.843136 | 가을 |
| 3 | -1.064685 | 겨울 |
| 0 | 1.675965 | 여름 |
| 1 | 0.323348 | 겨울 |
| 2 | 0.806367 | 겨울 |
| 3 | 2.158837 | 기타 |

SQL에서 선택된 테이블의 값들에서 중복을 삭제하고 UNION할 수 있습니다. 데이터 프레임에서는 .concat 함수로 통합한 후에 값을 비교하는 .drop_duplicates 메소드를 이용해 중복을 제거하면 됩니다.

In :
```
SELECT city,
rank FROM df1
UNION
SELECT city, rank
FROM df2;
```

In :
```
df2.loc[1] = df1.loc[3]
```

In :
```
pd.concat([df1, df2]).drop_duplicates()
```

Out:

| | 값_x | 키 |
|---|---|---|
| 0 | -0.748283 | 봄 |
| 1 | -0.941665 | 여름 |
| 2 | 0.843136 | 가을 |
| 3 | -1.064685 | 겨울 |

| | | |
|---|---|---|
| **0** | 1.675965 | 여름 |
| **2** | 0.806367 | 겨울 |
| **3** | 2.158837 | 기타 |

# 6.2 조건절 처리하기

판다스의 각 행과 열에 대한 정보를 처리할 때 특정 조건을 처리해 행과 열을 선택할 수 있습니다. 특정 조건식을 만들어서 실행하고 이를 이용해서 검색 및 갱신을 처리합니다. SQL의 조건절처럼 사용되는 것을 알아봅니다.

## 6.2.1 특정 조건식으로 선택 처리

조건식을 연산자로 이용하는 논리 검색을 통해 선택이 가능하지만 특정 메소드 등을 이용해 간단히 처리할 수도 있습니다. 이번에는 두 가지를 간단히 비교하면서 알아봅니다.

### ■ 특정 조건식으로 선택

일반적인 조건을 처리하는 방식은 앞에서 알아보았습니다. 이번에는 특정 메소드로 조건식을 처리해 열과 행을 선택해 읽어옵니다.

**[예제 6-6] 조건식을 이용해 처리하기**

엑셀 파일 확장자가 xslx임을 확인하고 .read_excel 함수로 데이터를 가져옵니다. 엑셀 파일에는 여러 시트가 있고 헤더 부분에 여러 개가 있을 수 있습니다. 그중에서 특정 시트를 선정해서 읽어옵니다.

In :
```
korea_2018 = pd.read_excel('../data/factory_reg_2018.xlsx',
                           sheet_name=2,
                           header=[2,3],
                           encoding='cp949')
```

읽어온 파일을 확인하면 헤더 부분에 있는 계층화 레이블이 구성된 것을 볼 수 있습니다.

In :
```
korea_2018.head()
```

Out:

| 업종(중분류) | 광역시·도 | | | | | | | | | | | | | | | | | 합계 |
|---|---|---|---|---|---|---|---|---|---|---|---|---|---|---|---|---|---|---|
| | 서울 | 부산 | 대구 | 인천 | 광주 | 대전 | 울산 | 세종 | 경기 | 강원 | 충북 | 충남 | 전북 | 전남 | 경북 | 경남 | 제주 | Unnamed: 17_level_1 |
| 10 식료품 제조업 | 5.0 | 7.0 | 12.0 | 32.0 | 8.0 | 1.0 | 1.0 | 0.0 | 150.0 | 37.0 | 54.0 | 36.0 | 32.0 | 47.0 | 19.0 | 21.0 | 0.0 | 462 |
| 11 음료 제조업 | 0.0 | 0.0 | 0.0 | 1.0 | 0.0 | 0.0 | 0.0 | 0.0 | 3.0 | 4.0 | 1.0 | 0.0 | 1.0 | 2.0 | 3.0 | 1.0 | 0.0 | 16 |
| 13 섬유제품 제조업; 의복제외 | 9.0 | 1.0 | 28.0 | 8.0 | 1.0 | 0.0 | 0.0 | 0.0 | 89.0 | 0.0 | 7.0 | 2.0 | 6.0 | 7.0 | 21.0 | 8.0 | 0.0 | 187 |
| 14 의복, 의복 액세서리 및 모피제품 제조업 | 41.0 | 3.0 | 0.0 | 3.0 | 2.0 | 0.0 | 0.0 | 0.0 | 17.0 | 0.0 | 0.0 | 0.0 | 5.0 | 1.0 | 0.0 | 0.0 | 0.0 | 72 |
| 15 가죽, 가방 및 신발 제조업 | 5.0 | 1.0 | 0.0 | 2.0 | 0.0 | 0.0 | 0.0 | 0.0 | 20.0 | 0.0 | 0.0 | 0.0 | 0.0 | 0.0 | 0.0 | 3.0 | 0.0 | 31 |

합산하는 열에 레이블없이 임의의 값이 늘어온 것을 알 수 있습니다.

In :
```
korea_2018.tail()
```

Out:

| 업종(중분류) | 광역시·도 | | | | | | | | | | | | | | | | | 합계 |
|---|---|---|---|---|---|---|---|---|---|---|---|---|---|---|---|---|---|---|
| | 서울 | 부산 | 대구 | 인천 | 광주 | 대전 | 울산 | 세종 | 경기 | 강원 | 충북 | 충남 | 전북 | 전남 | 경북 | 경남 | 제주 | Unnamed: 17_level_1 |
| 31 기타 운송장비 제조업 | 4.0 | 18.0 | 1.0 | 2.0 | 3.0 | 2.0 | 1.0 | 0.0 | 17.0 | 1.0 | 1.0 | 0.0 | 5.0 | 16.0 | 1.0 | 33.0 | 0.0 | 105 |
| 32 가구 제조업 | 0.0 | 2.0 | 3.0 | 19.0 | 4.0 | 1.0 | 0.0 | 0.0 | 98.0 | 4.0 | 1.0 | 2.0 | 2.0 | 1.0 | 3.0 | 2.0 | 0.0 | 142 |
| 33 기타 제품 제조업 | 13.0 | 3.0 | 2.0 | 11.0 | 2.0 | 0.0 | 1.0 | 0.0 | 31.0 | 5.0 | 1.0 | 0.0 | 9.0 | 3.0 | 3.0 | 4.0 | 0.0 | 88 |
| 34 산업용 기계 및 장비 수리업 | 1.0 | 0.0 | 0.0 | 0.0 | 0.0 | 0.0 | 0.0 | 0.0 | 2.0 | 0.0 | 0.0 | 0.0 | 0.0 | 0.0 | 0.0 | 3.0 | 0.0 | 8 |
| NaN | NaN | NaN | NaN | NaN | NaN | NaN | NaN | NaN | NaN | NaN | NaN | NaN | NaN | NaN | NaN | NaN | NaN | 7072 |

데이터 프레임에 대한 정보를 확인하기 위해 .info 메소드를 이용해 확인합니다. 인덱스에 대한 정보와 열에 대한 정보 등이 나옵니다.

In :
```
korea_2018.info()
```

Out:
```
<class 'pandas.core.frame.DataFrame'>
Index: 25 entries, 10 식료품 제조업 to nan
Data columns (total 18 columns):
(광 역 시 · 도, 서울)          24 non-null float64
(광 역 시 · 도, 부산)          24 non-null float64
(광 역 시 · 도, 대구)          24 non-null float64
(광 역 시 · 도, 인천)          24 non-null float64
(광 역 시 · 도, 광주)          24 non-null float64
(광 역 시 · 도, 대전)          24 non-null float64
(광 역 시 · 도, 울산)          24 non-null float64
(광 역 시 · 도, 세종)          24 non-null float64
(광 역 시 · 도, 경기)          24 non-null float64
(광 역 시 · 도, 강원)          24 non-null float64
(광 역 시 · 도, 충북)          24 non-null float64
```

```
(광 역 시 · 도, 충남)              24 non-null float64
(광 역 시 · 도, 전북)              24 non-null float64
(광 역 시 · 도, 전남)              24 non-null float64
(광 역 시 · 도, 경북)              24 non-null float64
(광 역 시 · 도, 경남)              24 non-null float64
(광 역 시 · 도, 제주)              24 non-null float64
(합계, Unnamed: 17_level_1)    25 non-null int64
dtypes: float64(17), int64(1)
memory usage: 3.7+ KB
```

데이터 프레임의 모양을 확인한 후에 누락 값이 있는 것을 .dropna 메소드로 삭제하면 마지막 행이 삭제됩니다.

In :
```
korea_2018.shape
```

Out:
```
(25, 18)
```

In :
```
korea_2018 = korea_2018.dropna()
```

In :
```
korea_2018.shape
```

Out:
```
(24, 18)
```

삭제된 정보를 .tail 메소드로 확인하면 누락 값이 사라진 것을 볼 수 있습니다.

In :
```
korea_2018.tail()
```

Out:

| 업종(중분류) | 광 역 시 · 도 | | | | | | | | | | | | | | | | | 합계 |
|---|---|---|---|---|---|---|---|---|---|---|---|---|---|---|---|---|---|---|
| | 서울 | 부산 | 대구 | 인천 | 광주 | 대전 | 울산 | 세종 | 경기 | 강원 | 충북 | 충남 | 전북 | 전남 | 경북 | 경남 | 제주 | Unnamed: 17_level_1 |
| 30 자동차 및 트레일러 제조업 | 2.0 | 9.0 | 17.0 | 15.0 | 4.0 | 2.0 | 10.0 | 4.0 | 88.0 | 1.0 | 5.0 | 16.0 | 19.0 | 1.0 | 17.0 | 41.0 | 0.0 | 251 |
| 31 기타 운송장비 제조업 | 4.0 | 18.0 | 1.0 | 2.0 | 3.0 | 2.0 | 1.0 | 0.0 | 17.0 | 1.0 | 1.0 | 0.0 | 5.0 | 16.0 | 1.0 | 33.0 | 0.0 | 105 |
| 32 가구 제조업 | 0.0 | 2.0 | 3.0 | 19.0 | 4.0 | 1.0 | 0.0 | 0.0 | 98.0 | 4.0 | 1.0 | 2.0 | 2.0 | 1.0 | 3.0 | 2.0 | 0.0 | 142 |
| 33 기타 제품 제조업 | 13.0 | 3.0 | 2.0 | 11.0 | 2.0 | 0.0 | 1.0 | 0.0 | 31.0 | 5.0 | 1.0 | 0.0 | 9.0 | 3.0 | 3.0 | 4.0 | 0.0 | 88 |
| 34 산업용 기계 및 장비 수리업 | 1.0 | 0.0 | 0.0 | 0.0 | 0.0 | 0.0 | 0.0 | 0.0 | 2.0 | 0.0 | 0.0 | 2.0 | 0.0 | 0.0 | 0.0 | 3.0 | 0.0 | 8 |

데이터 프레임의 열에 대한 데이터 자료형을 확인하기 위해 .get_dtype_counts 메소드를 실행해서 확인하면 실수와 정수형이 혼재된 것을 알 수 있습니다. 모든 열을 .astype 메소드를 이용해 정수로 만듭니다.

In :
```
korea_2018.get_dtype_counts()
```

Out:
```
float64    17
int64       1
dtype: int64
```

In :
```
korea_2018 = korea_2018.astype('int64')
```

In :
```
korea_2018.get_dtype_counts()
```

Out:
```
int64    18
dtype: int64
```

열의 레이블에 대한 정보는 임의의 값이 있고 이를 하나의 .columns으로 일관성 있게 수정합니다. Korea_2018.columns에 리스트로 레이블을 넣어서 새로운 열의 레이블을 수정합니다.

In :
```
korea_2018.columns.levels[0]
```

Out:
```
Index(['광 역 시 · 도', '합계'], dtype='object', name='업종(중분류)')
```

In :
```
korea_2018.columns.levels[1]
```

Out:
```
Index(['Unnamed: 17_level_1', '강원', '경기', '경남', '경북', '광주', '대구', '대전', '부산',
       '서울', '세종', '울산', '인천', '전남', '전북', '제주', '충남', '충북'],
      dtype='object')
```

In :
```
korea_2018.columns = ['서울','부산','대구','인천','광주','대전','울산','세종',
                      '경기','강원','충북','충남','전북','전남','경북','경남','제주','합계']
```

데이터 프레임을 확인해보면 열에 대한 레이블이 전부 바뀐 것을 알 수 있습니다.

In :
```
korea_2018.head()
```

Out:

| | 서울 | 부산 | 대구 | 인천 | 광주 | 대전 | 울산 | 세종 | 경기 | 강원 | 충북 | 충남 | 전북 | 전남 | 경북 | 경남 | 제주 | 합계 |
|---|---|---|---|---|---|---|---|---|---|---|---|---|---|---|---|---|---|---|
| 10 식료품 제조업 | 5 | 7 | 12 | 32 | 8 | 1 | 1 | 0 | 150 | 37 | 54 | 36 | 32 | 47 | 19 | 21 | 0 | 462 |
| 11 음료 제조업 | 0 | 0 | 0 | 1 | 0 | 0 | 0 | 0 | 3 | 4 | 1 | 0 | 1 | 2 | 3 | 1 | 0 | 16 |
| 13 섬유제품 제조업; 의복제외 | 9 | 1 | 28 | 8 | 1 | 0 | 0 | 0 | 89 | 0 | 7 | 2 | 6 | 7 | 21 | 8 | 0 | 187 |
| 14 의복, 의복 액세서리 및 모피제품 제조업 | 41 | 3 | 0 | 3 | 2 | 0 | 0 | 0 | 17 | 0 | 0 | 0 | 5 | 1 | 0 | 0 | 0 | 72 |
| 15 가죽, 가방 및 신발 제조업 | 5 | 1 | 0 | 2 | 0 | 0 | 0 | 0 | 20 | 0 | 0 | 0 | 0 | 0 | 0 | 3 | 0 | 31 |

데이터 프레임에서 인덱싱 방법을 통해 팬시 검색으로 두 개의 열을 검색합니다.

In :
```
korea_2018[['서울', '제주']].head()
```

Out:

| | 서울 | 제주 |
|---|---|---|
| 10 식료품 제조업 | 5 | 0 |
| 11 음료 제조업 | 0 | 0 |
| 13 섬유제품 제조업; 의복제외 | 9 | 0 |
| 14 의복, 의복 액세서리 및 모피제품 제조업 | 41 | 0 |
| 15 가죽, 가방 및 신발 제조업 | 5 | 0 |

열 레이블에 특정 이름이 포함되어 있는지를 확인할 수 있습니다. .isin 메소드를 이용해서 열의 레이블에 포함된 이름을 문자열로 넣어서 처리하면 결과 값이 True와 False로 처리됩니다.

In :
```
korea_2018.columns.isin(['서울','제주'])
```

Out:
```
array([ True, False, False, False, False, False, False, False, False,
        False, False, False, False, False, False, False,  True, False])
```

논리 값을 .iloc 인덱서(Indexer) 안의 열을 검색하는 인자에 넣으면 인덱스 검색 연산에서 특정 열을 지정하여 처리한 것과 같은 결과가 나옵니다.

In :
```
korea_2018_서울_제주 = korea_2018.iloc[:,korea_2018.columns.isin(['서울','제주'])]
```

In :
```
korea_2018_서울_제주.head()
```

Out:

| | 서울 | 제주 |
|---|---|---|
| 10 식료품 제조업 | 5 | 0 |
| 11 음료 제조업 | 0 | 0 |
| 13 섬유제품 제조업; 의복제외 | 9 | 0 |
| 14 의복, 의복 액세서리 및 모피제품 제조업 | 41 | 0 |
| 15 가죽, 가방 및 신발 제조업 | 5 | 0 |

서울과 제주 열을 가져온 변수에서 특정 열인 '서울'을 가지고 인덱스 선택자로 처리하지 않고 점 연산자를 통해 열에 직접 접근합니다.

특정 열에 대한 범위 값을 확인할 때는 .between 메소드를 이용하는데, .between 메소드 인자에 값을 넣어서 이 범위에 있는 것을 확인하면 논리 값으로 결과를 나타냅니다. .sum 메소드로 합산하면 값이 3개가 있습니다.

인덱서 .loc에 행에 .between 메소드의 실행 결과를 놓고 서울 열을 조회하면 값이 3개가 출력됩니다.

```
In :  korea_2018_서울_제주.서울.between(10, 20).sum()

Out:  3

In :  korea_2018_서울_제주.loc[korea_2018_서울_제주.서울.between(10, 20),'서울']

Out:  18 인쇄 및 기록매체 복제업                    12
      20 화학물질 및 화학제품 제조업; 의약품 제외     11
      33 기타 제품 제조업                           13
      Name: 서울, dtype: int64
```

문자열로 논리식을 작성하고 바로 실행하는 .query 메소드로 처리하면 전체 정보가 검색됩니다.

```
In :  korea_2018.query('서울 >=10 & 서울 <= 20')
```

Out:

| | 서울 | 부산 | 대구 | 인천 | 광주 | 대전 | 울산 | 세종 | 경기 | 강원 | 충북 | 충남 | 전북 | 전남 | 경북 | 경남 | 제주 | 합계 |
|---|---|---|---|---|---|---|---|---|---|---|---|---|---|---|---|---|---|---|
| 18 인쇄 및 기록매체 복제업 | 12 | 2 | 4 | 12 | 1 | 1 | 0 | 0 | 66 | 1 | 2 | 0 | 0 | 0 | 0 | 1 | 0 | 102 |
| 20 화학물질 및 화학제품 제조업; 의약품 제외 | 11 | 6 | 10 | 36 | 0 | 6 | 6 | 0 | 109 | 4 | 31 | 24 | 23 | 10 | 8 | 7 | 1 | 292 |
| 33 기타 제품 제조업 | 13 | 3 | 2 | 11 | 2 | 0 | 1 | 0 | 31 | 5 | 1 | 0 | 9 | 3 | 3 | 4 | 0 | 88 |

위에 처리된 결과에서 서울 열만 처리하려면 인덱스 연산자에 서울 열을 문자로 넣고 처리하면 됩니다.

```
In :  korea_2018.query('서울 >=10 & 서울 <= 20')['서울']

Out:  18 인쇄 및 기록매체 복제업                    12
      20 화학물질 및 화학제품 제조업; 의약품 제외     11
      33 기타 제품 제조업                           13
      Name: 서울, dtype: int64
```

인덱스 검색에 리스트에 열 이름을 넣고 처리하면 데이터 프레임이 나옵니다.

In :
```
korea_2018.query('서울 >=10 & 서울 <= 20')[['서울']]
```

Out:

| | 서울 |
|---|---|
| 18 인쇄 및 기록매체 복제업 | 12 |
| 20 화학물질 및 화학제품 제조업; 의약품 제외 | 11 |
| 33 기타 제품 제조업 | 13 |

외부의 변수가 있을 때 .query 메소드에서 이를 참조하려면 @기호 + 변수명을 작성하면 됩니다. 파이썬은 비교 연산을 동시에 작성해서 실행이 가능하므로 비교 연산을 연결해서 작성했습니다.

In :
```
mm = 10
```

In :
```
nn = 20
```

In :
```
qs1 = "@mm <= 서울 <= @nn "
```

In :
```
korea_2018.query(qs1)[['서울']]
```

Out:

| | 서울 |
|---|---|
| 18 인쇄 및 기록매체 복제업 | 12 |
| 20 화학물질 및 화학제품 제조업; 의약품 제외 | 11 |
| 33 기타 제품 제조업 | 13 |

## 6.2.2 추가적인 조건절 처리 메소드

앞에서는 조건식을 인덱스 검색에 넣어 직접 마스킹(masking) 검색을 수행했습니다. 하지만 판다스에서는 검색의 다양성을 위해 특정 조건과 값을 넣어서 검색이 가능한 메소드들도 제공합니다. 그중에서 특히 .where, .task 메소드와 같이 특정 조건이나 값을 이용한 처리 방법에 대해 알아봅니다.

### ■ 특정 조건식으로 선택

특정 조건식을 만족하거나 특정 값을 넣어서 처리되는 추가 메소드를 알아봅니다.

## [예제 6-7] 추가적인 조건절 처리 메소드 알아보기

위에 예제에서 사용한 파일을 가지고 .where 메소드를 이용하면 실제 True인 경우만 데이터의 값을 표시하고 나머지는 NaN으로 표시합니다.

In :
```
korea_2018.where(korea_2018['서울'] < 30).head()
```

Out:

| | 서울 | 부산 | 대구 | 인천 | 광주 | 대전 | 울산 | 세종 | 경기 | 강원 | 충북 | 충남 | 전북 | 전남 | 경북 | 경남 | 제주 | 합계 |
|---|---|---|---|---|---|---|---|---|---|---|---|---|---|---|---|---|---|---|
| 10 식료품 제조업 | 5.0 | 7.0 | 12.0 | 32.0 | 8.0 | 1.0 | 1.0 | 0.0 | 150.0 | 37.0 | 54.0 | 36.0 | 32.0 | 47.0 | 19.0 | 21.0 | 0.0 | 462.0 |
| 11 음료 제조업 | 0.0 | 0.0 | 0.0 | 1.0 | 0.0 | 0.0 | 0.0 | 0.0 | 3.0 | 4.0 | 1.0 | 0.0 | 1.0 | 2.0 | 3.0 | 1.0 | 0.0 | 16.0 |
| 13 섬유제품 제조업; 의복제외 | 9.0 | 1.0 | 28.0 | 8.0 | 1.0 | 0.0 | 0.0 | 0.0 | 89.0 | 0.0 | 7.0 | 2.0 | 6.0 | 7.0 | 21.0 | 8.0 | 0.0 | 187.0 |
| 14 의복, 의복 액세서리 및 모피제품 제조업 | NaN | NaN | NaN | NaN | NaN | NaN | NaN | NaN | NaN | NaN | NaN | NaN | NaN | NaN | NaN | NaN | NaN | NaN |
| 15 가죽, 가방 및 신발 제조업 | 5.0 | 1.0 | 0.0 | 2.0 | 0.0 | 0.0 | 0.0 | 0.0 | 20.0 | 0.0 | 0.0 | 0.0 | 0.0 | 0.0 | 0.0 | 3.0 | 0.0 | 31.0 |

누락 값을 대신해 디폴트 값을 배정하면 실제 처리된 결과가 NaN 값 대신 0으로 처리됩니다.

In :
```
korea_2018.where(korea_2018['서울'] < 30, 0.0).head()
```

Out:

| | 서울 | 부산 | 대구 | 인천 | 광주 | 대전 | 울산 | 세종 | 경기 | 강원 | 충북 | 충남 | 전북 | 전남 | 경북 | 경남 | 제주 | 합계 |
|---|---|---|---|---|---|---|---|---|---|---|---|---|---|---|---|---|---|---|
| 10 식료품 제조업 | 5 | 7 | 12 | 32 | 8 | 1 | 1 | 0 | 150 | 37 | 54 | 36 | 32 | 47 | 19 | 21 | 0 | 462 |
| 11 음료 제조업 | 0 | 0 | 0 | 1 | 0 | 0 | 0 | 0 | 3 | 4 | 1 | 0 | 1 | 2 | 3 | 1 | 0 | 16 |
| 13 섬유제품 제조업; 의복제외 | 9 | 1 | 28 | 8 | 1 | 0 | 0 | 0 | 89 | 0 | 7 | 2 | 6 | 7 | 21 | 8 | 0 | 187 |
| 14 의복, 의복 액세서리 및 모피제품 제조업 | 0 | 0 | 0 | 0 | 0 | 0 | 0 | 0 | 0 | 0 | 0 | 0 | 0 | 0 | 0 | 0 | 0 | 0 |
| 15 가죽, 가방 및 신발 제조업 | 5 | 1 | 0 | 2 | 0 | 0 | 0 | 0 | 20 | 0 | 0 | 0 | 0 | 0 | 0 | 3 | 0 | 31 |

.where 메소드와 반대로 처리하는 .task 메소드는 조건식이 거짓일 경우만 값을 표시하고 나머지는 NaN으로 처리됩니다.

In :
```
korea_2018.mask(korea_2018['서울'] < 30).head()
```

Out:

| | 서울 | 부산 | 대구 | 인천 | 광주 | 대전 | 울산 | 세종 | 경기 | 강원 | 충북 | 충남 | 전북 | 전남 | 경북 | 경남 | 제주 | 합계 |
|---|---|---|---|---|---|---|---|---|---|---|---|---|---|---|---|---|---|---|
| 10 식료품 제조업 | NaN | NaN | NaN | NaN | NaN | NaN | NaN | NaN | NaN | NaN | NaN | NaN | NaN | NaN | NaN | NaN | NaN | NaN |
| 11 음료 제조업 | NaN | NaN | NaN | NaN | NaN | NaN | NaN | NaN | NaN | NaN | NaN | NaN | NaN | NaN | NaN | NaN | NaN | NaN |
| 13 섬유제품 제조업; 의복제외 | NaN | NaN | NaN | NaN | NaN | NaN | NaN | NaN | NaN | NaN | NaN | NaN | NaN | NaN | NaN | NaN | NaN | NaN |
| 14 의복, 의복 액세서리 및 모피제품 제조업 | 41.0 | 3.0 | 0.0 | 3.0 | 2.0 | 0.0 | 0.0 | 0.0 | 17.0 | 0.0 | 0.0 | 0.0 | 5.0 | 1.0 | 0.0 | 0.0 | 0.0 | 72.0 |
| 15 가죽, 가방 및 신발 제조업 | NaN | NaN | NaN | NaN | NaN | NaN | NaN | NaN | NaN | NaN | NaN | NaN | NaN | NaN | NaN | NaN | NaN | NaN |

디폴트 값을 넣으면 NaN을 대체한 값으로 처리됩니다.

In :
```
korea_2018.mask(korea_2018['서울'] < 30, 0.0).head()
```

Out:

| | 서울 | 부산 | 대구 | 인천 | 광주 | 대전 | 울산 | 세종 | 경기 | 강원 | 충북 | 충남 | 전북 | 전남 | 경북 | 경남 | 제주 | 합계 |
|---|---|---|---|---|---|---|---|---|---|---|---|---|---|---|---|---|---|---|
| 10 식료품 제조업 | 0 | 0 | 0 | 0 | 0 | 0 | 0 | 0 | 0 | 0 | 0 | 0 | 0 | 0 | 0 | 0 | 0 | 0 |
| 11 음료 제조업 | 0 | 0 | 0 | 0 | 0 | 0 | 0 | 0 | 0 | 0 | 0 | 0 | 0 | 0 | 0 | 0 | 0 | 0 |
| 13 섬유제품 제조업; 의복제외 | 0 | 0 | 0 | 0 | 0 | 0 | 0 | 0 | 0 | 0 | 0 | 0 | 0 | 0 | 0 | 0 | 0 | 0 |
| 14 의복, 의복 액세서리 및 모피제품 제조업 | 41 | 3 | 0 | 3 | 2 | 0 | 0 | 0 | 17 | 0 | 0 | 0 | 5 | 1 | 0 | 0 | 0 | 72 |
| 15 가죽, 가방 및 신발 제조업 | 0 | 0 | 0 | 0 | 0 | 0 | 0 | 0 | 0 | 0 | 0 | 0 | 0 | 0 | 0 | 0 | 0 | 0 |

.take 메소드에  포지션을 주고 특정 행만 추출하기 위해 축을 행으로 주면 하나의 행만 나옵니다.

In :
```
ea_2018.take([0],axis=0)
```

Out:

| | 서울 | 부산 | 대구 | 인천 | 광주 | 대전 | 울산 | 세종 | 경기 | 강원 | 충북 | 충남 | 전북 | 전남 | 경북 | 경남 | 제주 | 합계 |
|---|---|---|---|---|---|---|---|---|---|---|---|---|---|---|---|---|---|---|
| 10 식료품 제조업 | 5 | 7 | 12 | 32 | 8 | 1 | 1 | 0 | 150 | 37 | 54 | 36 | 32 | 47 | 19 | 21 | 0 | 462 |

.take 메소드에 포지션을 주고 축을 열로 처리하면 하나의 열을 가져올 수도 있습니다.

In :
```
korea_2018.take([0],axis=1).head()
```

Out:

| | 서울 |
|---|---|
| 10 식료품 제조업 | 5 |
| 11 음료 제조업 | 0 |
| 13 섬유제품 제조업; 의복제외 | 9 |
| 14 의복, 의복 액세서리 및 모피제품 제조업 | 41 |
| 15 가죽, 가방 및 신발 제조업 | 5 |

특정 포지션을 여러 개 넣어서 처리하면 여러 열도 가져옵니다.

In :
```
korea_2018.take([0,3,5], axis=1).head()
```

Out:

| | 서울 | 인천 | 대전 |
|---|---|---|---|
| 10 식료품 제조업 | 5 | 32 | 1 |
| 11 음료 제조업 | 0 | 1 | 0 |
| 13 섬유제품 제조업; 의복제외 | 9 | 8 | 0 |
| 14 의복, 의복 액세서리 및 모피제품 제조업 | 41 | 3 | 0 |
| 15 가죽, 가방 및 신발 제조업 | 5 | 2 | 0 |

## 6.2.3 SQL 문장과 판다스 처리 비교

앞의 예제에서 실제 SQL 문장이 처리되는 방식을 사용했지만 실제 SQL 문장과의 비교가 되지 않았습니다. 이번에 간단히 SQL 문장과의 비교를 해보겠습니다.

### ■ SQL 문과 비교

Select 구문 안에서 SQL 문장과 같은 처리 효과를 내는 판다스의 처리를 살펴봅니다.

**[예제 6-8] SQL 문장과 비교하기**

Select 문장에서 특정 테이블이 몇 개의 열을 가지고 처리하는 방식으로, 일단 인덱스 검색에서 팬시 검색으로 특정 열을 선택해 처리합니다.

In :
```
SELECT 서울, 인천, 대전
FROM korea_2018
LIMIT 5;
```

In :
```
korea_2018[['서울', '인천', '대전']].head(5)
```

Out:

| | 서울 | 인천 | 대전 |
|---|---|---|---|
| 10 식료품 제조업 | 5 | 32 | 1 |
| 11 음료 제조업 | 0 | 1 | 0 |
| 13 섬유제품 제조업; 의복제외 | 9 | 8 | 0 |
| 14 의복, 의복 액세서리 및 모피제품 제조업 | 41 | 3 | 0 |
| 15 가죽, 가방 및 신발 제조업 | 5 | 2 | 0 |

특정 조건을 where에 줄 경우 이를 판다스의 논리식 검색을 통해 동일한 결과로 처리합니다. 이때 모든 테이블에 열을 표시하므로 특정 열에 대한 선택이 없습니다.

In :
```
SELECT *
FROM korea_2018
WHERE 서울 = 41
LIMIT 5;
```

In :
```
korea_2018[korea_2018['서울'] == 41 ].head(5)
```

Out:

| | 서울 | 부산 | 대구 | 인천 | 광주 | 대전 | 울산 | 세종 | 경기 | 강원 | 충북 | 충남 | 전북 | 전남 | 경북 | 경남 | 제주 | 합계 |
|---|---|---|---|---|---|---|---|---|---|---|---|---|---|---|---|---|---|---|
| 14 의복, 의복 액세서리 및 모피제품 제조업 | 41 | 3 | 0 | 3 | 2 | 0 | 0 | 0 | 17 | 0 | 0 | 0 | 5 | 1 | 0 | 0 | 0 | 72 |

논리식의 결과를 별도의 변수에 할당해 처리하므로 실제 True 값이 몇 개인지를 확인하면 한 개만 나오는 것을 알 수 있습니다. 이 변수를 검색에 넣으면 위와 같은 결과가 나옵니다.

In :
```
is_41 = korea_2018['서울'] == 41
```

In :
```
is_41.value_counts()
```

Out:
```
False    23
True      1
Name: 서울, dtype: int64
```

In :
```
korea_2018[is_41].head(5)
```

Out:

| | 서울 | 부산 | 대구 | 인천 | 광주 | 대전 | 울산 | 세종 | 경기 | 강원 | 충북 | 충남 | 전북 | 전남 | 경북 | 경남 | 제주 | 합계 |
|---|---|---|---|---|---|---|---|---|---|---|---|---|---|---|---|---|---|---|
| 14 의복, 의복 액세서리 및 모피제품 제조업 | 41 | 3 | 0 | 3 | 2 | 0 | 0 | 0 | 17 | 0 | 0 | 0 | 5 | 1 | 0 | 0 | 0 | 72 |

Select 문의 where 조건이 복잡한 경우도 실제 검색이 논리식 검색과 같아서 전체 논리식을 부여해 나타낼 수 있습니다.

In :
```
SELECT *
FROM korea_2018
WHERE 서울 < 41 & 제주 > 5
LIMIT 5;
```

In :
```
korea_2018[(korea_2018['서울'] < 41) &  (korea_2018['제주'] > 0)]
```

Out:

| | 서울 | 부산 | 대구 | 인천 | 광주 | 대전 | 울산 | 세종 | 경기 | 강원 | 충북 | 충남 | 전북 | 전남 | 경북 | 경남 | 제주 | 합계 |
|---|---|---|---|---|---|---|---|---|---|---|---|---|---|---|---|---|---|---|
| 20 화학물질 및 화학제품 제조업; 의약품 제외 | 11 | 6 | 10 | 36 | 0 | 6 | 6 | 0 | 109 | 4 | 31 | 24 | 23 | 10 | 8 | 7 | 1 | 292 |

## 6.3 내부의 값을 그룹화 처리

특정 범주형 데이터들이 있을 경우 이 범주형 데이터를 기준으로 하여 특정 연산을 처리하고 싶을 때, 이 데이터를 묶어서 연산을 처리한 후에 다시 하나로 묶어서 데이터를 다시 병합하는 것이 그룹화 처리(groupby)입니다.

판다스는 이런 기능을 하나로 묶어서 처리할 수 있도록 그룹화 처리를 제공하는 .groupby 메소드를 제공합니다. .groupby 메소드가 실행되면 일단 새로운 클래스인 DataFrameGroupBy 를 만듭니다. 연산은 그룹화된 이후에 집계 연산을 사용해서 그룹화된 데이터를 계산합니다.

이런 방식으로 제공하는 이유는 하나의 view 클래스의 객체만 먼저 만들고 이를 이용해서 다양한 연산을 처리하기 때문입니다. 예제를 통해 그룹화하는 방법을 알아봅니다.

### 6.3.1 하나의 열을 그룹화 처리

데이터 프레임이 있을 때 특정 키를 기준으로 그룹화가 필요하면 세부적인 키를 기준으로 분리해서 계산하고 그 결과를 다시 합치면 됩니다.

기준이 되는 열이 범주화 데이터일 경우 그룹화 처리에 효과가 있습니다.

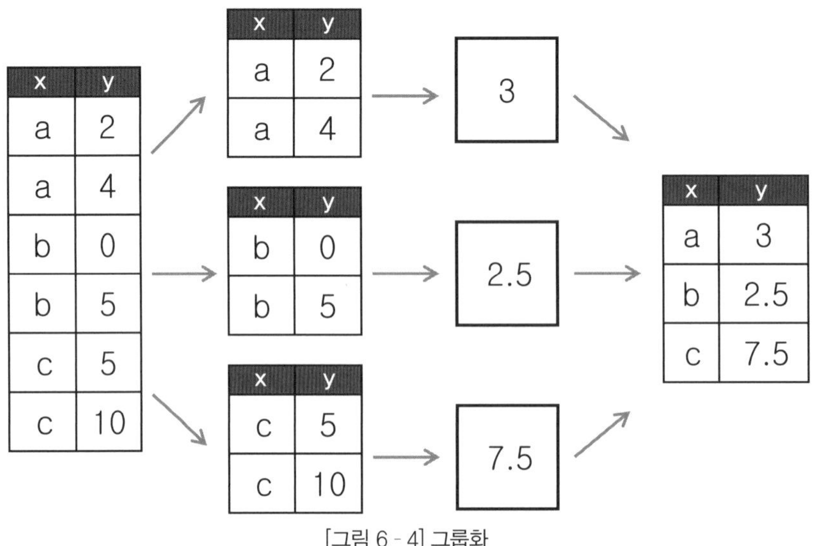


[그림 6 - 4] 그룹화

## ■ 그룹화 처리

하나의 파일을 읽어서 데이터 프레임을 만들고 하나의 열을 기준으로 그룹화 처리를 실행해 봅니다.

### [예제 6-9] 데이터 그룹화하기

하나의 파일을 읽어서 데이터 프레임으로 변환한 후에 이 데이터 프레임의 모양을 .shape 속성으로 확인합니다.

데이터 프레임에서 열의 구성을 확인하기 위해 .get_dtype_counts 메소드를 실행해서 열의 자료형을 확인합니다.

```
In : book_data = pd.read_csv("../data/book_data.csv",encoding='cp949')
```

```
In : book_data.shape
```

```
Out: (2000, 11)
```

```
In : book_data.get_dtype_counts()
```

```
Out: int64      1
     object    10
     dtype: int64
```

데이터 프레임 중 열의 레이블을 .columns로 확인합니다. .count 메소드를 실행하여 누락 값이 있는지 확인합니다. .count 메소드는 누락 값을 제외한 개수를 합산해서 보여주는데, 이를 통해 열의 누락 값이 있는지를 볼 수 있습니다.

```
In : book_data.columns
```

```
Out: Index(['book_name', 'book_writer', 'book_date', 'book_price', 'book_cover',
            'book_page', 'book_size', 'book_weight', 'book_category',
            'book_publisher', 'sales_point'],
           dtype='object')
```

```
In : book_data.count()
```

```
Out:  book_name          2000
      book_writer        2000
      book_date          2000
      book_price         2000
      book_cover         1683
      book_page          2000
      book_size          1999
      book_weight        2000
      book_category      2000
      book_publisher     2000
      sales_point        2000
      dtype: int64
```

데이터 프레임의 데이터 내용을 확인하기 위해 .head 메소드를 실행해서 내부 정보를 확인합니다.

```
In :  book_data.head()
```

Out:

| | book_name | book_writer | book_date | book_price | book_cover | book_page | book_size | book_weight | book_category | book_publisher | sales_point |
|---|---|---|---|---|---|---|---|---|---|---|---|
| 0 | 올 더 빌딩스 인 런던 | 제임스 걸리버 핸콕 | 2018-08-25 | 14,400 | 양장본 | 140 | 225*280mm | 476 | 예술/대중문화 | 책발전소 | 110 |
| 1 | 렛 잇 블리드 | 이언 랜킨 | 2018-08-19 | 13,320 | 반양장본 | 476 | 128*188mm | 476 | 소설/시/희곡 | 오픈하우스 | 110 |
| 2 | 은유로 사회 읽기 | 대니얼 리그니 | 2018-08-20 | 39,500 | 양장본 | 416 | 152*223mm | 749 | 사회과학 | 한울(한울아카데미) | 10 |
| 3 | 유럽 맥주 여행 | 백경학 | 2018-08-24 | 14,400 | 반양장본 | 308 | 150*220mm | 400 | 역사 | 글항아리 | 10 |
| 4 | 이게, 행복이 아니면 무엇이지 | 김혜령 | 2018-08-20 | 13,050 | NaN | 288 | 135*200mm | 374 | 인문학 | 웨일북 | 10 |

데이터 프레임의 book_date 열의 그룹화 처리를 위해 날짜를 .max 메소드로 확인했는데 한글 데이터가 나왔습니다.

한글 정보를 .replace 메소드로 특정일을 넣어서 원본을 갱신한 후에 다시 . max 메소드로 확인하면 날짜 정보가 나옵니다.

```
In :  book_data.book_date.max()

Out:  '초판출간 2008년'

In :  book_data.book_date.replace('초판출간 2008년', '2018-01-01',inplace=True)

In :  book_data.book_date.max()
```

```
Out:  '2018-09-28'
```

다른 열인 book_cover 안에 있는 값들의 빈도를 확인하기 위해 .value_counts 메소드를 실행하면 두 개의 범주로 구분됩니다. 이 열에는 누락 값이 있어 두 가지 범주 데이터 중에 하나를 선택해서 대표 값으로 놓고 .fillna 메소드에 넣어 누락 값을 없앱니다.

또 다른 열인 book_size의 값들의 빈도를 .value_counts 메소드로 확인합니다. 여기도 누락 값이 있어 .fillna로 변경합니다.

두 개의 열도 원본을 변경하기 위해 inplace=True 매개변수를 전달했습니다.

```
In :  book_data.book_cover.value_counts()
```

```
Out:  반양장본     1236
      양장본       447
      Name: book_cover, dtype: int64
```

```
In :  book_data.book_cover.fillna("반양장본",inplace=True)
```

```
In :  book_data.book_size.value_counts().head()
```

```
Out:  128*188mm    146
      148*210mm    129
      152*223mm    106
      152*225mm    105
      140*210mm     68
      Name: book_size, dtype: int64
```

```
In :  book_data.book_size.fillna('128*188mm',inplace=True)
```

.count 메소드를 실행해서 데이터 프레임 안에 누락 값이 정리되었는지를 확인하면 모두 사라진 것을 알 수 있습니다.

```
In :  book_data.count()
```

```
Out:  book_name       2000
      book_writer     2000
      book_date       2000
      book_price      2000
```

```
book_cover         2000
book_page          2000
book_size          2000
book_weight        2000
book_category      2000
book_publisher     2000
sales_point        2000
dtype: int64
```

출판사에 대한 정보는 book_publisher 열을 .head 메소드를 실행해서 확인합니다. 출판사에 관한 빈도를 확인하기 위해 .value_counts 메소드를 실행합니다. 정보가 많아서 .head 메소드로 일부만 검색합니다.

```
In :  book_data.book_publisher.head()

Out:  0           책발전소
      1           오픈하우스
      2     한울(한울아카데미)
      3           글항아리
      4             웨일북
      Name: book_publisher, dtype: object

In :  book_data.book_publisher.value_counts().head()

Out:  위즈덤하우스          41
      민음사              33
      문학동네            28
      창비                19
      알에이치코리아(RHK)  17
      Name: book_publisher, dtype: int64
```

책 가격도 빈도를 .value_counts 메소드로 확인하면 책들의 다양한 가격을 그룹화해서 묶어 놓은 것을 알 수 있습니다. .value_counts 메소드를 실행한 결과도 시리즈이므로 .shape를 이용해서 171개로 묶어졌습니다.

```
In :  book_data.book_price.value_counts().head()

Out:  13,500    221
      10,800    188
      11,700    170
      14,400    149
```

```
12,600    122
Name: book_price, dtype: int64
```

In : `book_data.book_price.value_counts().shape`

Out: (171,)

다양한 열을 빈도로 조회했습니다. 그중에 그룹화(groupby) 대상은 책의 가격 열인 book_price를 .groupby 메소드에 넣어 처리합니다. 만들어진 객체의 자료형을 확인하면 DataFrameGroupBy 클래스라고 나옵니다. 몇 개의 그룹으로 묶였는지를 .ngroups 속성을 통해 확인합니다.

In : `book_data_gr = book_data.groupby('book_price')`

In : `type(book_data_gr)`

Out: pandas.core.groupby.groupby.DataFrameGroupBy

In : `book_data_gr.ngroups`

Out: 171

.groups 속성에서 .key 메소드를 실행하면 그룹으로 묶인 실제 정보 중 내부에 있는 가격 정보만을 불러올 수 있습니다.

In : `type(book_data_gr.groups)`

Out: dict

In : `book_data_gr.groups.keys()`

Out:

```
dict_keys(['10,080', '10,260', '10,350', '10,450', '10,620', '10,710',
'10,800', '11,160', '11,250', '11,400', '11,520', '11,700', '11,760',
'112,100', '12,000', '12,150', '12,330', '12,350', '12,420', '12,510',
'12,600', '12,750', '12,780', '12,870', '13,000', '13,050', '13,110',
'13,300', '13,320', '13,410', '13,440', '13,500', '13,950', '14,000',
'14,220', '14,250', '14,400', '14,850', '15,000', '15,120', '15,210',
'15,300', '15,750', '16,000', '16,020', '16,110', '16,200', '16,500',
'16,650', '16,920', '17,010', '17,100', '17,550', '17,820', '18,000',
'18,530', '18,900', '19,000', '19,200', '19,620', '19,800', '20,000',
```

```
'20,250', '20,700', '21,420', '21,600', '21,960', '22,000', '22,050',
'22,500', '22,900', '220,000', '23,100', '23,400', '23,750', '24,000',
'24,300', '24,500', '25,000', '25,200', '25,650', '25,900', '26,100',
'26,600', '26,820', '27,000', '27,270', '27,550', '27,900', '28,000',
'28,500', '28,800', '288,000', '29,000', '29,500', '29,520', '29,700',
'297,000', '3,000', '3,510', '30,400', '30,600', '31,500', '32,220',
'32,400', '33,000', '33,300', '34,200', '35,100', '36,000', '36,450',
'38,700', '39,420', '39,500', '4,000', '4,410', '4,500', '4,900',
'4,950', '40,000', '40,500', '40,850', '42,750', '43,200', '44,100',
'45,000', '45,600', '45,900', '47,700', '48,600', '49,500', '5,250',
'5,310', '5,400', '5,850', '5,950', '50,350', '52,200', '53,100',
'54,000', '58,000', '6,120', '6,300', '6,720', '6,750', '63,900',
'64,800', '7,000', '7,020', '7,200', '7,650', '7,920', '72,000',
'75,600', '78,300', '8,010', '8,100', '8,400', '8,550', '8,820',
'8,910', '81,000', '88,200', '9,000', '9,100', '9,450', '9,500',
'9,520', '9,720', '9,810', '9,900'])
```

그룹으로 묶인 행 레이블을 확인해봅시다. .group 속성이 dict 자료형이므로 인덱스 연산에 10,080을 넣어 조회한 결과는 총 7개의 행이 있습니다.

In :
```
book_data_gr.groups['10,080']
```

Out:
```
Int64Index([27, 49, 76, 541, 651, 802, 1339], dtype='int64')
```

In :
```
book_data_gr.groups['10,080'].size
```

Out:
```
7
```

그룹화(groupby) 객체의 .get_group 메소드에 10,080을 넣어서 조회하면 그중에 5개를 출력합니다.

In :
```
book_data_gr.get_group('10,080').head()
```

Out:

| | book_name | book_writer | book_date | book_price | book_cover | book_page | book_size | book_weight | book_category | book_publisher | sales_point |
|---|---|---|---|---|---|---|---|---|---|---|---|
| 27 | 알록달록 | 정여울 | 2018-08-16 | 10,080 | 반양장본 | 168 | 128*188mm | 168 | 에세이 | 천년의상상 | 480 |
| 49 | 생각이 만든 감옥 | 맨리 P. 홀 | 2018-08-20 | 10,080 | 반양장본 | 208 | 128*188mm | 208 | 인문학 | 마름돌 | 1,350 |
| 76 | 1984 | 조지 오웰 | 2018-08-20 | 10,080 | 반양장본 | 428 | 135*210mm | 556 | 소설/시/희곡 | 더디 | 160 |
| 541 | 첫 문장 | 윤성희 | 2018-07-25 | 10,080 | 양장본 | 152 | 104*182mm | 234 | 소설/시/희곡 | 현대문학 | 1,850 |
| 651 | 야옹아, 내가 집사라도 괜찮을까? | 마담툰 | 2018-07-19 | 10,080 | 반양장본 | 176 | 140*200mm | 232 | 만화 | 네오카툰 | 630 |

열 중에 정수형으로 처리되어야 할 sales_point 열의 object 자료형이 있고 쉼표가 내부에 있습니다. 문자열을 제거하는 처리를 할 때 정수형 자료형을 가진 열도 변환되므로, 다른 변수에 저장한 후에 포지션을 인덱서에 넣고 행으로 검색된 시리즈를 가지고 내부의 문자열에서 쉼표를 제거합니다.

In :
```
book_data.sales_point.dtype
```

Out:
```
dtype('O')
```

In :
```
book_data.book_weight.dtype
```

Out:
```
dtype('int64')
```

In :
```
book_weight = book_data.book_weight
```

In :
```
for i in range(0,2000) :
    a = book_data.iloc[i].str.replace(',','')
    book_data.iloc[i] = a
```

데이터 프레임 안의 sales_point 열의 자료형을 변경하기 위해 .astype 메소드를 실수형으로 변환합니다. 실수형으로 변환하는 이유는 공백을 NaN으로 변환하기 위해서입니다.

In :
```
book_data.sales_point = book_data.sales_point.astype('float64')
```

In :
```
book_data.book_weight.dtype
```

Out:
```
dtype('float64')
```

데이터 프레임을 전체 조회하면 자료형이 변경된 것을 확인할 수 있는데 특히 정수형인 열인 book_weight가 변경된 것을 볼 수 있습니다.

In :
```
book_data.head()
```

Out:

| | book _name | book _writer | book _date | book _price | book _cover | book _page | book _size | book _weight | book_ category | book_ publisher | sales _point |
|---|---|---|---|---|---|---|---|---|---|---|---|
| 0 | 올 더 빌딩스 인 런던 | 제임스 걸리버 핸콕 | 2018-08-25 | 14,400 | 양장본 | 140 | 225*280mm | NaN | 예술/대중문화 | 책발전소 | 110 |
| 1 | 렛 잇 블리드 | 이언 랜킨 | 2018-08-19 | 13,320 | 반양장본 | 476 | 128*188mm | NaN | 소설/시/희곡 | 오픈하우스 | 110 |

| | | | | | | | | | | | |
|---|---|---|---|---|---|---|---|---|---|---|---|
| 2 | 은유로 사회 읽기 | 대니얼 리그니 | 2018-08-20 | 39,500 | 양장본 | 416 | 152*223mm | NaN | 사회과학 | 한울(한울아카데미) | 10 |
| 3 | 유럽 맥주 여행 | 백경학 | 2018-08-24 | 14,400 | 반양장본 | 308 | 150*220mm | NaN | 역사 | 글항아리 | 10 |
| 4 | 이게, 행복이 아니면 무엇이지 | 김혜령 | 2018-08-20 | 13,050 | NaN | 288 | 135*200mm | NaN | 인문학 | 웨일북 | 10 |

다시 book_weight를 원래대로 돌리기 위해 먼저 저장해둔 것을 갱신합니다.

In :
```
book_data.book_weight = book_weight
```

In :
```
book_data.head()
```

Out:

| | book_name | book_writer | book_date | book_price | book_cover | book_page | book_size | book_weight | book_category | book_publisher | sales_point |
|---|---|---|---|---|---|---|---|---|---|---|---|
| 0 | 올 더 빌딩스 인 런던 | 제임스 걸리버 핸콕 | 2018-08-25 | 14,400 | 양장본 | 140 | 225*280mm | 476 | 예술/대중문화 | 책발전소 | 110.0 |
| 1 | 렛 잇 블리드 | 이언 랜킨 | 2018-08-19 | 13,320 | 반양장본 | 476 | 128*188mm | 476 | 소설/시/희곡 | 오픈하우스 | 110.0 |
| 2 | 은유로 사회 읽기 | 대니얼 리그니 | 2018-08-20 | 39,500 | 양장본 | 416 | 152*223mm | 749 | 사회과학 | 한울(한울아카데미) | 10.0 |
| 3 | 유럽 맥주 여행 | 백경학 | 2018-08-24 | 14,400 | 반양장본 | 308 | 150*220mm | 400 | 역사 | 글항아리 | 10.0 |
| 4 | 이게, 행복이 아니면 무엇이지 | 김혜령 | 2018-08-20 | 13,050 | NaN | 288 | 135*200mm | 374 | 인문학 | 웨일북 | 10.0 |

또 다른 그룹화 처리를 위해 기준 열을 book_cover로 하고 .agg 메소드를 이용해서 집계 처리합니다. .agg 메소드 안의 인자로 열과 메소드를 딕셔너리에 넣어 전달합니다.

출력되는 구조를 보면 그룹화 부분이 인덱스로 들어가고 연산이 된 부분이 열로 들어간 데이터 프레임이 만들어져 반환되는 것을 볼 수 있습니다.

In :
```
book_data.groupby('book_cover').agg({'book_name':'count',
                                     'sales_point':'mean',
                                     'book_weight':'mean'})
```

Out:

| book_cover | book_name | sales_point | book_weight |
|---|---|---|---|
| **반양장본** | 1553 | 3522.652930 | 494.649066 |
| **양장본** | 447 | 4171.825503 | 582.709172 |

이번에는 book_date 열을 기준으로 그룹화(groupby)해서 특정 날짜별로 책들이 팔렸는지를 sales_point 열로 알아봅니다. 처리된 결과를 일자별로 정렬 처리합니다.

In :
```
book_new = book_data.groupby('book_date').agg({'book_name':'count',
                                               'sales_point':'mean',
                                               'book_weight':'mean'})
```

In :
```
book_new = book_new.sort_index()
```

처리된 결과를 다시 보여주기 전에 columns 안의 정보를 바꿔야 하므로 같은 개수의 열 이름을 정의해 값을 대치합니다.

In :
```
book_new.head()
```

Out:

| | book_name | sales_point | book_weight |
|---|---|---|---|
| **book_date** | | | |
| **2018-01-01** | 1 | 310.0 | 513.0 |
| **2018-03-20** | 1 | 42477.0 | 416.0 |
| **2018-03-23** | 1 | 80.0 | 408.0 |
| **2018-04-01** | 1 | 140.0 | 406.0 |
| **2018-04-10** | 1 | 150.0 | 1719.0 |

In :
```
book_new.columns = ['book_count','sales_point', 'book_weight']
```

실제 결과를 확인하면 행의 레이블을 기준으로 정렬되었고 열의 레이블도 변경이 된 것을 알 수 있습니다.

In :
```
book_new.head()
```

Out:

| | book_count | sales_point | book_weight |
|---|---|---|---|
| **book_date** | | | |
| **2018-01-01** | 1 | 310.0 | 513.0 |
| **2018-03-20** | 1 | 42477.0 | 416.0 |
| **2018-03-23** | 1 | 80.0 | 408.0 |
| **2018-04-01** | 1 | 140.0 | 406.0 |
| **2018-04-10** | 1 | 150.0 | 1719.0 |

그룹화가 제대로 되었는지를 확인하기 위해 book_count 열을 기준으로 가장 큰 것 5개를 .nlargest 메소드로 확인해봅니다.

In :
```
book_new.nlargest(5,columns='book_count')
```

Out:

| book_date | book_count | sales_point | book_weight |
|---|---|---|---|
| 2018-07-20 | 101 | 2936.079208 | 531.326733 |
| 2018-06-20 | 90 | 6455.222222 | 488.522222 |
| 2018-06-15 | 89 | 3370.337079 | 541.022472 |
| 2018-06-25 | 89 | 8031.067416 | 552.314607 |
| 2018-07-25 | 70 | 2968.285714 | 476.857143 |

가장 작은 것 5개도 .nsmallest 메소드로 확인합니다.

In :
```
book_new.nsmallest(5,columns='book_count')
```

Out:

| book_date | book_count | sales_point | book_weight |
|---|---|---|---|
| 2018-01-01 | 1 | 310.0 | 513.0 |
| 2018-03-20 | 1 | 42477.0 | 416.0 |
| 2018-03-23 | 1 | 80.0 | 408.0 |
| 2018-04-01 | 1 | 140.0 | 406.0 |
| 2018-04-10 | 1 | 150.0 | 1719.0 |

## 6.3.2 여러 개의 열을 그룹화 처리

데이터 프레임의 여러 열을 가지고 그룹화하면 두 개 이상의 열이 복합적인 키를 구성해서 처리되는 것이 다를 뿐, 하나의 열을 가지고 처리하는 패턴을 유지해서 처리가 되는 것은 같습니다.

### ■ 여러 개의 열을 그룹화 처리

위에서 읽은 파일을 기준으로 여러 열을 그룹화해서 처리해봅니다.

**[예제 6-10] 여러 개 열을 그룹화하기**

그룹화된 열을 별도의 리스트로 지정하고 실제 계산할 열도 리스트로 따로 지정합니다.

In :
```
group_cols = ['book_date','book_cover']
```

In :
```
agg_cols=['sales_point','book_weight']
```

그룹화 처리를 위해 위에서 정한 group_cols 변수를 .groppby 메소드의 인자로 넣어서 실행하면 모든 열에 대해 나옵니다.

이를 특정화하기 위해 agg_cols 열을 인덱싱해 임의의 열로 제약해 처리합니다. 실제 집계하는 .agg 메소드에 계산할 메소드를 넣고 처리하면 각 열별로 3개의 메소드가 처리되었고 이 값들이 열로 들어가서 열의 레이블이 멀티인덱스로 나오는 것을 볼 수 있습니다.

In :
```
fg = book_data.groupby(group_cols)[agg_cols].agg(['sum','mean','size'])
```

In :
```
fg.head()
```

Out:

| | | sales_point | | | book_weight | | |
|---|---|---|---|---|---|---|---|
| | | sum | mean | size | sum | mean | size |
| book_date | book_cover | | | | | | |
| 2018-01-01 | 반양장본 | 310.0 | 310.0 | 1 | 513 | 513.0 | 1 |
| 2018-03-20 | 반양장본 | 42477.0 | 42477.0 | 1 | 416 | 416.0 | 1 |
| 2018-03-23 | 양장본 | 80.0 | 80.0 | 1 | 408 | 408.0 | 1 |
| 2018-04-01 | 반양장본 | 140.0 | 140.0 | 1 | 406 | 406.0 | 1 |
| 2018-04-10 | 양장본 | 150.0 | 150.0 | 1 | 1719 | 1719.0 | 1 |

두 개의 계층을 가진 멀티인덱스를 단일 인덱스로 변경하기 위해 .get_level_values 메소드를 이용해 두 개의 레이블을 가져옵니다. 내부의 값이 문자열이므로 결합해 columns 속성을 대체합니다.

In :
```
level1 = fg.columns.get_level_values(0)
```

In :
```
level2 = fg.columns.get_level_values(1)
```

In :
```
fg.columns = level1 + '_' + level2
```

실제 처리된 결과를 조회해보면 멀티인덱스가 단일 인덱스로 바뀌었습니다.

In :
```
fg.head()
```

Out:

| book_date | book_cover | sales_point_sum | sales_point_mean | sales_point_size | book_weight_sum | book_weight_mean | book_weight_size |
|---|---|---|---|---|---|---|---|
| 2018-01-01 | 반양장본 | 310.0 | 310.0 | 1 | 513 | 513.0 | 1 |
| 2018-03-20 | 반양장본 | 42477.0 | 42477.0 | 1 | 416 | 416.0 | 1 |
| 2018-03-23 | 양장본 | 80.0 | 80.0 | 1 | 408 | 408.0 | 1 |
| 2018-04-01 | 반양장본 | 140.0 | 140.0 | 1 | 406 | 406.0 | 1 |
| 2018-04-10 | 양장본 | 150.0 | 150.0 | 1 | 1719 | 1719.0 | 1 |

그룹화한 후에 .transform 메소드로 내부에 수학 함수를 넣거나 사용자 함수를 넣어서 계산하면 실제 계산이 사용된 열로 구성된 데이터 프레임이 만들어집니다. .agg 메소드 실행 결과와 비교했을 때 차이가 많이 나는데, 단순한 계산 결과만을 원할 때는 .transform 메소드를 사용하면 됩니다.

In :
```
fg_ = book_data.groupby(group_cols)[agg_cols].transform('sum')
```

In :
```
fg_.head()
```

Out:

| | sales_point | book_weight |
|---|---|---|
| 0 | 470.0 | 865 |
| 1 | 110.0 | 476 |
| 2 | 4430.0 | 2627 |
| 3 | 47490.0 | 5973 |
| 4 | 82390.0 | 17282 |

.transform 메소드는 사용자 정의 함수도 지정해서 사용할 수 있습니다. .apply 메소드와 처리하여 비교해봅니다.

먼저 .apply는 전체 그룹화를 한 결과 중에 사용자 함수에서 선택한 열만 처리해서 결과를 알려줍니다.

In :
```
book_data.groupby(group_cols).apply(lambda x: x['sales_point']* 100).head()
```

Out:
```
book_date   book_cover
2018-01-01  반양장본        1960      31000.0
2018-03-20  반양장본        1014    4247700.0
```

```
2018-03-23  양장본         563      8000.0
2018-04-01  반양장본       882     14000.0
2018-04-10  양장본        1145     15000.0
Name: sales_point, dtype: float64
```

.transform 메소드는 먼저 선택한 열에 대해서만 사용자 함수의 인자로 받아서 처리하므로 실제 계산이 가능한 열만 먼저 선택해서 처리해야 합니다.

```
In : book_data.groupby(group_cols)['sales_point'].transform(lambda x: x * 100).head()
```

```
Out: 0    11000.0
     1    11000.0
     2     1000.0
     3     1000.0
     4     1000.0
     Name: sales_point, dtype: float64
```

위의 결과가 시리즈이므로 이를 데이터 프레임으로 변형하려면 팬시 검색을 이용하면 됩니다.

```
In : book_data.groupby(group_cols)[['sales_point']].transform(lambda x: x * 100).head()
```

Out:

| | sales_point |
|---|---|
| **0** | 11000.0 |
| **1** | 11000.0 |
| **2** | 1000.0 |
| **3** | 1000.0 |
| **4** | 1000.0 |

여러 열을 사용자 함수에 적용하기 위해 먼저 여러 열을 선택하면 각 열에 대한 값을 사용자 함수에 적용해서 처리합니다.

```
In : book_data.groupby(group_cols)['sales_point', 'book_weight'].transform(lambda x: x * 100).head()
```

Out:

| | sales_point | book_weight |
|---|---|---|
| **0** | 11000.0 | 47600 |
| **1** | 11000.0 | 47600 |
| **2** | 1000.0 | 74900 |
| **3** | 1000.0 | 40000 |
| **4** | 1000.0 | 37400 |

## 6.3.3 SQL 문의 그룹 처리와 판다스의 그룹 처리 비교

데이터 프레임은 데이터베이스 안의 테이블과 유사한 구조이므로 SQL에서 사용되는 그룹화 처리도 가능합니다. 데이터 프레임에서 그룹화 처리하는 방법을 알아봅니다.

### ■ SQL 문의 그룹 처리와 비교

이번에는 데이터 프레임을 가지고 그룹화 처리할 때 SQL 문장이 group by 절과 어떻게 유사하게 처리되는지를 알아봅니다.

**[예제 6-11] SQL과 비교하여 그룹화 처리하기**

한 테이블에서 특정 열을 기준으로 그룹화해 내부의 개수를 확인합니다.

```
In :  SELECT book_date, count(*)
      FROM book_data
      GROUP BY book_date;
```

[예제 6-10] 절에서 가져온 데이터 프레임을 가지고 book_date 열의 size로 처리하면 일단 시리즈로 그 결과를 보여줍니다.

```
In :  book_data.groupby('book_date').size().head()

Out:  book_date
      2018-01-01    1
      2018-03-20    1
      2018-03-23    1
      2018-04-01    1
      2018-04-10    1
      dtype: int64
```

데이터 프레임 안의 count 메소드를 가지고 처리하면 전체 열에 대한 정보가 보여서 같은 결과가 나오지 않습니다.

```
In :  book_data.groupby('book_date').count().head()
```

Out:

| | book_name | book_writer | book_price | book_cover | book_page | book_size | book_weight | book_category | book_publisher | sales_point |
|---|---|---|---|---|---|---|---|---|---|---|
| book_date | | | | | | | | | | |
| 2018-01-01 | 1 | 1 | 1 | 1 | 1 | 1 | 1 | 1 | 1 | 1 |
| 2018-03-20 | 1 | 1 | 1 | 1 | 1 | 1 | 1 | 1 | 1 | 1 |
| 2018-03-23 | 1 | 1 | 1 | 1 | 1 | 1 | 1 | 1 | 1 | 1 |
| 2018-04-01 | 1 | 1 | 1 | 1 | 1 | 1 | 1 | 1 | 1 | 1 |
| 2018-04-10 | 1 | 1 | 1 | 1 | 1 | 1 | 1 | 1 | 1 | 1 |

특정 열을 지정해 처리하면 하나의 결과만 나옵니다.

In :
```
book_data.groupby('book_date')['sales_point'].count().head()
```

Out:
```
book_date
2018-01-01    1
2018-03-20    1
2018-03-23    1
2018-04-01    1
2018-04-10    1
Name: sales_point, dtype: int64
```

이번에는 특정하여 그룹으로 묶고 평균과 개수를 처리하는 SQL 문장을 살펴봅니다.

In :
```
SELECT book_date, AVG('sales_point'), COUNT(*)
FROM book_data
GROUP BY book_date;
```

일단 두 개의 함수를 처리하도록 합니다. 이번에는 .agg 메소드를 이용해 두 개의 메소드를 처리합니다. 이때 함수는 넘파이의 mean, size를 넣어서 처리했습니다.

In :
```
import numpy as np
```

In :
```
book_data.groupby('book_date').agg({'sales_point': np.mean,
                                    'book_date': np.size}).head()
```

Out:

| book_date | sales_point | book_date |
|---|---|---|
| **2018-01-01** | 310.0 | 1 |
| **2018-03-20** | 42477.0 | 1 |
| **2018-03-23** | 80.0 | 1 |
| **2018-04-01** | 140.0 | 1 |
| **2018-04-10** | 150.0 | 1 |

이번에는 두 개의 열을 그룹화하여 두 개의 열과 함수를 실행합니다.

In :
```
SELECT book_date,book_cover, COUNT(*), AVG(sales_point)
FROM book_data
GROUP BY book_date,book_cover;
```

두 개의 열을 그룹화하고 두 개의 함수를 하나의 열에 넣어서 처리하면 열에 대한 정보가 멀티인덱스로 나오는 것을 볼 수 있습니다.

In :
```
book_data.groupby(['book_date','book_cover']).agg({'sales_point': [np.size, np.mean]}).head()
```

Out:

| | | sales_point | |
|---|---|---|---|
| | | size | mean |
| book_date | book_cover | | |
| **2018-01-01** | 반양장본 | 1.0 | 310.0 |
| **2018-03-20** | 반양장본 | 1.0 | 42477.0 |
| **2018-03-23** | 양장본 | 1.0 | 80.0 |
| **2018-04-01** | 반양장본 | 1.0 | 140.0 |
| **2018-04-10** | 양장본 | 1.0 | 150.0 |

## 6.3.4 원천 데이터를 그룹화하여 새로운 데이터 만들기

원천 데이터를 읽어서 원하는 요건을 처리하고 이를 파일로 저장해 다시 사용할 수 있는 과정을 알아봅니다.

### ■ 그룹화 처리 후 파일 저장

데이터 프레임을 그룹화 처리하고 이 데이터를 다시 사용할 수 있도록 파일로 저장합니다.

### [예제 6-12] 그룹화 처리 후 파일 저장하기

원천 데이터를 읽고 이 데이터의 모양을 확인하면 9만 5천 건이 넘는 데이터임을 알 수 있습니다.

In :
```
asia = pd.read_csv('../data/dataset_raw_data.csv',encoding="cp949")
```

In :
```
asia.shape
```

Out:
```
(95012, 12)
```

현재 데이터 프레임의 열에 대한 정보를 확인합니다. 그리고 데이터가 들어와 있는 기본 정보를 .head 메소드로 확인합니다.

In :
```
asia.columns
```

Out:
```
Index(['노선명', '항공사', '출발공항', '출발국가', '도착공항', '도착국가', '기체번호', '기종',
       '정원(전체)', '연도', '월', '일'],
      dtype='object')
```

In :
```
asia.head()
```

Out:

| | 노선명 | 항공사 | 출발공항 | 출발국가 | 도착공항 | 도착국가 | 기체번호 | 기종 | 정원(전체) | 연도 | 월 | 일 |
|---|---|---|---|---|---|---|---|---|---|---|---|---|
| **0** | 7J105 | Tajik Air | DYU | TJK | IKA | IRI | EY-444 | B737-3L9 | 149 | 2018 | 1 | 7 |
| **1** | 7J105 | Tajik Air | DYU | TJK | IKA | IRI | EY-444 | B737-3L9 | 149 | 2018 | 1 | 14 |
| **2** | 7J105 | Tajik Air | DYU | TJK | IKA | IRI | EY-444 | B737-3L9 | 149 | 2018 | 1 | 21 |
| **3** | 7J105 | Tajik Air | DYU | TJK | IKA | IRI | EY-444 | B737-3L9 | 149 | 2018 | 1 | 29 |
| **4** | 7J105 | Tajik Air | DYU | TJK | IKA | IRI | EY-444 | B737-3L9 | 149 | 2018 | 2 | 4 |

마지막의 데이터도 .tail 메소드를 이용해 확인합니다. 전체 건수가 맞습니다.

In :
```
asia.tail()
```

Out:

| | 노선명 | 항공사 | 출발공항 | 출발국가 | 도착공항 | 도착국가 | 기체번호 | 기종 | 정원(전체) | 연도 | 월 | 일 |
|---|---|---|---|---|---|---|---|---|---|---|---|---|
| **95007** | ZM809 | Air Manas | FRU | KGZ | KHG | CHN | EX-37801 | B737-82R | 189 | 2016 | 12 | 16 |
| **95008** | ZM809 | Air Manas | FRU | KGZ | KHG | CHN | EX-37801 | B737-82R | 189 | 2016 | 12 | 19 |
| **95009** | ZM809 | Air Manas | FRU | KGZ | KHG | CHN | EX-37801 | B737-82R | 189 | 2016 | 12 | 23 |
| **95010** | ZM809 | Air Manas | FRU | KGZ | KHG | CHN | EX-37801 | B737-82R | 189 | 2016 | 12 | 26 |
| **95011** | ZM809 | Air Manas | FRU | KGZ | KHG | CHN | EX-37801 | B737-82R | 189 | 2016 | 12 | 30 |

데이터 프레임의 각 열의 데이터에 누락 값이 존재하는지를 확인하기 위해 count 메소드를 이용합니다. .count 메소드는 누락 값을 제외하고 건수를 계산하는데, 전체 건수가 같으므로 누락 값이 없는 것으로 나옵니다.

```
In :  asia.count()
```

```
Out:  노선명         95012
      항공사         95012
      출발공항       95012
      출발국가       95012
      도착공항       95012
      도착국가       95012
      기체번호       95012
      기종           95012
      정원(전체)     95012
      연도           95012
      월             95012
      일             95012
      dtype: int64
```

데이터 프레임 안의 열에 대한 자료형이 어떻게 구성되었는지를 .get_dtype_counts 메소드로 확인합니다. 정수형 4개 열과 문자열 8개가 있는 것을 알 수 있습니다.

```
In :  asia.get_dtype_counts()
```

```
Out:  int64     4
      object    8
      dtype: int64
```

데이터 프레임을 가지고 .groupby 메소드로 열의 정보를 넣고 그룹화 객체를 하나 만듭니다. 그룹화를 한다고 해서 바로 실행되지는 않고 실제 이 그룹화된 객체에 맞는 값을 처리하는 연산이나 메소드 호출이 될 경우 실행이 됩니다.

```
In :  asia_dep_port = asia.groupby(["항공사","출발공항","출발국가","도착공항","도착국가","연도","월"])
```

```
In :  type(asia_dep_port)
```

```
Out:  pandas.core.groupby.DataFrameGroupBy
```

그룹화된 객체를 가지고 월, 연도, 출발국가, 도착국가 열에 대해서는 건수를 계산하고 정원

(전체)은 합산을 하도록 처리합니다.

In :
```
a = asia_dep_port.agg({'월':'count',
                       '연도':'count',
                       '출발국가':'count',
                       '도착국가':'count',
                       '정원(전체)':'sum'})
```

그룹화된 데이터 프레임에 집계 연산을 통해 계산된 결과를 .head, .tail 메소드로 확인합니다.

In :
```
a.head()
```

Out:

| 항공사 | 출발공항 | 출발국가 | 도착공항 | 도착국가 | 연도 | 월 | 월 | 연도 | 출발국가 | 도착국가 | 정원(전체) |
|---|---|---|---|---|---|---|---|---|---|---|---|
| AZAL Azerbaijan Airlines | SCO | KAZ | GYD | AZE | 2016 | 6 | 8 | 8 | 8 | 8 | 500 |
| | | | | | | 7 | 7 | 7 | 7 | 7 | 514 |
| | | | | | | 8 | 12 | 12 | 12 | 12 | 760 |
| | | | | | | 9 | 2 | 2 | 2 | 2 | 164 |
| | | | | | | 11 | 2 | 2 | 2 | 2 | 140 |

In :
```
a.tail()
```

Out:

| 항공사 | 출발공항 | 출발국가 | 도착공항 | 도착국가 | 연도 | 월 | 월 | 연도 | 출발국가 | 도착국가 | 정원(전체) |
|---|---|---|---|---|---|---|---|---|---|---|---|
| flydubai | TSE | KAZ | DXB | UAE | 2018 | 1 | 18 | 18 | 18 | 18 | 3132 |
| | | | | | | 2 | 16 | 16 | 16 | 16 | 2784 |
| | | | | | | 3 | 29 | 29 | 29 | 29 | 5076 |
| | | | | | | 4 | 17 | 17 | 17 | 17 | 2958 |
| | | | | | | 5 | 17 | 17 | 17 | 17 | 2958 |

그룹화(groupby)를 위해 groupby 메소드에 인자로 넣은 것은 데이터 프레임 처리할 때 행의 인덱스로 생성되고 agg 메소드로 실행된 열에 대해서만 열로 남는 것을 확인할 수 있었습니다. 실제 데이터 프레임 안의 index 속성에서 멀티인덱스로 구성된 행의 레이블을 get_level_values 메소드에 인자로 레벨(level) 수준을 정수로 넣어서 조회하면 실제 행의 레이블 값들을 조회할 수 있습니다.

In :
```
a.index.get_level_values(0)
```

Out:
```
Index(['AZAL Azerbaijan Airlines', 'AZAL Azerbaijan Airlines',
       'AZAL Azerbaijan Airlines', 'AZAL Azerbaijan Airlines',
       'AZAL Azerbaijan Airlines', 'AZAL Azerbaijan Airlines',
       'AZAL Azerbaijan Airlines', 'AZAL Azerbaijan Airlines',
       'AZAL Azerbaijan Airlines', 'AZAL Azerbaijan Airlines',
       ...
       'flydubai', 'flydubai', 'flydubai', 'flydubai', 'flydubai', 'flydubai',
       'flydubai', 'flydubai', 'flydubai', 'flydubai'],
      dtype='object', name='항공사', length=7769)
```

In :
```
a.index.get_level_values(1)
```

Out:
```
Index(['SCO', 'SCO', 'SCO', 'SCO', 'SCO', 'SCO', 'SCO', 'SCO', 'SCO', 'SCO',
       ...
       'TSE', 'TSE', 'TSE', 'TSE', 'TSE', 'TSE', 'TSE', 'TSE', 'TSE', 'TSE'],
      dtype='object', name='출발공항', length=7769)
```

현재 만들어진 열의 레이블을 보면 실제 계산된 정보와 일치하지 않으므로 열의 레이블 중 columns 속성을 전부 대체해 변경합니다.

In :
```
a.columns
```

Out:
```
Index(['월', '연도', '출발국가', '도착국가', '정원(전체)'], dtype='object')
```

In :
```
a.columns = ['운항회수', '연도', '출발국가', '도착국가', '정원(전체)']
```

In :
```
a.head()
```

Out:

| | | | | | | | 운항회수 | 연도 | 출발국가 | 도착국가 | 정원(전체) |
|---|---|---|---|---|---|---|---|---|---|---|---|
| 항공사 | 출발공항 | 출발국가 | 도착공항 | 도착국가 | 연도 | 월 | | | | | |
| AZAL Azerbaijan Airlines | SCO | KAZ | GYD | AZE | 2016 | 6 | 8 | 8 | 8 | 8 | 500 |
| | | | | | | 7 | 7 | 7 | 7 | 7 | 514 |
| | | | | | | 8 | 12 | 12 | 12 | 12 | 760 |
| | | | | | | 9 | 2 | 2 | 2 | 2 | 164 |
| | | | | | | 11 | 2 | 2 | 2 | 2 | 140 |

데이터 프레임의 열 중에 필요 없는 것을 제거할 필요가 있으면 .drop 메소드를 이용해 삭제해야 합니다.

이 메소드에 columns 매개변수와 axis 축을 넣어서 실행하면 다른 객체를 만듭니다. 여기서는 기존 데이터 프레임을 갱신하도록 inplace=True를 지정해 처리했습니다. 처리가 끝난 결과를 확인하면 삭제된 것을 알 수 있습니다.

In :
```
a.drop(columns="연도",axis=1,inplace=True)
```

In :
```
a.head()
```

Out:

| | | | | | | | 운항회수 | 출발국가 | 도착국가 | 정원(전체) |
|---|---|---|---|---|---|---|---|---|---|---|
| 항공사 | 출발공항 | 출발국가 | 도착공항 | 도착국가 | 연도 | 월 | | | | |
| AZAL Azerbaijan Airlines | SCO | KAZ | GYD | AZE | 2016 | 6 | 8 | 8 | 8 | 500 |
| | | | | | | 7 | 7 | 7 | 7 | 514 |
| | | | | | | 8 | 12 | 12 | 12 | 760 |
| | | | | | | 9 | 2 | 2 | 2 | 164 |
| | | | | | | 11 | 2 | 2 | 2 | 140 |

데이터 프레임 처리가 끝났을 때, 이를 파일에 저장하고 싶으면 to_csv 메소드로 파일을 생성하거나 바꿀 수 있습니다. 한글 변환은 cp949로 처리해 엑셀과의 호환성을 맞췄습니다.

In :
```
a.to_csv("example_lee.csv",encoding='cp949')
```

Chapter

# 통계 및 샘플링 처리 알아보기

많은 데이터가 있을 경우 이를 처리하기 전에 통계량을 먼저 체크하면 데이터가 어떻게 되어있는지를 확인할 수 있습니다.

이를 기반으로 샘플링 등을 처리해 원하는 데이터로 만들어서 추가 분석할 수도 있습니다.

- 통계 메소드 이해하기
- 통계 처리 시 누락 값 처리 방안 이해하기
- 샘플링과 리샘플링 처리 이해하기
- 오버플로우가 발생할 경우 처리 방식 알아보기

# 7.1 기본 통계 메소드

파일을 데이터 프레임으로 가져와 정제한 후에 이 데이터 프레임을 기준으로 통계 메소드를 처리하는 과정을 알아봅니다.

## 7.1.1 파일 읽은 후 정제

통계 함수를 사용할 파일을 데이터 프레임으로 읽고 수치 계산 등이 가능한 자료형으로 먼저 정제해야 합니다. 데이터 프레임 안의 열의 자료형을 정제하는 방법을 알아봅니다.

### ■ 파일 정제

데이터 프레임 열 단위로 자료형이 다르므로 파일을 데이터 프레임으로 전환하고 수학 계산식에 맞도록 변환해서 계산될 수 있도록 하는 과정을 알아봅니다.

**[예제 7-1] 통계 메소드 사용 전에 데이터 정제하기**

파일 내부 값들이 영어와 숫자로만 되어 있을 때는 보통 utf-8로 인코딩하면 됩니다. 이번에 읽어오는 파일은 기본 인코딩을 처리해도 예외가 발생하지 않습니다.

In :
```
HeroInfo = pd.read_csv("../data/HeroInfo.csv",encoding='utf-8')
```

실제 데이터 프레임의 상위 부분만 .head 메소드를 사용해 데이터 구조를 확인합니다.

In :
```
HeroInfo.head()
```

Out:

| | Name | Character Score | Intelligence | Strength | Speed | Durability | Power | Combat | FullName | AlterEgos | ... |
|---|---|---|---|---|---|---|---|---|---|---|---|
| 0 | Zoom | 9 | 50 | 10 | 100 | 30 | 100 | 30 | Hunter Zolomon | Zoom (CW) | ... |
| 1 | Zatanna | 10 | 85 | 10 | 25 | 30 | 100 | 60 | Zatanna Zatara | No alter egos found. | ... |
| 2 | Yoda | 13 | 90 | 55 | 35 | 25 | 100 | 90 | Yoda | 2018 | |
| 3 | Ymir | 11 | 50 | 100 | 30 | 100 | 100 | 30 | Ymir | No alter egos found. | ... |

```
4 Yellowjacket II   4   50   10   35   30   35   30   Rita DeMara   No alter egos found.   ...
```

데이터 프레임 안의 모양을 .shape로 확인하면 행은 724이고 열은 24입니다.

In :
```
HeroInfo.shape
```

Out:
```
(748, 24)
```

.info 메소드를 이용해 데이터 프레임의 간단한 정보를 확인할 수 있습니다.

In :
```
HeroInfo.info()
```

Out:
```
<class 'pandas.core.frame.DataFrame'>
RangeIndex: 748 entries, 0 to 747
Data columns (total 24 columns):
Name               748 non-null object
Character Score    742 non-null object
Intelligence       742 non-null object
Strength           742 non-null object
Speed              742 non-null object
Durability         742 non-null object
Power              742 non-null object
Combat             742 non-null object
FullName           742 non-null object
AlterEgos          742 non-null object
Aliases            742 non-null object
PlaceOfBirth       742 non-null object
FirstAppearance    742 non-null object
Publisher          724 non-null object
Alignment          742 non-null object
Gender             742 non-null object
Race               742 non-null object
Height             742 non-null object
Weight             742 non-null object
EyeColor           742 non-null object
HairColor          742 non-null object
SkinColor          742 non-null object
Occupation         742 non-null object
Base               742 non-null object
dtypes: object(24)
memory usage: 140.3+ KB
```

누락 값이 있는지를 확인하기 위해 .count 메소드로 실행하면 열을 기준으로 개수를 출력합니다. 전체 행의 개수와 같게 나오므로 누락 값이 없습니다.

```
In : HeroInfo.count().head()

Out: Name               748
     Character Score    742
     Intelligence       742
     Strength           742
     Speed              742
     dtype: int64
```

데이터 프레임 안의 특정 열에 포함된 값들이 얼마나 자주 일어나는지를 확인해봅니다. 또한 이 열에서 범주의 개수를 확인하기 위해 .value_counts와 count를 메소드 체인으로 연결해 계산하면 실제 분류된 개수만 출력됩니다.

```
In : HeroInfo['Character Score'].value_counts().head()

Out: -    164
     6    106
     8     70
     5     63
     7     59
     Name: Character Score, dtype: int64

In : HeroInfo['Character Score'].value_counts().count()

Out: 52
```

이 데이터 프레임 안의 열에 있는 유일한 값들의 개수를 확인하면 Character Score 열이 위의 값과 같은 것을 알 수 있습니다.

```
In : HeroInfo.nunique().head()

Out: Name               724
     Character Score     52
     Intelligence        16
     Strength            21
     Speed               21
     dtype: int64
```

이 데이터 프레임의 열에 대한 자료형을 get_dtype_counts 메소드로 확인이 가능합니다. 조회한 결과 모든 열의 자료형은 object로 구성되어 있습니다.

```
In : HeroInfo.get_dtype_counts()
```

```
Out: object    24
     dtype: int64
```

데이터 내부를 확인하면 실제 값이 '-'로 들어가있습니다.

```
In : HeroInfo.head(1)
```

Out:

| | Name | Character Score | Intelligence | Strength | Speed | Durability | Power | Combat | FullName | AlterEgos | ... | Alignment | Gender | Race | Height | Weight | EyeColor |
|---|---|---|---|---|---|---|---|---|---|---|---|---|---|---|---|---|---|
| 0 | Zoom | 9 | 50 | 10 | 100 | 30 | 100 | 30 | Hunter Zolomon | Zoom (CW) | ... | bad | Male | - | 6'1 // 185cm | 181 lb // 81kg | Red |

일단 '-' 기호를 전부 'NaN'으로 str.replace 메소드를 이용해 처리합니다.

```
In : for i in range(0,748) :
         a = HeroInfo.iloc[i].str.replace('-','NaN')
         HeroInfo.iloc[i] = a
```

```
In : HeroInfo = HeroInfo.fillna('NaN')
```

데이터 프레임이 변경된 것을 보니 '-'이 'NaN'으로 전환되었음을 알 수 있습니다.

```
In : HeroInfo.head(1)
```

Out:

| | Name | Character Score | Intelligence | Strength | Speed | Durability | Power | Combat | FullName | AlterEgos | ... | Alignment | Gender | Race | Height | Weight | EyeColor |
|---|---|---|---|---|---|---|---|---|---|---|---|---|---|---|---|---|---|
| 0 | Zoom | 9 | 50 | 10 | 100 | 30 | 100 | 30 | Hunter Zolomon | Zoom (CW) | ... | bad | Male | NaN | 6'1 // 185cm | 181 lb // 81kg | Red |

열 정보를 columns 속성에서 확인하고 이중에 숫자 자료형으로 변환할 것을 찾아 리스트로 만들었습니다.

```
In : HeroInfo.columns
```

```
Out:  Index(['Name', 'Character Score', 'Intelligence', 'Strength', 'Speed',
             'Durability', 'Power', 'Combat', 'FullName', 'AlterEgos', 'Aliases',
             'PlaceOfBirth', 'FirstAppearance', 'Publisher', 'Alignment', 'Gender',
             'Race', 'Height', 'Weight', 'EyeColor', 'HairColor', 'SkinColor',
             'Occupation', 'Base'],
            dtype='object')
```

```
In :  cols = ['Character Score', 'Intelligence', 'Strength', 'Speed','Durability', 'Power', 'Combat']
```

'Character Score', 'Intelligence', 'Strength', 'Speed','Durability', 'Power', 'Combat' 열을 기준으로 하고 dtype 메소드로 기존 클래스의 타입을 변경합니다.

```
In :  for c in cols :
          HeroInfo[c] = HeroInfo[c].astype('float')
          HeroInfo[c] = HeroInfo[c].fillna(0)
```

데이터 프레임의 dtypes 속성을 이용해 위의 astype으로 자료형을 변환한 결과를 볼 수 있습니다.

```
In :  HeroInfo.dtypes
```

```
Out:  Name                 object
      Character Score     float64
      Intelligence        float64
      Strength            float64
      Speed               float64
      Durability          float64
      Power               float64
      Combat              float64
      FullName             object
      AlterEgos            object
      Aliases              object
      PlaceOfBirth         object
      FirstAppearance      object
      Publisher            object
      Alignment            object
      Gender               object
      Race                 object
      Height               object
      Weight               object
      EyeColor             object
      HairColor            object
      SkinColor            object
      Occupation           object
      Base                 object
      dtype: object
```

널 값이 있는지를 확인하면 NaN이 존재할 때 발생합니다. 넘파이와 판다스 기준에 NaN은 실수형 처리일 때만 수행되지만 문자열로 NaN은 인식하지 못합니다.

In :
```
HeroInfo.isnull().sum().head()
```

Out:
```
Name               0
Character Score    0
Intelligence       0
Strength           0
Speed              0
dtype: int64
```

이 데이터 프레임의 현재 메모리 사용량을 알고 싶다면 memory_usage(deep=True)를 실행합니다.

In :
```
HeroInfo.memory_usage(deep=True).head()
```

Out:
```
Index                 80
Name               49543
Character Score     5984
Intelligence        5984
Strength            5984
dtype: int64
```

숫자로 변환할 열만을 .filter 메소드를 이용해 조회할 수 있습니다. .filter 메소드에 인자 items를 불러온 열의 레이블을 할당해 처리하면 됩니다.

In :
```
aa = HeroInfo.filter(items=[ 'Character Score', 'Intelligence',
                        'Strength','Speed','Durability','Power','Combat'])
```

In :
```
aa.shape
```

Out:
```
(748, 7)
```

In :
```
aa.head()
```

Out:

| | Character Score | Intelligence | Strength | Speed | Durability | Power | Combat |
|---|---|---|---|---|---|---|---|
| **0** | 9.0 | 50.0 | 10.0 | 100.0 | 30.0 | 100.0 | 30.0 |
| **1** | 10.0 | 85.0 | 10.0 | 25.0 | 30.0 | 100.0 | 60.0 |

| | | | | | | | |
|---|---|---|---|---|---|---|---|
| **2** | 13.0 | 90.0 | 55.0 | 35.0 | 25.0 | 100.0 | 90.0 |
| **3** | 11.0 | 50.0 | 100.0 | 30.0 | 100.0 | 100.0 | 30.0 |
| **4** | 4.0 | 50.0 | 10.0 | 35.0 | 30.0 | 35.0 | 30.0 |

이 데이터 프레임을 정렬합니다. 특정 열을 기준으로 상위 100개를 추출하면 정렬된 순서에서 상위 100개를 가져옵니다.

In :
```
aa = aa.sort_values(['Character Score'],ascending=False)
```

In :
```
aa.nlargest(100, 'Character Score').head()
```

Out:

| | Character Score | Intelligence | Strength | Speed | Durability | Power | Combat |
|---|---|---|---|---|---|---|---|
| **74** | 231.0 | 100.0 | 100.0 | 100.0 | 100.0 | 100.0 | 100.0 |
| **236** | 185.0 | 100.0 | 100.0 | 100.0 | 100.0 | 100.0 | 100.0 |
| **313** | 175.0 | 100.0 | 100.0 | 100.0 | 100.0 | 100.0 | 100.0 |
| **330** | 128.0 | 100.0 | 100.0 | 100.0 | 100.0 | 100.0 | 30.0 |
| **119** | 108.0 | 90.0 | 100.0 | 100.0 | 100.0 | 100.0 | 70.0 |

상위 100개 중에 다른 열을 기준으로 하위 10개를 선택해 가져와서, 실제 숫자로 변환된 데이터들이 제대로 들어 있는지를 확인합니다.

In :
```
aa.nlargest(100, 'Character Score').nsmallest(10,'Combat')
```

Out:

| | **Character Score** | **Intelligence** | **Strength** | **Speed** | **Durability** | **Power** | **Combat** |
|---|---|---|---|---|---|---|---|
| **459** | 15.0 | 45.0 | 100.0 | 55.0 | 100.0 | 100.0 | 20.0 |
| **706** | 21.0 | 65.0 | 100.0 | 100.0 | 80.0 | 100.0 | 25.0 |
| **330** | 128.0 | 100.0 | 100.0 | 100.0 | 100.0 | 100.0 | 30.0 |
| **646** | 18.0 | 45.0 | 10.0 | 100.0 | 80.0 | 100.0 | 30.0 |
| **133** | 47.0 | 60.0 | 100.0 | 100.0 | 90.0 | 100.0 | 35.0 |
| **203** | 90.0 | 100.0 | 15.0 | 20.0 | 100.0 | 100.0 | 40.0 |
| **221** | 71.0 | 100.0 | 10.0 | 25.0 | 100.0 | 100.0 | 40.0 |
| **150** | 23.0 | 75.0 | 100.0 | 100.0 | 85.0 | 100.0 | 40.0 |
| **735** | 15.0 | 50.0 | 85.0 | 100.0 | 85.0 | 100.0 | 40.0 |
| **614** | 13.0 | 70.0 | 85.0 | 45.0 | 70.0 | 100.0 | 40.0 |

### 7.1.2 통계량 처리

일반적인 통계 처리를 위한 함수를 판다스의 기본 메소드로 제공합니다. 일단 기본적인 것을 하나의 .describe 메소드로 제공해서 통계의 기본 사항들을 표시해줍니다.

**■ 통계량 처리**

열을 변수로 생각하므로 변수에 대한 일반 통계량을 확인해서 어떻게 처리되는지를 알아봅니다.

**[예제 7-2] 통계 함수 사용하기**

정제한 데이터 프레임으로 .describe 메소드를 이용해 해당 열의 통계에 대해 계산된 정보를 출력합니다. 기본적으로 개수(count), 평균(mean), 표준편차(std), 최솟값, 최댓값, 그리고 백분위를 표시합니다.

열에 대한 세부 정보를 보기 위해 통계량이 계산된 결과인 데이터 프레임 전치(transpose, T)를 사용합니다.

In :
```
aa.describe().T
```

Out:

| | count | mean | std | min | 25% | 50% | 75% | max |
|---|---|---|---|---|---|---|---|---|
| Character Score | 748.0 | 8.847594 | 16.891520 | 0.0 | 3.0 | 6.0 | 9.0 | 231.0 |
| Intelligence | 748.0 | 50.868984 | 32.792503 | 0.0 | 25.0 | 60.0 | 75.0 | 100.0 |
| Strength | 748.0 | 33.790107 | 34.374893 | 0.0 | 10.0 | 15.0 | 65.0 | 100.0 |
| Speed | 748.0 | 32.660428 | 27.566537 | 0.0 | 10.0 | 30.0 | 50.0 | 100.0 |
| Durability | 748.0 | 46.370321 | 36.270596 | 0.0 | 10.0 | 45.0 | 80.0 | 110.0 |
| Power | 748.0 | 50.942513 | 37.694796 | 0.0 | 15.0 | 50.0 | 90.0 | 100.0 |
| Combat | 748.0 | 48.262032 | 33.144862 | 0.0 | 15.0 | 60.0 | 75.0 | 105.0 |

새로운 파일에서 읽어온 데이터 프레임 중 .descirbe 메소드를 실행하고 전치한 후에 .head 메소드를 실행했습니다.

문자열에 대한 정보를 처리해서 개수(count), 유일한 정보(unique), top, 그리고 빈도(freq)를 출력합니다.

In :
```
HeroInfo_1 = pd.read_csv("../data/HeroInfo.csv",encoding='utf-8')
```

In :
```
HeroInfo_1.describe().T.head()
```

Out:

| | count | unique | top | freq |
|---|---|---|---|---|
| **Name** | 748 | 724 | Green Lantern | 7 |
| **Character Score** | 742 | 52 | - | 164 |
| **Intelligence** | 742 | 16 | - | 164 |
| **Strength** | 742 | 21 | - | 164 |
| **Speed** | 742 | 21 | - | 164 |

[예제 7-1]에서 사용한 Heroinfo 변수에 저장된 데이터 프레임을 가져와서 통계량을 계산합니다. 이번에는 .describe 메소드의 매개변수 include에 np.number를 리스트로 넣어 실행합니다. 열의 자료형이 정수나 실수인 것을 식별해서 통계량이 산출됩니다.

In :
```
import numpy as np
```

In :
```
HeroInfo.describe(include=[np.number]).T
```

Out:

| | count | mean | std | min | 25% | 50% | 75% | max |
|---|---|---|---|---|---|---|---|---|
| **Character Score** | 748.0 | 8.847594 | 16.891520 | 0.0 | 3.0 | 6.0 | 9.0 | 231.0 |
| **Intelligence** | 748.0 | 50.868984 | 32.792503 | 0.0 | 25.0 | 60.0 | 75.0 | 100.0 |
| **Strength** | 748.0 | 33.790107 | 34.374893 | 0.0 | 10.0 | 15.0 | 65.0 | 100.0 |
| **Speed** | 748.0 | 32.660428 | 27.566537 | 0.0 | 10.0 | 30.0 | 50.0 | 100.0 |
| **Durability** | 748.0 | 46.370321 | 36.270596 | 0.0 | 10.0 | 45.0 | 80.0 | 110.0 |
| **Power** | 748.0 | 50.942513 | 37.694796 | 0.0 | 15.0 | 50.0 | 90.0 | 100.0 |
| **Combat** | 748.0 | 48.262032 | 33.144862 | 0.0 | 15.0 | 60.0 | 75.0 | 105.0 |

문자열로 처리된 객체는 np.object를 매개변수의 값으로 넣어서 처리합니다. 그러면 새로운 파일을 읽어 HeroInfo_1 변수에 저장된 데이터 프레임의 통계량이 일치합니다.

In :
```
HeroInfo.describe(include=[np.object]).T.head()
```

Out:

| | count | unique | top | freq |
|---|---|---|---|---|
| **Name** | 748 | 724 | Green Lantern | 7 |
| **FullName** | 748 | 548 | NaN | 168 |

| AlterEgos | 748 | 136 | No alter egos found. | 608 |
|---|---|---|---|---|
| Aliases | 748 | 488 | NaN | 256 |
| PlaceOfBirth | 748 | 243 | NaN | 431 |

위에서 수치 자료형만 갖는 열로 만든 데이터 프레임을 가지고 특정 열인 Character Score로 .grouoby 메소드를 실행하며, 이 그룹에 대한 계산은 .mean으로 처리합니다. 평균 값에 대해 반올림(round)을 처리합니다. 이를 새로운 변수에 저장했고 그 내부의 모양인 .shape 속성을 조회합니다.

In :
```
ch_sco = aa.groupby('Character Score').mean().round(3)
```

In :
```
ch_sco.shape
```

Out:
```
(52, 6)
```

Character Score 열을 인덱스의 그룹으로 처리한 결과를 확인하면 평균 값으로 들어가 있습니다.

In :
```
ch_sco.head()
```

Out:

| | Intelligence | Strength | Speed | Durability | Power | Combat |
|---|---|---|---|---|---|---|
| Character Score | | | | | | |
| 0.0 | 0.000 | 0.000 | 0.000 | 0.000 | 0.000 | 0.000 |
| 1.0 | 10.000 | 15.000 | 25.000 | 50.000 | 10.000 | 5.000 |
| 2.0 | 12.143 | 15.714 | 17.143 | 15.714 | 20.714 | 24.286 |
| 3.0 | 33.000 | 15.333 | 26.000 | 29.333 | 26.000 | 44.000 |
| 4.0 | 40.102 | 22.653 | 32.245 | 38.061 | 42.551 | 49.082 |

HeroInfo 변수를 가지고 .pivot_table 메소드로 새로운 데이터 프레임을 만듭니다. 이때 기준이 되는 열을 index 매개변수에 열 Power로 지정했고 나머지 열의 값을 그룹화해서 처리할 수 있도록 매개변수 aggfunc에 np.mean 함수를 지정해서 처리합니다.

각 열의 값은 인덱스를 기준으로 여러 개의 값에 대한 평균을 구해서 표시합니다.

In :
```
HeroInfo.pivot_table(index='Power',aggfunc=np.mean).head()
```

Out:

| Power | Character Score | Combat | Durability | Intelligence | Speed | Strength |
|---|---|---|---|---|---|---|
| **0.0** | 0.017544 | 0.058480 | 0.029240 | 0.233918 | 0.029240 | 0.058480 |
| **5.0** | 2.000000 | 33.333333 | 8.333333 | 10.000000 | 13.333333 | 10.000000 |
| **10.0** | 5.250000 | 24.375000 | 19.375000 | 61.250000 | 26.875000 | 11.875000 |
| **15.0** | 5.833333 | 50.416667 | 39.583333 | 66.250000 | 21.250000 | 31.666667 |
| **20.0** | 4.941176 | 59.411765 | 37.058824 | 55.000000 | 34.411765 | 19.411765 |

피봇 테이블을 만들 때 두 개의 열을 index로 지정하면 행의 레이블이 멀티인덱스를 구성합니다. .pivot_table 메소드를 실행하면 2개의 인덱스를 가지고 열의 정보는 평균 값을 보여줍니다.

In :
```
HeroInfo.pivot_table(index=['Power','EyeColor'],aggfunc=np.mean).head()
```

Out:

| Power | EyeColor | Character Score | Combat | Durability | Intelligence | Speed | Strength |
|---|---|---|---|---|---|---|---|
| **0.0** | Black | 0.000000 | 0.00000 | 0.000000 | 0.000000 | 0.000000 | 0.000000 |
| | Blue | 0.090909 | 0.30303 | 0.151515 | 1.212121 | 0.151515 | 0.30303 |
| | Brown | 0.000000 | 0.00000 | 0.000000 | 0.000000 | 0.000000 | 0.000000 |
| | Green | 0.000000 | 0.00000 | 0.000000 | 0.000000 | 0.000000 | 0.000000 |
| | Grey | 0.000000 | 0.00000 | 0.000000 | 0.000000 | 0.000000 | 0.000000 |

.pivot_table 메소드를 처리할 때 집계를 .describe 처리하면 각 열별로 통계 정보가 열에 들어가서 멀티인덱스를 구성합니다.

In :
```
HeroInfo.pivot_table(index=['Power','EyeColor'],aggfunc='describe').head()
```

Out:

| | | Character Score | | | | | | | | Combat | | ... | Speed | | Strength | | | | | | | |
|---|---|---|---|---|---|---|---|---|---|---|---|---|---|---|---|---|---|---|---|---|---|---|
| | | 25% | 50% | 75% | count | max | mean | min | std | 25% | 50% | ... | min | std | 25% | 50% | 75% | count | max | mean | min | std |
| Power | EyeColor | | | | | | | | | | | | | | | | | | | | | |
| 0.0 | Black | 0.0 | 0.0 | 0.0 | 5.0 | 0.0 | 0.000000 | 0.0 | 0.000000 | 0.0 | 0.0 | ... | 0.0 | 0.000000 | 0.0 | 0.0 | 0.0 | 5.0 | 0.0 | 0.00000 | 0.0 | 0.000000 |
| | Blue | 0.0 | 0.0 | 0.0 | 33.0 | 3.0 | 0.090909 | 0.0 | 0.522233 | 0.0 | 0.0 | ... | 0.0 | 0.870388 | 0.0 | 0.0 | 0.0 | 33.0 | 10.0 | 0.30303 | 0.0 | 1.740777 |
| | Brown | 0.0 | 0.0 | 0.0 | 18.0 | 0.0 | 0.000000 | 0.0 | 0.000000 | 0.0 | 0.0 | ... | 0.0 | 0.000000 | 0.0 | 0.0 | 0.0 | 18.0 | 0.0 | 0.00000 | 0.0 | 0.000000 |
| | Green | 0.0 | 0.0 | 0.0 | 5.0 | 0.0 | 0.000000 | 0.0 | 0.000000 | 0.0 | 0.0 | ... | 0.0 | 0.000000 | 0.0 | 0.0 | 0.0 | 5.0 | 0.0 | 0.00000 | 0.0 | 0.000000 |
| | Grey | 0.0 | 0.0 | 0.0 | 1.0 | 0.0 | 0.000000 | 0.0 | NaN | 0.0 | 0.0 | ... | 0.0 | NaN | 0.0 | 0.0 | 0.0 | 1.0 | 0.0 | 0.00000 | 0.0 | NaN |

5 rows × 48 columns

이 데이터 프레임의 열이 많으므로 멀티인덱스 중에 첫 번째 레이블 이름으로 검색하면 멀티인덱스 중에 다음 레벨을 구성한 데이터 프레임을 보여줍니다.

In :

```
HeroInfo.pivot_table(index=['Power','EyeColor'],aggfunc='describe')['Character Score'].head()
```

Out:

| Power | EyeColor | 25% | 50% | 75% | count | max | mean | min | std |
|---|---|---|---|---|---|---|---|---|---|
| 0.0 | Black | 0.0 | 0.0 | 0.0 | 5.0 | 0.0 | 0.000000 | 0.0 | 0.000000 |
| | Blue | 0.0 | 0.0 | 0.0 | 33.0 | 3.0 | 0.090909 | 0.0 | 0.522233 |
| | Brown | 0.0 | 0.0 | 0.0 | 18.0 | 0.0 | 0.000000 | 0.0 | 0.000000 |
| | Green | 0.0 | 0.0 | 0.0 | 5.0 | 0.0 | 0.000000 | 0.0 | 0.000000 |
| | Grey | 0.0 | 0.0 | 0.0 | 1.0 | 0.0 | 0.000000 | 0.0 | NaN |

### 7.1.3 통계 처리할 때의 NaN 값 해결 방안

판다스는 처음부터 누락 값에 대한 예외를 처리하지 않도록 설계가 되었습니다. 누락 값이 있으면 들어온 대로 누락 값을 저장합니다.

누락 값을 정당한 값으로 변환할지 혹은 삭제할지는 사용자가 선택해서 처리해야 합니다. 이번 절에서 어떻게 처리할지를 알아봅니다.

#### ■ 통계 계산 처리할 때 누락 값 조치 방안

다양한 메소드를 이용해서 누락 값을 어떻게 계산하는지를 알아봅니다.

**[예제 7-3] NaN 값 해결 방안 알아보기**

HeroInfo 변수에 저장된 데이터 프레임을 기준으로 .groupby 메소드의 인자로 name 열을 넣고 그룹화했습니다. 이 이름을 기준으로 .count 메소드로 실행했기에 처리된 값들이 1이 되었습니다.

In :

```
HeroInfo.groupby('Name').count().head()
```

Out:

| Character Score | Intelligence | Strength | Speed | Durability | Power | Combat | FullName | AlterEgos | ... | Alignment | Gender | Race | Height | Weight |
|---|---|---|---|---|---|---|---|---|---|---|---|---|---|---|

| Name | | | | | | | | | | | | | | | |
|---|---|---|---|---|---|---|---|---|---|---|---|---|---|---|---|
| 3NaND Man | 1 | 1 | 1 | 1 | 1 | 1 | 1 | 1 | 1 | ... | 1 | 1 | 1 | 1 | 1 |
| ANaNBomb | 1 | 1 | 1 | 1 | 1 | 1 | 1 | 1 | 1 | ... | 1 | 1 | 1 | 1 | 1 |
| Abe Sapien | 1 | 1 | 1 | 1 | 1 | 1 | 1 | 1 | 1 | ... | 1 | 1 | 1 | 1 | 1 |
| Abin Sur | 1 | 1 | 1 | 1 | 1 | 1 | 1 | 1 | 1 | ... | 1 | 1 | 1 | 1 | 1 |
| Abomination | 1 | 1 | 1 | 1 | 1 | 1 | 1 | 1 | 1 | ... | 1 | 1 | 1 | 1 | 1 |

그룹화 기준이 Name 열이지만 표준편차 .std를 만들면 하나의 원소만 있으므로 NaN을 만듭니다.

In :
```
HeroInfo.groupby('Name').std().head()
```

Out:

| Name | Character Score | Intelligence | Strength | Speed | Durability | Power | Combat |
|---|---|---|---|---|---|---|---|
| 3NaND Man | NaN | NaN | NaN | NaN | NaN | NaN | NaN |
| ANaNBomb | NaN | NaN | NaN | NaN | NaN | NaN | NaN |
| Abe Sapien | NaN | NaN | NaN | NaN | NaN | NaN | NaN |
| Abin Sur | NaN | NaN | NaN | NaN | NaN | NaN | NaN |
| Abomination | NaN | NaN | NaN | NaN | NaN | NaN | NaN |

표준편차를 계산할 때 누락 값인 NaN 값을 제거하려면 표준편차 메소드 .std에 매개변수 ddof=0을 넣어 처리합니다.

In :
```
HeroInfo.groupby('Name').std(ddof=0).head()
```

Out:

| Name | Character Score | Combat | Durability | Intelligence | Power | Speed | Strength |
|---|---|---|---|---|---|---|---|
| 3NaND Man | 0.0 | 0.0 | 0.0 | 0.0 | 0.0 | 0.0 | 0.0 |
| ANaNBomb | 0.0 | 0.0 | 0.0 | 0.0 | 0.0 | 0.0 | 0.0 |
| Abe Sapien | 0.0 | 0.0 | 0.0 | 0.0 | 0.0 | 0.0 | 0.0 |
| Abin Sur | 0.0 | 0.0 | 0.0 | 0.0 | 0.0 | 0.0 | 0.0 |
| Abomination | 0.0 | 0.0 | 0.0 | 0.0 | 0.0 | 0.0 | 0.0 |

표준편차를 처리하기 위해 사용자 정의 표준편차인 std 함수를 정의했습니다. 이 함수를 .agg 메소드에 리스트로 넣고 실행합니다.

사용자 정의 함수에 넘파이 모듈의 함수를 변경해서 실행하면 누락 값인 NaN은 없고 실제 값이 0.0으로 처리가 됩니다.

In :
```
import numpy as np
```

In :
```
def std(x): return np.std(x)
```

In :
```
HeroInfo.groupby(['Name','FirstAppearance']).agg([std]).head()
```

Out:

| | | Character Score | Intelligence | Strength | Speed | Durability | Power | Combat |
|---|---|---|---|---|---|---|---|---|
| Name | FirstAppearance | std | std | std | std | std | std | std |
| 3NaND Man | NaN | 0.0 | 0.0 | 0.0 | 0.0 | 0.0 | 0.0 | 0.0 |
| ANaNBomb | Hulk Vol 2 #2 (April, 2008) (as ANaNBomb) | 0.0 | 0.0 | 0.0 | 0.0 | 0.0 | 0.0 | 0.0 |
| Abe Sapien | Hellboy: Seed of Destruction | 0.0 | 0.0 | 0.0 | 0.0 | 0.0 | 0.0 | 0.0 |
| Abin Sur | Showcase #22 (October, 1959) | 0.0 | 0.0 | 0.0 | 0.0 | 0.0 | 0.0 | 0.0 |
| Abomination | Tales to Astonish #90 | 0.0 | 0.0 | 0.0 | 0.0 | 0.0 | 0.0 | 0.0 |

이번에는 넘파이에서 nanstd 함수를 이용해 실제 NaN값을 제외하고 표준편차를 구하므로 NaN값이 발생할 경우 0.0으로 처리됩니다.

In :
```
def nanstd(x): return np.nanstd(x)
```

In :
```
HeroInfo.groupby(['Power']).agg([nanstd]).head()
```

Out:

| | Character Score | Intelligence | Strength | Speed | Durability | Combat |
|---|---|---|---|---|---|---|
| | nanstd | nanstd | nanstd | nanstd | nanstd | nanstd |
| Power | | | | | | |
| **0.0** | 0.228744 | 3.049919 | 0.762480 | 0.381240 | 0.381240 | 0.762480 |
| **5.0** | 0.000000 | 0.000000 | 0.000000 | 2.357023 | 4.714045 | 18.856181 |
| **10.0** | 2.861381 | 34.072533 | 3.479853 | 22.491318 | 13.095204 | 15.296548 |
| **15.0** | 1.343710 | 15.695674 | 25.358540 | 6.166104 | 25.121234 | 24.448784 |
| **20.0** | 1.433654 | 20.364329 | 14.233593 | 23.632129 | 17.494438 | 20.064774 |

이번에는 .describe 메소드를 이용해 NaN 값이 표준편차인 std에 발생합니다.

In :
```
HeroInfo.groupby(['Name','EyeColor','HairColor']).describe().round(3)['Character Score'].head()
```

Out:

| Name | EyeColor | HairColor | count | mean | std | min | 25% | 50% | 75% | max |
|---|---|---|---|---|---|---|---|---|---|---|
| 3NaND Man | Brown | Grey | 1.0 | 4.0 | NaN | 4.0 | 4.0 | 4.0 | 4.0 | 4.0 |
| ANaNBomb | Yellow | No Hair | 1.0 | 9.0 | NaN | 9.0 | 9.0 | 9.0 | 9.0 | 9.0 |
| Abe Sapien | Blue | No Hair | 1.0 | 10.0 | NaN | 10.0 | 10.0 | 10.0 | 10.0 | 10.0 |
| Abin Sur | Blue | No Hair | 1.0 | 9.0 | NaN | 9.0 | 9.0 | 9.0 | 9.0 | 9.0 |
| Abomination | Green | No Hair | 1.0 | 8.0 | NaN | 8.0 | 8.0 | 8.0 | 8.0 | 8.0 |

NaN 값이 발생한 데이터 프레임 내부에 .fillna(0)를 지정해 값을 변경할 수 있습니다.

In :

```
HeroInfo.groupby(['Name','EyeColor','HairColor']).describe().round(3).fillna(0)['Character Score'].head()
```

Out:

| Name | EyeColor | HairColor | count | mean | std | min | 25% | 50% | 75% | max |
|---|---|---|---|---|---|---|---|---|---|---|
| 3NaND Man | Brown | Grey | 1.0 | 4.0 | 0.0 | 4.0 | 4.0 | 4.0 | 4.0 | 4.0 |
| ANaNBomb | Yellow | No Hair | 1.0 | 9.0 | 0.0 | 9.0 | 9.0 | 9.0 | 9.0 | 9.0 |
| Abe Sapien | Blue | No Hair | 1.0 | 10.0 | 0.0 | 10.0 | 10.0 | 10.0 | 10.0 | 10.0 |
| Abin Sur | Blue | No Hair | 1.0 | 9.0 | 0.0 | 9.0 | 9.0 | 9.0 | 9.0 | 9.0 |
| Abomination | Green | No Hair | 1.0 | 8.0 | 0.0 | 8.0 | 8.0 | 8.0 | 8.0 | 8.0 |

## 7.2 샘플링 메소드 적용

데이터를 분석하다 보면 특정 데이터에 대해 확인해야 할 일이 발생합니다. 많은 데이터를 전부 처리하기보다 특정 데이터를 추출해서 데이터가 가진 특징을 분석하는 방법을 배울 필요가 있습니다.

판다스의 데이터 프레임으로 받은 데이터를 가지고 일부를 추출해 샘플링 데이터를 만들어 특징을 파악하는 방법을 알아두면 좋습니다. 데이터의 표본을 추출해서 특징을 파악 가능하도록 샘플링한 후 그 값들의 특징을 확인할 통계량 및 수학 관련 메소드를 처리해봅니다.

샘플링 방법도 샘플의 빈도를 분 단위에서 초 단위로 늘리는 업 샘플링이 있고 샘플의 빈도를 낮춰 처리하는 다운 샘플링이 있습니다. 이를 제공하는 .sample과 .resample 메소드에 대해 자세히 살펴보겠습니다.

## 7.2.1 샘플링

먼저 sample 메소드를 실행해 샘플을 추출하고 메소드를 적용하는 방법을 알아봅니다.

### ■ 샘플링 처리

외부의 데이터를 읽어오는 파일을 처리하기 위해 pandas_datareader 모듈을 설치합니다.

혹시 설치할 때 pip 모듈도 업그레이드가 필요한데 주피터 노트북상에서 쉘 명령을 작동시켜 설치해봅니다. 주피터 노트북에서 느낌표(!)를 붙이고 쉘 명령어를 실행하면 작동됩니다.

In :
```
!pytion -m pip install --upgrade pip
```

In :
```
!pip install pandas_datareader --upgrade
```

**[예제 7-4] 샘플링 데이터 처리하기**

웹상의 주식 데이터를 읽기 위해 pandas_datareader를 설치하고, 이를 임포트합니다. 주식 데이터를 읽기 위해 날짜를 지정할 필요가 있습니다. 파이썬에서 날짜를 관리하는 datetime 모듈도 임포트한 후에 데이터를 가져올 날짜를 두 개 지정합니다.

In :
```
from pandas_datareader import data
```

In :
```
import datetime
```

In :
```
start = datetime.datetime(2018, 1, 2)
```

In :
```
end = datetime.datetime(2018, 4, 3)
```

2018연도 셀트리온 주식 가격을 가져오기 위해 종목 코드인 068270.KS를 지정하고 정보 관리 주체인 yahoo, 시작일과 종료일을 넣어 .DataReader 함수를 실행하면 데이터 프레임으로 변환합니다. .head 메소드를 실행해 정보를 조회합니다.

In :
```
cel = data.DataReader("068270.KS", "yahoo", start, end)
```

In :
```
cel.head()
```

Out:

| Date | High | Low | Open | Close | Volume | Adj Close |
|---|---|---|---|---|---|---|
| **2018-01-02** | 227700 | 222200 | 223600 | 225900 | 1176443 | 225900 |
| **2018-01-03** | 247200 | 227100 | 228900 | 246700 | 2411162 | 246700 |
| **2018-01-04** | 261200 | 245300 | 249600 | 250000 | 3265527 | 250000 |
| **2018-01-05** | 267000 | 254000 | 254900 | 266900 | 1920918 | 266900 |
| **2018-01-08** | 303200 | 277200 | 278500 | 302500 | 4298770 | 302500 |

단순히 특정 정보를 샘플링하기 위해 .sample 메소드에 매개변수 n의 값으로 정수에 3을 넣으면 3개의 샘플만 임의로 가져옵니다.

In :
```
cel.sample(n=3)
```

Out:

| Date | High | Low | Open | Close | Volume | Adj Close |
|---|---|---|---|---|---|---|
| **2018-01-16** | 350400 | 335200 | 341000 | 347400 | 1649629 | 347400 |
| **2018-02-20** | 319000 | 301000 | 313500 | 304000 | 1087076 | 304000 |
| **2018-01-12** | 374000 | 317500 | 324600 | 341500 | 5792144 | 341500 |

같은 .sample 메소드를 한 번 더 실행하면 임의의 값을 새롭게 제공하는 것을 알 수 있습니다.

In :
```
cel.sample(n=3)
```

Out:

| Date | High | Low | Open | Close | Volume | Adj Close |
|---|---|---|---|---|---|---|
| **2018-01-25** | 295000 | 282300 | 291300 | 289700 | 1393842 | 289700 |
| **2018-03-16** | 332500 | 321000 | 325000 | 324000 | 1357702 | 324000 |
| **2018-03-08** | 354000 | 330500 | 331000 | 354000 | 7741422 | 354000 |

기존에 샘플링된 것도 포함해서 샘플링하려면 이전의 데이터도 포함해 다시 섞어야 합니다. 이때는 매개변수 replace=True를 넣어 실행합니다.

In :
```
cel.sample(n=3,replace=True)
```

Out:

| | High | Low | Open | Close | Volume | Adj Close |
|---|---|---|---|---|---|---|
| **Date** | | | | | | |
| **2018-01-08** | 303200 | 277200 | 278500 | 302500 | 4298770 | 302500 |
| **2018-02-01** | 318300 | 297300 | 314800 | 299800 | 1909895 | 299800 |
| **2018-01-19** | 320800 | 284400 | 320000 | 287800 | 3755567 | 287800 |

고정된 개수가 아닌 퍼센트 단위로 데이터를 추출하기 위해서 매개변수 frac에 소수점 이하로 값을 넣습니다. 0.1 즉 10%에 대해 frac=0.1를 인자로 넣어 실행하면 해당 퍼센트에 해당되는 양이 추출되는 것을 알 수 있습니다.

In :
```
cel.shape
```

Out: (63, 6)

In :
```
int(cel.shape[0]/10)
```

Out: 6

In :
```
cel.sample(frac=0.1)
```

Out:

| | High | Low | Open | Close | Volume | Adj Close |
|---|---|---|---|---|---|---|
| **Date** | | | | | | |
| **2018-01-09** | 320000 | 291200 | 304000 | 292500 | 5108684 | 292500 |
| **2018-01-10** | 315000 | 285000 | 303300 | 296000 | 3487231 | 296000 |
| **2018-02-06** | 291200 | 272200 | 276200 | 284200 | 2596342 | 284200 |
| **2018-01-25** | 295000 | 282300 | 291300 | 289700 | 1393842 | 289700 |
| **2018-03-30** | 321500 | 309000 | 319500 | 309500 | 1206106 | 309500 |
| **2018-03-06** | 381500 | 358500 | 376000 | 370000 | 2019719 | 370000 |

전체 데이터를 변경하면서 특정 퍼센트 단위로 데이터를 추출하려면 frac과 replace 인자를 넣어 실행합니다.

In :
```
cel.sample(frac=0.1,replace=True)
```

Out:

| Date | High | Low | Open | Close | Volume | Adj Close |
|---|---|---|---|---|---|---|
| **2018-03-20** | 325000 | 312500 | 316000 | 322500 | 1160725 | 322500 |
| **2018-04-02** | 316000 | 304000 | 310500 | 304000 | 702993 | 304000 |
| **2018-01-30** | 339000 | 325200 | 333900 | 326600 | 1789761 | 326600 |
| **2018-03-06** | 381500 | 358500 | 376000 | 370000 | 2019719 | 370000 |
| **2018-02-23** | 322500 | 307000 | 309000 | 318000 | 976514 | 318000 |
| **2018-02-02** | 306400 | 290000 | 300300 | 301400 | 1647660 | 301400 |

무작위로 추출한 것을 검증하려면 동일한 샘플링이 나와야 하므로 매개변수 random_state = 100 인자를 넣어 처리하면 됩니다.

In :
```
cel.sample(frac=0.1,random_state=100 )
```

Out:

| Date | High | Low | Open | Close | Volume | Adj Close |
|---|---|---|---|---|---|---|
| **2018-03-05** | 392000 | 357000 | 386500 | 373500 | 3136351 | 373500 |
| **2018-02-19** | 326000 | 311500 | 326000 | 316500 | 1345272 | 316500 |
| **2018-01-18** | 323400 | 305600 | 308900 | 319300 | 1954123 | 319300 |
| **2018-03-22** | 319000 | 305000 | 312000 | 310500 | 1177144 | 310500 |
| **2018-03-23** | 312500 | 298000 | 302500 | 300000 | 1483144 | 300000 |
| **2018-02-06** | 291200 | 272200 | 276200 | 284200 | 2596342 | 284200 |

샘플링한 데이터는 데이터 프레임으로 만들어져 있어 데이터 프레임의 메소드도 연속해서 사용이 가능합니다.

In :
```
cel_sam = cel.sample(frac=0.1,random_state=100 )
```

In :
```
type(cel_sam)
```

Out:
```
pandas.core.frame.DataFrame
```

그래서 샘플링한 데이터를 가지고 .describe 메소드를 실행합니다.

In :
```
cel_sam.describe()
```

Out:

| | High | Low | Open | Close | Volume | Adj Close |
|---|---|---|---|---|---|---|
| count | 16.000000 | 16.000000 | 16.000000 | 16.000000 | 1.600000e+01 | 16.000000 |
| mean | 300175.000000 | 283606.250000 | 292937.500000 | 289981.250000 | 1.651064e+06 | 289981.250000 |
| std | 28413.154231 | 25076.934123 | 30021.989164 | 24477.042816 | 1.100143e+06 | 24477.042816 |
| min | 247200.000000 | 227100.000000 | 228900.000000 | 246700.000000 | 3.975290e+05 | 246700.000000 |
| 25% | 280625.000000 | 268875.000000 | 279125.000000 | 269625.000000 | 7.359150e+05 | 269625.000000 |
| 50% | 299300.000000 | 286050.000000 | 292900.000000 | 297250.000000 | 1.375236e+06 | 297250.000000 |
| 75% | 312000.000000 | 296500.000000 | 299500.000000 | 308375.000000 | 2.285670e+06 | 308375.000000 |
| max | 355000.000000 | 323000.000000 | 347400.000000 | 326000.000000 | 3.558669e+06 | 326000.000000 |

샘플링한 데이터 프레임을 가지고 .mean, .std, .var 메소드를 개별적으로 실행해도 처리가 됩니다.

In :

```
cel_sam.mean()
```

Out:

```
High          300175.000
Low           283606.250
Open          292937.500
Close         289981.250
Volume       1651063.875
Adj Close     289981.250
dtype: float64
```

In :

```
cel_sam.std()
```

Out:

```
High         2.841315e+04
Low          2.507693e+04
Open         3.002199e+04
Close        2.447704e+04
Volume       1.100143e+06
Adj Close    2.447704e+04
dtype: float64
```

In :

```
cel_sam.var()
```

Out:

```
High         8.073073e+08
Low          6.288526e+08
Open         9.013198e+08
Close        5.991256e+08
Volume       1.210314e+12
Adj Close    5.991256e+08
dtype: float64
```

### 7.2.2 리샘플링

판다스에서 리샘플링을 제공하는 이유는 샘플링(.sample 메소드)을 하면 바로 데이터 프레임을 만들어서 정적으로 처리하는 구조이기 때문입니다. 새로운 동적 처리 클래스를 만들어서 실제 호출했을 때 계산이 실행됩니다.

#### ■ 리샘플링 처리

리샘플링을 이해하기 위해 샘플링에서 처리한 동일한 셀트리온 주가 정보를 가지고 처리합니다. 리샘플링은 바로 접근이 가능하지 않으므로 제공되는 속성이나 메소드로 호출해 처리합니다.

#### [예제 7-5] 리샘플링 데이터 처리하기

셀트리온 주가 정보를 pands_DataReader 모듈을 이용해 yahoo에서 읽어옵니다. 읽어온 데이터를 확인하면 실제 주식이 거래된 일자별로 가격을 가져옵니다.

In :
```
from pandas_datareader import data
```

In :
```
cel_re = data.DataReader("068270.KS", "yahoo", '2018-01-02', '2018-08-31')
```

In :
```
cel_re.head()
```

Out:

| Date | High | Low | Open | Close | Volume | Adj Close |
|---|---|---|---|---|---|---|
| **2018-01-02** | 227700 | 222200 | 223600 | 225900 | 1176443 | 225900 |
| **2018-01-03** | 247200 | 227100 | 228900 | 246700 | 2411162 | 246700 |
| **2018-01-04** | 261200 | 245300 | 249600 | 250000 | 3265527 | 250000 |
| **2018-01-05** | 267000 | 254000 | 254900 | 266900 | 1920918 | 266900 |
| **2018-01-08** | 303200 | 277200 | 278500 | 302500 | 4298770 | 302500 |

읽어온 데이터 프레임을 .resample 메소드로 실행할 때 인자를 영업년 단위인 BA로 지정했습니다. 영업일 단위이므로 휴일이 포함되지 않습니다. 다운 샘플링(down sample)을 하려면 연 단위, 분기 단위, 월 단위, 주 단위로 줄여서 처리할 수 있습니다.

처리된 결과를 확인하면 데이터 프레임이 아닌 다른 클래스의 객체로 만들어진 것을 확인할 수 있습니다.

In :
```
cel_re.resample('BA')
```

Out:
```
DatetimeIndexResampler [freq=<BusinessYearEnd: month=12>, axis=0, closed=right, label=right, convention=start, base=0]
```

DatetimeIndexResampler 클래스의 내부 메소드들을 확인해보면 통계량을 계산하는 메소드를 제공하고 있습니다. 또한 기존 데이터 프레임의 열에 대한 정보도 속성으로 지정된 것을 확인할 수 있습니다.

In :
```
a = cel_re.resample('BA')
```

In :
```
count = 0
for i in dir(a) :
    if not i.startswith("_") :
        print(i, end=",  ")
        count += 1
        if count % 6 == 0 :
            print()
```

Out:
```
Close,  High,  Low,  Open,  Volume,  agg,
aggregate,  apply,  asfreq,  ax,  backfill,  bfill,
count,  ffill,  fillna,  first,  get_group,  groups,
indices,  interpolate,  last,  max,  mean,  median,
min,  ndim,  nearest,  ngroups,  nunique,  obj,
ohlc,  pad,  plot,  prod,  sem,  size,
std,  sum,  transform,  var,
```

이 클래스에서 High 속성을 조회하면 데이터 프레임에서 지정된 열의 정보가 조회됩니다.

In :
```
a.High.head()
```

Out:
```
Date
2018-01-02    227700
2018-01-03    247200
2018-01-04    261200
2018-01-05    267000
2018-01-08    303200
Name: High, dtype: int64
```

특정 기준으로 리샘플링한 후에 내부의 속성과 메소드에 대한 기본 정보를 처리하면 일단 차원과 그룹에 대해 알아보고 만들어진 데이터의 사이즈를 알아봅니다.

일단 'BA'를 넣어 처리하면 연 단위로 처리됩니다. 2018년 12월 31일 데이터가 없지만 연말 기준으로 처리하므로 12월말 영업일인 12월 31일로 처리된 것을 알 수 있습니다.

```
In : cel_2018 = cel_re.resample('BA')
```

```
In : cel_2018.ndim
```

```
Out: 2
```

```
In : cel_2018.ngroups
```

```
Out: 1
```

```
In : cel_2018.size()
```

```
Out: Date
     2018-12-31    160
     Freq: BA-DEC, dtype: int64
```

리샘플링한 데이터플 기준으로 평균(mean) 메소드를 실행하고 소수점 2자리를 .round 메소드로 조정합니다.

```
In : cel_2018.mean().round(2)
```

Out:

| Date | High | Low | Open | Close | Volume | Adj Close |
|---|---|---|---|---|---|---|
| **2018-12-31** | 297050.62 | 282461.25 | 289472.5 | 289107.5 | 1463355.06 | 289107.5 |

표준편차 .std 메소드를 실행해서 평균 처리와 똑같이 수행합니다.

```
In : cel_2018.std().round(2)
```

Out:

| Date | High | Low | Open | Close | Volume | Adj Close |
|---|---|---|---|---|---|---|
| **2018-12-31** | 29812.0 | 27821.0 | 30058.0 | 28458.0 | 1596663.0 | 28458.0 |

분산 .var 메소드를 호출해 실행합니다.

In :
```
cel_2018.var().round(1)
```

Out:

| Date | High | Low | Open | Close | Volume | Adj Close |
|---|---|---|---|---|---|---|
| **2018-12-31** | 888771387.6 | 774025622.1 | 903504828.5 | 809865688.7 | 2.549332e+12 | 809865688.7 |

단순히 연말로 할 경우에도 2018년은 연말이 평일이어서 같은 결과가 나옵니다.

In :
```
year = cel_re.resample('A')
```

In :
```
year.mean().round(2)
```

Out:

| Date | High | Low | Open | Close | Volume | Adj Close |
|---|---|---|---|---|---|---|
| **2018-12-31** | 297050.62 | 282461.25 | 289472.5 | 289107.5 | 1463355.06 | 289107.5 |

비즈니스 분기별로 데이터를 샘플링해 처리하기 위해서 BQ를 넣고 샘플링 데이터를 만든 후에 .mean 메소드로 평균을 호출하면 영업일 기준으로 분기별로 합산한 후에 평균을 처리합니다.

In :
```
cel_bq = cel.resample('BQ')
```

In :
```
cel_bq.mean().round(2)
```

Out:

| Date | High | Low | Open | Close | Volume | Adj Close |
|---|---|---|---|---|---|---|
| **2018-03-30** | 318985.25 | 298955.74 | 308124.59 | 308904.92 | 2390017.69 | 308904.92 |
| **2018-06-29** | 284308.33 | 272675.00 | 278358.33 | 277350.00 | 1019217.68 | 277350.00 |
| **2018-09-28** | 282346.15 | 271717.95 | 277397.44 | 276217.95 | 697240.87 | 276217.95 |

영업일이 아닌 일반 분기별로 처리하면 해당 분기의 마지막 일자를 기준으로 해서 달력에 있는 분기 마지막 일자로 처리됩니다.

In :
```
cel_q = cel.resample('Q')
```

In :
```
cel_q.mean().round(2)
```

Out:

| Date | High | Low | Open | Close | Volume | Adj Close |
|---|---|---|---|---|---|---|
| **2018-03-31** | 318985.25 | 298955.74 | 308124.59 | 308904.92 | 2390017.69 | 308904.92 |
| **2018-06-30** | 284308.33 | 272675.00 | 278358.33 | 277350.00 | 1019217.68 | 277350.00 |
| **2018-09-30** | 282346.15 | 271717.95 | 277397.44 | 276217.95 | 697240.87 | 276217.95 |

영업 월말을 기준으로 해도 영업일이 평일인 경우에 맞춰 계산을 하는 것을 볼 수 있습니다.

In :
```
cel_bm = cel.resample('BM')
```

In :
```
cel_bm.mean().round(2)
```

Out:

| Date | High | Low | Open | Close | Volume | Adj Close |
|---|---|---|---|---|---|---|
| **2018-01-31** | 309900.00 | 287286.36 | 296740.91 | 299109.09 | 2638188.64 | 299109.09 |
| **2018-02-28** | 313683.33 | 294361.11 | 302322.22 | 304433.33 | 2045820.39 | 304433.33 |
| **2018-03-30** | 333047.62 | 315119.05 | 325023.81 | 323000.00 | 2425055.33 | 323000.00 |
| **2018-04-30** | 291357.14 | 278452.38 | 285571.43 | 282833.33 | 1182494.76 | 282833.33 |
| **2018-05-31** | 270350.00 | 258475.00 | 264250.00 | 262875.00 | 1050451.90 | 262875.00 |
| **2018-06-29** | 291210.53 | 281236.84 | 285236.84 | 286526.32 | 805875.42 | 286526.32 |
| **2018-07-31** | 287045.45 | 275613.64 | 282250.00 | 280181.82 | 739477.95 | 280181.82 |
| **2018-08-31** | 276264.71 | 266676.47 | 271117.65 | 271088.24 | 642581.12 | 271088.24 |

일반 월말을 기준으로 하면 월이 마지막 일자로 처리되는 것이 보입니다.

In :
```
cel_m = cel.resample('M')
```

In :
```
cel_m.mean().round(2)
```

Out:

| Date | High | Low | Open | Close | Volume | Adj Close |
|---|---|---|---|---|---|---|
| **2018-01-31** | 309900.00 | 287286.36 | 296740.91 | 299109.09 | 2638188.64 | 299109.09 |
| **2018-02-28** | 313683.33 | 294361.11 | 302322.22 | 304433.33 | 2045820.39 | 304433.33 |
| **2018-03-30** | 333047.62 | 315119.05 | 325023.81 | 323000.00 | 2425055.33 | 323000.00 |
| **2018-04-30** | 291357.14 | 278452.38 | 285571.43 | 282833.33 | 1182494.76 | 282833.33 |
| **2018-05-31** | 270350.00 | 258475.00 | 264250.00 | 262875.00 | 1050451.90 | 262875.00 |
| **2018-06-29** | 291210.53 | 281236.84 | 285236.84 | 286526.32 | 805875.42 | 286526.32 |

| | | | | | | |
|---|---|---|---|---|---|---|
| **2018-07-31** | 287045.45 | 275613.64 | 282250.00 | 280181.82 | 739477.95 | 280181.82 |
| **2018-08-31** | 276264.71 | 266676.47 | 271117.65 | 271088.24 | 642581.12 | 271088.24 |

주 단위로 할 때는 영업일 기준이 아닌 일반 주 단위를 기준으로 하므로, 주 단위의 마지막 일자로 처리됩니다.

In :
```
cel_w = cel.resample('W')
```

In :
```
cel_w.mean().round(2).head()
```

Out:

| Date | High | Low | Open | Close | Volume | Adj Close |
|---|---|---|---|---|---|---|
| **2018-01-07** | 250775.0 | 237150.0 | 239250.0 | 247375.0 | 2193512.5 | 247375.0 |
| **2018-01-14** | 323840.0 | 292780.0 | 301800.0 | 307900.0 | 4091696.8 | 307900.0 |
| **2018-01-21** | 339640.0 | 313240.0 | 332160.0 | 323600.0 | 2782391.0 | 323600.0 |
| **2018-01-28** | 299740.0 | 282000.0 | 291220.0 | 292560.0 | 1913707.2 | 292560.0 |
| **2018-02-04** | 324660.0 | 303780.0 | 312100.0 | 314360.0 | 1776936.0 | 314360.0 |

주식 시장은 영업일만 개장하므로 실제 데이터가 영업일 기준으로 처리됩니다. 이를 확장해 모든 일자에 데이터를 넣어서 처리하고자 하면 업샘플링 작업을 수행해야 합니다. 이번에는 일자별로 생성합니다. 기존 데이터보다 더 많은 행이 생깁니다.

In :
```
cel_d = cel.resample('D')
```

In :
```
cel.shape
```

Out: (160, 6)

In :
```
cel_d.count().shape
```

Out: (235, 6)

리샘플링한 것을 데이터를 처리하기 위해 보간법인 .interpolate 메소드를 이용해 매개변수 method = linear를 넣어 처리합니다. 빈 일자에 대해서 선형적으로 값이 들어갑니다.

이번에는 .astype 메소드를 처리해서 정수형 값으로 변환 처리했습니다. 처음에 읽어온 아래의 정보와 확인하면 빈 일자가 만들어져서 없던 일자인 2008-01-06과 2018-01-07에도 값들이 선형적으로 들어가 있는 것을 알 수 있습니다.

In :
```
interpolated = cel_d.interpolate(method='linear').astype('int64')
```

In :
```
interpolated.head(7)
```

Out:

| Date | High | Low | Open | Close | Volume | Adj Close |
|---|---|---|---|---|---|---|
| **2018-01-02** | 227700 | 222200 | 223600 | 225900 | 1176443 | 225900 |
| **2018-01-03** | 247200 | 227100 | 228900 | 246700 | 2411162 | 246700 |
| **2018-01-04** | 261200 | 245300 | 249600 | 250000 | 3265527 | 250000 |
| **2018-01-05** | 267000 | 254000 | 254900 | 266900 | 1920918 | 266900 |
| **2018-01-06** | 279066 | 261733 | 262766 | 278766 | 2713535 | 278766 |
| **2018-01-07** | 291133 | 269466 | 270633 | 290633 | 3506152 | 290633 |
| **2018-01-08** | 303200 | 277200 | 278500 | 302500 | 4298770 | 302500 |

처음에 읽어온 정보를 확인하면 실제 영업일만 처리된 것을 확인할 수 있습니다.

In :
```
cel.head()
```

Out:

| Date | High | Low | Open | Close | Volume | Adj Close |
|---|---|---|---|---|---|---|
| **2018-01-02** | 227700 | 222200 | 223600 | 225900 | 1176443 | 225900 |
| **2018-01-03** | 247200 | 227100 | 228900 | 246700 | 2411162 | 246700 |
| **2018-01-04** | 261200 | 245300 | 249600 | 250000 | 3265527 | 250000 |
| **2018-01-05** | 267000 | 254000 | 254900 | 266900 | 1920918 | 266900 |
| **2018-01-08** | 303200 | 277200 | 278500 | 302500 | 4298770 | 302500 |

이번에는 다항식 또는 스플라인(spline)을 사용하여 값을 연결해 더 자연스럽게 보이는 스플라인 보간을 사용할 때 다항식의 항의 수를 2로 지정해 처리하면 보간된 값의 보다 다양한 결과를 얻을 수 있습니다.

In :
```
in_spline = cel_d.interpolate(method='spline', order=2).astype('int64')
```

In :
```
in_spline.head(7)
```

Out:

| Date | High | Low | Open | Close | Volume | Adj Close |
|---|---|---|---|---|---|---|
| **2018-01-02** | 227700 | 222200 | 223600 | 225900 | 1176443 | 225900 |
| **2018-01-03** | 247200 | 227100 | 228900 | 246700 | 2411162 | 246700 |
| **2018-01-04** | 261200 | 245300 | 249600 | 250000 | 3265527 | 250000 |
| **2018-01-05** | 267000 | 254000 | 254900 | 266900 | 1920918 | 266900 |
| **2018-01-06** | 274933 | 259785 | 257214 | 285516 | 1691992 | 285516 |
| **2018-01-07** | 286897 | 265462 | 261393 | 301078 | 2960826 | 301078 |
| **2018-01-08** | 303200 | 277200 | 278500 | 302500 | 4298770 | 302500 |

특정 날짜에서는 시간 단위로도 처리가 가능합니다. 일단 주기를 지정해서 처리하는 방법을 간단히 알아봅니다.

판다스가 제공하는 data_range 함수의 매개변수 freq에 T를 넣으면 분 단위로 데이터 인덱스가 생깁니다.

In :
```
index = pd.date_range('1/1/2018', periods=9, freq='T')
```

In :
```
series = pd.Series(range(9), index=index)
```

Out:
```
2018-01-01 00:00:00    0
2018-01-01 00:01:00    1
2018-01-01 00:02:00    2
2018-01-01 00:03:00    3
2018-01-01 00:04:00    4
2018-01-01 00:05:00    5
2018-01-01 00:06:00    6
2018-01-01 00:07:00    7
2018-01-01 00:08:00    8
Freq: T, dtype: int64
```

시리즈를 가지고 .resample 메소드를 3분 단위로 리샘플링 처리하면 3T로 합산해서 처리하는 것을 볼 수 있습니다.

In :
```
series.resample('3T').sum()
```

Out:
```
2018-01-01 00:00:00     3
2018-01-01 00:03:00    12
2018-01-01 00:06:00    21
Freq: 3T, dtype: int64
```

리샘플링할 때 내부에 label과 closed를 지정해 빈도에 대한 처리 기준으로 조정할 수 있습니다. 이때 둘 다 right로 지정하면 하나의 행이 더 생깁니다.

```
In :  series.resample('3T', label='right').sum()

Out:  2018-01-01 00:03:00     3
      2018-01-01 00:06:00    12
      2018-01-01 00:09:00    21
      Freq: 3T, dtype: int64
```

```
In :  series.resample('3T', label='right', closed='right').sum()

Out:  2018-01-01 00:00:00     0
      2018-01-01 00:03:00     6
      2018-01-01 00:06:00    15
      2018-01-01 00:09:00    15
      Freq: 3T, dtype: int64
```

시간 단위로 만들어서 처리하려면 H를 기준으로 만들면 됩니다.

```
In :  index_h = pd.date_range('1/1/2018', periods=9, freq='H')

In :  series_h = pd.Series(range(9), index=index_h)

In :  series_h

Out:  2018-01-01 00:00:00    0
      2018-01-01 01:00:00    1
      2018-01-01 02:00:00    2
      2018-01-01 03:00:00    3
      2018-01-01 04:00:00    4
      2018-01-01 05:00:00    5
      2018-01-01 06:00:00    6
      2018-01-01 07:00:00    7
      2018-01-01 08:00:00    8
      Freq: H, dtype: int64
```

.resample 메소드는 새로운 클래스를 만들어서 동적으로 처리하므로 실제 해당 값을 합산할 때 주어진 메소드를 가지고 처리합니다.

```
In :  sh_re = series_h.resample('3H')
```

```
In : type(sh_re)
```

```
Out: pandas.core.resample.DatetimeIndexResampler
```

```
In : series_h.resample('3H').sum()
```

```
Out: 2018-01-01 00:00:00     3
     2018-01-01 03:00:00    12
     2018-01-01 06:00:00    21
     Freq: 3H, dtype: int64
```

빈도를 표시하는 또 하나의 메소드인 asfreq 메소드가 있습니다. 빈도를 표시할 매개변수인 freq에 규칙을 3 hour로 처리하도록 넣고 만들면 정적 자료형이 만들어지는 것을 볼 수 있습니다.

```
In : sh = series_h.asfreq(freq='3H')
```

```
In : type(sh)
```

```
Out: pandas.core.series.Series
```

```
In : sh
```

```
Out: 2018-01-01 00:00:00    0
     2018-01-01 03:00:00    3
     2018-01-01 06:00:00    6
     Freq: 3H, dtype: int64
```

## 7.2.3 오버플로우 알아보기

수치를 계산할 때 범위를 벗어난 수치에 대해 오버플로우가 발생합니다. 오버플로우가 발생하는 경우에 대해서 알아보도록 합니다

### ■ 오버플로우 처리하기

수치를 계산할 때 파이썬에서 제공하는 수치보다 크면 오버플로우가 발생하므로 실제 계산할 때 단위를 잘 맞춰서 처리해야 합니다.

## [예제 7-6] 추가 메소드 적용하기

먼저, 셀트리온 주식 데이터를 읽어옵니다.

In :
```
from pandas_datareader import data
```

In :
```
cel_s = data.DataReader("068270.KS", "yahoo", '2018-01-02', '2018-08-31')
```

상관관계 메소드인 .corr를 이용해 읽어온 열에 대한 상관관계를 알아봅니다.

In :
```
cel_s.corr()
```

Out:

| | High | Low | Open | Close | Volume | Adj Close |
|---|---|---|---|---|---|---|
| **High** | 1.000000 | 0.959914 | 0.963528 | 0.969840 | 0.411717 | 0.969840 |
| **Low** | 0.959914 | 1.000000 | 0.969088 | 0.965830 | 0.215503 | 0.965830 |
| **Open** | 0.963528 | 0.969088 | 1.000000 | 0.921463 | 0.292557 | 0.921463 |
| **Close** | 0.969840 | 0.965830 | 0.921463 | 1.000000 | 0.329955 | 1.000000 |
| **Volume** | 0.411717 | 0.215503 | 0.292557 | 0.329955 | 1.000000 | 0.329955 |
| **Adj Close** | 0.969840 | 0.965830 | 0.921463 | 1.000000 | 0.329955 | 1.000000 |

가격에 대해 일별로 누적한 값을 확인하기 위해 .cumsum 메소드를 처리했습니다.

In :
```
cel_s.cumsum().head()
```

Out:

| | High | Low | Open | Close | Volume | Adj Close |
|---|---|---|---|---|---|---|
| **Date** | | | | | | |
| **2018-01-02** | 227700 | 222200 | 223600 | 225900 | 1176443 | 225900 |
| **2018-01-03** | 474900 | 449300 | 452500 | 472600 | 3587605 | 472600 |
| **2018-01-04** | 736100 | 694600 | 702100 | 722600 | 6853132 | 722600 |
| **2018-01-05** | 1003100 | 948600 | 957000 | 989500 | 8774050 | 989500 |
| **2018-01-08** | 1306300 | 1225800 | 1235500 | 1292000 | 13072820 | 1292000 |

마지막 처리된 부분도 확인하면 계속 금액이 누적되는 것이 보입니다.

In :
```
cel_s.cumsum().tail()
```

Out:

| | High | Low | Open | Close | Volume | Adj Close |
|---|---|---|---|---|---|---|
| Date | | | | | | |
| 2018-08-20 | 46428600 | 44123800 | 45236600 | 45167200 | 232277146 | 45167200 |
| 2018-08-21 | 46699600 | 44386300 | 45501100 | 45435700 | 232907738 | 45435700 |
| 2018-08-22 | 46975100 | 44654300 | 45771600 | 45704200 | 233381740 | 45704200 |
| 2018-08-23 | 47249100 | 44922300 | 46041100 | 45978200 | 233777558 | 45978200 |
| 2018-08-24 | 47530100 | 45193800 | 46315600 | 46257200 | 234330680 | 46257200 |

누적된 곱을 계산하면 마이너스 수치가 발생한 것을 알 수 있습니다. 파이썬에서는 일단 정수가 오버플로우 계산되어도 에러가 발생하지 않고 금액을 마이너스로 처리합니다.

```
In : cel_s.cumprod()['High'].head()
```

```
Out: Date
     2018-01-02                   227700
     2018-01-03              56287440000
     2018-01-04         14702279328000000
     2018-01-05     -3647907124134494208
     2018-01-08      2887877972361478144
     Name: High, dtype: int64
```

부동소숫점으로 변경해 누적 곱셉을 처리해서 오버플로우가 발생하면 inf 즉, 무한대 값을 결과로 표시합니다.

```
In : cel_as = cel_s.astype('float64')
```

```
In : cel_as.cumprod()['High'].iloc[100]
```

```
Out: inf
```

Chapter

# 문자열과 일반 함수 벡터화 처리하기

다양한 함수를 추가로 정의하고 이를 벡터화 연산으로 실행해서 처리하는 apply 함수와 문자열 등으로 작성한 것을 평가해서 사용하는 eval 함수 등을 처리하는 방법을 알아봅니다. 또한 pipe 메소드를 통해 함수를 연결해서 사용해보는 방법도 살핍니다.

- 사용자 함수를 정의해서 벡터화 연산 처리하기
- 브로드캐스팅 처리하기
- 윈도우를 구성하는 함수 알아보기
- 사용자 정의 함수나 주어진 메소드에 apply 함수 적용하기
- pipe 메소드 이해하기

# 8.1 일반 함수를 정의해 적용

수학적인 함수를 이용해서 배열 연산을 하기 위한 브로드캐스팅(broadcasting) 처리를 알아보고 특정 기준이 있는 윈도우 처리를 통한 연산을 알아봅니다.

## 8.1.1 기본 수학 함수와 연산자 처리

판다스에서는 기본적인 산술 연산과 논리 연산을 지원하지만 다양한 수학 연산은 넘파이 함수로 가능합니다.

### ■ 기본 함수 및 넘파이 함수 사용

먼저 기본적인 사칙연산을 처리하는 법을 알아봅니다. 그리고 나머지 수학 연산을 위해 넘파이 함수에 대한 적용 여부를 알아봅니다.

**[예제 8-1] 수학 함수 알아보기**

두 개의 시리즈를 만들 때 넘파이 모듈이 random을 이용합니다. 먼저 같은 값을 처리할 수 있도록 RandomState를 지정해 랜덤 상태를 고정하고 이를 기준으로 randint를 이용해 정해진 숫자를 랜덤하게 생성하여 시리즈를 만듭니다.

```
In : import numpy as np

In : rng = np.random.RandomState(42)

In : ser = pd.Series(rng.randint(0, 10, 4))

In : ser1 = pd.Series(rng.randint(0, 10, 4))
```

두 개의 시리즈가 생성된 것을 확인합니다.

```
In : ser

Out: 0    6
     1    3
     2    7
     3    4
```

```
dtype: int32
```

In :
```
ser1
```

Out:
```
0    6
1    9
2    2
3    6
dtype: int32
```

연산자를 이용해 덧셈을 처리하면 실제 스페셜 메소드인 __add__를 호출해 처리되는 것과 같습니다.

In :
```
ser + ser
```

Out:
```
0    12
1     6
2    14
3     8
dtype: int32
```

In :
```
ser.__add__(ser)
```

Out:
```
0    12
1     6
2    14
3     8
dtype: int32
```

판다스에서는 연산자뿐만 아니라, 메소드 add, radd를 제공해 추가 기능을 처리할 수 있는 매개변수를 제공합니다.

In :
```
ser.add(ser)
```

Out:
```
0    12
1     6
2    14
3     8
dtype: int32
```

In :
```
ser.radd(ser1)
```

```
Out:  0    12
      1    12
      2     9
      3    10
      dtype: int32
```

넘파이에서 제공되는 지수와 로그 함수도 시리즈를 넣으면 연산이 실행됩니다.

```
In :  np.exp(ser)
```

```
Out:  0     403.428793
      1      20.085537
      2    1096.633158
      3      54.598150
      dtype: float64
```

```
In :  np.log(np.exp(ser))
```

```
Out:  0    6.0
      1    3.0
      2    7.0
      3    4.0
      dtype: float64
```

넘파이에서는 @ 연산자에 해당하는 matmul이 존재하지만 시리즈에는 없습니다. 대신 시리즈에는 dot 메소드를 제공해 벡터에 대한 내적을 구할 수 있도록 지원합니다.

파이썬은 클래스 안의 네임스페이스인 __dict__ 에 있는 메소드를 문자열로 조회할 때 그 내부에 있는 자료형을 확인하면 함수 여부를 확인할 수 있습니다.

```
In :  np.matmul(ser,ser)
```

```
Out:  110
```

```
In :  ser.values @ ser.values
```

```
Out:  110
```

```
In :  np.__dict__['matmul']
```

```
Out:  <function numpy.core.multiarray.matmul>
```

```
ser.dot(ser)
```

```
110
```

### 8.1.2 데이터 프레임 브로드캐스팅

시리즈와 데이터 프레임을 계산할 경우 연산자로 계산할 때와 메소드에 축을 제공해 계산할 때 각각 다른 결과가 나오기도 합니다. 데이터 프레임과 시리즈를 계산할 때 축(axis)을 어떻게 결정하는가에 따라 원하지 않는 결과가 나올 수 있습니다.

인덱서를 이용해서 행을 검색한 계산과 인덱싱 연산자를 통해 열로 검색한 결과가 나올 때 axis를 지정하는 방식을 잘 알고 있어야 합니다.

#### ■ 데이터 프레임 브로드캐스팅을 이해하고 함수 처리

데이터 프레임일 경우 행과 열의 레이블이 지정되어 있어 차원에 대한 확장인 브로드캐스팅도 행과 열의 레이블이 같아야 원하는 값을 처리할 수 있습니다.

**[예제 8-2] 데이터 프레임 브로드캐스팅 이해하기**

하나의 데이터 프레임을 만듭니다. 실제 데이터는 0부터 20까지의 값을 가지고 넘파이 안의 randint 함수를 이용해 4행 4열 데이터를 만들고 각 열의 명칭을 Q, R, S, T로 지정했습니다.

```
In : df_2 = pd.DataFrame((rng.randint(0, 20, (4, 4))), columns=list('QRST'))
```

```
In : df_2
```

Out:

| | Q | R | S | T |
|---|---|---|---|---|
| 0 | 10 | 10 | 3 | 7 |
| 1 | 2 | 1 | 11 | 5 |
| 2 | 1 | 0 | 11 | 11 |
| 3 | 16 | 9 | 15 | 14 |

하나의 행을 인덱스로 읽어서 데이터 프레임 전체와 뺄셈을 하면 내부적으로 시리즈를 4행 4

열짜리 데이터 프레임을 만들어 계산합니다.

In :
```
type(df_2.iloc[0])
```

Out:
```
pandas.core.series.Series
```

In :
```
df_2 - df_2.iloc[0]
```

Out:

| | Q | R | S | T |
|---|---|---|---|---|
| **0** | 0 | 0 | 0 | 0 |
| **1** | -8 | -9 | 8 | -2 |
| **2** | -9 | -10 | 8 | 4 |
| **3** | 6 | -1 | 12 | 7 |

이 과정이 어떻게 데이터 프레임으로 바뀌어서 브로드캐스팅되는지를 알아봅니다. 먼저 한 행을 읽은 것을 데이터 프레임으로 전환하고 행과 열의 레이블을 확인합니다.

In :
```
df_2.iloc[0]
```

Out:
```
Q    10
R    10
S     3
T     7
Name: 0, dtype: int32
```

In :
```
df_3 = pd.DataFrame([df_2.iloc[0]])
```

In :
```
df_3
```

Out:

| | Q | R | S | T |
|---|---|---|---|---|
| **0** | 10 | 10 | 3 | 7 |

빈 데이터 프레임인 df_3-s를 만들고 하나의 행을 만든 데이터 프레임 df_3를 append 함수로 4번 넣어서 4행 4열을 만들었습니다. Ignore_index=True를 지정했으므로 실제 인덱스는 다시 만들어집니다.

In :
```
df_3_s = pd.DataFrame()
```

In :
```
for _ in range(4) :
    print("loop")
    df_3_s = df_3_s.append(df_3, ignore_index=True)
```

Out:
```
loop
loop
loop
loop
```

새로 만들어진 데이터 프레임을 보면 열 내부의 값이 같습니다.

In :
```
df_3_s
```

Out:

| | Q | R | S | T |
|---|---|---|---|---|
| **0** | 10 | 10 | 3 | 7 |
| **1** | 10 | 10 | 3 | 7 |
| **2** | 10 | 10 | 3 | 7 |
| **3** | 10 | 10 | 3 | 7 |

브로드캐스팅한 df_3_s나 df_2.iloc[0]으로 처리한 뺄셈의 결과가 같습니다.

In :
```
df_2 - df_3_s
```

Out:

| | Q | R | S | T |
|---|---|---|---|---|
| **0** | 0 | 0 | 0 | 0 |
| **1** | -8 | -9 | 8 | -2 |
| **2** | -9 | -10 | 8 | 4 |
| **3** | 6 | -1 | 12 | 7 |

In :
```
df_2 - df_2.iloc[0]
```

Out:

| | Q | R | S | T |
|---|---|---|---|---|
| **0** | 0 | 0 | 0 | 0 |
| **1** | -8 | -9 | 8 | -2 |
| **2** | -9 | -10 | 8 | 4 |
| **3** | 6 | -1 | 12 | 7 |

브로드캐스팅을 쉽게 이해하기 위해 subtract 메소드를 가지고 aixs=1로 처리하면 하나의 행을 읽은 것이 자동 브로드캐스팅해 처리됩니다.

In :
```
df_2.subtract(df_2.iloc[0],axis=1)
```

Out:

| | Q | R | S | T |
|---|---|---|---|---|
| **0** | 0 | 0 | 0 | 0 |
| **1** | -8 | -9 | 8 | -2 |
| **2** | -9 | -10 | 8 | 4 |
| **3** | 6 | -1 | 12 | 7 |

실제 축을 axis=0으로 지정하면 데이터 프레임과 시리즈가 축에 대한 레이블이 일치되는 부분이 없어 아무것도 처리하지 못하는 누락 값으로 채워진 데이터 프레임을 반환하는 것을 알 수 있습니다.

In :
```
df_2.subtract(df_2.iloc[0],axis=0)
```

Out:

| | Q | R | S | T |
|---|---|---|---|---|
| **0** | NaN | NaN | NaN | NaN |
| **1** | NaN | NaN | NaN | NaN |
| **2** | NaN | NaN | NaN | NaN |
| **3** | NaN | NaN | NaN | NaN |
| **Q** | NaN | NaN | NaN | NaN |
| **R** | NaN | NaN | NaN | NaN |
| **S** | NaN | NaN | NaN | NaN |
| **T** | NaN | NaN | NaN | NaN |

위에서는 행으로 처리했습니다. 열로 처리를 하려면 반대 방향으로 조정이 필요한데, 일단 인덱싱에서 열의 레이블로 조회합니다.

In :
```
df_2['R']
```

Out:
```
0    10
1     1
2     0
3     9
Name: R, dtype: int32
```

데이터 프레임은 기본 행으로 계산합니다. 열로 읽어 시리즈를 만들면 연산자에서는 바로 행을 중심으로 처리하므로 시리즈 안 행의 레이블을 데이터 프레임으로 브로드캐스팅해서 처리하는 것을 알 수 있습니다.

In :
```
df_2 - df_2['R']
```

Out:

| | Q | R | S | T | 0 | 1 | 2 | 3 |
|---|---|---|---|---|---|---|---|---|
| **0** | NaN | NaN | NaN | NaN | NaN | NaN | NaN | NaN |
| **1** | NaN | NaN | NaN | NaN | NaN | NaN | NaN | NaN |
| **2** | NaN | NaN | NaN | NaN | NaN | NaN | NaN | NaN |
| **3** | NaN | NaN | NaN | NaN | NaN | NaN | NaN | NaN |

열로 검색한 것에 대해 브로드캐스팅 연산을 하기 위해 axis=0을 고정시켜서 처리하면 데이터 프레임과의 계산이 수행됩니다.

In :
```
df_2.subtract(df_2['R'],axis=0)
```

Out:

| | Q | R | S | T |
|---|---|---|---|---|
| **0** | 0 | 0 | -7 | -3 |
| **1** | 1 | 0 | 10 | 4 |
| **2** | 1 | 0 | 11 | 11 |
| **3** | 7 | 0 | 6 | 5 |

열을 고정시키면 브로드캐스팅할 때 전체 열을 똑같이 맞추므로 총 8개의 열이 생깁니다. 이때 누락 값이 들어 있으므로 계산하면 NaN으로 처리됩니다. 따라서 행으로 처리하는 것과 열로 처리하는 것을 제대로 인식해야 합니다.

In :
```
df_2.subtract(df_2['R'],axis=1)
```

Out:

| | Q | R | S | T | 0 | 1 | 2 | 3 |
|---|---|---|---|---|---|---|---|---|
| **0** | NaN | NaN | NaN | NaN | NaN | NaN | NaN | NaN |
| **1** | NaN | NaN | NaN | NaN | NaN | NaN | NaN | NaN |
| **2** | NaN | NaN | NaN | NaN | NaN | NaN | NaN | NaN |
| **3** | NaN | NaN | NaN | NaN | NaN | NaN | NaN | NaN |

### 8.1.3 윈도우 함수

윈도우 함수는 현재 행에 어떻게든 관계가 있는 테이블 행 세트를 통해 계산을 수행합니다.

이는 집계 함수로 수행할 수 있는 계산 유형과 비슷하지만 .window 함수를 사용하면 단일 출력 행으로 나와 그룹화(groupby)되지 않습니다.

행은 개별 ID를 유지합니다. 창 뒤에서 창 함수는 쿼리 결과의 현재 행 이상을 액세스할 수 있습니다.

## ■ Rolling/expanding 클래스를 이용한 수학 함수 처리

window 클래스를 만들어 수학 함수를 실행하면 특정 추세를 알아보고 실제 이를 그래프에 처리하며, 이후 특정 영역에 대한 정보를 통계적으로 확인할 수 있습니다.

보통 윈도우 함수는 별도의 움직이는 창의 크기(window) 매개변수를 가지고 계산의 기준을 정의합니다. 또한 적용할 창의 유형(win_type)을 배정할 수 있습니다. window 클래스를 만들 때 공통적으로 최소한으로 처리하는 데이터 처리 기준인 min_periods와 중앙 처리 여부(center)를 지정해 실제 행을 처리합니다.

### [예제 8-3] rolling과 expanding 수학 함수 알아보기

먼저 expanding과 rolling의 처리 기준을 확인하기 위해 하나의 데이터 프레임을 만듭니다. 넘파이 랜덤 정보를 유지하기 위해 RandomState를 고정해서 처리했습니다.

In :
```
import numpy as np
```

In :
```
rng = np.random.RandomState(42)
```

In :
```
df_re = pd.DataFrame(np.random.randn(10, 4),
                     index = pd.date_range('1/1/2000', periods=10),
                     columns = ['A', 'B', 'C', 'D'])
```

이 데이터 프레임으로 expanding( )을 실행하면 결과가 나오는 것이 아니라 하나의 expanding 객체를 생성합니다. 실제 만들어진 자료형을 확인하기 위해 Type 클래스에 현재 만들어진 객체를 넣어 자료형을 확인합니다.

In :
```
df_re.expanding()
```

Out:
```
Expanding [min_periods=1,center=False,axis=0]
```

In :
```
type(df_re.expanding())
```

Out:
```
pandas.core.window.Expanding
```

expanding 자료형 내부의 속성 중에 스페셜 속성과 스페셜 메소드를 제외한 것을 확인하면 다양한 통계 메소드들을 지원함을 알 수 있습니다.

In :
```
count = 0
for i in dir(df_re.expanding()):
    if not i.startswith("_") :
        print(i, end=',  ')
        count += 1
        if count % 5 == 0 :
            print()
```

Out:
```
A,  B,  C,  D,  agg,
aggregate,  apply,  corr,  count,  cov,
exclusions,  is_datetimelike,  is_freq_type,  kurt,  max,
mean,  median,  min,  ndim,  quantile,
skew,  std,  sum,  validate,  var,
```

이번에는 특정 윈도우를 처리할 수 있는 .rolling 메소드를 이용해 다른 window 내 Rolling 클래스의 객체를 만들어봅니다.

Expanding 클래스와 Rolling 클래스 내부에는 통계 메소드들이 있는 것을 알 수 있습니다.

In :
```
type(df_re.rolling(window=1))
```

Out:
```
pandas.core.window.Rolling
```

In :
```
count = 0
for i in dir(df_re.rolling(window=1)):
    if not i.startswith("_") :
        print(i, end=',  ')
        count += 1
        if count % 5 == 0 :
            print()
```

```
Out:  A, B, C, D, agg,
      aggregate, apply, corr, count, cov,
      exclusions, is_datetimelike, is_freq_type, kurt, max,
      mean, median, min, ndim, quantile,
      skew, std, sum, validate, var,
```

만들어진 데이터 프레임을 .sum 메소드로 처리하면 열을 기준으로 전부 합산한 결과를 시리즈로 보여줍니다.

```
In :  df_re.sum()
```

```
Out:  A   -3.741979
      B   -1.557788
      C    2.765169
      D    0.626924
      dtype: float64
```

이 데이터 프레임의 데이터를 가지고 누적 합인 .cumsum 메소드를 이용하면 내부의 각 열의 행별로 누적된 합을 계산합니다.

```
In :  df_re.cumsum()
```

Out:

| | A | B | C | D |
|---|---|---|---|---|
| **2000-01-01** | -0.451041 | -2.516195 | 1.347456 | -1.940037 |
| **2000-01-02** | -1.027927 | -2.546473 | 1.114106 | -0.514140 |
| **2000-01-03** | 0.556168 | -2.994569 | 1.793651 | -0.955122 |
| **2000-01-04** | -0.576010 | -2.937324 | 1.687871 | 0.746848 |
| **2000-01-05** | -1.476968 | -2.783027 | 0.928172 | -1.210385 |
| **2000-01-06** | -1.337788 | -3.707287 | 2.324373 | -0.494092 |
| **2000-01-07** | -2.071957 | -1.930908 | 3.061432 | 1.627639 |
| **2000-01-08** | -3.839811 | -2.441614 | 2.880210 | 2.843267 |
| **2000-01-09** | -4.018486 | -2.011127 | 1.450010 | 1.572275 |
| **2000-01-10** | -3.741979 | -1.557788 | 2.765169 | 0.626924 |

Expanding 클래스의 객체로 변환한 후에 .sum 메소드로 계산하면 시리즈로 변하지 않고 계산된 것을 알 수 있습니다. 그리고 처리된 결과의 누적 합을 계산하는 .cumsum 메소드와 똑같이 처리합니다. 기존 데이터 프레임을 Expanding 클래스의 객체로 변환해서 .sum 메소드를 실행하는 것과 차이가 있습니다.

```
In : df_re.expanding( min_periods=1).sum()
```

Out:

| | A | B | C | D |
|---|---|---|---|---|
| **2000-01-01** | -0.451041 | -2.516195 | 1.347456 | -1.940037 |
| **2000-01-02** | -1.027927 | -2.546473 | 1.114106 | -0.514140 |
| **2000-01-03** | 0.556168 | -2.994569 | 1.793651 | -0.955122 |
| **2000-01-04** | -0.576010 | -2.937324 | 1.687871 | 0.746848 |
| **2000-01-05** | -1.476968 | -2.783027 | 0.928172 | -1.210385 |
| **2000-01-06** | -1.337788 | -3.707287 | 2.324373 | -0.494092 |
| **2000-01-07** | -2.071957 | -1.930908 | 3.061432 | 1.627639 |
| **2000-01-08** | -3.839811 | -2.441614 | 2.880210 | 2.843267 |
| **2000-01-09** | -4.018486 | -2.011127 | 1.450010 | 1.572275 |
| **2000-01-10** | -3.741979 | -1.557788 | 2.765169 | 0.626924 |

Rolling 객체를 이용해 expanding과 동일하게 처리하기 위해 window 계산 단위를 데이터 프레임 전체, min_periods=1로 처리하면 같은 결과가 나옵니다.

window 매개변수를 지정하는 범위를 기준으로 계산하므로 데이터 프레임의 전체 길이를 부여하면 전체를 하나로 보고 계산합니다.

```
In : df_re.rolling(window=len(df_re), min_periods=1).sum()
```

Out:

| | A | B | C | D |
|---|---|---|---|---|
| **2000-01-01** | -0.451041 | -2.516195 | 1.347456 | -1.940037 |
| **2000-01-02** | -1.027927 | -2.546473 | 1.114106 | -0.514140 |
| **2000-01-03** | 0.556168 | -2.994569 | 1.793651 | -0.955122 |
| **2000-01-04** | -0.576010 | -2.937324 | 1.687871 | 0.746848 |
| **2000-01-05** | -1.476968 | -2.783027 | 0.928172 | -1.210385 |
| **2000-01-06** | -1.337788 | -3.707287 | 2.324373 | -0.494092 |
| **2000-01-07** | -2.071957 | -1.930908 | 3.061432 | 1.627639 |
| **2000-01-08** | -3.839811 | -2.441614 | 2.880210 | 2.843267 |
| **2000-01-09** | -4.018486 | -2.011127 | 1.450010 | 1.572275 |
| **2000-01-10** | -3.741979 | -1.557788 | 2.765169 | 0.626924 |

이 데이터 프레임의 최댓값을 max 메소드로 실행하면 각 열에서 최댓값이 출력됩니다.

In :
```
df_re.max()
```

Out:
```
A    1.584095
B    1.776380
C    1.396201
D    2.121731
dtype: float64
```

cummax 메소드를 실행하여 최댓값이 나올 때부터 다음 최댓값이 나올 때까지 데이터 프레임에 누적해서 표시하는 것을 알 수 있습니다.

최댓값이 나온 이후에 더 이상 큰 값이 없다면 이 값으로 열을 채웁니다.

In :
```
df_re.cummax()
```

Out:

| | A | B | C | D |
|---|---|---|---|---|
| **2000-01-01** | -0.451041 | -2.516195 | 1.347456 | -1.940037 |
| **2000-01-02** | -0.451041 | -0.030278 | 1.347456 | 1.425896 |
| **2000-01-03** | 1.584095 | -0.030278 | 1.347456 | 1.425896 |
| **2000-01-04** | 1.584095 | 0.057245 | 1.347456 | 1.701971 |
| **2000-01-05** | 1.584095 | 0.154297 | 1.347456 | 1.701971 |
| **2000-01-06** | 1.584095 | 0.154297 | 1.396201 | 1.701971 |
| **2000-01-07** | 1.584095 | 1.776380 | 1.396201 | 2.121731 |
| **2000-01-08** | 1.584095 | 1.776380 | 1.396201 | 2.121731 |
| **2000-01-09** | 1.584095 | 1.776380 | 1.396201 | 2.121731 |
| **2000-01-10** | 1.584095 | 1.776380 | 1.396201 | 2.121731 |

Expanding에서 max 값으로 처리할 경우도 일단 cummax 메소드처럼 처리되는 것을 알 수 있습니다.

In :
```
df_re.expanding().max()
```

Out:

| | A | B | C | D |
|---|---|---|---|---|
| **2000-01-01** | -0.451041 | -2.516195 | 1.347456 | -1.940037 |
| **2000-01-02** | -0.451041 | -0.030278 | 1.347456 | 1.425896 |

| | | | | |
|---|---|---|---|---|
| **2000-01-03** | 1.584095 | -0.030278 | 1.347456 | 1.425896 |
| **2000-01-04** | 1.584095 | 0.057245 | 1.347456 | 1.701971 |
| **2000-01-05** | 1.584095 | 0.154297 | 1.347456 | 1.701971 |
| **2000-01-06** | 1.584095 | 0.154297 | 1.396201 | 1.701971 |
| **2000-01-07** | 1.584095 | 1.776380 | 1.396201 | 2.121731 |
| **2000-01-08** | 1.584095 | 1.776380 | 1.396201 | 2.121731 |
| **2000-01-09** | 1.584095 | 1.776380 | 1.396201 | 2.121731 |
| **2000-01-10** | 1.584095 | 1.776380 | 1.396201 | 2.121731 |

Rolling 객체에서도 max 값이 cummax와 같은 방법으로 처리됩니다.

In :
```
df_re.rolling(window=len(df_re),min_periods=1).max()
```

Out:

| | A | B | C | D |
|---|---|---|---|---|
| **2000-01-01** | -0.451041 | -2.516195 | 1.347456 | -1.940037 |
| **2000-01-02** | -0.451041 | -0.030278 | 1.347456 | 1.425896 |
| **2000-01-03** | 1.584095 | -0.030278 | 1.347456 | 1.425896 |
| **2000-01-04** | 1.584095 | 0.057245 | 1.347456 | 1.701971 |
| **2000-01-05** | 1.584095 | 0.154297 | 1.347456 | 1.701971 |
| **2000-01-06** | 1.584095 | 0.154297 | 1.396201 | 1.701971 |
| **2000-01-07** | 1.584095 | 1.776380 | 1.396201 | 2.121731 |
| **2000-01-08** | 1.584095 | 1.776380 | 1.396201 | 2.121731 |
| **2000-01-09** | 1.584095 | 1.776380 | 1.396201 | 2.121731 |
| **2000-01-10** | 1.584095 | 1.776380 | 1.396201 | 2.121731 |

Expanding과 Rolling 클래스를 만들었을 때 누락 값을 처리하려면 .fillna를 이용해서 초기값을 세팅한 후에 처리해야 합니다.

누적 처리하는 많은 메소드(.cumsum, cumprod, cummax 및 cummin)는 누락 값인 NaN이 있는 곳을 계산하지 않고 NaN으로 표기합니다.

데이터 프레임을 하나 만들 때 내부에 누락 값을 넣습니다. 누적 합을 구해보면 실제 누락 값은 무시하고 계산하게 됩니다.

In :
```
df_diff = pd.DataFrame({'B': [0, 1, 2, np.nan, 4]})
```

In :
```
df_diff.cumsum()
```

Out:

| | B |
|---|---|
| 0 | 0.0 |
| 1 | 1.0 |
| 2 | 3.0 |
| 3 | NaN |
| 4 | 7.0 |

누락 값인 NaN을 초기화한 후에 실행된 결과를 확인하면 같은 결과가 나오게 됩니다.

In :
```
df_diff.fillna(0).cumsum()
```

Out:

| | B |
|---|---|
| 0 | 0.0 |
| 1 | 1.0 |
| 2 | 3.0 |
| 3 | 3.0 |
| 4 | 7.0 |

In :
```
df_diff.expanding(min_periods=1).sum()
```

Out:

| | B |
|---|---|
| 0 | 0.0 |
| 1 | 1.0 |
| 2 | 3.0 |
| 3 | 3.0 |
| 4 | 7.0 |

## 8.2 사용자 정의 함수를 인자로 전달해 처리

판다스에서는 사용자 정의 함수를 만들고 내부의 원소들을 처리하기 하기 위해 추가적인 메소드를 제공합니다.

특히 시리즈와 데이터 프레임에 있는 apply 메소드는 한 번에 전체 행 또는 열에 대해 작동하고 데이터 프레임에 있는 applyma과 시리즈에 있는 .map은 한 번에 한 요소에서 작동합니다.

## 8.2.1 apply 메소드

사용자 함수를 정의한다고 해서 실제 특정 매개변수를 보고 열에 포함된 원소를 전부 처리하도록 구현되지 않습니다. 이런 경우에는 apply 메소드를 이 함수에 인자로 전달하면 열의 모든 원소를 한 번에 처리해줍니다.

### ■ 사용자 정의 함수를 apply 메소드에 적용

판다스의 시리즈나 데이터 프레임에 apply 메소드가 존재하는지를 확인하고 사용자 정의 함수를 인자로 전달해 처리되는 것을 확인합니다.

**[예제 8-4] 사용자 정의 함수를 apply 메소드로 처리하기**

시리즈나 데이터 프레임 클래스 안의 네임스페이스에 apply를 확인하면 함수라고 출력됩니다.

```
In :  pd.Series.__dict__['apply']

Out:  <function pandas.core.series.Series.apply>

In :  pd.DataFrame.__dict__['apply']

Out:  <function pandas.core.frame.DataFrame.apply>
```

하나의 데이터 프레임을 만들 때 a열과 c열의 값을 임의의 값으로 넣고 b열은 이름을 가진 리스트를 3배로 늘려서 처리하도록 했습니다.

```
In :  import numpy as np

In :  df = pd.DataFrame ({'a' : np.random.randn(6),
                        'b' : ['철수', '영희'] * 3,
                        'c' : np.random.randn(6)})
```

만들어진 데이터 프레임을 보면 임의의 값과 이름이 처리된 열이 3개가 있고 행의 인덱스는 숫자로 구성된 것을 볼 수 있습니다.

In :
```
df
```

Out:

| | A | B | C |
|---|---|---|---|
| **0** | -0.897123 | 철수 | 0.364861 |
| **1** | 0.361416 | 영희 | 1.942530 |
| **2** | -0.339400 | 철수 | 0.143598 |
| **3** | -2.247471 | 영희 | 0.906999 |
| **4** | -0.430916 | 철수 | -1.326798 |
| **5** | -1.058397 | 영희 | -0.711945 |

사용자 함수를 하나 정의하고 이 함수의 반환 값은 나머지를 구하도록 합니다. 이를 데이터 프레임의 apply 메소드에 람다 함수를 정의하고 실제 실행은 사용자 정의 함수로 한 이유를 설명하겠습니다. 하나의 데이터 프레임을 전달받아야 하는데 사용자 정의 함수가 두 개의 인자를 받으므로 람다 함수 내부에서 데이터 프레임을 전달받고 사용자 정의 함수에 두 개의 열을 전달해 처리합니다. 이때 apply 메소드에 axis =1을 전달해 열을 한꺼번에 처리하라는 표시를 지정합니다.

사용자 정의 함수를 하나 생성합니다. 이 함수는 나머지를 구하지만 두 개의 값이 처리된 결과만 반환합니다.

벡터화 연산을 하기 위한 함수는 아니지만 데이터 프레임의 apply 메소드에서 특정 인자만 처리하는 람다 함수 안에 사용자 정의함수를 넣고 각 인자에 열을 전달하면 열의 원소들을 전부 계산합니다. 처리된 값이 열로 할당되므로 매개변수 axis=1로 지정되었습니다.

In :
```
def my_test(a, c):
    return a % c
```

In :
```
df['Value'] = df.apply(lambda row: my_test(row['a'], row['c']), axis=1)
```

value라는 열이 생겼고, 이 값은 나머지를 구한 값임을 알 수 있습니다.

In :
```
df
```

Out:

| | A | B | C | Value |
|---|---|---|---|---|
| **0** | -0.897123 | 철수 | 0.364861 | 0.197460 |

| | | | | |
|---|---|---|---|---|
| **1** | 0.361416 | 영희 | 1.942530 | 0.361416 |
| **2** | -0.339400 | 철수 | 0.143598 | 0.091393 |
| **3** | -2.247471 | 영희 | 0.906999 | 0.473525 |
| **4** | -0.430916 | 철수 | -1.326798 | -0.430916 |
| **5** | -1.058397 | 영희 | -0.711945 | -0.346452 |

실제 데이터 프레임의 두 열을 가지고 나머지를 구한 값과 같은지를 확인해보면 같은 처리 결과가 나오는 것을 볼 수 있습니다.

```
In : df.a % df.c
```

```
Out: 0    0.197460
     1    0.361416
     2    0.091393
     3    0.473525
     4   -0.430916
     5   -0.346452
     dtype: float64
```

이번에는 사용자 정의 함수의 매개변수를 하나로 정하고 내부 로직은 데이터 프레임 열에 대한 나머지를 구하도록 처리합니다.

이를 데이터 프레임의 apply 메소드에 인자로 넣어 처리하면 두 열들에 대한 계산을 수행합니다.

```
In : def my_test2(row):
         return row['a'] % row['c']
```

```
In : df['Value 2'] = df.apply(my_test2, axis=1)
```

수행된 결과를 확인하면 앞의 결과와 같습니다.

```
In : df
```

Out:

| | A | B | C | Value | Value 2 |
|---|---|---|---|---|---|
| **0** | -0.897123 | 철수 | 0.364861 | 0.197460 | 0.197460 |
| **1** | 0.361416 | 영희 | 1.942530 | 0.361416 | 0.361416 |

| | | | | | |
|---|---|---|---|---|---|
| **2** | -0.339400 | 철수 | 0.143598 | 0.091393 | 0.091393 |
| **3** | -2.247471 | 영희 | 0.906999 | 0.473525 | 0.473525 |
| **4** | -0.430916 | 철수 | -1.326798 | -0.430916 | -0.430916 |
| **5** | -1.058397 | 영희 | -0.711945 | -0.346452 | -0.346452 |

특정 함수를 인자로 전달할 경우와 내부 로직으로 처리하는 경우에서 함수를 실행하는 것이 더 성능이 느린 경우도 있습니다.

데이터 프레임에서 처리되는 apply 메소드와 mask 메소드 간의 성능을 확인해보겠습니다. 먼저 하나의 데이터 프레임을 만듭니다.

```
In : sample = pd.DataFrame({'임의의값':[10,100,40] })
```

```
In : sample
```

Out:

| | 임의의값 |
|---|---|
| **0** | 10 |
| **1** | 100 |
| **2** | 40 |

만든 데이터 프레임을 30만 개의 행을 갖는 데이터 프레임으로 확장합니다. 인덱스가 바뀌어야 하므로 reset_index 메소드에서 기존 인덱스는 .drop=True로 지정해 삭제하면 새로운 행의 인덱스가 만들어집니다. 만들어진 전체 shape을 확인하면 30만 개의 행이 생성되었음을 알 수 있습니다.

```
In : sample = pd.concat([sample]*100000).reset_index(drop=True)
```

```
In : sample.head()
```

Out:

| | 임의의값 |
|---|---|
| **0** | 10 |
| **1** | 100 |
| **2** | 40 |
| **3** | 10 |
| **4** | 100 |

이 데이터 프레임의 열을 읽어서 하나의 시리즈에서 apply 메소드로 람다 함수를 인자로 전달해 처리하고, mask 메소드를 이용해 내부의 논리식으로 조건을 맞춘 결과를 처리할 때 %timeit 명령어를 이용해 주피터 노트북에서 처리된 시간을 확인하면 mask 메소드가 더 빠르게 처리가 되는 것을 알 수 있습니다.

.mask 메소드는 실제 벡터화 연산을 통해 논리 값을 만듭니다. 이후에 이 조건이 맞는 것이 True이므로 np.nan을 세팅해서 별도의 람다 함수를 호출해 처리하는 것보다 더 빠르게 수행됩니다.

```
In : sample.shape
```

```
Out: (300000, 1)
```

```
In : %timeit sample['임의의값'].apply(lambda x: np.nan if x < 90 else x)
```

```
Out: 168 ms ± 45.4 ms per loop (mean ± std. dev. of 7 runs, 1 loop each)
```

```
In : %timeit sample['임의의값'].mask(sample['임의의값'] < 90, np.nan)
```

```
Out: 9.9 ms ± 2.99 ms per loop (mean ± std. dev. of 7 runs, 100 loops each)
```

실제 처리된 결과를 확인하기 위해 다른 변수에 사본을 만들고 apply 메소드를 실행합니다.

```
In : sample1 = sample.copy()
```

```
In : sample1 = sample1['임의의값'].apply(lambda x: np.nan if x < 90 else x)
```

```
In : sample1.head()
```

```
Out: 0      NaN
     1    100.0
     2      NaN
     3      NaN
     4    100.0
     Name: 임의의값, dtype: float64
```

실제 처리된 결과를 확인하기 위해 다른 변수에 사본을 만들고 mask 메소드를 실행합니다.

```
In : sample2 = sample.copy()
```

```
In : sample2 = sample2['임의의값'].mask(sample['임의의값'] < 90, np.nan)
```

```
In : sample2.head()
```

```
Out: 0      NaN
     1    100.0
     2      NaN
     3      NaN
     4    100.0
     Name: 임의의값, dtype: float64
```

실제 처리된 결과 중에 값이 있는 게 10만 개이고 NaN값이 20만 개가 같이 처리된 것을 알 수 있습니다.

```
In : (sample1 == sample2).shape
```

```
Out: (300000,)
```

```
In : sample1.isnull().sum(), sample1.notnull().sum()
```

```
Out: (200000, 100000)
```

```
In : (sample1 == sample2).sum()
```

```
Out: 100000
```

## 8.2.2 .map, apply.map 메소드

각 원소별로 특정 값을 변형하기 위한 변환용 메소드를 제공합니다. 변환용 메소드가 어떻게 원소의 값을 변환하는지 알아봅니다

### ■ 사용자 정의 함수를 .map, apply.map 메소드에 적용

시리즈를 확인하면 .map 메소드는 있지만 apply.map은 가지고 있지 않습니다. 두 가지 메소드들을 처리하는 방법을 알아봅니다.

### [예제 8-5] 사용자 정의 함수를 .map,apply.map 메소드로 처리하기

파이썬에서는 클래스의 네임스페이스에 메소드들을 관리합니다. 먼저 시리즈 안의 네임스페이스인 __dict__ 안에 .map을 확인하면 메소드가 있지만 apply.map은 없습니다.

In :
```
pd.Series.__dict__['map']
```

Out:
```
<function pandas.core.series.Series.map>
```

In :
```
try :
    pd.Series.__dict__['applymap']
except KeyError as e :
    print("KeyError : ",e)
```

Out:
```
KeyError :  'applymap'
```

데이터 프레임에는 apply.map은 있지만 .map이 없는 것을 볼 수 있습니다.

In :
```
try :
    pd.DataFrame.__dict__['map']
except KeyError as e :
    print("KeyError : ",e)
```

Out:
```
KeyError :  'map'
```

In :
```
pd.DataFrame.__dict__['applymap']
```

Out:
```
<function pandas.core.frame.DataFrame.applymap>
```

먼저 시리즈 객체 하나를 만들 때 내부의 인자로 넘파이 모듈이 random을 가지고 6개의 원소를 만드는 배열을 생성했습니다. 임의의 값들이 원소로 들어가 있는 것을 볼 수 있습니다.

In :
```
import numpy as np
```

In :
```
ser = pd.Series(np.random.randn(6))
```

In :
```
ser
```

```
Out:  0     0.382457
      1     0.122235
      2     0.320853
      3     0.761753
      4    -0.338355
      5    -0.858526
      dtype: float64
```

사용자 정의 함수를 하나 만들 때 결과 값을 절댓값으로 반환하도록 합니다. 실제 .map 메소드는 각 원소별로 하나씩 처리합니다. print문을 통해 그 결과를 확인합니다.

```
In :  def map_test(a):
          print(" 원소별 처리")
          return np.abs(a)
```

시리즈의 .map 메소드에 사용자 함수를 전달해 처리하면 모든 결과는 양수로 변합니다. 시리즈 객체의 원소가 6개이므로 print 문도 6번 출력된 것을 알 수 있습니다.

```
In :  ser.map(map_test)
```

```
Out:   원소별 처리
       원소별 처리
       원소별 처리
       원소별 처리
       원소별 처리
       원소별 처리

Out:  0     0.382457
      1     0.122235
      2     0.320853
      3     0.761753
      4     0.338355
      5     0.858526
      dtype: float64
```

## 8.2.3 pipe 메소드

판다스에서는 .pipe 메소드로 사용자 정의 함수를 추가해서 처리를 연결하는 구조도 제공합니다.

### ■ pipe 메소드

데이터 프레임을 이용해 사용자 함수를 연결하고 메소드 체인으로 파이프라인을 처리해 봅니다.

**[예제 8-6] pipe 메소드 처리하기**

누락 값이 있는 데이터 프레임을 생성합니다. Pd.NaT는 시간에 대한 누락 값을 표시하지만 NaN과 동일하게 처리됩니다.

In :
```
import numpy as np
```

In :
```
df = pd.DataFrame({"name": ['김상갑', '임종문', '조현웅'],
                   "program language": [np.nan, 'Python', 'Scala'],
                   "born": [pd.NaT, pd.Timestamp("1966-04-25"),
                            pd.NaT]})
```

사용자 함수를 정의해 name 열에 들어온 이름에 대한 길이를 새로운 length 열에 추가합니다.

이를 pipe 메소드로 실행하면 하나의 열이 추가된 것을 알 수 있습니다.

In :
```
def name_length(df) :
    df['length'] = df.name.str.len()
    return df
```

In :
```
df.pipe(name_length)
```

Out:

| | born | name | program language | length |
|---|---|---|---|---|
| **0** | NaT | 김상갑 | NaN | 3 |
| **1** | 1966-04-25 | 임종문 | Python | 3 |
| **2** | NaT | 조현웅 | Scala | 3 |

사용자 함수에서 출생일에 대한 누락 값을 고정값으로 넣는 함수를 정의하고 이를 pipe 메소드로 실행하면 바뀌는 모습을 볼 수 있습니다.

In :
```
def born_fillna(df) :
    df['born'] = df['born'].fillna(pd.Timestamp("1967-04-25"))
    return df
```

In :
```
df.pipe(born_fillna)
```

Out:

| | born | name | program language | length |
|---|---|---|---|---|
| **0** | 1967-04-25 | 김상갑 | NaN | 3 |
| **1** | 1966-04-25 | 임종문 | Python | 3 |
| **2** | 1967-04-25 | 조현웅 | Scala | 3 |

또 다른 열이 program language에 누락 값을 자바로 넣는 함수를 정의하고 pipe 메소드로 실행하면 누락 값이 없어집니다.

In :
```
def pl_fillna(df) :
    df['program language'] = df['program language'].fillna("Java")
    return df
```

In :
```
df.pipe(pl_fillna)
```

Out:

| | born | name | program language | length |
|---|---|---|---|---|
| **0** | 1967-04-25 | 김상갑 | Java | 3 |
| **1** | 1966-04-25 | 임종문 | Python | 3 |
| **2** | 1967-04-25 | 조현웅 | Scala | 3 |

새롭게 데이터 프레임을 만들고 pipe 메소드를 계속 연결해 호출하면 위에서 함수를 각각 호출한 것들이 한 번에 처리됩니다.

사용자 정의 함수의 반환 값이 항상 데이터 프레임이므로 처리 결과도 자기 자신인 데이터 프레임입니다. 따라서 pipe 메소드를 이용해 연속적인 메소드 체인이 작동되어 원하는 결과를 한 번에 볼 수 있게 합니다.

In :
```
df1 = pd.DataFrame({"name": ['김상갑', '임종문', '조현웅'],
                    "program language": [np.nan, 'Python', 'Scala'],
                    "born": [pd.NaT, pd.Timestamp("1966-04-25"),
                             pd.NaT]})
```

In :
```
df1.pipe(name_length).pipe(born_fillna).pipe(pl_fillna)
```

Out:

| | born | name | program language | length |
|---|---|---|---|---|
| **0** | 1967-04-25 | 김상갑 | Java | 3 |
| **1** | 1966-04-25 | 임종문 | Python | 3 |
| **2** | 1967-04-25 | 조현웅 | Scala | 3 |

데이터 프레임을 만들고 pipe 메소드에 전달된 함수에서 매개변수가 여러 개이면 어떻게 정의하는지를 알아봅니다.

In :
```
df2 = pd.DataFrame()
```

In :
```
df2['name'] = ['은옥찬', '은석찬', '은옥주']
df2['gender'] = ['Male', 'Male', 'Female']
df2['age'] = [31, 32, 19]
```

In :
```
df2
```

Out:

| | name | gender | age |
|---|---|---|---|
| **0** | 은옥찬 | Male | 31 |
| **1** | 은석찬 | Male | 32 |
| **2** | 은옥주 | Female | 19 |

함수를 정의할 때 매개변수가 2개입니다. 첫 번째는 데이터 프레임이고 두 번째는 데이터 프레임 안에 열 이름을 넣어서 처리합니다.

In :
```
def mean_age_by_group(dataframe, col):
    return dataframe.groupby(col).mean()
```

In :
```
mean_age_by_group(df2, 'gender')
```

Out:

| | age |
|---|---|
| **gender** | |
| **Female** | 19.0 |
| **Male** | 31.5 |

이번 사용자 정의 함수는 열 이름이 영문일 경우 대문자로 바꿔 자기 자신을 전달하도록 했

습니다.

In :
```
def uppercase_column_name(dataframe):
    dataframe.columns = dataframe.columns.str.upper()
    return dataframe
```

In :
```
uppercase_column_name(df2)
```

Out:

| | NAME | GENDER | AGE |
|---|---|---|---|
| 0 | 은옥찬 | Male | 31 |
| 1 | 은석찬 | Male | 32 |
| 2 | 은옥주 | Female | 19 |

위에서 정의된 사용자 함수를 pipe 메소드에 연결해 메소드 체인을 처리하면 첫 번째 그룹 처리하는 함수의 매개변수에 실제 인자 값을 추가해 처리됩니다. 처리된 결과의 데이터 프레임이 다음 pipe 메소드로 전달되어 열의 이름을 대문자로 변경하고 결과를 처리합니다.

메소드 체인을 구성할 때 한 줄에 모두 작성하기 어려우면 괄호를 가장 바깥에 지정해 내부의 메소드를 호출한 다음 라인에 작성하면 하나의 문장으로 인식해 처리합니다.

In :
```
df3 = pd.DataFrame()
```

In :
```
df3['name'] = ['구옥찬', '구석찬', '구옥주']
df3['gender'] = ['Male', 'Male', 'Female']
df3['age'] = [31, 32, 19]
```

In :
```
(df3.pipe(mean_age_by_group, col='gender')
   .pipe(uppercase_column_name))
```

Out:

| | age |
|---|---|
| gender | |
| Female | 19.0 |
| Male | 31.5 |

# 8.3 문자열 로직 실행

실제 특정 표현식을 문자로 제공할 때 이를 계산해 처리하는 기능을 판다스에서는 추가적인 eval 함수, eval 메소드, query 메소드로 제공합니다.

## 8.3.1 eval 함수와 메소드

산술과 논리 연산 등에 대한 표현식을 평가하기 위해 .eval 함수나 메소드를 처리합니다. eval 함수는 데이터 프레임이 다른 경우에 처리하고 .eval 메소드는 데이터 프레임 안의 열에 대해 주로 처리합니다.

### ■ eval을 이용한 문자열 표현식 평가

표현식이 문자열로 올 경우 평가를 해야 하는데 연산자 처리와의 차이가 무엇인지를 확인해 봅니다.

**[예제 8-7] eval 함수와 메소드 처리하기**

무작위로 데이터를 생성할 때 실제 비교를 하기 위해 넘파이 모듈의 random 모듈을 가지고 RandomState 클래스로 객체를 만들어서 동일한 정보를 유지합니다.

In :
```
import numpy as np
```

In :
```
rng = np.random.RandomState(42)
```

두 개의 데이터 프레임을 만들기 위해 제너레이터 표현식으로 무작위 데이터를 만들어봅니다.

In :
```
nrows, ncols = 100000, 10
```

In :
```
print(type(pd.DataFrame(rng.rand(nrows, ncols)) for i in range(2)))
```

Out:
```
<class 'generator'>
```

In :
```
df1, df2 = (pd.DataFrame(rng.rand(nrows, ncols))for i in range(2))
```

같은 모양의 데이터 프레임 두 개를 연산자 처리와 eval 함수를 이용해 문자열로 제공해 처리하면, 보통 양이 적을 때는 연산자를 사용하는 경우가 빠르기도 합니다.

```
In : %timeit df1 + df2
Out: 8.89 ms ± 1.04 ms per loop (mean ± std. dev. of 7 runs, 100 loops each)
In : %timeit pd.eval('df1 + df2')
Out: 14.3 ms ± 1.98 ms per loop (mean ± std. dev. of 7 runs, 10 loops each)
```

두 개의 처리 결과가 명확한지를 넘파이 모듈의 allclose 함수로 비교합니다.

```
In : np.allclose(df1 + df2 ,pd.eval('df1 + df2 '))
Out: True
```

보다 많은 데이터를 생성하고 데이터 프레임도 4개로 확대할 경우 실제 데이터 처리에 대해 확인해보면 eval 함수로 처리한 것이 더 빠르게 처리된 것을 알 수 있습니다. 대량의 데이터를 처리할 때는 eval 함수를 사용하는 게 더 좋은 방안입니다.

```
In : nrows1, ncols1 = 100000, 100
In : df11, df12,df13, df14 = (pd.DataFrame(rng.rand(nrows1, ncols1))for i in range(4))
In : %timeit df11 + df12 + df13 + df14
Out: 167 ms ± 5.82 ms per loop (mean ± std. dev. of 7 runs, 1 loop each)
In : %timeit pd.eval('df11 + df12 + df13 + df14')
Out: 94.9 ms ± 32.5 ms per loop (mean ± std. dev. of 7 runs, 1 loop each)
```

이번에는 하나의 데이터 프레임을 만들고 데이터 프레임 내부에 있는 eval 메소드로 처리해 보겠습니다.

```
In : dfa1 = pd. DataFrame(np.random.randn(10, 2), columns=['평균','분산'])
```

```
In : dfa1
```

Out:

| | 평균 | 분산 |
|---|---|---|
| **0** | 0.839799 | -0.814694 |
| **1** | -0.234363 | 1.324467 |
| **2** | 0.144717 | -1.736778 |
| **3** | -0.972202 | 1.313208 |
| **4** | 1.044393 | -0.690049 |
| **5** | 1.083735 | -1.005838 |
| **6** | 0.876006 | -0.905506 |
| **7** | -0.471319 | -0.176259 |
| **8** | -0.153987 | 2.257781 |
| **9** | -0.274270 | 0.086036 |

데이터 프레임 안의 문자열 표현식을 사용할 경우에는 열의 이름을 직접 사용해 처리하는 것도 가능합니다.

```
In : dfa1.eval( '평균 + 분산 ')
```

```
Out: 0     0.025105
     1     1.090104
     2    -1.592061
     3     0.341007
     4     0.354344
     5     0.077897
     6    -0.029500
     7    -0.647578
     8     2.103794
     9    -0.188234
     dtype: float64
```

실제 표현식에 두 열을 계산하고 없는 열에 할당할 경우에는 데이터 프레임에 새로운 열이 추가됩니다. 데이터 프레임 연산은 별도의 데이터 프레임을 만들어주므로 원본은 갱신하지 않습니다.

```
In : dfa1.eval( '편차  = 평균 - 분산 ')
```

Out:

| | 평균 | 분산 | 편차 |
|---|---|---|---|
| 0 | 0.839799 | -0.814694 | 1.654493 |
| 1 | -0.234363 | 1.324467 | -1.558829 |
| 2 | 0.144717 | -1.736778 | 1.881495 |
| 3 | -0.972202 | 1.313208 | -2.285410 |
| 4 | 1.044393 | -0.690049 | 1.734442 |
| 5 | 1.083735 | -1.005838 | 2.089573 |
| 6 | 0.876006 | -0.905506 | 1.781512 |
| 7 | -0.471319 | -0.176259 | -0.295060 |
| 8 | -0.153987 | 2.257781 | -2.411768 |
| 9 | -0.274270 | 0.086036 | -0.360306 |

원본 데이터 프레임을 확인하면 내부에 열이 추가되지 않습니다.

In :
```
dfa1
```

Out:

| | 평균 | 분산 |
|---|---|---|
| 0 | 0.839799 | -0.814694 |
| 1 | -0.234363 | 1.324467 |
| 2 | 0.144717 | -1.736778 |
| 3 | -0.972202 | 1.313208 |
| 4 | 1.044393 | -0.690049 |
| 5 | 1.083735 | -1.005838 |
| 6 | 0.876006 | -0.905506 |
| 7 | -0.471319 | -0.176259 |
| 8 | -0.153987 | 2.257781 |
| 9 | -0.274270 | 0.086036 |

데이터 프레임 안의 eval 메소드 인자로 inplace=True로 넣으면 데이터 프레임 내부가 변경되어 처리되는 것이 보입니다.

In :
```
dfa1.eval( '편차 = 평균 - 분산 ', inplace=True)
```

In :
```
dfa1
```

Out:

| | 평균 | 분산 | 편차 |
|---|---|---|---|
| 0 | 0.839799 | -0.814694 | 1.654493 |
| 1 | -0.234363 | 1.324467 | -1.558829 |
| 2 | 0.144717 | -1.736778 | 1.881495 |
| 3 | -0.972202 | 1.313208 | -2.285410 |
| 4 | 1.044393 | -0.690049 | 1.734442 |
| 5 | 1.083735 | -1.005838 | 2.089573 |
| 6 | 0.876006 | -0.905506 | 1.781512 |
| 7 | -0.471319 | -0.176259 | -0.295060 |
| 8 | -0.153987 | 2.257781 | -2.411768 |
| 9 | -0.274270 | 0.086036 | -0.360306 |

데이터 프레임을 생성할 때 열의 레이블을 숫자로 지정할 경우 문자열로 표현식을 만들어서 처리하면 어떻게 처리되는지를 알아봅니다.

In :
```
dfa2 = pd. DataFrame(np.random.randn(10, 2), columns=range(0,2))
```

In :
```
dfa2
```

Out:

| | 0 | 1 |
|---|---|---|
| 0 | 0.042332 | -0.586918 |
| 1 | 0.218248 | 0.221298 |
| 2 | -0.858814 | -1.603962 |
| 3 | -2.473903 | -0.578440 |
| 4 | -1.087972 | 1.934073 |
| 5 | -1.303544 | 0.649806 |
| 6 | 0.428765 | 0.678743 |
| 7 | 1.196834 | -1.026760 |
| 8 | 0.262025 | -0.075616 |
| 9 | -1.289332 | 1.054781 |

표현식을 숫자로 넣어 eval 메소드에서 산술 연산을 실행하면 열의 정보로 이해하지 않고 일반적인 산술 처리가 됩니다.

또한 점 연산자를 통해 eval 함수로 처리하면 문법적인 예외가 발생합니다.

```
In :  dfa2.eval( '0 +1 ')

Out:  1
```

```
In :  try :
          pd.eval('dfa2.0 + dfa2.1')
      except Exception as e  :
          print("exception ", e)

Out:  exception  invalid syntax (<unknown>, line 1)
```

이를 대괄호([ ]) 연산을 통해 열에 접근하면 실행되어 계산하는 것을 볼 수 있습니다.

```
In :  try :
          df_add = pd.eval('dfa2[0] + dfa2[1]')
      except Exception as e  :
          print("exception ", e)

In :  df_add

Out:  0   -0.544586
      1   -0.003051
      2   -2.462775
      3   -3.052344
      4    0.846101
      5   -0.653738
      6    1.107508
      7    0.170074
      8    0.186409
      9   -0.234551
      dtype: float64
```

5개의 데이터 프레임을 생성하고 다양한 산술 연산을 적용할 경우에도 똑같이 처리됩니다.

```
      df1, df2, df3, df4, df5 = (pd.DataFrame(rng.randint(0, 1000, (100, 3)))
                                 for i in range(5))

In :  result1 = -df1 * df2 / (df3 + df4) - df5

In :  result2 = pd.eval('-df1 * df2 / (df3 + df4) - df5')

In :  np.allclose(result1, result2)
```

Out: True

특정 조건을 정의하고 비교 연산을 적용했을 때도 같은 결과로 처리됩니다.

```
In : result1 = (df1 < 0.5) & (df2 < 0.5) | (df3 < df4)
In : result2 = pd.eval('(df1 < 0.5) & (df2 < 0.5) | (df3 < df4)')
In : np.allclose(result1, result2)
```

Out: True

연산 기호 &, |와 키워드인 and, or도 똑같이 처리됩니다.

```
In : result3 = pd.eval('(df1 < 0.5) and (df2 < 0.5) or (df3 < df4)')
In : np.allclose(result1, result3)
```

Out: True

또한 검색 및 인덱서를 통한 연산도 eval 함수에서 수행되는 것을 알 수 있습니다.

```
In : result1 = df2.T[0] + df3.iloc[1]
In : result2 = pd.eval('df2.T[0] + df3.iloc[1]')
In : np.allclose(result1, result2)
```

Out: True

이번에는 문자열 내부에서 외부 변수를 어떻게 검색해 값을 가져오는지를 알아봅니다. 판다스에서는 @ 기호가 문자열 안에 들어가면 그 바로 뒤에 오는 것을 변수로 인식해 처리합니다.

eval 함수나 메소드에서 외부의 변수에 어떻게 접근해 사용하는지를 알아보기 위해 먼저 데이터 프레임을 만들고 평균 값을 변수에 할당합니다.

```
In :  df = pd. DataFrame(np.random.randn(10, 2), columns=list('AB'))

In :  column_mean = df.mean(axis=1)

In :  column_mean.head()

Out:  0   -0.185987
      1   -1.569684
      2   -0.378890
      3    1.204280
      4   -0.150269
      dtype: float64
```

하나의 열을 선택해 변수에 저장된 값과 더하고 별도의 변수에 저장합니다. eval 메소드 안에 열 이름과 @변수명을 지정해 처리하면 실제 변수의 값을 가져와서 열과 덧셈을 처리합니다. 두 값이 같은지를 allclose 함수로 비교하면 True가 나옵니다.

```
In :  result1 = df['A'] + column_mean

In :  result2 = df.eval('A + @column_mean')

In :  np.allclose(result1, result2)

Out:  True
```

## 8.3.2 query 메소드

논리 연산에 대한 문자열 표현식을 수행하고 데이터 프레임에서 참일 경우만 추출해주는 query 메소드를 알아봅니다.

### ■ query 메소드 적용하기

eval 함수는 문자열로 표현된 산술과 논리 연산 그리고 할당도 가능하지만 query 연산은 논리 연산 표현식을 문자열로 제공하는 경우를 처리합니다. 외부 변수에 대한 참조는 eval 함수나 메소드 처리 방법과 같습니다.

## [예제 8-8] query 함수와 메소드 처리하기

10행 2열짜리 새로운 데이터 프레임을 하나 만듭니다.

In :
```
dfq1 = pd. DataFrame(np.random.randn(10, 2), columns=list('ab'))
```

In :
```
dfq1
```

Out:

| | a | b |
|---|---|---|
| 0 | -1.270029 | 0.355593 |
| 1 | -0.886952 | 0.645808 |
| 2 | -0.093719 | -1.989059 |
| 3 | 0.154771 | -0.079927 |
| 4 | 0.472608 | -1.406375 |
| 5 | 1.815199 | -0.468221 |
| 6 | -1.352205 | 0.340897 |
| 7 | -1.359580 | 0.437599 |
| 8 | -0.504591 | -2.854716 |
| 9 | -0.088792 | 1.726316 |

데이터 프레임 열의 이름으로 논리 연산을 문자열로 만들어서 query를 실행하면 실행 결과는 논리 인덱스 검색과 같은 값들이 나옵니다.

In :
```
dfq1.query('a < b')
```

Out:

| | a | b |
|---|---|---|
| 0 | -1.270029 | 0.355593 |
| 1 | -0.886952 | 0.645808 |
| 6 | -1.352205 | 0.340897 |
| 7 | -1.359580 | 0.437599 |
| 9 | -0.088792 | 1.726316 |

논리 연산을 처리하고 이를 할당하면 query 메소드에서는 예외가 발생합니다.

In :
```
try :
    dfq1.query('c = a < b',inplace=True)
except Exception as e :
    print('Exception :', e)
```

```
Out:  Exception : cannot assign without a target object
```

query 메소드와 실제 논리 검색의 결과를 확인해보면 같은 결과가 나옵니다.

```
In :  dfq1.query('a < b')
```

Out:

| | a | b |
|---|---|---|
| 0 | -1.270029 | 0.355593 |
| 1 | -0.886952 | 0.645808 |
| 6 | -1.352205 | 0.340897 |
| 7 | -1.359580 | 0.437599 |
| 9 | -0.088792 | 1.726316 |

인덱스 연산 안에 마스킹 검색을 처리해서 True가 발생한 열만 추출합니다. 이때는 기존 행의 레이블이 그대로 유지되어서 나옵니다.

```
In :  dfq1[dfq1.a < dfq1.b]
```

Out:

| | a | b |
|---|---|---|
| 0 | -1.270029 | 0.355593 |
| 1 | -0.886952 | 0.645808 |
| 6 | -1.352205 | 0.340897 |
| 7 | -1.359580 | 0.437599 |
| 9 | -0.088792 | 1.726316 |

다른 변수에 할당하려면 query 연산한 결과를 저장해야 합니다.

```
In :  df_q2 = dfq1.query('a < b')
```

```
In :  df_q2
```

Out:

| | a | b |
|---|---|---|
| 0 | -1.270029 | 0.355593 |
| 1 | -0.886952 | 0.645808 |
| 6 | -1.352205 | 0.340897 |
| 7 | -1.359580 | 0.437599 |
| 9 | -0.088792 | 1.726316 |

데이터 프레임을 새로 만들고 실제 논리 검색과 eval 함수 안의 논리 검색 문자열을 처리하니 같은 결과가 나옵니다.

```
In :  df = pd. DataFrame(np.random.randn(10, 2), columns=list('가나'))

In :  result1 = df[(df.가 < 0.5) & (df.나 < 0.5)]

In :  result2 = pd.eval('df[(df.가 < 0.5) & (df.나 < 0.5)]')

In :  np.allclose(result1, result2)

Out:  True
```

이를 query 메소드로 처리해 비교해도 그 결과가 같습니다.

```
In :  result3 = df.query('가 < 0.5 and 나 < 0.5')

In :  np.allclose(result1, result3)

Out:  True
```

이 메소드에서도 외부 변수를 참조하기 위해 @변수명을 사용하면 실제 실행할 때 변수에 저장된 값을 가져와서 처리됩니다.

먼저 특정 변수에 열의 평균을 저장하고 논리 계산식을 사용하면 결과 값 True와 False로 표시됩니다.

```
In :  Bmean = df['나'].mean()

In :  Bmean

Out:  -0.008524468398871577

In :  (df.가 < Bmean) & (df.나 < Bmean)

Out:  0     True
      1    False
      2    False
      3     True
```

```
4    False
5    False
6    False
7    False
8    False
9    False
dtype: bool
```

논리 검색으로 변수에 저장하면 참인 결과만 추출해 저장되는 것을 볼 수 있습니다.

In :
```
result11 = df[(df.가 < Bmean) & (df.나 < Bmean)]
```

In :
```
result11.shape
```

Out: (2, 2)

In :
```
result11
```

Out:

| | 가 | 나 |
|---|---|---|
| **0** | -2.421679 | -1.327923 |
| **3** | -1.286841 | -2.328234 |

논리식을 문자열로 만들어서 처리해도 위와 같은 결과가 나옵니다.

In :
```
result12 = df.query("(가 < @Bmean) & (나 < @Bmean)")
```

In :
```
result12.shape
```

Out: (2, 2)

In :
```
result12
```

Out:

| | 가 | 나 |
|---|---|---|
| **0** | -2.421679 | -1.327923 |
| **3** | -1.286841 | -2.328234 |

In :
```
np.allclose(result11, result12)
```

Out: True

논리 연산이 숫자말고도 문자에도 처리가 되는지 확인해보겠습니다. 문자일 경우 순서는 어떤 기준인지도 살펴보죠.

열에 하나는 문자, 하나는 숫자로 된 한 개의 데이터 프레임을 생성합니다.

```
In : a = list('가나다라마바')
```

```
In : b = range(6)
```

```
In : df_ = pd.DataFrame({'X':pd.Series(a),'Y': pd.Series(b)})
```

```
In : df_
```

Out:

| | X | Y |
|---|---|---|
| **0** | 가 | 0 |
| **1** | 나 | 1 |
| **2** | 다 | 2 |
| **3** | 라 | 3 |
| **4** | 마 | 4 |
| **5** | 바 | 5 |

먼저 숫자 열에 대한 논리 연산을 수행하면 참인 결과만 조회됩니다.

```
In : df_Y = df_.query('Y < 3')
```

```
In : df_Y
```

Out:

| | X | Y |
|---|---|---|
| **0** | 가 | 0 |
| **1** | 나 | 1 |
| **2** | 다 | 2 |

특정 문자에 대해 논리식을 적용하려면 numexpr 모듈을 이용해 evaluate 함수로 한글에 대한 논리식을 적용하면 한글 순서에 따라 비교하는 것을 알 수 있습니다.

```
In : import numexpr as ne
```

```
In : ne_works = ne.evaluate('"가" < "라"')
```

```
In : ne_works
```

```
Out: array(True)
```

문자를 가진 열에 특정 문자를 주고 논리식을 적용하면 실제 그 이하의 문자가 작을 때 참값이 나오는 경우만 검색해 결과가 출력됨을 볼 수 있습니다.

```
In : df_.X < '라'
```

```
Out: 0     True
     1     True
     2     True
     3    False
     4    False
     5    False
     Name: X, dtype: bool
```

```
In : df_X = df_.query('X < "라"')
```

```
In : df_X
```

Out:

| | X | Y |
|---|---|---|
| **0** | 가 | 0 |
| **1** | 나 | 1 |
| **2** | 다 | 2 |

Chapter

# 데이터 시각화 알아보기

파이썬 그래프를 그릴 수 있는 모듈은 다양합니다. 먼저 판다스 모듈이 처리되는 기준인 matplotlib 모듈의 기초로 그래프에 대해 알아봅니다. 그리고 판다스 모듈이 지원하는 .plot 메소드에 대해 알아보고 내부에 여러 개의 그래프 메소드들의 처리를 차례대로 배웁니다. 일반적인 그래프는 .plot 메소드를 이용하지만 복잡한 그래프를 그리려면 다양한 기능을 제공하는 matplotlib, seaborn 모듈 등을 이용해야 합니다.

이번 장에서는 판다스의 그래프를 지원하는 기능을 중심으로 그래프를 그리는 방법을 살펴봅니다.

- 그래프 툴과 제목 달기
- 그래프 범례 등 추가 정보 달기
- 선 그래프와 복잡한 선 그래프 알아보기
- 점 그래프와 히스토그램 그래프 알아보기
- 원 그래프와 상자 그래프 이해하기
- 바 그래프 이해하기

# 9.1 그래프

판다스는 그래프를 처리하는 matplotlib 모듈과 seaborn 모듈로 데이터를 시각화하는 기능을 기본으로 제공합니다. 이번 절에서는 그래프를 그릴 때 관리하는 틀과 추가 정보들을 처리하는 과정을 알아봅니다.

## 9.1.1 그래프 제목

그래프 모듈을 이용해서 그래프를 그리고 제목, 레이블 등 그래프에 부가된 정보를 처리하는 방법을 알아봅니다.

### ■ 그래프 모듈

그래프 모듈에 있는 함수와 메소드들을 이용해서 그래프를 간단히 그려봅니다.

**[예제 9-1] 그래프 틀과 세부 그래프 표시하기**

주피터 노트북에서 그래프를 그리고 내부에 출력을 처리하기 위해서는 %matplotlib inline 명령어를 실행해야 합니다.

In :
```
import matplotlib.pyplot as plt
```

In :
```
%matplotlib inline
```

넘파이 모듈을 이용하여 변수 하나(x)는 .linspace로 np.pi 값을 계산한 결과와 30개를 선택합니다. 나머지 변수(y)는 변수 X의 sin 값을 구합니다.

In :
```
import numpy as np
```

In :
```
x = np.linspace(0, 2*np.pi, 30)
y = np.sin(x)
```

그래프 matplotlib.pyplot을 다른 이름으로 지정한 plt를 이용합니다. .subplots 함수를 사용해서 총 4개의 그래프가 그려질 틀을 지정합니다.

전체 그래프를 관리하는 figure 객체는 fig 변수에, 그래프가 저장될 axes 객체는 axes 변수에 저장합니다.

총 4개의 axes 객체마다 그래프를 그리기 위해 .plot 메소드를 실행했습니다. 4개의 그래프에 대한 간격을 조정하기 위해 행렬로 지정된 axes를 .ravel 메소드를 통해 1차원으로 바꿔, 내부의 axes 객체들에게 .margins 메소드를 사용해서 간격을 줬습니다.

전체 그래프를 관리하는 fig에 제목을 .suptitle 메소드로 지정해서 그립니다. 그래프는 하나의 셀에서 처리해야 결과가 나옵니다.

In :

```
fig, axes = plt.subplots(2,2,figsize=(4,4))
axes[0,0].plot(x,y, 'r')
axes[0,1].plot(x,y, 'g')
axes[1,0].plot(x,y, 'b')
axes[1,1].plot(x,y, 'k')
for ax in axes.ravel():
    ax.margins(0.05)

fig.suptitle(" four graph ")

plt.show()
```

Out:

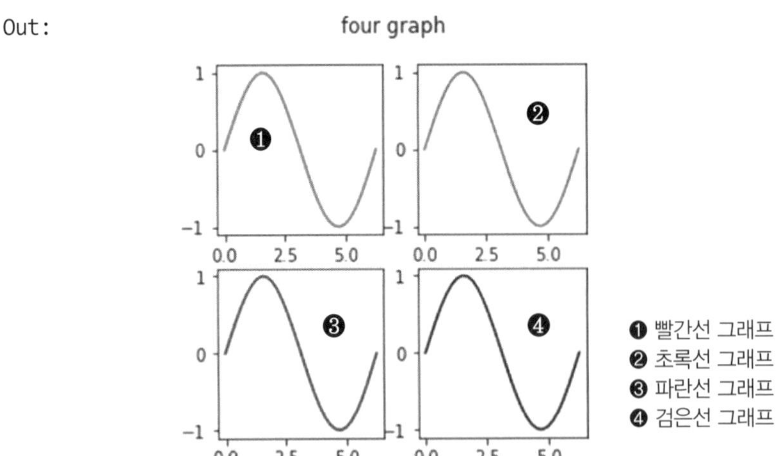


이번에는 .figure 함수로 그래프의 틀을 먼저 만들고 이 fig를 이용해서 그래프를 그릴 axes 객체 4개를 .add_subplot 메소드로 생성합니다. 이때 연속되는 숫자에서 두 자리는 행과 열을 의미합니다. 마지막 자리는 그래프가 들어간 위치를 표시합니다. axes 객체가 만들어지면 .plot 메소드로 그래프를 그립니다.

다양한 그래프 선을 표시하기 위해 매개변수 marker에 4개를 각각 부여했습니다. 이 marker의 이름을 .set_title 메소드를 이용해서 각 그래프 안의 제목으로 부여했습니다.

그래프가 만들어진 후에 .show 메소드를 이용해서 그래프를 그립니다. %matplotlib inline 명령을 먼저 실행했으므로 .show 메소드가 없어서 셀을 실행하면 자동으로 그래프가 보입니다.

In :

```
fig = plt.figure()

ax1 = fig.add_subplot(221)
ax2 = fig.add_subplot(222)
ax3 = fig.add_subplot(223)
ax4 = fig.add_subplot(224)

ax1.plot(x,y, '--')
ax2.plot(x,y, 'o')
ax3.plot(x,y, "^")
ax4.plot(x,y, '*')

ax1.set_title(" hline ")
ax2.set_title(" circle ")
ax3.set_title(" triangle_up ")
ax4.set_title(" star ")

plt.show()
```

Out:

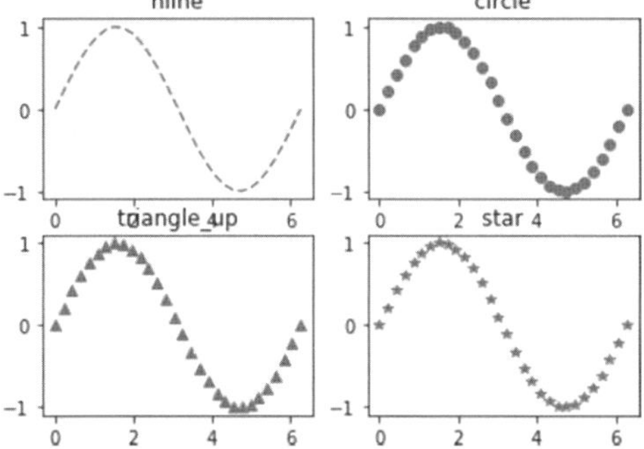


## 9.1.2 그래프 안에 세부 정보 지정

그래프를 그리려면 이 그래프에 대한 추가 정보가 필요합니다. 그래프가 어떤 내용인지를 제대로 인식하려면 그래프 안의 축 등에 다양한 세부 정보가 들어가야 합니다. 그래프의 추가 정보는 어떻게 지정하는지 알아봅니다.

### ■ 그래프 안에 추가 정보 지정

그래프를 그리면 기본적인 설명 자료가 필요합니다. 먼저 텍스트 정보를 간단하게 표시하는 레이블과 여러 개의 그래프를 그린 후에 각 그래프들의 특징을 알 수 있는 범례를 추가합니다.

### [예제 9-2] 그래프에 세부 정보 표시하기

주피터 노트북에서 %%writefile 명령어를 이용해서 간단한 텍스트 파일을 만듭니다.

In :

```
%%writefile data1.txt
0 0
1 1
2 4
3 9
4 16
5 25
6 36
```

Out:

```
Writing data1.txt
```

파이썬의 open 함수로 텍스트 파일을 읽습니다. 파일을 행 단위로 읽으므로 이를 열 단위의 정보로 변환해야 합니다.

읽어온 내용이 문자열이므로 .split 메소드를 이용해서 두 개로 분리합니다. 문자열을 숫자로 변환하기 위해 float 함수로 자료형을 변환했습니다.

리스트 컴프리헨션으로 내부에 2차원 리스트를 만들었습니다. 하나의 차원을 내리기 위해 * 를 사용했습니다.

In :

```
ff = open('data1.txt','r')
```

In :

```
xx = [[float(s) for s in line.split()] for line in ff]
```

In :

```
xx
```

Out:

```
[[0.0, 0.0],
 [1.0, 1.0],
```

```
 [2.0, 4.0],
 [3.0, 9.0],
 [4.0, 16.0],
 [5.0, 25.0],
 [6.0, 36.0]]
```

In :
```
[*xx]
```

Out:
```
[[0.0, 0.0],
 [1.0, 1.0],
 [2.0, 4.0],
 [3.0, 9.0],
 [4.0, 16.0],
 [5.0, 25.0],
 [6.0, 36.0]]
```

두 개의 원소를 갖고 있는 리스트로 첫 번째 자리와 두 번째 자리를 각각의 리스트로 분리하는 .zip 함수를 사용합니다. 그러면 두 개의 변수에 각각 튜플로 분리된 것을 볼 수 있습니다. 파일을 처리한 후에는 항상 .close 메소드를 이용해서 파일 처리를 종료합니다.

In :
```
x,y = zip(*xx)
```

In :
```
x
```

Out:
```
(0.0, 1.0, 2.0, 3.0, 4.0, 5.0, 6.0)
```

In :
```
y
```

Out:
```
(0.0, 1.0, 4.0, 9.0, 16.0, 25.0, 36.0)
```

In :
```
ff.close()
```

그래프를 그리기 전에 label 함수를 이용해서 x축과 y축에 레이블을 붙였고 .axis 함수를 이용해서 두 축의 정보를 변경했습니다.

그려진 그래프를 보면 두 변수가 만나는 점을 선으로 연결한 것을 알 수 있습니다.

In :
```
with open('data1.txt','r') as f :
    X, Y = zip(*[[float(s) for s in line.split()] for line in f])

plt.xlabel(" index ")
plt.ylabel(" pow   ")

plt.axis([0,6,0,36])

plt.plot(X,Y)
plt.show()
```

Out:

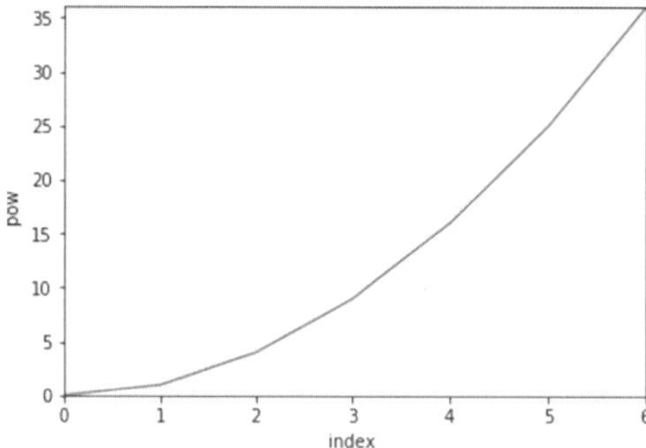


특정하게 그래프를 그리는 figure와 axes 객체를 만들지 않으면 하나의 그래프만 자동으로 생성됩니다.

이번에는 선 그래프와 점 그래프를 하나의 axes에 그려봅니다. 두 변수에 들어가는 값의 개수는 100개씩 만듭니다.

점 그래프와 선 그래프 안의 매개변수 label에 그래프 설명을 달고 .legend 함수를 실행한 후에 그래프를 보면 범례인 legend가 표시됩니다.

In :
```
x = np.linspace(1,10, 100)
y = np.random.randint(1,10,100)
plt.scatter(x,y,label="linespace")
plt.plot(x,x,'r',label=" randint ")
plt.legend()

plt.show()
```

Out:

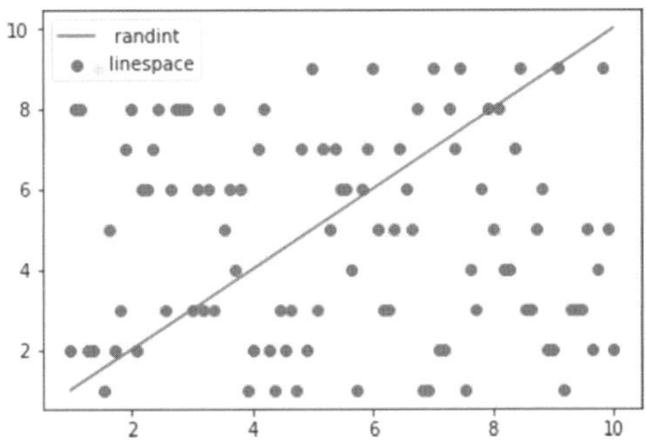


텐서플로우(tensorflow) 모듈을 이용해서 간단하게 처리한 결과가 넘파이의 배열입니다. 이 행렬을 이용해서 처리된 결과를 그래프로 그려봅니다.

텐서플로우는 먼저 그래프를 작성하고 실제 실행을 세션에서 해야 합니다. 일단 행렬의 점 연산을 .matmaul 함수로 처리하려면 첫 번째 인자의 열과 두 번째 인자의 행이 같아야 하므로 .reshape 메소드로 형태를 맞췄습니다.

In :
```
import tensorflow as tf
```

In :
```
a= np.array([1,2,3,4,5,6], dtype=np.float32)
b= np.array([2,3,4,4,7,7], dtype=np.float32)
c=tf.matmul(a.reshape(3,2),b.reshape(2,3))
```

이제 세션을 이용해서 c에 할당된 것을 실행하면 실제 그래프에 정의된 .matmul이 실행되고 결과가 저장됩니다. 이를 a 변수에 할당했으므로 결과는 3행 3열의 넘파이 배열로 넘어왔습니다.

이를 이용해서 각 행마다 열별로 그래프를 그립니다.

In :
```
sess=tf.Session()
a=sess.run(c)
for i, row in enumerate(a):
    x =np.arange(len(row))
    plt.bar(x+(0.25*i),row,color= (lambda i: ("b g r".split())[i])(i),
width=0.25)

plt.show()
print(a)
```

Out:

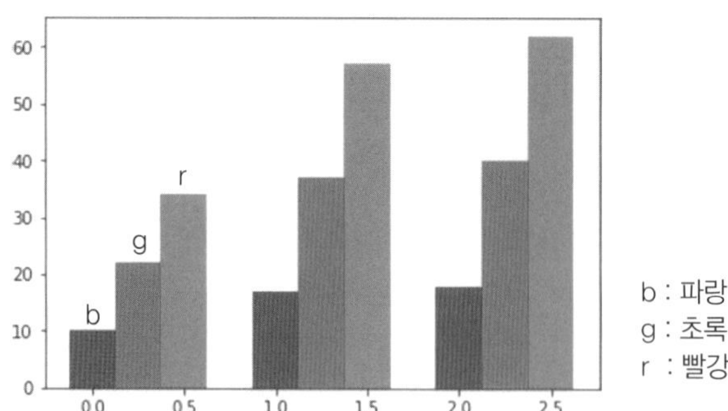


```
[[10. 17. 18.]
 [22. 37. 40.]
 [34. 57. 62.]]
```

사용자 함수를 정의할 때 내부에 그래프를 그리는 로직을 첨가할 수 있습니다. 실제는 함수가 실행될 때 그래프가 그려집니다.

In :
```
def sinplot(flip=1):
    x = np.linspace(0, 14, 100)
    for i in range(1, 7):
        plt.plot(x, np.sin(x + i * .5) * (7 - i) * flip)
```

In :
```
sinplot()
```

Out:

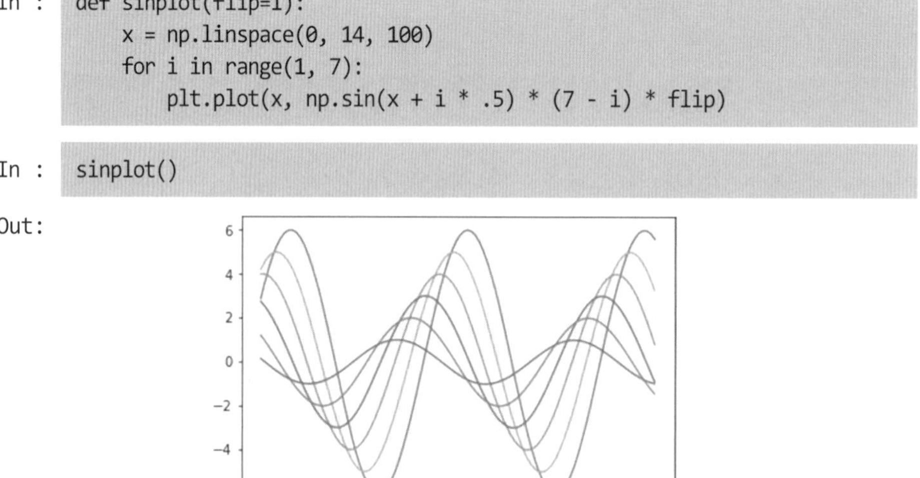

위에 정의된 함수에 대한 그래프를 그리기 전에 seaborn 모듈을 이용해서 스타일을 추가할 수도 있습니다. .set_style 함수 안에 그리드명을 지정해서 실행한 후에 그래프를 작성하면 seaborn 안에 격자가 꾸며진 것을 알 수 있습니다.

In :
```
import seaborn as sns
```

In :
```
sns.set_style('darkgrid')
```

In :
```
sinplot()
```

Out:

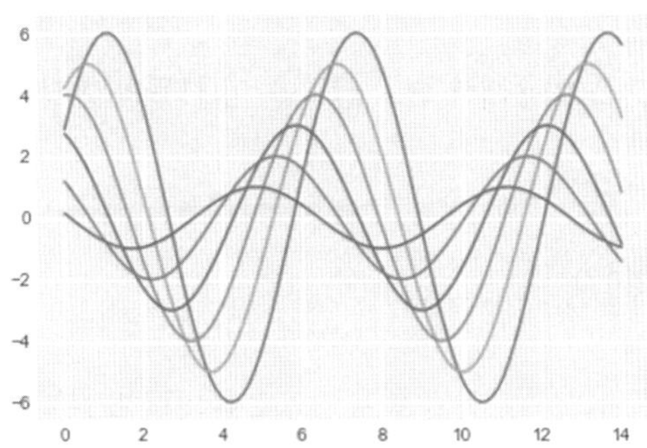


Seaborn도 파이썬에서 제공하는 별도의 시각화 모듈입니다. 상자 그래프를 간단히 그려보면 matplotlib 모듈보다 더 다양한 색상을 지원하는 것을 볼 수 있습니다.

In :
```
sns.set_style("whitegrid")
data = np.random.normal(size=(20, 6)) + np.arange(6) / 2
sns.boxplot(data=data)
plt.show()
```

Out:

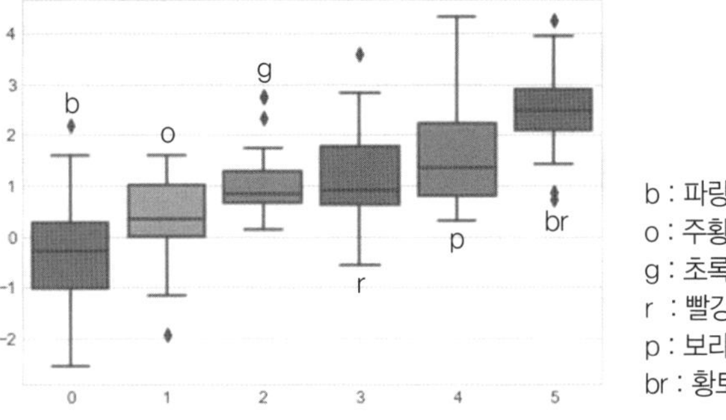


## 9.2 판다스 선 그래프 작성

그래프는 기본으로 영문을 처리합니다. 한글을 처리하게 하려면 모듈이 관리하는 매개변수 정보를 변경해야 합니다. 일반적인 선 그래프를 그려보면서 한글로 꾸미는 방법도 알아봅니다.

### 9.2.1 한글 설정

그래프를 그리고 제목이나 범례 등에 한글을 넣을 수 있게 하려면 한글 글꼴로 설정을 바꿔야 합니다.

### ■ 그래프 안에 한글 처리

그래프 모듈인 matplotlib을 이용해서 한글 글꼴을 이 모듈의 환경에 맞춰 처리하는 방법을 알아봅니다.

### [예제 9-3] 한글 처리하기

현재 matplotlib 모듈을 처리하기 위해 임포트하고 주피터 노트북에서 결과를 출력하도록 %matplotlib inline을 세팅합니다.

```
In : import matplotlib.pyplot as plt
In : %matplotlib inline
```

현재 지정된 글꼴과 그 크기를 확인하기 위해 .rcParams 속성을 확인합니다. 내부의 정보는 운영체제 환경에 따라 정의된 값이 다를 수 있습니다.

```
In : plt.rcParams['font.size']
Out: 10.0
In : plt.rcParams['font.family']
Out: ['sans-serif']
```

이 속성 내부에 들어있는 세팅을 판다스 시리즈로 변형해 내부에 정의된 것을 확인하면 290개의 항목이 있는 것을 알 수 있습니다.

```
In : rc_s = pd.Series(plt.rcParams)
In : rc_s.shape
Out: (0,)
```

운영체제 버전을 알아보기 위해 sys 모듈을 임포트해서 .platform 속성으로 확인하면 윈도우 운영체제를 이용 중이라는 사실을 확인할 수 있습니다. 최소 사양을 가지고 테스트를 해서 일반적인 윈도우 노트북이라는 것도 알 수 있습니다.

In :
```
import sys
```

In :
```
sys.platform
```

Out:
```
'win32'
```

한글을 필요한 위치에서 바로 사용하는 방법부터 알아봅니다.

두 개의 운영체제인 윈도우와 맥에서 한글 등 글꼴을 관리하는 matplotlib.font_manager을 사용하는 법을 알아보겠습니다. 먼저 윈도우와 Mac을 기준으로 글꼴을 가져와서 지정합니다.

In :
```
import matplotlib.font_manager as fm
```

In :
```
if sys.platform == 'win32' :
    font_path = 'C:/Windows/Fonts/HANBatang.ttf'
    fontprop = fm.FontProperties(fname=font_path, size=18)

    path_pen = 'C:/Windows/Fonts/malgunbd.ttf'
    fontprop1 = fm.FontProperties(fname=path_pen, size=18)
```

In :
```
if sys.platform == 'darwin'  :
    path = '/Users/plusjune/Library/Fonts/NanumMyeongjo.ttf'
    fontprop = fm.FontProperties(fname=path, size=18)
    path_pen = '/Users/plusjune/Library/Fonts/NanumPen.ttf'
    fontprop1 = fm.FontProperties(fname=path_pen, size=34)
```

한글 글꼴을 직접 지정하여 한글을 특정 함수로 직접 갱신을 할 수 있습니다. 이때 .rc 함수의 인자로 font 문자열과 'family=글꼴 이름'을 입력해서 실행하면 현재 작동되는 문자의 글꼴이 지정됩니다.

In :
```
if sys.platform == 'win32' :
    from matplotlib import font_manager, rc
      font_name = font_manager.FontProperties(fname="c:/Windows/Fonts/
malgun.ttf").get_name()
    rc('font', family=font_name)
```

In :
```
plt.rcParams['font.family']
```

Out:
```
['Malgun Gothic']
```

데이터를 만들기 위해 넘파이 모듈을 이용해 1000, 6000 사이의 임의의 데이터를 50개 만들었습니다.

In :
```
import numpy as np
```

In :
```
data = np.random.randint(1000, 6000, 50)
```

In :
```
data
```

Out:
```
array([2028, 5998, 3857, 2202, 2075, 4264, 5814, 1053, 5232, 5140, 3065,
       3977, 1396, 3205, 1019, 2482, 2499, 3110, 1955, 1678, 1079, 3449,
       1613, 4788, 4630, 1895, 2072, 2042, 3947, 4892, 3971, 5076, 2164,
       3339, 3859, 4654, 5276, 2310, 4658, 2484, 5618, 1071, 4703, 1836,
       4870, 1504, 5573, 3174, 1127, 4480])
```

특정 그래프에서 한글을 처리하게 하기 위해 그래프의 제목 .title과 레이블 .ylabel 함수의 인자에 값을 넣으면 됩니다. 그리고 제목과 레이블에서 한글을 표시하기 위해 한글 글꼴을 fontproperies 매개변수에 전달하고 .show 메소드를 실행하면 그래프가 그려지는 것을 알 수 있습니다.

In :
```
import matplotlib.pyplot as plt
```

In :
```
plt.ylabel('가격', fontproperties=fontprop)
plt.title('시금치 가격변동 추이', fontproperties=fontprop)
plt.plot(range(50), data, 'r')
plt.show()
```

Out:

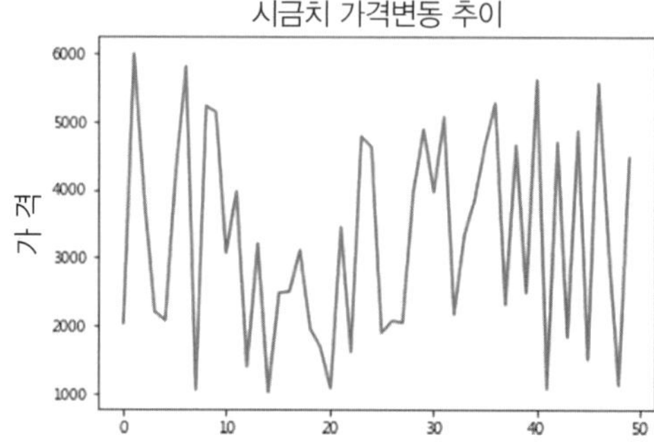

한글 글꼴 두 개를 레이블과 제목에 지정하면 다른 한글 글꼴이 정의됩니다.

In :
```
plt.plot(range(50), data, 'r')
plt.ylabel('가격', fontproperties=fontprop)
plt.title('시금치 가격변동 추이', fontproperties=fontprop1)
plt.show()
```

Out:

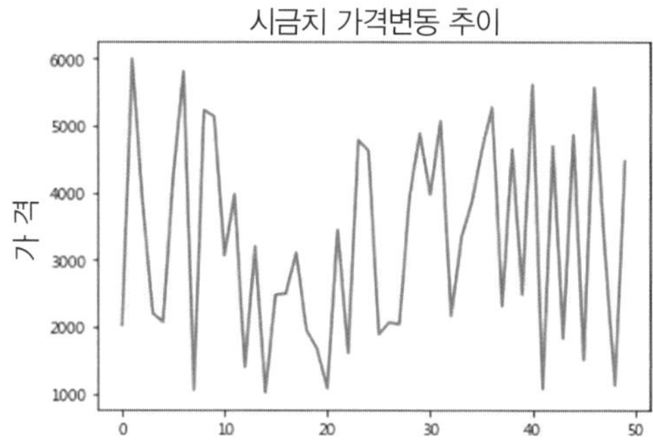


## 9.2.2 선 그래프 작성

판다스의 데이터를 가지고 특정 경향을 확인하기 위해 plot이 기본 그래프인 선 그래프를 알아봅니다.

### ■ 선 그래프

데이터 프레임의 plot 메소드로 그래프를 그리면 기본적으로 선그래프가 그려집니다.

### [예제 9-4] plot 그래프 그리기

판다스의 그래프도 기본으로 matplotlib 모듈을 가지고 처리됩니다. 특히 이번에 알아보는 plot 메소드는 matplotlib 모듈과 연동되어 실행됩니다.

그래프를 그리기 위해 시리즈 데이터를 하나 만듭니다. 1,000개의 데이터를 임의의 값으로 세팅하고 인덱스를 날짜로 만듭니다.

특정일자(2016-01-01)를 기준으로 1000일 간의 기간을 지정해서 시계열(time series) 데이터를 생성하는데, 만들어진 시리즈의 값을 .cumsum을 통해 누적 값으로 변경합니다.

```
In : ts = pd.Series(np.random.randn(1000), index=pd.date_range('1/1/2016', periods=1000))
```

```
In : ts = ts.cumsum()
```

```
In : ts.head()
```

```
Out: 2016-01-01    0.113768
     2016-01-02    0.154018
     2016-01-03   -0.174473
     2016-01-04   -1.088339
     2016-01-05   -2.988317
     Freq: D, dtype: float64
```

시리즈 객체의 .plot 메소드를 실행하면 기본으로 선 그래프가 그려집니다. x축은 날짜이고, y축은 내부의 누적 값이 표시됩니다.

```
In : ts.plot()
     plt.show()
```

Out:

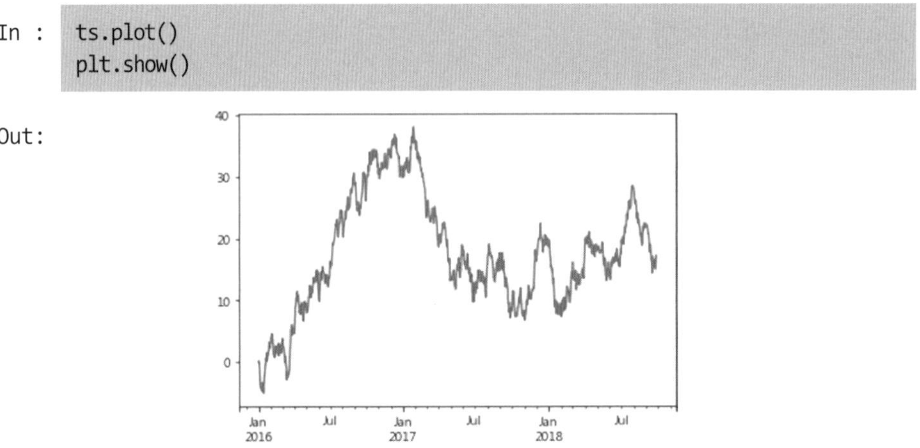


이번에는 시리즈 안의 .plot 메소드에 대해 알아봅니다. 이 plot 메소드는 기본으로 matplotlib 모듈과 연계되어 처리됩니다.

시리즈의 객체에서 사용하는 .plot 메소드 이름으로 실행하면 SeriesPlotMethods 클래스의 객체인 것을 알 수 있습니다.

이 객체에 어떤 정보가 있는지를 확인하면 area부터 pie까지 대부분 그래프 메소드들이 조회되는 것을 알 수 있습니다.

In :
```
ts.plot
```

Out:
```
<pandas.plotting._core.SeriesPlotMethods object at 0x0000000009FD8D68>
```

In :
```
for i in dir(ts.plot) :
    if not i.startswith("_") :
        print(i, end=",  ")
```

Out:
```
area,  bar,  barh,  box,  density,  hist,  kde,  line,  pie,
```

내부에 있는 속성들이 무엇을 하는지 확인해볼까요?

먼저 ts.plot 내부의 line을 확인합니다. .line도 메소드 객체로 만들어진 것을 알 수 있습니다. 메소드는 내부에 함수를 가지고 있으므로 속성 __func__을 조회해서 내부의 함수를 확인합니다.

In :
```
ts.plot.line
```

Out:
```
<bound method SeriesPlotMethods.line of <pandas.plotting._core.SeriesPlotMethods object at 0x0000000009FD8D68>>
```

In :
```
ts.plot.line.__func__
```

Out:
```
<function pandas.plotting._core.SeriesPlotMethods.line>
```

이번에는 선 그래프를 .line 메소드를 이용해서 그립니다. .plot으로 그래프를 그릴 때와 같은 그래프가 그려지는 것을 볼 수 있습니다.

In :
```
ts.plot.line()
```

Out:
```
<matplotlib.axes._subplots.AxesSubplot at 0xb4e6668>
```

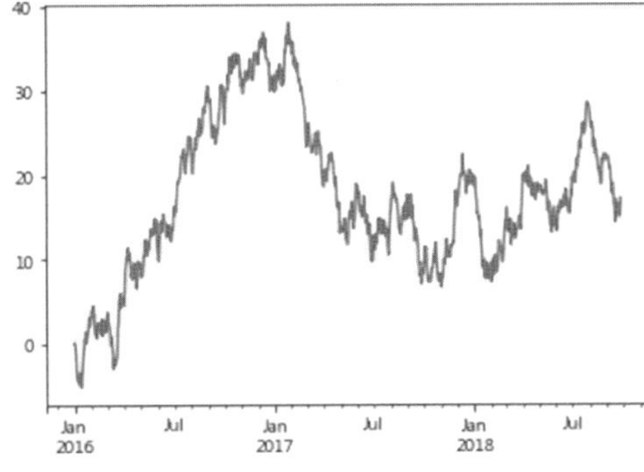

.plot 메소드의 매개변수 kind에 문자열로 'line'을 넣고 실행해도 선 그래프가 그려집니다. 매개변수 kind의 디폴트 값이 line이라는 것을 알 수 있습니다. .show 함수를 실행하지 않아서 axes 객체도 같이 출력됩니다.

In :
```
ts.plot(kind='line')
```

Out:
```
<matplotlib.axes._subplots.AxesSubplot at 0xb5c6198>
```

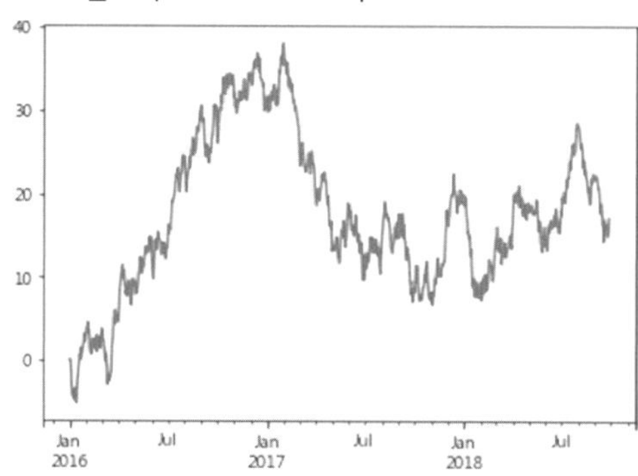


시리즈가 만들어진 .index 속성을 확인하면 DatetimeIndex의 객체가 만들어진 것을 알 수 있습니다. 이 클래스에서 원소들의 자료형은 datetime64이고 주기가 D인 것은 기간이 일 단위라는 것을 말합니다.

이 인덱스를 가지고 데이터 프레임을 만듭니다. 이번에는 .colums 속성에 한글을 넣었습니다.

In :
```
ts.index[:10]
```

Out:
```
DatetimeIndex(['2016-01-01', '2016-01-02', '2016-01-03', '2016-01-04',
               '2016-01-05', '2016-01-06', '2016-01-07', '2016-01-08',
               '2016-01-09', '2016-01-10'],
              dtype='datetime64[ns]', freq='D')
```

In :
```
df = pd.DataFrame(np.random.randn(1000, 4),
                  index=ts.index,
                  columns=list('가나다라'))
```

데이터 프레임의 값을 .cumsum 메소드를 이용해서 누적 값으로 만들었습니다.

In :
```
df = df.cumsum()
```

In :
```
df.head()
```

Out:

| | 가 | 나 | 다 | 라 |
|---|---|---|---|---|
| **2016-01-01** | 1.830882 | 0.837443 | 0.310830 | -0.604138 |
| **2016-01-02** | 1.051757 | -0.033006 | 1.326275 | -0.327918 |
| **2016-01-03** | 0.738211 | -0.611405 | 1.652707 | -0.678621 |
| **2016-01-04** | 1.400981 | -1.227009 | 1.763947 | -0.952407 |
| **2016-01-05** | 3.203332 | -0.447905 | 3.323355 | -1.915900 |

데이터 프레임 안의 .plot 메소드 중 매개변수 title에 이 그래프의 제목을 넣고 실행하면 각 열이 선 그래프로 그려집니다. 한글 제목도 표시되는 게 보이시나요? 4개의 그래프가 그려지고 4개의 그래프에 대한 정보도 범례로 표시됩니다.

In :
```
df.plot(title="한글")
plt.show()
```

Out:

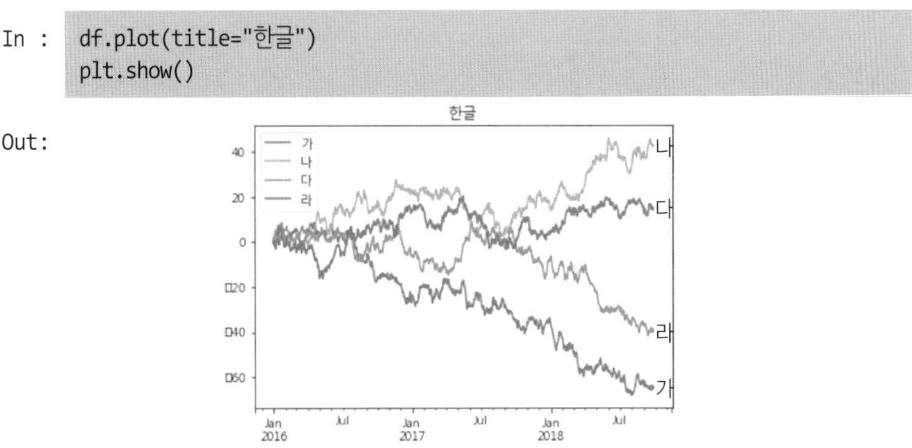


데이터 프레임의 열에 이름을 사용하지 않고 새 범례로 추가하려면 .line 메소드 내부의 .legend 메소드로 범례에 들어갈 이름을 4개 지정합니다.

In :
```
df.plot.line().legend(['A_가','B_나','C_다','D_라'])
```

Out: <matplotlib.legend.Legend at 0xb7bfc88>

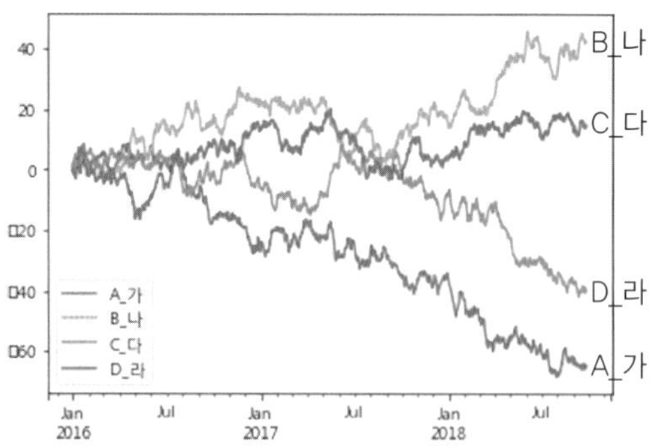


데이터 프레임의 특정 열만을 이용해서 그래프를 그리려면 축에 대한 정보를 지정해서 그릴 수도 있습니다. 이때 마이너스 기호가 표시되지 않습니다.

In :
```
df.plot(x='가', y=['나'])
```

Out: <matplotlib.axes._subplots.AxesSubplot at 0xb8d5a90>

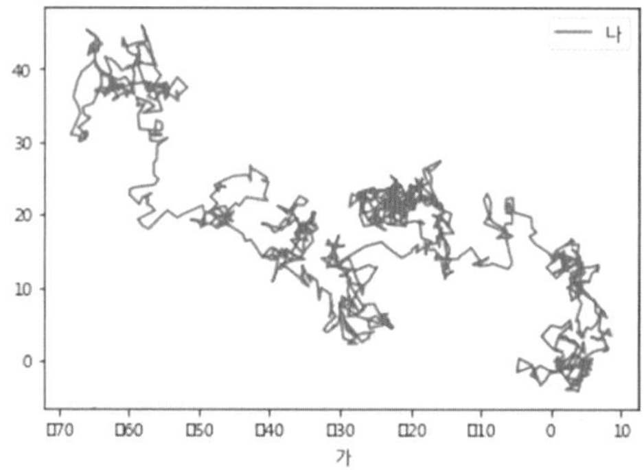


한글을 표시하면 마이너스 기호가 제대로 표시되지 않는데, 마이너스 기호를 표시하려면 추가로 속성 정보를 갱신해야 합니다.

.rcParams 속성에 axes.unicode_minus를 False로 표시해서 한글일 때도 마이너스가 처리되도록 합니다.

In :
```
plt.rcParams['axes.unicode_minus'] = False
```

In :
```
df.plot(x='가', y=['나'])
```

Out: <matplotlib.axes._subplots.AxesSubplot at 0xb946748>

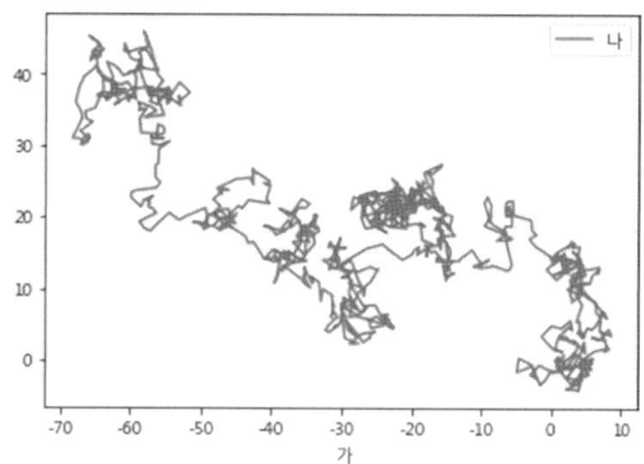


판다스와 matplotlib 그래프 틀을 직접 지정해서 사용하려면 .plot 안의 ax 매개변수에 .subplot 함수에서 만들어진 변수를 할당해야 합니다.

일단 하나의 axes 객체를 만들고 .plot 메소드 그래프와 연결해서 처리하는 것을 확인합니다.

In :

```
fig, ax = plt.subplots()

ax = df.plot(title="한글",kind='line',ax=ax).legend(['A_가','B_나','C_다','D_라'])
```

Out:

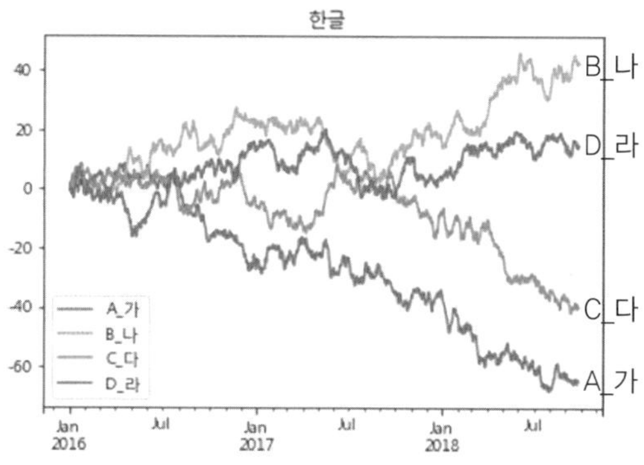


2행 2열로 지정한 곳에 각각의 그래프를 지정하면 4개의 그래프를 한 곳에 보여줄 수 있습니다.

In :

```
fig, axes = plt.subplots(2,2,figsize=(8,8))
axes[0,0] = df.plot(title="한글",kind='line',ax=axes[0,0]).legend(['A_가','B_나','C_다','D_라'])
axes[0,1] = df.plot(title="한글",kind='hist',ax=axes[0,1]).legend(['A_가','B_나','C_다','D_라'])
axes[1,0] = df.plot(title="한글",kind='box',ax=axes[1,0]).legend(['A_가','B_나','C_다','D_라'])
axes[1,1] = df.plot(title="한글",kind='line',ax=axes[1,1]).legend(['A_가','B_나','C_다','D_라'])
```

이 셀을 실행하면 4개의 그래프가 출력됩니다.

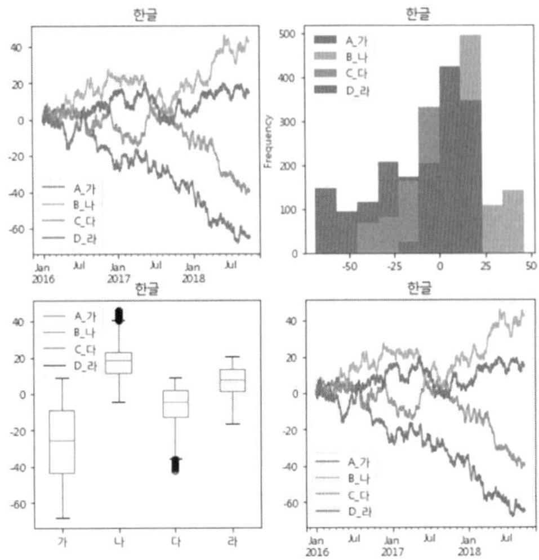


## 9.2.3 복잡한 선 그래프 작성

판다스에서는 다양한 모양의 선 그래프를 지원합니다. 어떤 선 그래프 형태가 판다스에 있는지 알아봅니다. 이 책에 싣지 않은 더 복잡한 형태는 추가로 개인적으로 알아보길 권합니다.

### ■ 다양한 선 그래프

데이터를 직접 값으로 볼 때와 다양한 그래프로 볼 때의 관점에 따라 다른 결과가 나올 수 있습니다. 그래프의 형태는 먼저, 데이터의 특징을 잘 나타낼 수 있어야 합니다.

**[예제 9-5] 복잡한 plot 그래프 그리기**

먼저 .plot 내부에 있는 커널밀도추정(.kde) 메소드를 알아봅니다. 통계에서 커널밀도추정은 임의 변수의 확률밀도 함수를 추정하기 위한 비모수적인 방법(nonparametric method)입니다. 이 그래프를 그리는 이유는 들어온 데이터가 어떤 형태로 구성되었는지를 알아보기 위해서입니다.

새로운 데이터를 만들기 위해 하나의 시리즈를 만듭니다. 이번에도 임의의 데이터를 가져오기 위해 넘파이 모듈이 정규분포 데이터를 생성하는 .randn 메소드를 이용하는데, 실제 만들어지는 원소의 개수를 정수로 입력하면 생성됩니다.

.plot.kde 메소드를 실행하면 대칭적인 그래프가 그려지는 것을 볼 수 있습니다.

In :
```
import numpy as np
```

In :
```
ser = pd.Series(np.random.randn(10000))
```

In :
```
plt.rcParams['axes.unicode_minus'] = False
```

In :
```
ser.plot.kde()
```

Out: <matplotlib.axes._subplots.AxesSubplot at 0xb79a470>

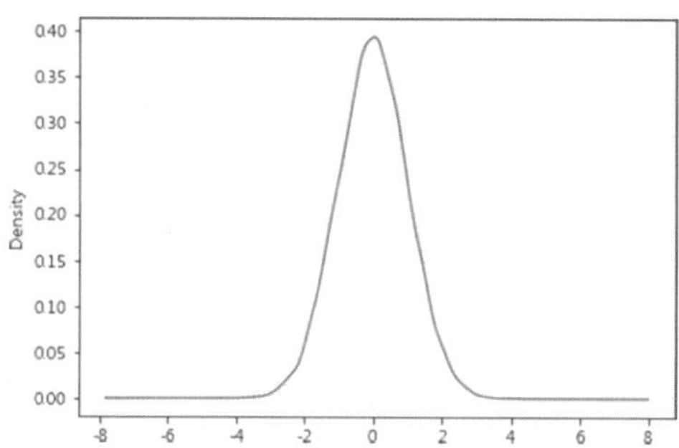


.rand 메소드로 균등분포(uniform distribution)의 시리즈를 생성합니다. .kde 메소드로 그래프를 그려봅니다.

In :
```
ser1 = pd.Series(np.random.rand(10000))
```

In :
```
ser1.plot.kde()
```

Out: <matplotlib.axes._subplots.AxesSubplot at 0xdda54e0>

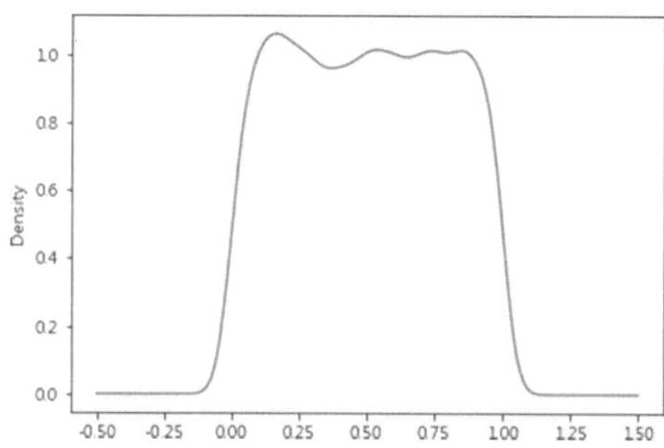


자주 사용되는 seaborn 모듈의 데이터를 .load_dataset 함수를 이용해서 iris 데이터로 읽어왔습니다. 이 데이터를 가져오면 데이터 프레임으로 변환됩니다.

In :
```
import seaborn as sns
```

In :
```
df = sns.load_dataset('iris')
```

In :
```
df.head()
```

Out:

| | sepal_length | sepal_width | petal_length | petal_width | species |
|---|---|---|---|---|---|
| **0** | 5.1 | 3.5 | 1.4 | 0.2 | setosa |
| **1** | 4.9 | 3.0 | 1.4 | 0.2 | setosa |
| **2** | 4.7 | 3.2 | 1.3 | 0.2 | setosa |
| **3** | 4.6 | 3.1 | 1.5 | 0.2 | setosa |
| **4** | 5.0 | 3.6 | 1.4 | 0.2 | setosa |

데이터 프레임 안의 .plot으로 그래프를 그리면 5개의 열이 있지만 숫자 자료형의 값으로만 그래프를 그리는 것을 알 수 있습니다.

In :
```
df.plot()
```

Out: `<matplotlib.axes._subplots.AxesSubplot at 0xe49ed68>`

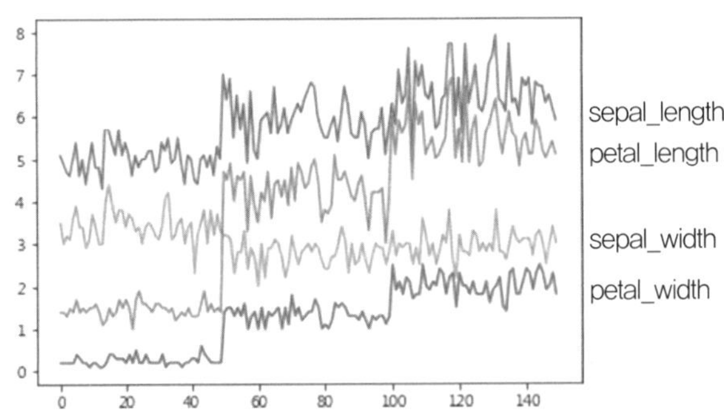


이 데이터 프레임의 species 열이 어떤 값들로 구성되었는지를 .value_counts 메소드로 확인하면 3개의 범주로 구별된다는 것이 파악됩니다.

In :
```
df.species.value_counts()
```

Out:
```
virginica     50
setosa        50
versicolor    50
Name: species, dtype: int64
```

판다스에도 plottong 모듈이 내부에 제공됩니다. .andrews_curves 함수를 이용하면 범주별로 여러 개의 선 그래프가 그려지는데, 이 그래프의 특징은 고차원 데이터를 곡선이나 직선의 형태로 나타냅니다.

In :
```
from pandas.plotting import andrews_curves
```

In :
```
andrews_curves(df, 'species')
```

Out:
```
<matplotlib.axes._subplots.AxesSubplot at 0xe52f470>
```

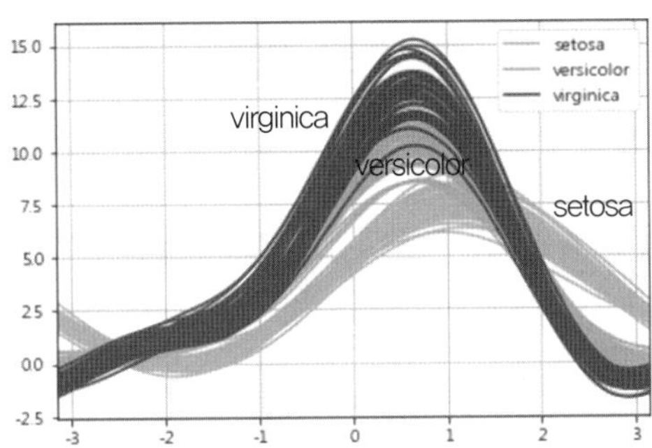


.parallel_coordinates 그래프는 다차원의 항목을 X축에 배치하고 각 항목의 모든 측정치를 Y값에 배치한 뒤 각 관측치별로 데이터 포인트를 연결하여 그린 그래프입니다.

In :
```
from pandas.plotting import parallel_coordinates
```

In :
```
parallel_coordinates(df, 'species')
```

In :
```
<matplotlib.axes._subplots.AxesSubplot at 0xe6f6e80>
```

Out:

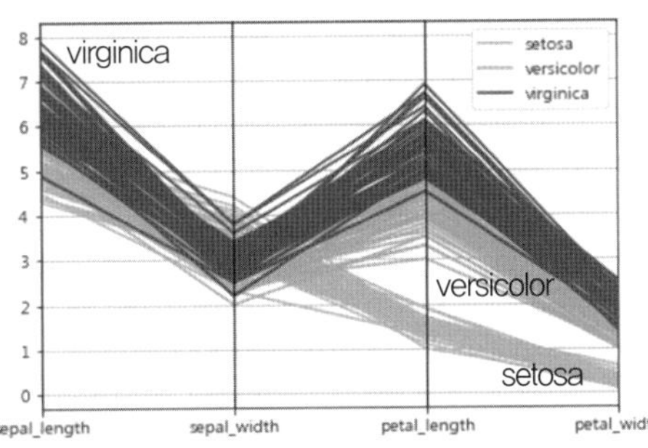


자기 상관 그래프(autocorrelation_plot)는 시간 또는 공간적으로 연속된 일련의 관측치들 사이에 존재하는 상관관계를 나타냅니다. 보통 시계열 데이터의 무작위 검사에 사용되며 다양한 시

간 지연 요소에서 데이터 값에 대한 자동 상관을 계산합니다.

날짜를 인덱스로 넣어서 시계열 데이터를 간단하게 만듭니다.

In :
```
from pandas.plotting import autocorrelation_plot
```

In :
```
import numpy as np
```

In :
```
dr = pd.date_range(start='2017-01-01', end='2017-12-31')

df = pd.DataFrame(np.arange(len(dr)), index=dr, columns=["Values"])
```

이 데이터 프레임은 일자별로 순서대로 값이 증가하는 것을 알 수 있습니다.

In :
```
df.head()
```

Out:

| | Values |
|---|---|
| 2017-01-01 | 0 |
| 2017-01-02 | 1 |
| 2017-01-03 | 2 |
| 2017-01-04 | 3 |
| 2017-01-05 | 4 |

이 데이터 프레임을 가지고 .autorcorrelation_plot을 실행하면 하나의 그래프에 수평선들이 여러 개 그려져 있습니다. 표시된 수평선은 95% 및 99% 신뢰도 밴드에 해당합니다. 점선은 99% 신뢰 구간을 표시합니다. 단순히 그래프에 대한 의미만 설명합니다.

In :
```
autocorrelation_plot(df)
plt.show()
```

Out:

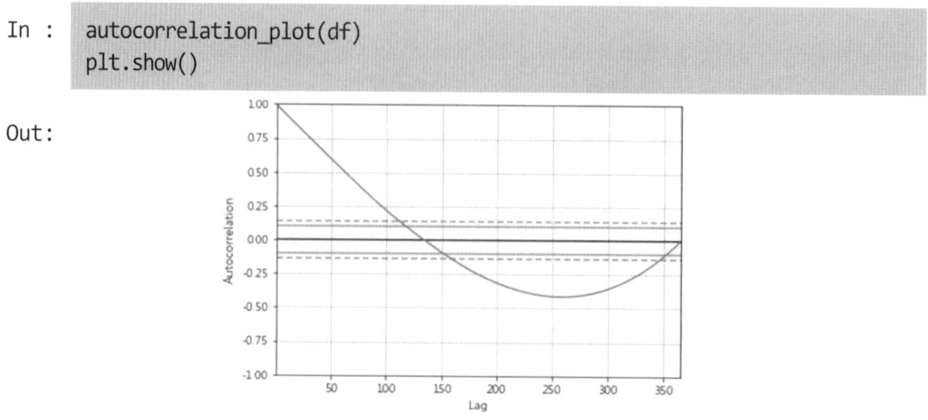

부트 스트랩 플롯(bootstrap_plot)은 평균, 중간 값, 중간 범위 등과 같은 통계의 불확실성을 시각적으로 평가하는 데 사용되며 지정된 크기의 무작위 하위 집합이 데이터에서 선택되고 하위 집합에 대해 계산되며 프로세스가 처리됩니다.

이런 과정을 확인하기 위해 먼저 plot 메소드로 그려봅니다.

In :
```
import numpy as np
```

In :
```
data = pd.Series(np.random.rand(1000))
```

In :
```
data.plot()
```

Out:
```
<matplotlib.axes._subplots.AxesSubplot at 0xe91e160>
```

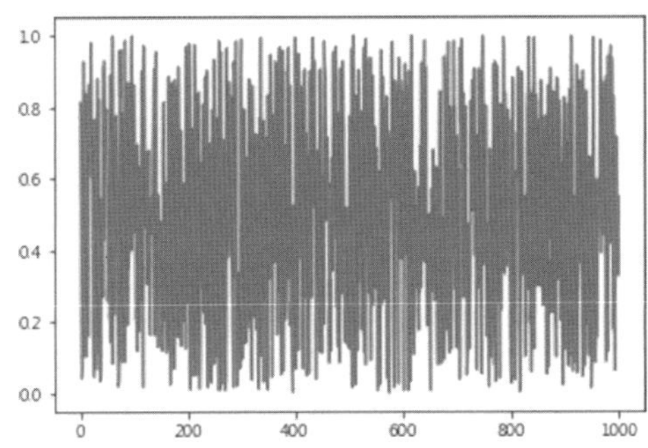


위의 데이터를 가지고 추가로 hist 메소드로 그립니다.

In :
```
data.plot.hist(bins=50,rwidth=0.9, color='grey')
```

Out:
```
<matplotlib.axes._subplots.AxesSubplot at 0xe9bdef0>
```

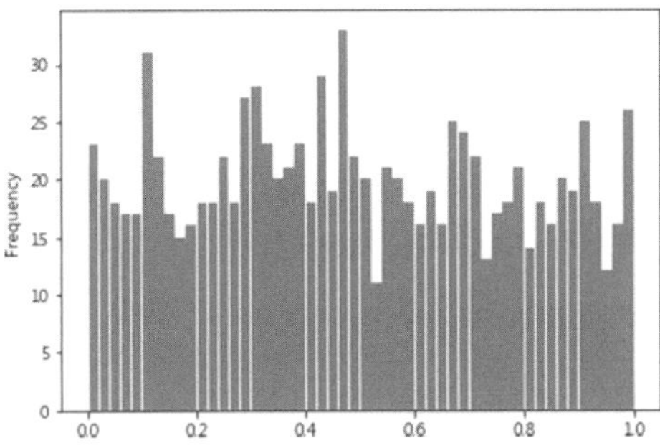

지정된 횟수만큼 반복되며 결과 플롯 및 막대 그래프가 부트 스트랩 플롯을 구성합니다.

In :
```
from pandas.plotting import bootstrap_plot
```

In :
```
bootstrap_plot(data, size=50, samples=500, color='grey')
```

Out:

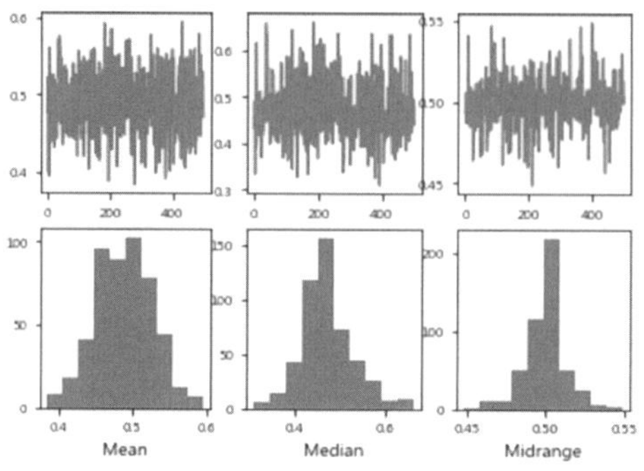


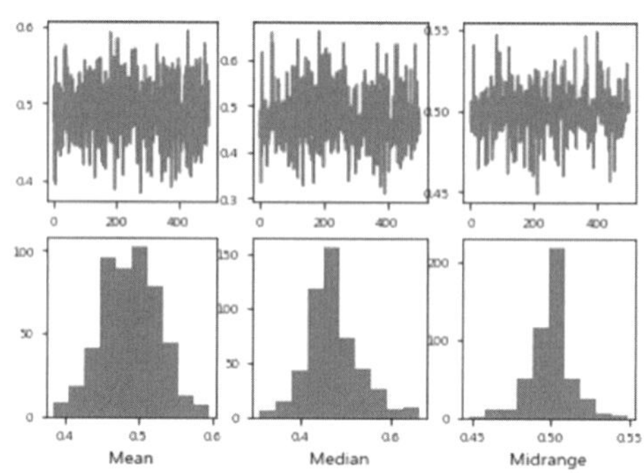


플롯 그래프에서도 area 그래프를 그리는 메소드가 있습니다. 먼저 데이터 프레임을 받으면 4개의 플롯에 면적을 처리합니다.

In :
```
import numpy as np
```

In :
```
df = pd.DataFrame(np.random.rand(10, 4), columns=['a', 'b', 'c', 'd'])
```

In :
```
df.plot.area()
```

Out:
```
<matplotlib.axes._subplots.AxesSubplot at 0xfa7a5c0>
```

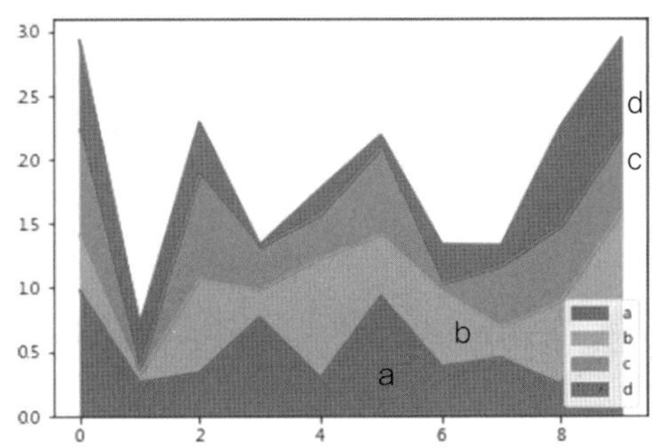


이 그래프에 stacted=False로 지정하면 가려진 그래프가 없어지고 면이 엷게 표시됩니다.

In :
```
df.plot.area(stacked=False)
```

Out:
```
<matplotlib.axes._subplots.AxesSubplot at 0xea26e10>
```

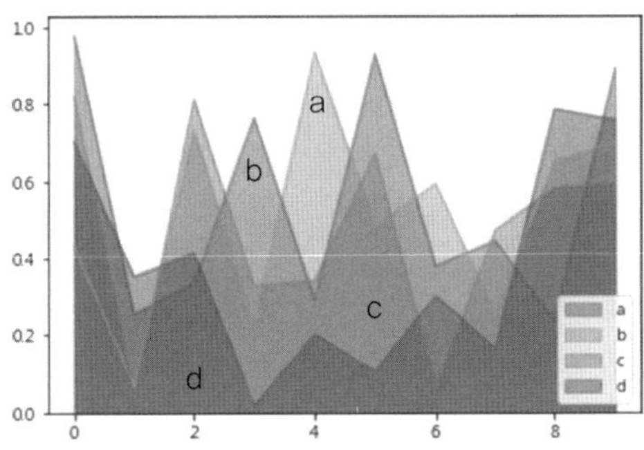


## 9.3 판다스의 기타 형태 그래프 작성

선 그래프 이외의 점 그래프, 히스토그램(histogram) 그래프, 원 그래프, 상자 그래프, 막대 그래프 등을 그려봅니다.

### 9.3.1 점 그래프 작성

흩어짐 정도를 파악하거나 두 변수 사이의 상관관계를 알아볼 수 있는 점(scatter) 그래프를 그려봅니다.

#### ■ 다양한 점 그래프

선 그래프를 알아봤듯이 판다스에서 지원하는 여러 가지의 점 그래프를 알아봅니다.

## [예제 9-6] 점 그래프 그리기

데이터 프레임을 별도로 만들지 않고 .load_dataset 함수를 이용해 seaborn 모듈 내부에서 제공하는 tips 파일을 읽어옵니다.

In :
```
import seaborn as sns
```

In :
```
df_a = sns.load_dataset('tips')
```

In :
```
df_a.head()
```

Out:

| | total_bill | tip | sex | smoker | day | time | size |
|---|---|---|---|---|---|---|---|
| **0** | 16.99 | 1.01 | Female | No | Sun | Dinner | 2 |
| **1** | 10.34 | 1.66 | Male | No | Sun | Dinner | 3 |
| **2** | 21.01 | 3.50 | Male | No | Sun | Dinner | 3 |
| **3** | 23.68 | 3.31 | Male | No | Sun | Dinner | 2 |
| **4** | 24.59 | 3.61 | Female | No | Sun | Dinner | 4 |

데이터 프레임의 .plot 메소드 안에 있는 점(.scatter) 메소드에 두 개의 열 정보를 전달해서 그래프를 그립니다.

In :
```
df_a.plot.scatter('total_bill','tip')
```

Out: <matplotlib.axes._subplots.AxesSubplot at 0xbe47828>

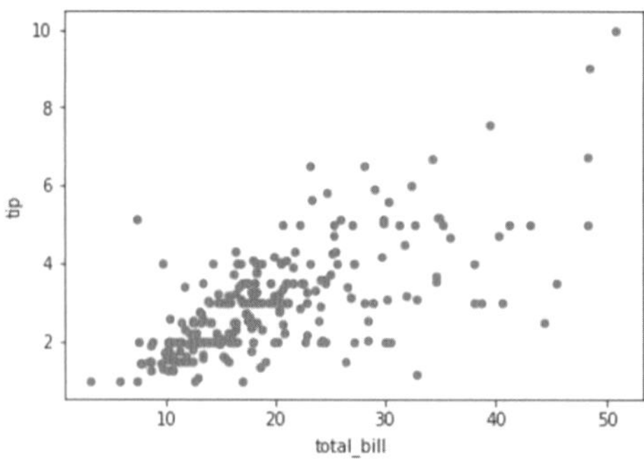


.plot 메소드의 kind 매개변수에 점(scatter) 그래프 이름을 넣고 x, y 매개변수에 두 개의 열을 넣어서 그래프를 그립니다. 위에서 작동된 점(scatter) 메소드, plot 메소드에서 실행되어 그래프를 그리는 것을 알 수 있습니다.

In :
```
df_a.plot(kind='scatter',x='total_bill',y='tip')
```

Out: <matplotlib.axes._subplots.AxesSubplot at 0xc243c18>

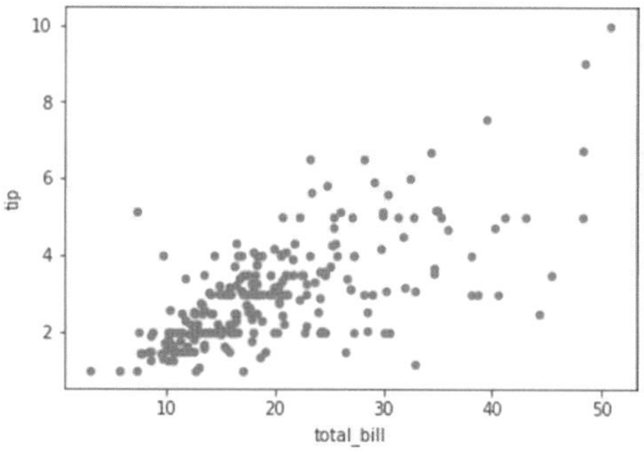

판다스의 plotting 모듈에 있는 래그 플롯(lag_plot) 함수를 사용해봅니다. 이 그래프는 데이터셋 또는 시계열이 무작위인지 확인합니다. .lag_pot은 x축에 시간 t를, y축에 lag 관측치(t-1)를 나타냅니다. 일단 넘파이 모듈에 있는 .sin 함수를 기준으로 계산식을 만듭니다.

In :
```
from pandas.plotting import lag_plot
```

In :
```
import numpy as np
```

In :
```
data = pd.Series(0.1 * np.random.rand(1000) +
                 0.9 * np.sin(np.linspace(-99 * np.pi, 99 * np.pi, num=1000)))
```

.lag_plot 함수를 실행하고 그래프를 그립니다. 이 그래프에 대한 세부적인 설명은 .poltting 모듈에 있는 내용을 참조합니다.

In :
```
lag_plot(data)
```

Out: <matplotlib.axes._subplots.AxesSubplot at 0xc2a96a0>

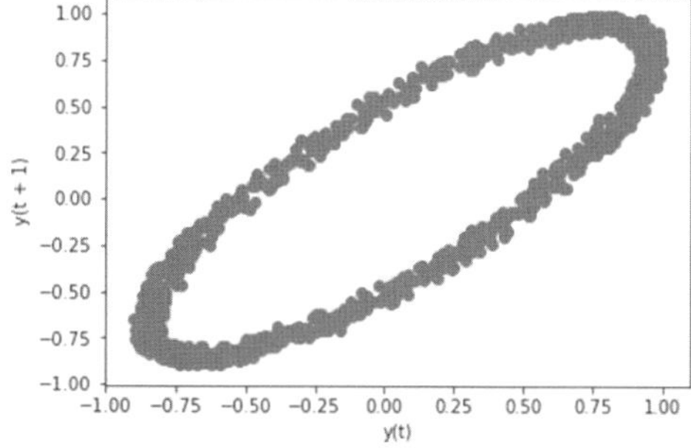

다른 그래프인 .radViz도 있습니다. 이 그래프는 다중 데이터를 시각화할 때 사용됩니다. 평면에 여러 개의 점을 설정하고 단위 원에 똑같이 간격을 두고 있으며 각 점은 단일 속성을 나타냅니다. 일단 seaborn 안의 iris 데이터를 로딩하고 .radviz 메소드를 실행해 그래프를 그립니다.

In :
```
from pandas.plotting import radviz
```

In :
```
df_i = sns.load_dataset('iris')
```

In :
```
radviz(df_i, 'species')
```

Out:
```
<matplotlib.axes._subplots.AxesSubplot at 0xc3e7cc0>
```

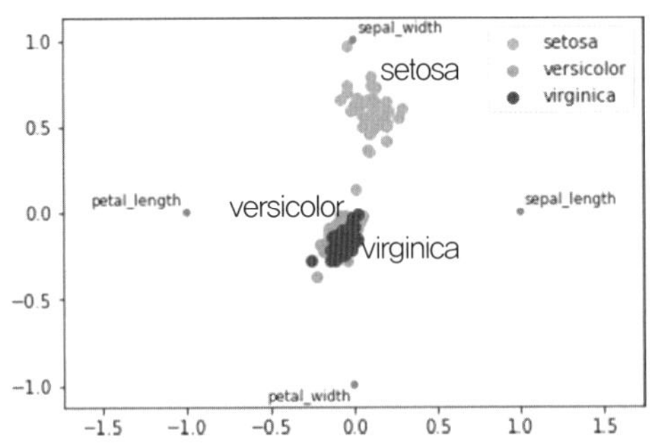


## 9.3.2 히스토그램 그래프 작성

히스토그램(histogram)은 특정 데이터들이 발생한 빈도가 정규분포를 따르는지를 알아볼 수 있는 그래프입니다.

### ■ 히스토그램 그래프

특정 데이터를 그룹화하고 각 항목을 막대 그래프로 표시해서 데이터가 실제 분포하는 모양을 확인할 수 있습니다. 데이터를 가지고 그래프를 그려보면서 그래프 작성 원리를 알아봅니다.

### [예제 9-7] 히스토그램 그래프 그리기

평균 값과 표준편차를 정하고 정규분포를 이용해 무작위로 데이터를 생성합니다. .seed를 지정하는 이유는 임의적인 데이터를 생성할 때 같은 값이 유지되어야 검증할 때 비교가 가능하기 때문입니다.

In :
```
import numpy as np
```

In :
```
mu = 100
sigma = 10
```

In :
```
np.random.seed(0)

x = np.random.normal(mu,sigma,10000)
```

.figure 함수로 먼저 그래프의 공간을 만들고 이 내부에 .add_subplot을 실행해 그래프가 위치할 곳을 지정합니다. 그래프 안의 .hist 메소드를 사용해 그래프를 그립니다.

In :
```
mu = 100
sigma = 10
```

In :
```
fig = plt.figure()

ax = fig.add_subplot(111)
ax.hist(x)

plt.show()
```

그래프를 보면 생성된 데이터가 평균을 기준으로 분포된 것을 알 수 있습니다.

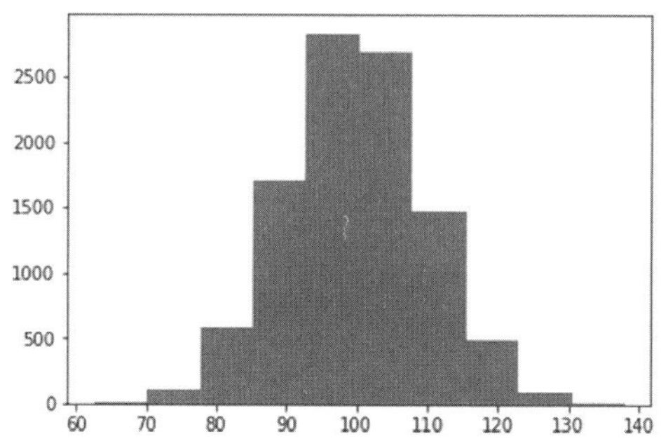


이번에는 Seaborn 모듈에 있는 tips 데이터의 데이터 프레임을 생성합니다.

In :
```
import seaborn as sns
```

In :
```
df_a = sns.load_dataset('tips')
```

In :
```
df_a.head()
```

Out:

| | total_bill | tip | sex | smoker | day | time | size |
|---|---|---|---|---|---|---|---|
| **0** | 16.99 | 1.01 | Female | No | Sun | Dinner | 2 |
| **1** | 10.34 | 1.66 | Male | No | Sun | Dinner | 3 |
| **2** | 21.01 | 3.50 | Male | No | Sun | Dinner | 3 |
| **3** | 23.68 | 3.31 | Male | No | Sun | Dinner | 2 |
| **4** | 24.59 | 3.61 | Female | No | Sun | Dinner | 4 |

특정 열인 tip을 가지고 .plot 메소드 안의 kind 매개변수에 문자열로 hist를 넣어 그래프를 그립니다.

In :
```
df_a['tip'].plot(kind='hist')
```

Out:
```
<matplotlib.axes._subplots.AxesSubplot at 0xc728198>
```

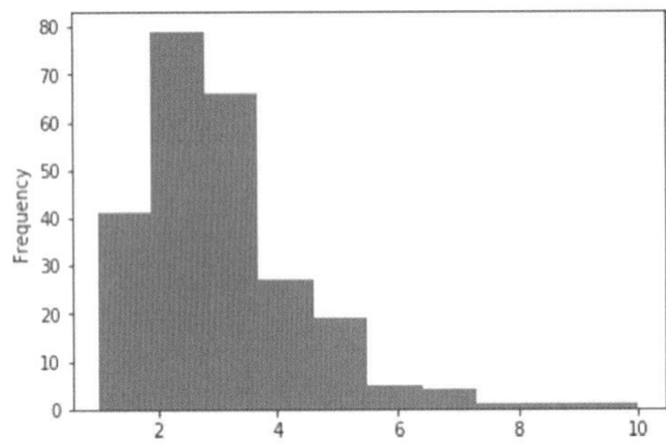


데이터 프레임의 열을 선택해서 조회하면 시리즈가 만들어지고 이 시리즈의 .plot 메소드 안에 있는 .hist 메소드로 그래프를 그립니다.

In :
```
df_a['tip'].plot.hist()
```

Out:
```
<matplotlib.axes._subplots.AxesSubplot at 0xc99e940>
```

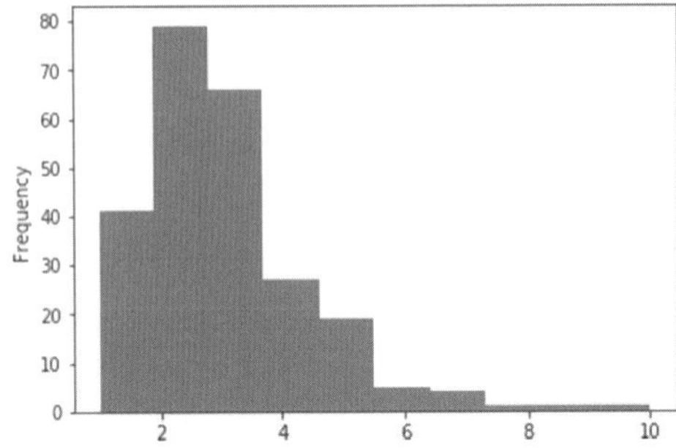

히스토그램을 그릴 때 막대에 대한 수치를 어떻게 부여할지도 중요합니다. 데이터들을 그룹화하는 기준이므로 bins 속성에 수치를 넣고 막대의 폭은 rwidth 인자에 소수점 숫자로 넣어야 합니다.

먼저 matplotlib 모듈로 그리고 데이터 프레임의 .hist 메소드로 처리하면 내부 매개변수가 같은 것을 알 수 있습니다.

In :

```
fig = plt.figure()

ax = fig.add_subplot(111)
ax.hist(x, rwidth=0.9, bins=16)

plt.show()
```

Out:

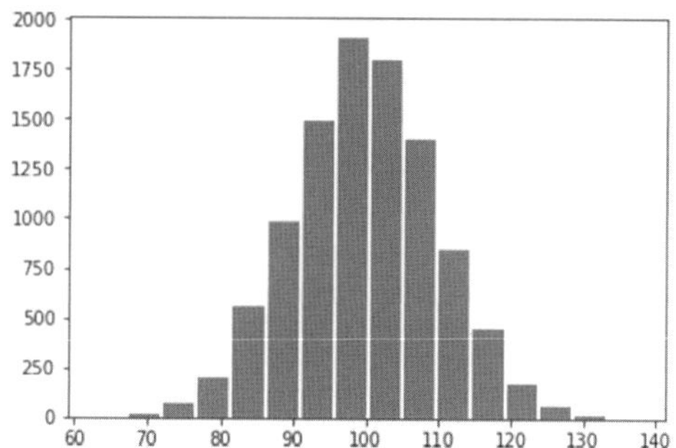


In :

```
df_a['tip'].plot(kind='hist',bins=16, rwidth=0.9)
```

Out: <matplotlib.axes._subplots.AxesSubplot at 0xcc4b128>

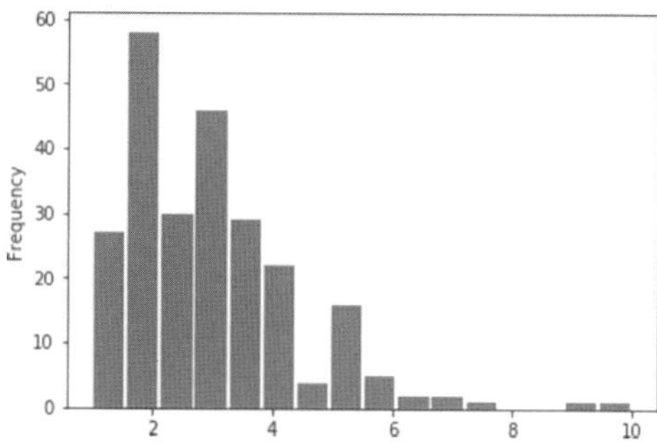


데이터 프레임을 생성하고 .hist 메소드로 그래프를 그릴 때 색상에 대한 alpha를 넣으면 투명도를 높여 막대의 색이 옅어집니다.

```
In :  df4 = pd.DataFrame({'a': np.random.randn(1000) + 1, 'b': np.random.randn(1000),
                         'c': np.random.randn(1000) - 1}, columns=['a', 'b', 'c'])
```

```
In :  df4.plot.hist(alpha=0.5)
```

```
Out:  <matplotlib.axes._subplots.AxesSubplot at 0xccdf438>
```

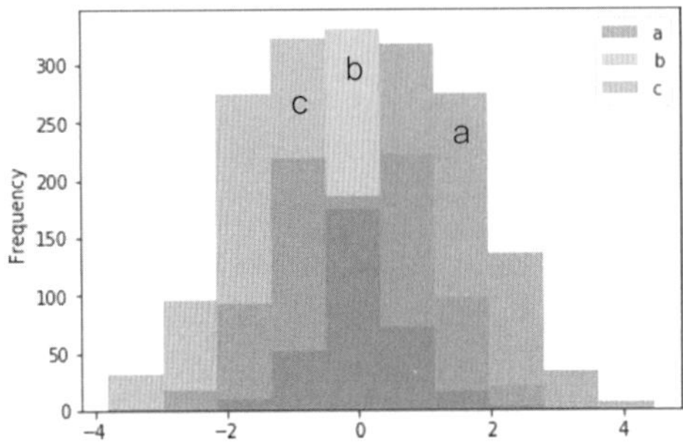


seaborn에서 받은 tips에 대한 정보 전체를 hist 메소드로 그리면 숫자로 된 열만 처리되는 것을 알 수 있습니다.

```
In :  df_a.plot.hist(alpha=0.5)
```

```
Out:  <matplotlib.axes._subplots.AxesSubplot at 0xcf6ceb8>
```

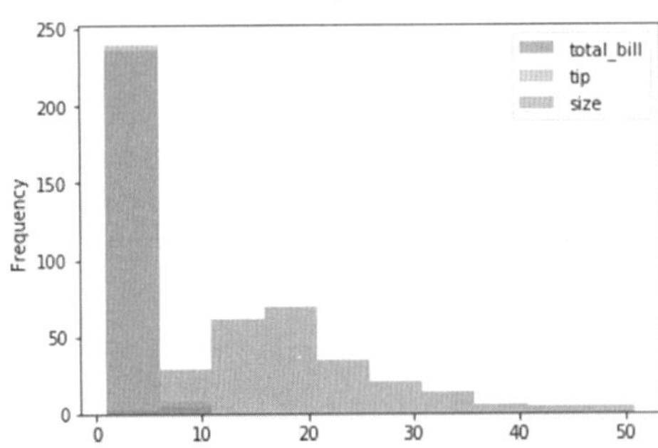


위의 그래프에서 각 항목의 구분이 명확하지 않으므로 구분하기 위해 .stacked=True를 지정해 실행하면 3개의 열이 뚜렷하게 구분됩니다.

```
In :  df4.plot.hist(stacked=True, bins=20)
```

```
Out:  <matplotlib.axes._subplots.AxesSubplot at 0xd04e048>
```

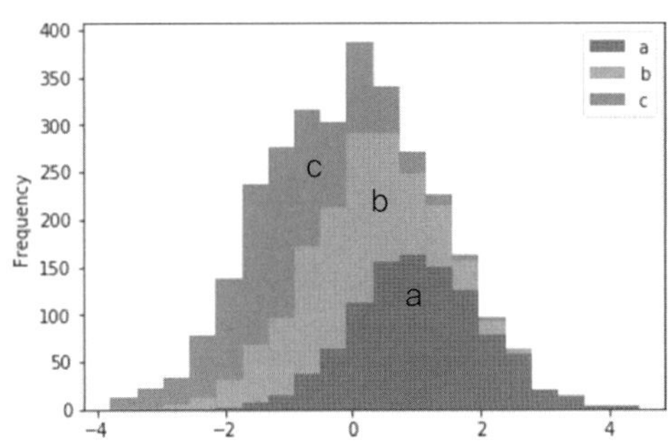


히스토그램 그래프를 수평 방향으로 볼 수 있도록 orientation = 'horizontal'로 지정해 실행합니다.

In :
```
df4.plot.hist(orientation='horizontal')
```

Out: <matplotlib.axes._subplots.AxesSubplot at 0xd10ed30>

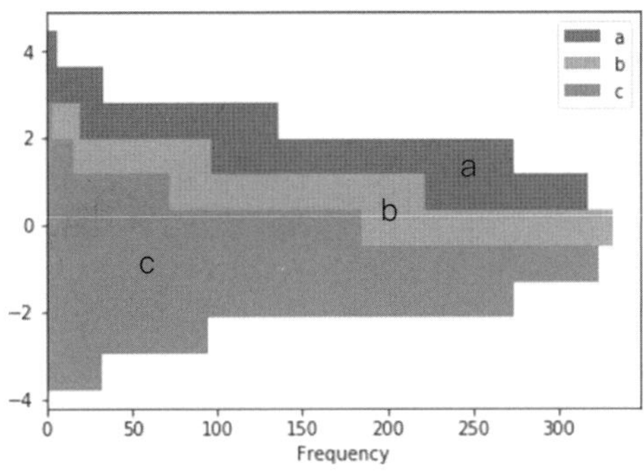


시계열을 가진 시리즈를 만들어서 히스토그램 그래프를 그려보겠습니다.

In :
```
ts = pd.Series(np.random.randn(1000), index=pd.date_range('1/1/2016', periods=1000))
```

In :
```
df = pd.DataFrame(np.random.randn(1000, 4),
                  index=ts.index,
                  columns=list('ABCD'))
```

A열의 정보를 확인하면 정규분포 값으로 추출된 것을 확인할 수 있습니다.

In :
```
df['A'].head()
```

```
Out:  2016-01-01   -0.706413
      2016-01-02    0.465122
      2016-01-03   -2.678413
      2016-01-04   -0.015170
      2016-01-05    0.975021
      Freq: D, Name: A, dtype: float64
```

막대를 bins=50으로 그룹화하고 히스토그램을 실행합니다.

```
In : df.plot.hist(bins=50)
```

```
Out: <matplotlib.axes._subplots.AxesSubplot at 0xd1f6828>
```

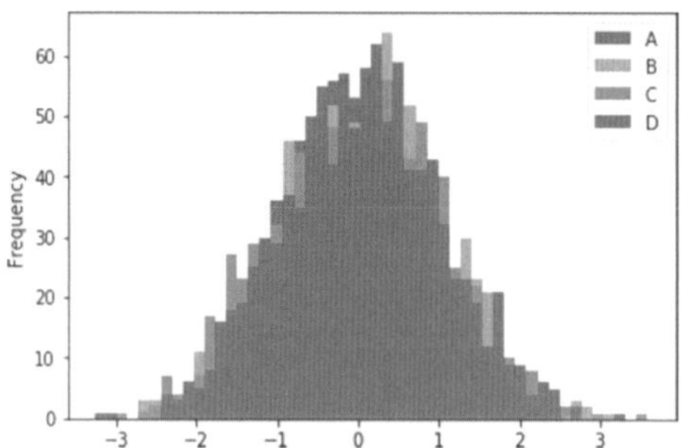


.diff 메소드를 이용해 값을 계산하면 실제 각 행의 값의 차를 계산한 것을 알 수 있습니다.

```
In : df.diff().head()
```

Out:

| | A | B | C | D |
|---|---|---|---|---|
| **2016-01-01** | NaN | NaN | NaN | NaN |
| **2016-01-02** | 1.171535 | -0.068667 | -1.760642 | -1.443059 |
| **2016-01-03** | -3.143535 | 0.736521 | -0.080661 | -1.116249 |
| **2016-01-04** | 2.663243 | -1.247057 | 0.972963 | 0.673785 |
| **2016-01-05** | 0.990191 | -1.144344 | -0.271189 | -1.461556 |

하나의 열을 히스토그램 그래프로 그려봅니다.

```
In : df['A'].diff().hist()
```

```
Out: <matplotlib.axes._subplots.AxesSubplot at 0xd303a58>
```

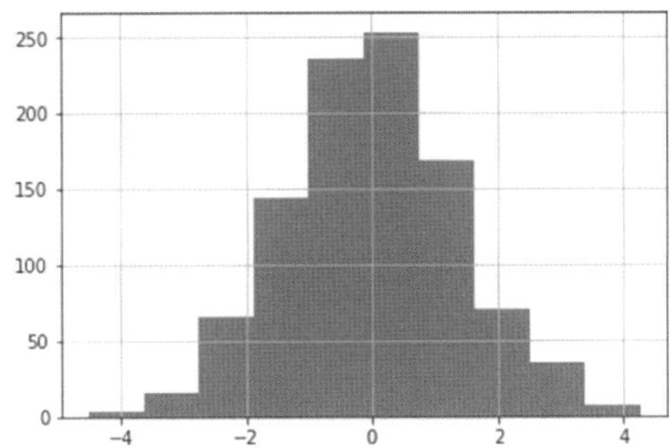

전체 diff 메소드 처리한 것을 히스토그램으로 그리면 실제 4개의 그래프가 그려집니다.

```
In : df.diff().hist(rwidth=0.9, color='k', alpha=0.5, bins=50)
```

```
Out: array([[<matplotlib.axes._subplots.AxesSubplot object at 0x000000000C6F6668>,
            <matplotlib.axes._subplots.AxesSubplot object at 0x000000000D4D8E80>],
           [<matplotlib.axes._subplots.AxesSubplot object at 0x000000000D514E10>,
            <matplotlib.axes._subplots.AxesSubplot object at 0x000000000E51FE10>]],
          dtype=object)
```

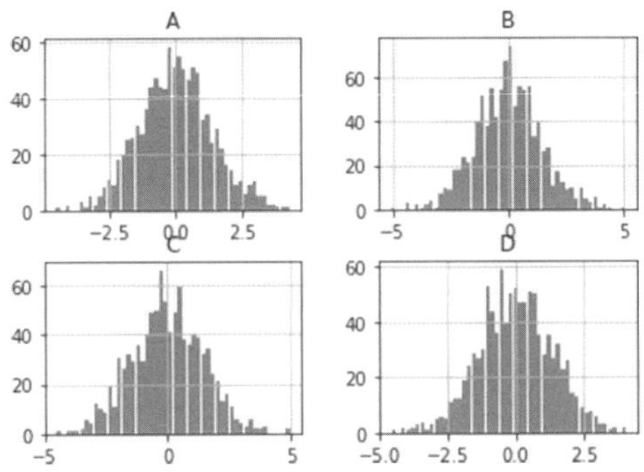

위의 그래프가 4개 그려지는 방식을 이해하기 위해 시리즈를 하나 만들고 작동하는 원리를 알아봅니다.

```
In : data = pd.Series(np.random.randn(1000))
```

```
In : data.head()
```

```
Out: 0     0.006014
     1     0.752771
     2     0.232441
     3     0.591500
     4    -1.021144
     dtype: float64
```

히스토그램으로 그릴 때 by 매개변수에 실제 전체 데이터에 맞는 매핑을 할 수 있도록 1,000개를 만들어서 넣습니다. 그리고 각 그래프의 크기를 지정해 실행하면 4개의 그래프가 그려지는데, diff 메소드로 실행한 결과처럼 4개의 그래프로 나눠진 것을 알 수 있습니다.

```
In : data.hist(by=np.random.randint(0, 4, 1000), figsize=(6, 4))
```

```
Out: array([[<matplotlib.axes._subplots.AxesSubplot object at 0x000000000E5D9898>,
             <matplotlib.axes._subplots.AxesSubplot object at 0x000000000E7C4400>],
            [<matplotlib.axes._subplots.AxesSubplot object at 0x000000000E7F6400>,
             <matplotlib.axes._subplots.AxesSubplot object at 0x000000000E830400>]],
           dtype=object)
```

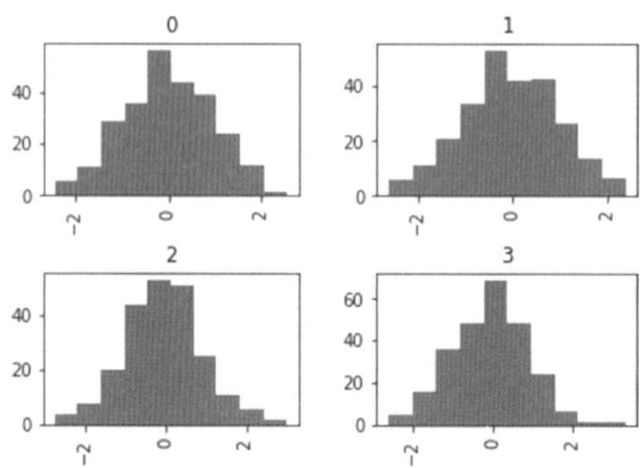

이번에는 matplotlib에서 set_title로 제목을 붙여서 처리하는 방법을 알아봅니다.

```
In : fig = plt.figure()

     ax = fig.add_subplot(111)
     ax.hist(df_a['total_bill'],range=(0,10), rwidth=0.9)
     ax.set_title('total_bill')

     plt.show()
```

Out:

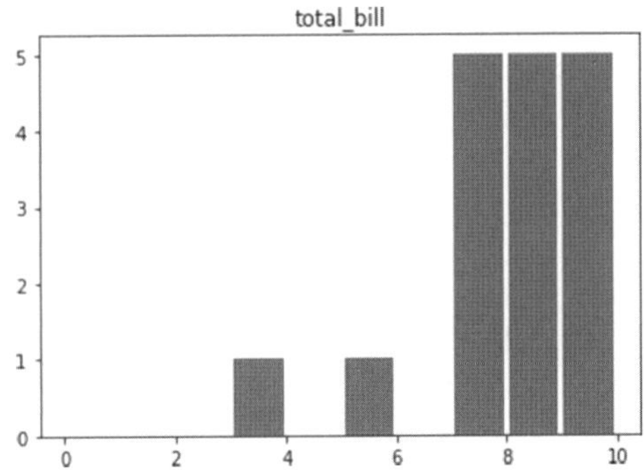


이를 실제 데이터 프레임 안의 hist 메소드에 제목을 붙이려면 title 매개변수에 문자열로 정의하고 실행하면 됩니다.

In :
```
df_a['tip'].plot(kind='hist',bins=10, rwidth=0.9, title='tip')
```

Out: <matplotlib.axes._subplots.AxesSubplot at 0xe8f3438>

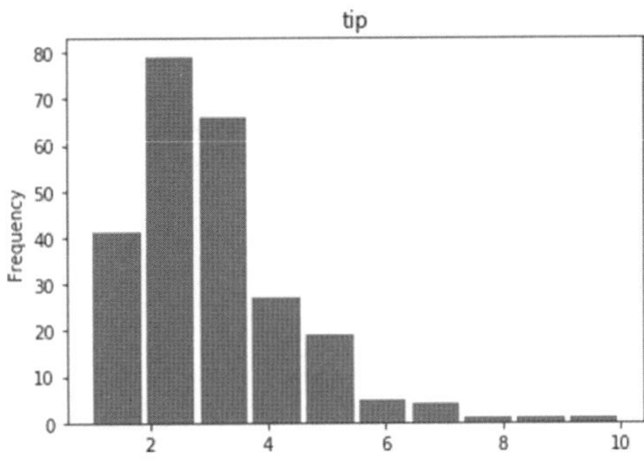


## 9.3.3 원 그래프 작성

원(Pie) 그래프는 원 전체에 대한 각 부분의 비율을 부채꼴 모양으로 나타낸 그래프입니다. 각 부채꼴의 중심각은 전체에서 차지하는 비율을 나타냅니다. 비율을 한눈에 볼 수 있어서 전체에서 해당 데이터가 차지하는 비중을 쉽게 파악할 수 있는 것이 원 그래프의 장점입니다.

### ■ 원 그래프

데이터의 전체 부분을 확인하는 원 그래프를 알아봅니다.

### [예제 9-8] 원 그래프 그리기

넘파이의 linespace 함수를 이용해 0과 10사이의 원소를 30개 만듭니다. 만들어진 1차원 배열을 reshape 메소드를 통해 10행 3열인 2차원 형태의 배열로 변환합니다. 총 10개의 index를 만듭니다.

In :
```
data = np.linspace(0,10,30).reshape(10,3)
index= ['a','b','c','d','e','f','g','h','i','j']
```

먼저 matplotlib에 있는 원(pie) 함수를 이용하여 하나의 열에 대해 그래프를 그립니다.

In :
```
plt.pie(data[:,0],labels=index)
plt.show()
```

Out:

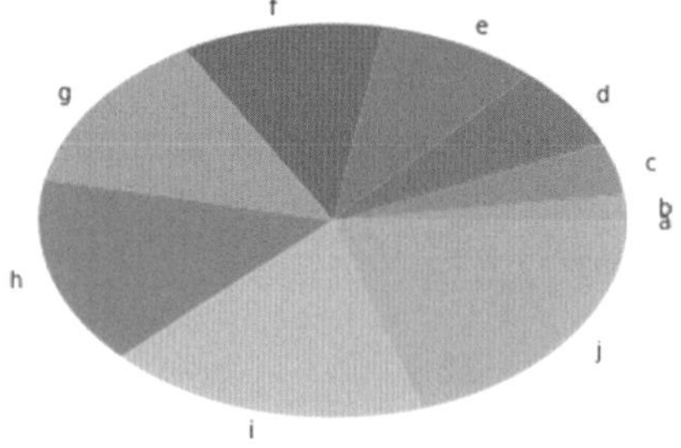


이번에는 두 개의 열을 가진 데이터 프레임 데이터를 만듭니다.

In :
```
from matplotlib.pyplot import pie, axis, show

df = pd.DataFrame({
    'Sex': ['female', 'male', 'female'],
    'Smoke': [1, 1, 1]})
```

데이터 프레임 안의 Smoke 열을 이용한 값은 Sex열로 그룹화(groupby)를 하고 .sum으로 더합니다. 이때 행의 인덱스가 그룹화한 열이 되면 값은 그룹화된 정보를 계산한 결과가 됩니다.

In :
```
sums = df.Smoke.groupby(df.Sex).sum()
print(sums)
```

Out:
```
Sex
female    2
male      1
Name: Smoke, dtype: int64
```

이 그래프를 그릴 때 axis 함수를 통해 원 그래프의 형태를 조정할 수 있습니다. 먼저 normal로 처리한 후에 원 그래프에 데이터와 레이블을 넣어 그립니다.

In :
```
axis('normal')
pie(sums, labels=sums.index)
show()
```

Out:

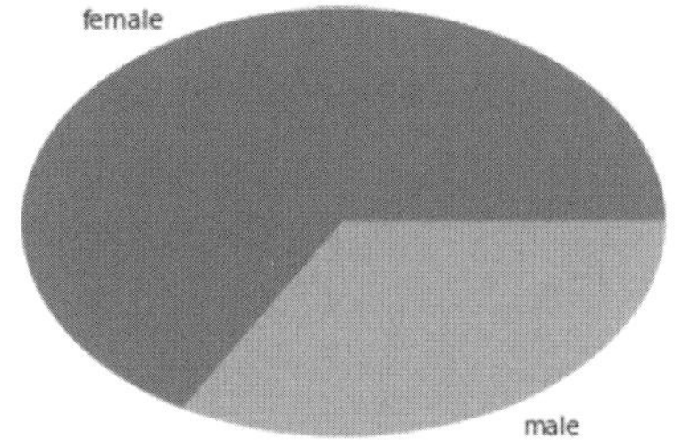


레이블을 보기 좋게 꾸미려면 .axis 함수에 문자열로 equal을 넣고 처리하여 같은 간격을 유지하면 됩니다.

In :
```
axis('equal')
pie(sums, labels=sums.index)
show()
```

Out:

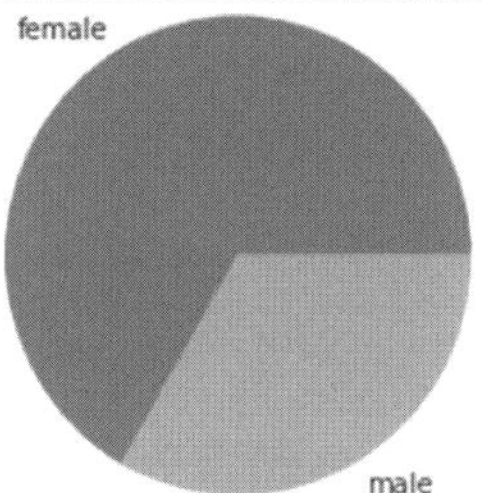


이번에는 seaborn 모듈에서 tips 파일을 읽어 데이터 프레임으로 전환한 뒤 데이터 프레임 내의 plot 메소드나 원(pie) 메소드를 이용해 처리해보겠습니다.

In :
```
import seaborn as sns
```

In :
```
df_a = sns.load_dataset('tips')
```

In :
```
df_a.head()
```

Out:

| | total_bill | tip | sex | smoker | day | time | size |
|---|---|---|---|---|---|---|---|
| **0** | 16.99 | 1.01 | Female | No | Sun | Dinner | 2 |
| **1** | 10.34 | 1.66 | Male | No | Sun | Dinner | 3 |
| **2** | 21.01 | 3.50 | Male | No | Sun | Dinner | 3 |
| **3** | 23.68 | 3.31 | Male | No | Sun | Dinner | 2 |
| **4** | 24.59 | 3.61 | Female | No | Sun | Dinner | 4 |

이 중에 Time 열이 범주형 데이터이므로 이 데이터의 값들이 어떤 형태로 구성되었는지를 시리즈 객체의 .value_counts 메소드를 이용해 확인합니다. Time 열은 Dinner와 Lunch 두 개의 범주로 분류됨을 볼 수 있습니다.

In :
```
ser = df_a['time']
```

In :
```
ser.value_counts()
```

Out:
```
Dinner    176
Lunch      68
Name: time, dtype: int64
```

이 시리즈의 .value_counts 메소드를 실행하고 바로 plot 메소드에 kind=원(pie)와 레이블을 붙여서 호출하면 원 그래프가 그려집니다.

In :
```
ser.value_counts().plot(kind='pie', labels=ser.value_counts().index)
plt.show()
```

Out:

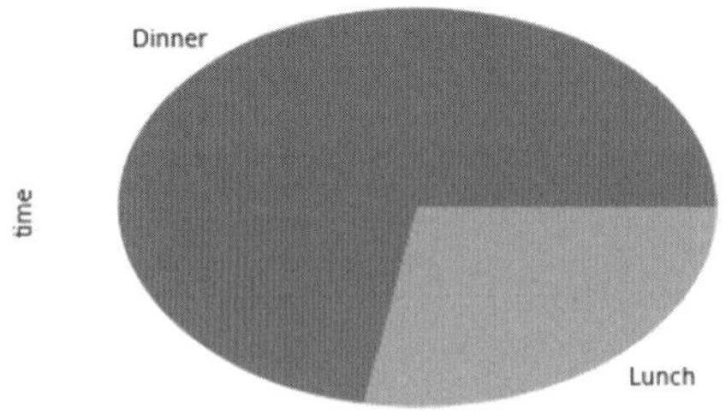

위의 그래프를 보면 일반적인 모양을 나타내므로 matplotlib 모듈의 axis 함수에 equal이라고 해주면 시리즈의 plot 메소드로 그린 원 그래프도 조정됩니다.

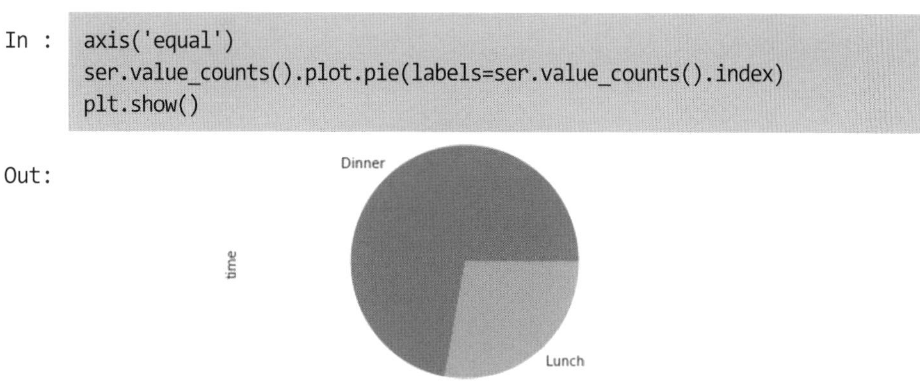

In :

```
axis('equal')
ser.value_counts().plot.pie(labels=ser.value_counts().index)
plt.show()
```

Out:



## 9.3.4 상자 그래프 작성

제1사분위, 제2사분위, 제3사분위, 최댓값 등을 표시할 수 있는 그래프입니다. 히스토그램과는 달리 여러 내용을 한 그래프에 표시할 수 있습니다.

### ■ 상자 그래프

**[예제 9-9] 상자 그래프 그리기**

넘파이 모듈의 .random 함수에 인자로 6행 10열을 넣으면 무작위의 값을 가져와서 배열을 만듭니다. 이 데이터가 만들어질 때 행과 열의 레이블을 지정하지 않아서 디폴트로 정수 값이 레이블로 구성된 것을 알 수 있습니다.

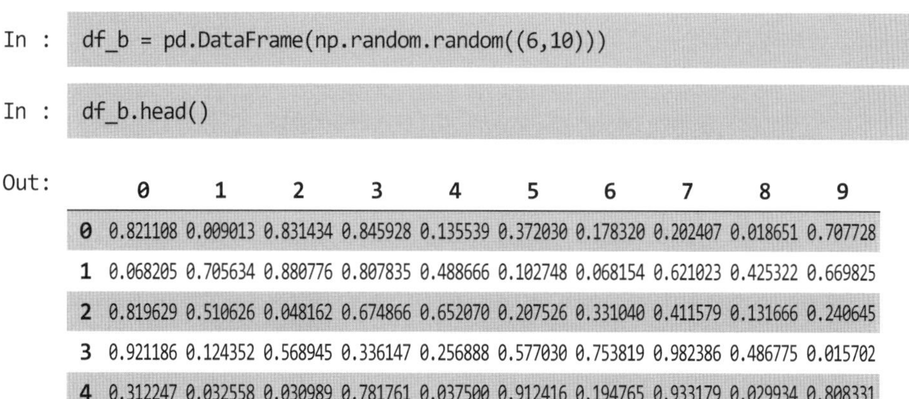

In :

```
df_b = pd.DataFrame(np.random.random((6,10)))
```

In :

```
df_b.head()
```

Out:

| | 0 | 1 | 2 | 3 | 4 | 5 | 6 | 7 | 8 | 9 |
|---|---|---|---|---|---|---|---|---|---|---|
| **0** | 0.821108 | 0.009013 | 0.831434 | 0.845928 | 0.135539 | 0.372030 | 0.178320 | 0.202407 | 0.018651 | 0.707728 |
| **1** | 0.068205 | 0.705634 | 0.880776 | 0.807835 | 0.488666 | 0.102748 | 0.068154 | 0.621023 | 0.425322 | 0.669825 |
| **2** | 0.819629 | 0.510626 | 0.048162 | 0.674866 | 0.652070 | 0.207526 | 0.331040 | 0.411579 | 0.131666 | 0.240645 |
| **3** | 0.921186 | 0.124352 | 0.568945 | 0.336147 | 0.256888 | 0.577030 | 0.753819 | 0.982386 | 0.486775 | 0.015702 |
| **4** | 0.312247 | 0.032558 | 0.030989 | 0.781761 | 0.037500 | 0.912416 | 0.194765 | 0.933179 | 0.029934 | 0.808331 |

상자 그래프를 그리기 위해 각 열 단위의 최댓값(max)을 구해봅니다.

In :
```
df_b.max()
```

Out:
```
0    0.991902
1    0.705634
2    0.880776
3    0.845928
4    0.858466
5    0.912416
6    0.753819
7    0.982386
8    0.798983
9    0.808331
dtype: float64
```

이제는 각 열 단위의 최솟값(min)을 구해봅니다.

In :
```
df_b.min()
```

Out:
```
0    0.068205
1    0.009013
2    0.030989
3    0.004784
4    0.037500
5    0.102748
6    0.068154
7    0.202407
8    0.018651
9    0.015702
dtype: float64
```

사분위의 값을 구하기 위해 quantile 메소드에 0.25, 0.5, 0.75를 리스트로 넣어서 사분위 값을 각 열로 처리합니다.

In :
```
df_b.quantile([0.25, 0.5,0.75])
```

Out:

| | 0 | 1 | 2 | 3 | 4 | 5 | 6 | 7 | 8 | 9 |
|---|---|---|---|---|---|---|---|---|---|---|
| **0.25** | 0.439092 | 0.048365 | 0.178358 | 0.420826 | 0.165876 | 0.248652 | 0.182432 | 0.463940 | 0.055367 | 0.306855 |
| **0.50** | 0.820369 | 0.110069 | 0.591882 | 0.728314 | 0.372777 | 0.391856 | 0.262902 | 0.764388 | 0.278494 | 0.587655 |
| **0.75** | 0.896166 | 0.414058 | 0.777280 | 0.801317 | 0.611219 | 0.535693 | 0.623851 | 0.926822 | 0.471412 | 0.698252 |

matplotlob 모듈의 상자(box)인 plot 메소드로 상자 그래프를 그리려면 데이터 프레임인 df_b를 전치(transpose)한 데이터를 전달해야 열 단위로 처리됩니다.

In :
```
plt.boxplot(df_b.T)
plt.show()
```

Out:

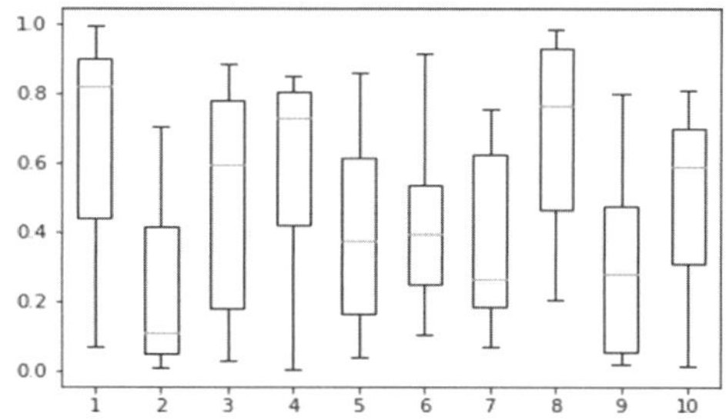

데이터 프레임을 만들 때 명확히 열의 이름을 주고 생성합니다.

In :
```
df_c = pd.DataFrame(np.random.rand(10, 5), columns=['A', 'B', 'C', 'D', 'E'])
```

In :
```
df_c.head()
```

Out:

| | A | B | C | D | E |
|---|---|---|---|---|---|
| **0** | 0.509144 | 0.181984 | 0.943445 | 0.397031 | 0.926441 |
| **1** | 0.996507 | 0.471904 | 0.690109 | 0.491063 | 0.853836 |
| **2** | 0.913735 | 0.894355 | 0.298751 | 0.344798 | 0.322895 |
| **3** | 0.967372 | 0.089866 | 0.460791 | 0.559906 | 0.937966 |
| **4** | 0.722496 | 0.927748 | 0.575088 | 0.234392 | 0.253566 |

데이터 프레임 안의 plot 메소드 중 상자(box) 메소드를 실행할 때는 데이터 프레임을 전치(transpose)하지 않고 그대로 넣어도 열 단위로 처리가 되는 것을 볼 수 있습니다.

In :
```
df.plot.box()
```

Out: <matplotlib.axes._subplots.AxesSubplot at 0xc38fd30>

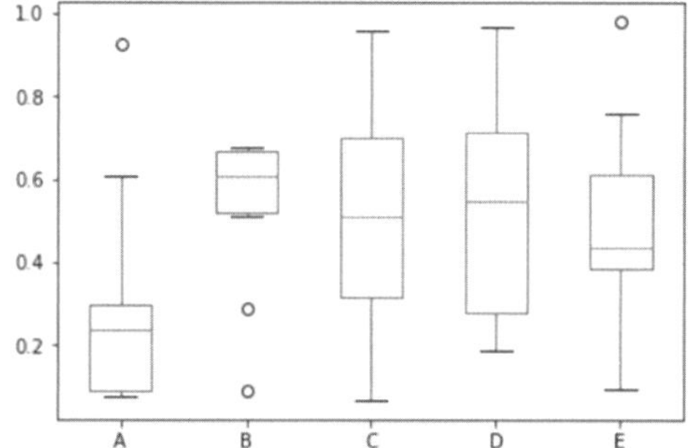

상자 그래프 안의 작은 상자들에 각각 색상을 입히려면, 딕셔너리로 박스 내부에 대한 것을 지정해 색상을 넣어야 합니다. 그리고 상자(box) 그래프의 color 매개변수에 색상을 넣어두면 지정된 색으로 항목이 변하게 됩니다.

In :
```
color = dict(boxes='DarkGreen', whiskers='DarkOrange',medians='DarkBlue', caps='Gray')
```

Out:
```
df_c.plot.box(color=color, sym='r+')
```

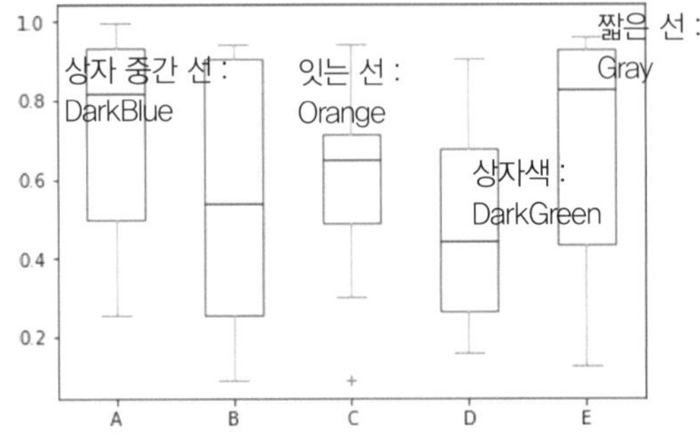


상자 그래프도 수평으로 그릴 수 있습니다. Vert=False와 수평의 위치를 positions 매개변수에 넣으면 수직이 아닌 수평으로 그래프가 그려집니다.

In :
```
df_c.plot.box(vert=False, positions=[1, 4, 5, 6, 8])
```

Out:
```
<matplotlib.axes._subplots.AxesSubplot at 0xc3ce780>
```

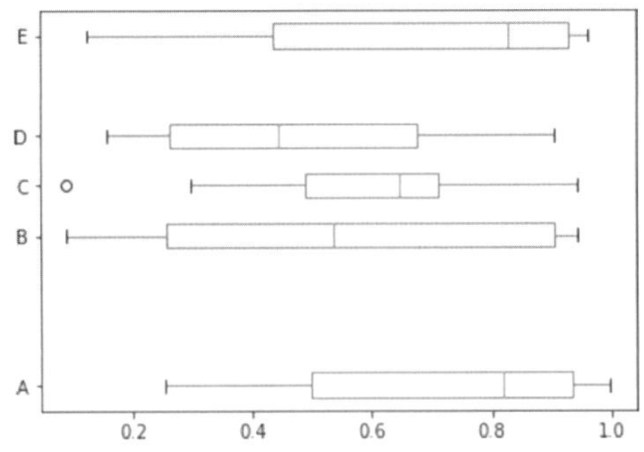


csv 파일을 위해 읽은 데이터 프레임을 가지고 상자 그래프를 처리해봅니다.

In :
```
df_a.head()
```

Out:

| | total_bill | tip | sex | smoker | day | time | size |
|---|---|---|---|---|---|---|---|
| **0** | 16.99 | 1.01 | Female | No | Sun | Dinner | 2 |
| **1** | 10.34 | 1.66 | Male | No | Sun | Dinner | 3 |
| **2** | 21.01 | 3.50 | Male | No | Sun | Dinner | 3 |
| **3** | 23.68 | 3.31 | Male | No | Sun | Dinner | 2 |
| **4** | 24.59 | 3.61 | Female | No | Sun | Dinner | 4 |

일단 select_dtypes 메소드를 이용해 숫자 자료형만 가져와서 새로운 데이터 프레임을 만듭니다.

In :
```
members = df_a.select_dtypes(include='number')
```

In :
```
members.head()
```

Out:

| | total_bill | tip | size |
|---|---|---|---|
| **0** | 16.99 | 1.01 | 2 |
| **1** | 10.34 | 1.66 | 3 |
| **2** | 21.01 | 3.50 | 3 |
| **3** | 23.68 | 3.31 | 2 |
| **4** | 24.59 | 3.61 | 4 |

이 데이터 프레임의 모양을 확인합니다. 그중에 100개의 행만을 이용해 상자 그래프를 그립니다.

In :
```
members.shape
```

Out: (244, 3)

In :
```
members_ = members[:100]
```

In :
```
members_.plot(kind='box')
```

Out: <matplotlib.axes._subplots.AxesSubplot at 0xc5003c8>

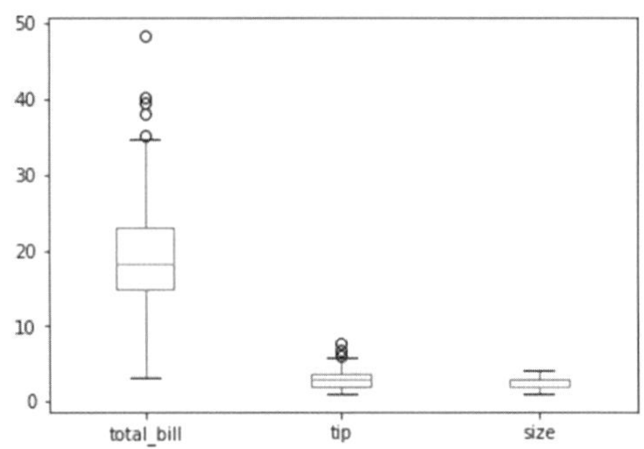


전체를 그려도 숫자 자료형만 그려지는 것을 알 수 있습니다.

In :
```
members_.plot.box()
```

Out:
```
<matplotlib.axes._subplots.AxesSubplot at 0xc500a20>
```

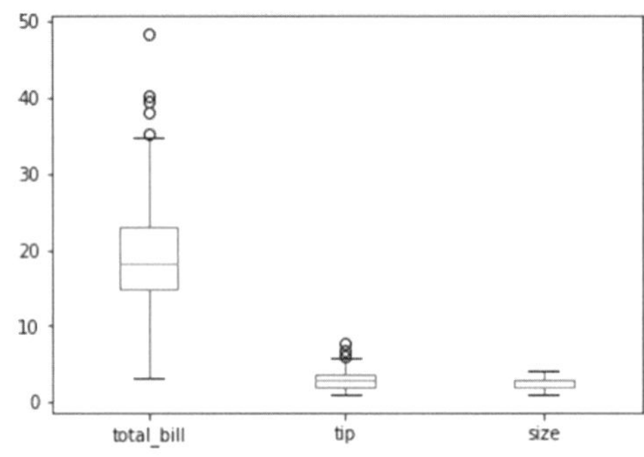


## 9.3.5 막대 그래프 작성

통계를 낼 때 사물의 양을 막대 모양의 길이로 나타낸 그래프를 말합니다. 크고 작음을 한 눈에 이해할 수 있지만, 시간의 흐름에 따라 바뀌는 표현할 수 없으므로 이때는 꺾은선 그래프를 사용합니다.

막대 그래프에서는 막대를 세로나 가로로 그릴 수 있습니다. 항목이 적을수록 가로가, 항목이 많을수록 세로가 좋습니다.

**■ 막대 그래프**

막대 그래프는 실제 값들의 크기를 알아보는 용도로 좋습니다. 데이터 프레임으로 막대 그래프를 그리면 각 열을 행별로 비교도 가능합니다.

## [예제 9-10] 막대 그래프 그리기

10행 4열의 데이터 프레임 하나를 만듭니다. 실제는 임의의 값을 처리합니다.

In :
```
df2 = pd.DataFrame(np.random.rand(10, 4), columns=['a', 'b', 'c', 'd'])
```

In :
```
df2.head()
```

Out:

| | a | b | c | d |
|---|---|---|---|---|
| 0 | 0.983074 | 0.481250 | 0.493441 | 0.909802 |
| 1 | 0.608083 | 0.615463 | 0.374213 | 0.844398 |
| 2 | 0.566849 | 0.116152 | 0.004458 | 0.614719 |
| 3 | 0.973393 | 0.257673 | 0.579722 | 0.891024 |
| 4 | 0.749470 | 0.865415 | 0.727817 | 0.610105 |

이 데이터 프레임을 막대(bar) 메소드를 이용해 막대 그래프로 그리면 행에 대한 기준으로 각 열에 대해 막대 그래프가 그려집니다.

In :
```
df2.plot.bar()
```

Out: <matplotlib.axes._subplots.AxesSubplot at 0xc5b4d68>

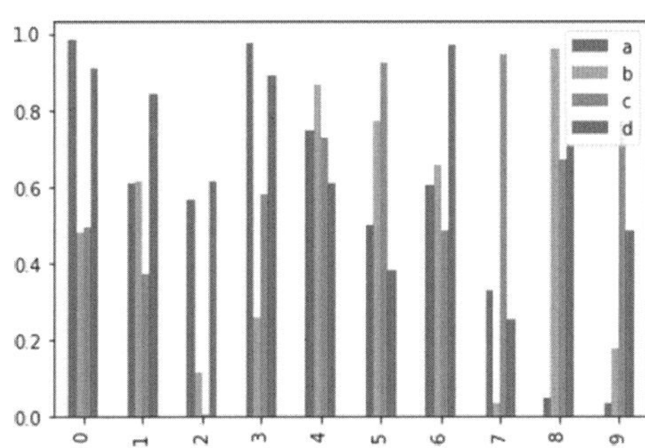


막대 그래프에 대해 .stack 처리하면 막대 그래프 위에 막대 그래프가 계속 그려집니다.

In :
```
df2.plot.bar(stacked=True)
```

Out: <matplotlib.axes._subplots.AxesSubplot at 0xc64d6a0>

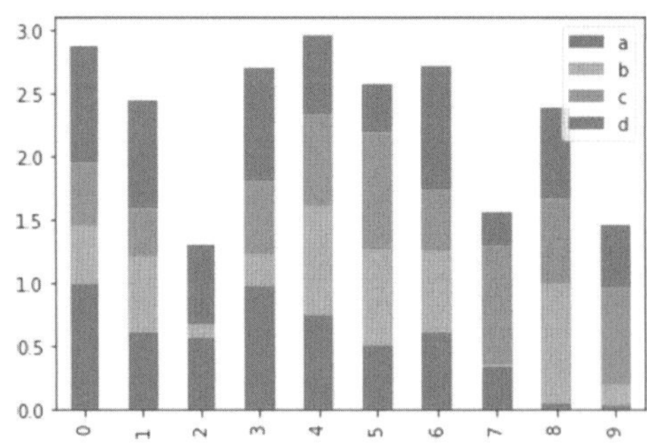


수평으로 막대 그래프를 그리려면 막대(barh) 메소드로 그립니다.

In :
```
df2.plot.barh(stacked=True)
```

Out: <matplotlib.axes._subplots.AxesSubplot at 0xc6a79e8>

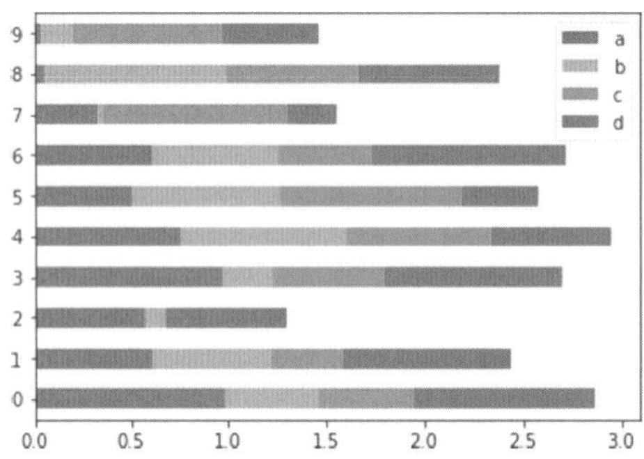


위에서 읽어온 tips 파일을 확인하고 5개의 행을 조회합니다. 이를 통해 plot 메소드 안에kind 매개변수로 막대 그래프를 그립니다.

In :
```
df_a.iloc[:5]
```

Out:

| | total_bill | tip | sex | smoker | day | time | size |
|---|---|---|---|---|---|---|---|
| **0** | 16.99 | 1.01 | Female | No | Sun | Dinner | 2 |
| **1** | 10.34 | 1.66 | Male | No | Sun | Dinner | 3 |
| **2** | 21.01 | 3.50 | Male | No | Sun | Dinner | 3 |
| **3** | 23.68 | 3.31 | Male | No | Sun | Dinner | 2 |
| **4** | 24.59 | 3.61 | Female | No | Sun | Dinner | 4 |

숫자 자료형이 아닐 때는 그래프를 그릴 때 다른 항목을 미리 내부에서 제외하고 그립니다. 범례를 보면 숫자 자료형만 막대 그래프가 그려진 것을 볼 수 있습니다.

In :
```
df_a.iloc[:5].plot(kind='bar')
```

Out: <matplotlib.axes._subplots.AxesSubplot at 0xc82fbe0>

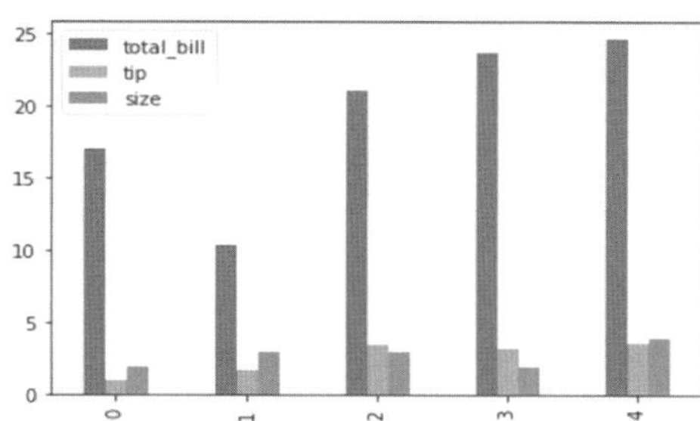


특정 기준을 막대 그래프에 지정하려면 matplotlib에 있는 axhline을 그래프에 첨가할 수 있습니다.

In :
```
df_a.iloc[:5].plot.bar()
plt.axhline(5, color='k')
```

Out: <matplotlib.lines.Line2D at 0xc8b6cc0>

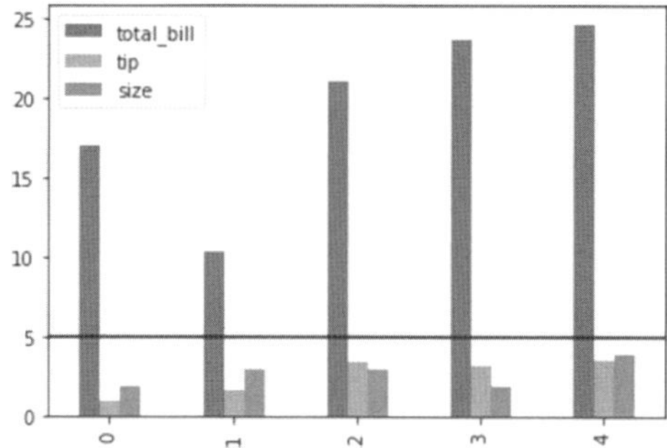

Chapter

# 데이터 정돈 사례 분석하기

데이터를 분석하려면 우선, 다양한 예제 데이터를 기반으로 앞에서 배운 함수나 메소드를 통해 행과 열의 레이블과 실제 들어온 값들을 정비해야 합니다. 판다스는 데이터 분석을 위한 전처리에 해당되는 효율적인 기능을 제공하고 있습니다. 즉, 데이터 구조가 데이터베이스의 테이블 구조와 유사하고 레이블로 내부의 값을 검색할 수 있어 SQL 기법과 유사한 데이터 조작이 가능하기 때문입니다. 이번 장에서는 데이터를 분석하기 위해 선행해야 하는 정비 작업을 비롯하여 데이터를 분석하는 방법을 예제를 통해 알아봅니다.

- 데이터 정돈 이해하기
- 날짜 데이터 타입 이해하기
- 이동 평균선 이해하기
- 주식 수익률 및 주식 통계량 알아보기
- 특정 연도별 데이터 분류하기
- 항공사와 공항 간의 연계 이해하기

# 10.1 농구 데이터 정리

데이터를 전처리하기 위해 다양한 열의 특징을 살펴 하나로 통합할 수 있는 상황이라면, 하나의 변수 즉 특징(feature)으로 통합해서 처리해야 합니다.
또한 각 열의 중복 값이나 누락 값 등을 확인해서 필요한 값으로 바꾸거나 삭제해야 합니다.
이런 작업을 통해 실제 데이터 분석에 필요한 기초 데이터를 만드는 것입니다.
간단한 예를 통해 이 개념을 이해해봅니다.

## 10.1.1 데이터 기본 구조 확인

데이터를 정돈(tiding)하기 위해 가져온 데이터가 어떤 형태로 되어 있는지를 먼저 조회해서 확인합니다.

### ■ 데이터 기본 구조 확인

NBA 농구 전처리(https://tomaugspurger.github.io/modern-5-tidy)를 참고해서 데이터를 정돈해봅니다.

**[예제 10-1] 데이터 형태 살펴보기**

판다스는 엑셀 파일 이외에도 HTML 파일을 읽어서 처리할 수 있습니다. 이번에는 HTML 파일을 읽는 read_html 함수로 특정 사이트에 접근해서 파일을 읽어옵니다.
읽어온 파일을 보면 파이썬 리스트로 되어 있고 그 내부에 데이터 프레임 객체가 있는 것을 알 수 있습니다.

```
In : tables = pd.read_html("http://www.basketball-reference.com/leagues/NBA_2018_games.html")
```

```
In : type(tables)
```

```
Out: list
```

```
In : type(tables[0])
```

```
Out: pandas.core.frame.DataFrame
```

파이썬 리스트에 들어가 있는 데이터 프레임을 games라는 변수에 할당한 후에 to_csv 메소드에 파일이 저장된 경로와 파일명을 입력해서 저장합니다.

```
In :  games = tables[0]
```

```
In :  games.to_csv("../data/nav_2018.csv")
```

엑셀이나 csv 파일 등이 저장될 때 다양한 형태로 저장되므로 인코딩을 할 때 예외가 발생하기도 합니다.

파일을 읽어서 글자들이 어떤 형식으로 변환이 되었는지를 알아보기 위해 chardet 모듈을 임포트합니다. 하나의 함수를 작성할 때 파일을 읽어서 chardet.detect 함수로 처리된 encoding 저장을 가져온 뒤 encoding 방식을 반환하도록 작성했습니다.

```
In :  import chardet
```

```
In :  def find_encoding(fname):
          r_file = open(fname, 'rb').read()
          result = chardet.detect(r_file)
          charenc = result['encoding']
          return charenc
```

앞에서 저장된 파일의 패스를 넣고 find_encoding 함수를 실행하면 이 파일이 encoding된 정보를 가져옵니다. 이 파일을 다시 읽을 때 이 인코딩 정보를 넣고 처리한 후에 df_1 변수에 할당합니다. 인코딩 정보를 출력해보면 utf-8입니다.

```
In :  my_encoding1 = find_encoding('../data/nav_2018.csv')
```

```
In :  df_1 = pd.read_csv('../data/nav_2018.csv', encoding=my_encoding1)
```

```
In :  my_encoding1

Out:  'utf-8'
```

첫 번째로, 데이터를 가져왔으면 이 데이터의 기본 정보를 확인해야 합니다.

이때는 info 메소드를 이용해서 이 데이터의 기본 구조를 알아봅니다. 데이터 프레임에서 행의 레이블을 구성하는 자료형과 열의 레이블을 구성하는 자료형을 표시합니다. 또한 각 열이 어떤 자료형으로 구성되었는지도 보여줍니다. 열의 개수는 .count 메소드에 위해 계산된 것이므로 누락 값의 개수는 포함되지 않습니다. 마지막에 전체 메모리 예상 사용량도 표시됩니다.

In :
```
games.info()
```

Out:
```
<class 'pandas.core.frame.DataFrame'>
RangeIndex: 104 entries, 0 to 103
Data columns (total 10 columns):
Date                104 non-null object
Start (ET)          104 non-null object
Visitor/Neutral     104 non-null object
PTS                 104 non-null int64
Home/Neutral        104 non-null object
PTS.1               104 non-null int64
                    104 non-null object
 .1                 2 non-null object
Attend.             104 non-null int64
Notes               0 non-null float64
dtypes: float64(1), int64(3), object(6)
memory usage: 8.2+ KB
```

두 번째로 이 데이터의 내부 구조를 알아봅니다.

shape 속성으로 행과 열을 확인하고 실제 데이터 구성을 위해 head 메소드로 간략히 데이터를 확인합니다.

In :
```
games.shape
```

Out:
```
(104, 10)
```

In :
```
games.head()
```

Out:

| | Date | Start (ET) | Visitor/Neutral | PTS | Home/Neutral | PTS.1 | | .1 | Attend. | Notes |
|---|---|---|---|---|---|---|---|---|---|---|
| 0 | Tue, Oct 17, 2017 | 8:01p | Boston Celtics | 99 | Cleveland Cavaliers | 102 | Box Score | NaN | 20562 | NaN |
| 1 | Tue, Oct 17, 2017 | 10:30p | Houston Rockets | 122 | Golden State Warriors | 121 | Box Score | NaN | 19596 | NaN |
| 2 | Wed, Oct 18, 2017 | 7:30p | Milwaukee Bucks | 108 | Boston Celtics | 100 | Box Score | NaN | 18624 | NaN |
| 3 | Wed, Oct 18, 2017 | 8:30p | Atlanta Hawks | 117 | Dallas Mavericks | 111 | Box Score | NaN | 19709 | NaN |
| 4 | Wed, Oct 18, 2017 | 7:00p | Charlotte Hornets | 90 | Detroit Pistons | 102 | Box Score | NaN | 20491 | NaN |

세 번째로는 하나의 열을 선택해서 구성된 기준을 알아봅니다.

여기서는 Attend. 열에서 인덱스 연산자를 조회할 때 head 메소드를 붙여서 일부 자료만 확인했습니다. 일반 문자열을 넣어서 조회하면 시리즈가 나오고 팬시 인덱싱을 넣어서 조회하면 데이터 프레임이 나옵니다.

In :
```
games['Attend.'].head()
```

Out:
```
0    20562
1    19596
2    18624
3    19709
4    20491
Name: Attend., dtype: int64
```

In :
```
games[['Attend.']].head()
```

Out:

| | Attend. |
|---|---|
| **0** | 20562 |
| **1** | 19596 |
| **2** | 18624 |
| **3** | 19709 |
| **4** | 20491 |

## 10.1.2 데이터 자료형 및 레이블 이름 조정 및 확인

데이터 구조에 대한 사항을 확인했으면 그 다음에는 행과 열의 레이블을 확인하고 조정을 해야 합니다.

### ■ 행과 열의 레이블 및 자료형 조정 및 확인

데이터를 정돈하는 것은 실제 들어온 값만 정리하는 것이 아니라 행과 열의 레이블과 실제 처리할 자료형이 맞는지를 먼저 확인해야 합니다.

**[예제 10-2] 데이터 자료형 및 이름 맞추기**

데이터 프레임 안의 columns 속성을 조회해서 열의 레이블 정보를 확인해보면 단일 Index라는 것을 알 수 있습니다.

In :
```
games.columns
```

Out:
```
Index(['Date', 'Start (ET)', 'Visitor/Neutral', 'PTS', 'Home/Neutral', 'PTS.1',
       ' ', ' .1', 'Attend.', 'Notes'],
      dtype='object')
```

열의 레이블에서 빈 공간이 두 군데 있는데 어떤 값이 들어가 있는지를 먼저 알아봅니다.

In :
```
games.columns[6]
```

Out: '\xa0'

In :
```
games.columns[7]
```

Out: '\xa0.1'

열의 이름을 변경하기 위해 rename 메소드를 이용합니다. 먼저 하나의 딕셔너리에 변경 전 열의 이름을 키로 하고 바뀌는 열의 이름을 값으로 넣습니다.

빈칸으로 들어온 값을 처리하기 위해 hex 값을 넣어서 처리한 뒤 games 변수에 재할당하면 새로 만들어진 객체가 같은 변수에 재할당됩니다.

In :
```
column_names = {'Date': '경기일자', 'Start (ET)': 'start',
                'Visitor/Neutral': '방문팀',
                'PTS': '방문팀점수', 'Home/Neutral': '홈팀',
                'PTS.1': '홈팀점수', '\xa0' : 'Box', 'Attend.':'관중수','\xa0.1': 'n_ot'}
```

In :
```
games.rename(columns=column_names).head()
```

Out:

| | 경기일자 | start | 방문팀 | 방문팀점수 | 홈팀 | 홈팀점수 | Box | n_ot | 관중수 | Notes |
|---|---|---|---|---|---|---|---|---|---|---|
| 0 | Tue, Oct 17, 2017 | 8:01p | Boston Celtics | 99 | Cleveland Cavaliers | 102 | Box Score | NaN | 20562 | NaN |
| 1 | Tue, Oct 17, 2017 | 10:30p | Houston Rockets | 122 | Golden State Warriors | 121 | Box Score | NaN | 19596 | NaN |
| 2 | Wed, Oct 18, 2017 | 7:30p | Milwaukee Bucks | 108 | Boston Celtics | 100 | Box Score | NaN | 18624 | NaN |
| 3 | Wed, Oct 18, 2017 | 8:30p | Atlanta Hawks | 117 | Dallas Mavericks | 111 | Box Score | NaN | 19709 | NaN |
| 4 | Wed, Oct 18, 2017 | 7:00p | Charlotte Hornets | 90 | Detroit Pistons | 102 | Box Score | NaN | 20491 | NaN |

판다스에서 대부분의 함수나 메소드의 반환 값은 대부분 새로운 객체로 만들어지므로 실제 같은 변수에 재할당해서 처리합니다.

In :
```
games = games.rename(columns=column_names)
```

In :
```
games.columns
```

```
Out: Index(['경기일자', 'start', '방문팀', '방문팀점수', '홈팀', '홈팀점수', 'Box', 'n_ot', '관중수',
       'Notes'],
      dtype='object')
```

```
In : games.head()
```

Out:

| | 경기일자 | start | 방문팀 | 방문팀점수 | 홈팀 | 홈팀점수 | Box | n_ot | 관중수 | Notes |
|---|---|---|---|---|---|---|---|---|---|---|
| 0 | Tue, Oct 17, 2017 | 8:01p | Boston Celtics | 99 | Cleveland Cavaliers | 102 | Box Score | NaN | 20562 | NaN |
| 1 | Tue, Oct 17, 2017 | 10:30p | Houston Rockets | 122 | Golden State Warriors | 121 | Box Score | NaN | 19596 | NaN |
| 2 | Wed, Oct 18, 2017 | 7:30p | Milwaukee Bucks | 108 | Boston Celtics | 100 | Box Score | NaN | 18624 | NaN |
| 3 | Wed, Oct 18, 2017 | 8:30p | Atlanta Hawks | 117 | Dallas Mavericks | 111 | Box Score | NaN | 19709 | NaN |
| 4 | Wed, Oct 18, 2017 | 7:00p | Charlotte Hornets | 90 | Detroit Pistons | 102 | Box Score | NaN | 20491 | NaN |

날짜형 데이터가 들어와 있는 열의 자료형을 dtype 속성으로 확인하면 object라고 표시됩니다. 파이썬 객체로 들어와 있으므로 pandas 처리에 맞는 자료형으로 변환이 필요합니다.

```
In : games['경기일자'].dtype

Out: dtype('O')
```

날짜에 대한 열을 변경하기 위해 assign 메소드를 이용합니다. 익명 함수를 지정해서 to_datetime 함수를 통해 데이터 프레임을 받고 경기일자 열만 format의 정보로 들어온 것을 판다스에서 사용하는 날짜 형식으로 변환했습니다.

```
In : a_g = games.assign(경기일자=lambda x: pd.to_datetime(x['경기일자'], format='%a, %b %d, %Y'))

In : a_g.head()
```

Out:

| | 경기일자 | start | 방문팀 | 방문팀점수 | 홈팀 | 홈팀점수 | Box | n_ot | 관중수 | Notes |
|---|---|---|---|---|---|---|---|---|---|---|
| 0 | 2017-10-17 | 8:01p | Boston Celtics | 99 | Cleveland Cavaliers | 102 | Box Score | NaN | 20562 | NaN |
| 1 | 2017-10-17 | 10:30p | Houston Rockets | 122 | Golden State Warriors | 121 | Box Score | NaN | 19596 | NaN |
| 2 | 2017-10-18 | 7:30p | Milwaukee Bucks | 108 | Boston Celtics | 100 | Box Score | NaN | 18624 | NaN |
| 3 | 2017-10-18 | 8:30p | Atlanta Hawks | 117 | Dallas Mavericks | 111 | Box Score | NaN | 19709 | NaN |
| 4 | 2017-10-18 | 7:00p | Charlotte Hornets | 90 | Detroit Pistons | 102 | Box Score | NaN | 20491 | NaN |

데이터 프레임을 할당하면 기존 데이터 프레임의 주소만 할당되어 공유됩니다. 이번에는 기존 정보를 그대로 두고 다른 변수에 데이터 프레임 객체를 복사해서 새로운 데이터 프레임 객체를 만듭니다.

데이터를 정제하다 보면 많은 실수가 있기도 하므로 처리할 때 중간 저장을 해두면 재작업을 할 때 편리할 수도 있습니다.

```
In :  games_ = a_g.copy()

In :  games_.shape

Out:  (104, 10)
```

경기일자 열의 자료형을 확인하면 판다스에서 제동하는 날짜 자료형으로 변환되었습니다.

```
In :  games_.경기일자.dtype

Out:  dtype('<M8[ns]')

In :  print(games_.경기일자.dtype)

Out:  print(games_.경기일자.dtype)
```

## 10.1.3 기초 값 및 누락 데이터 정리

데이터를 정돈할 때는 실제 값들을 데이터화할 때 그것을 어떻게 사용할지를 명확히 인식하고 합당한 값으로 전환해야 합니다.

### ■ 데이터 값 정리

누락 값을 확인해서 합당한 값을 처리하는 방법을 알아봅니다.

**[예제 10-3] 초기값 및 누락 데이터 정리하기**

실제 누락 값이 있는지 확인하기 위해 .isnull.sum을 메소드 체인으로 연결해서 실행해보면 특정 열 두 군데에 누락 값이 있다는 것을 알 수 있습니다.

In :
```
games_.isnull().sum()
```

Out:
```
경기일자        0
start       0
방문팀        0
방문팀점수      0
홈팀         0
홈팀점수       0
Box         0
n_ot      102
관중수         0
Notes     104
dtype: int64
```

.notnull 메소드를 이용해서 누락 값이 있는 열에 정당한 값이 들어온 것을 확인합니다. 2개의 행에 정상 값이 들어왔습니다.

In :
```
games_[games_['n_ot'].notnull()]
```

Out:

| | 경기일자 | start | 방문팀 | 방문팀점수 | 홈팀 | 홈팀점수 | Box | n_ot | 관중수 | Notes |
|---|---|---|---|---|---|---|---|---|---|---|
| 59 | 2017-10-25 | 10:30p | Washington Wizards | 99 | Los Angeles Lakers | 102 | Box Score | OT | 18996 | NaN |
| 95 | 2017-10-30 | 7:30p | Minnesota Timberwolves | 125 | Miami Heat | 122 | Box Score | OT | 19600 | NaN |

.fillna 메소드를 이용해서 누락 값의 원본을 갱신합니다. .info 메소드로 갱신된 원본을 확인하면 누락 값이 사라집니다.

In :
```
games_['n_ot'].fillna('NOT',inplace=True)
```

In :
```
games_.info()
```

Out:
```
<class 'pandas.core.frame.DataFrame'>
RangeIndex: 104 entries, 0 to 103
Data columns (total 10 columns):
경기일자      104 non-null datetime64[ns]
start     104 non-null object
방문팀       104 non-null object
방문팀점수     104 non-null int64
홈팀        104 non-null object
홈팀점수      104 non-null int64
Box       104 non-null object
```

```
n_ot      104 non-null object
관중수      104 non-null int64
Notes     0 non-null float64
dtypes: datetime64[ns](1), float64(1), int64(3), object(5)
memory usage: 8.2+ KB
```

나머지 한 열은 누락 값만 존재해 .dropna로 열을 삭제합니다. 이번에는 사본을 만들어서 별도의 변수에 저장하고 처리된 결과를 확인하면 하나의 열이 삭제된 것을 알 수 있습니다.

In :
```
games_na = games_.dropna(axis=1)
```

In :
```
games_na.head()
```

Out:

| | 경기일자 | start | 방문팀 | 방문팀점수 | 홈팀 | 홈팀점수 | Box | n_ot | 관중수 |
|---|---|---|---|---|---|---|---|---|---|
| 0 | 2017-10-17 | 8:01p | Boston Celtics | 99 | Cleveland Cavaliers | 102 | Box Score | NOT | 20562 |
| 1 | 2017-10-17 | 10:30p | Houston Rockets | 122 | Golden State Warriors | 121 | Box Score | NOT | 19596 |
| 2 | 2017-10-18 | 7:30p | Milwaukee Bucks | 108 | Boston Celtics | 100 | Box Score | NOT | 18624 |
| 3 | 2017-10-18 | 8:30p | Atlanta Hawks | 117 | Dallas Mavericks | 111 | Box Score | NOT | 19709 |
| 4 | 2017-10-18 | 7:00p | Charlotte Hornets | 90 | Detroit Pistons | 102 | Box Score | NOT | 20491 |

In :
```
games_na.shape
```

Out: (104, 9)

## ■ 필요한 열 정리

[예제 10-3]에서 값을 정리했으므로 이번에는 열을 파악해서 재구조화하여 필요한 데이터로 만들어봅니다.

### [예제 10-4] 필요 열만 추출해서 정리하기

먼저 5개의 열을 추출해서 다른 변수에 할당합니다. 할당된 변수에 필요한 열만 되어 있는지를 .columns로 조회해서 확인합니다. 실제 데이터 값을 확인하기 위해 .head 메소드로 조회합니다.

In :
```
games_nae = games_na[['경기일자', '방문팀', '방문팀점수', '홈팀', '홈팀점수']]
```

In :
```
games_nae.columns
```

Out: Index(['경기일자', '방문팀', '방문팀점수', '홈팀', '홈팀점수'], dtype='object')

In : 
```
games_nae.head()
```

Out:

| | 경기일자 | 방문팀 | 방문팀점수 | 홈팀 | 홈팀점수 |
|---|---|---|---|---|---|
| 0 | 2017-10-17 | Boston Celtics | 99 | Cleveland Cavaliers | 102 |
| 1 | 2017-10-17 | Houston Rockets | 122 | Golden State Warriors | 121 |
| 2 | 2017-10-18 | Milwaukee Bucks | 108 | Boston Celtics | 100 |
| 3 | 2017-10-18 | Atlanta Hawks | 117 | Dallas Mavericks | 111 |
| 4 | 2017-10-18 | Charlotte Hornets | 90 | Detroit Pistons | 102 |

열을 정리하기 위해 먼저 경기일자 열을 .set_index 메소드에 넣어 행의 레이블을 확정합니다. 매개변수 append = True를 지정해서 기존 행의 레이블에 추가했습니다.

In : 
```
games_naes = games_nae.set_index('경기일자',append=True)
```

In : 
```
games_naes.head()
```

Out:

| | | 방문팀 | 방문팀점수 | 홈팀 | 홈팀점수 |
|---|---|---|---|---|---|
| | 경기일자 | | | | |
| 0 | 2017-10-17 | Boston Celtics | 99 | Cleveland Cavaliers | 102 |
| 1 | 2017-10-17 | Houston Rockets | 122 | Golden State Warriors | 121 |
| 2 | 2017-10-18 | Milwaukee Bucks | 108 | Boston Celtics | 100 |
| 3 | 2017-10-18 | Atlanta Hawks | 117 | Dallas Mavericks | 111 |
| 4 | 2017-10-18 | Charlotte Hornets | 90 | Detroit Pistons | 102 |

행의 인덱스에 대한 이름을 재지정하기 위해 .rename_axis 메소드에 열의 이름을 지정해서 새로운 변수에 할당합니다.

처리된 결과를 조회하면 행의 인덱스 이름이 바뀐 것을 알 수 있습니다.

In : 
```
games_naesr = games_naes.rename_axis(["게임","경기일자"])
```

In : 
```
games_naesr.head()
```

Out:

| | | 방문팀 | 방문팀점수 | 홈팀 | 홈팀점수 |
|---|---|---|---|---|---|
| 게임 | 경기일자 | | | | |
| 0 | 2017-10-17 | Boston Celtics | 99 | Cleveland Cavaliers | 102 |
| 1 | 2017-10-17 | Houston Rockets | 122 | Golden State Warriors | 121 |
| 2 | 2017-10-18 | Milwaukee Bucks | 108 | Boston Celtics | 100 |
| 3 | 2017-10-18 | Atlanta Hawks | 117 | Dallas Mavericks | 111 |
| 4 | 2017-10-18 | Charlotte Hornets | 90 | Detroit Pistons | 102 |

행의 인덱스가 정렬이 제대로 안 되었을 수도 있으므로 데이터를 정돈할 때는 인덱스가 확정되면 항상 .sort_index 메소드로 정렬을 해야 합니다.

In :
```
games_naesr = games_naesr.sort_index()
```

In :
```
games_naesr.head()
```

Out:

| | | 방문팀 | 방문팀점수 | 홈팀 | 홈팀점수 |
|---|---|---|---|---|---|
| 게임 | 경기일자 | | | | |
| 0 | 2017-10-17 | Boston Celtics | 99 | Cleveland Cavaliers | 102 |
| 1 | 2017-10-17 | Houston Rockets | 122 | Golden State Warriors | 121 |
| 2 | 2017-10-18 | Milwaukee Bucks | 108 | Boston Celtics | 100 |
| 3 | 2017-10-18 | Atlanta Hawks | 117 | Dallas Mavericks | 111 |
| 4 | 2017-10-18 | Charlotte Hornets | 90 | Detroit Pistons | 102 |

행의 인덱스 타입을 확인하니 멀티인덱스 처리되었습니다.

In :
```
type(games_naesr.index)
```

Out:
```
pandas.core.indexes.multi.MultiIndex
```

In :
```
type(games_naesr.columns)
```

Out:
```
pandas.core.indexes.base.Index
```

### [예제 10-5] 데이터 작업 체이닝 처리하기

[예제 10-4]에서 처리된 결과를 하나의 메소드 체이닝으로 처리하면 [예제 10-4]를 처리한 결과와 같게 나옵니다.

In :

```
games_all = (games_na.rename(columns=column_names)
     .dropna(thresh=4)
     [['경기일자', '방문팀', '방문팀점수', '홈팀', '홈팀점수']]
     .assign(경기일자=lambda x: pd.to_datetime(x['경기일자'], format='%a, %b %d, %Y'))
     .set_index('경기일자', append=True)
     .rename_axis(["게임", "경기일자"])
     .sort_index())
```

메소드 체이닝이 처리된 결과를 .head 메소드로 확인하면 같은 결과가 나옵니다.

In :

```
games_all.head()
```

Out:

| 게임 | 경기일자 | 방문팀 | 방문팀점수 | 홈팀 | 홈팀점수 |
|---|---|---|---|---|---|
| 0 | 2017-10-17 | Boston Celtics | 99 | Cleveland Cavaliers | 102 |
| 1 | 2017-10-17 | Houston Rockets | 122 | Golden State Warriors | 121 |
| 2 | 2017-10-18 | Milwaukee Bucks | 108 | Boston Celtics | 100 |
| 3 | 2017-10-18 | Atlanta Hawks | 117 | Dallas Mavericks | 111 |
| 4 | 2017-10-18 | Charlotte Hornets | 90 | Detroit Pistons | 102 |

인덱스의 정보를 확인하면 날짜로 처리된 것을 알 수 있습니다.

In :

```
games_all.index.levels[1]
```

Out:

```
DatetimeIndex(['2017-10-17', '2017-10-18', '2017-10-19', '2017-10-20',
               '2017-10-21', '2017-10-22', '2017-10-23', '2017-10-24',
               '2017-10-25', '2017-10-26', '2017-10-27', '2017-10-28',
               '2017-10-29', '2017-10-30', '2017-10-31'],
              dtype='datetime64[ns]', name='경기일자', freq=None)
```

## 10.1.4 데이터 조정 및 확정

앞에서 필요한 데이터에 대해 조정을 했습니다. 열에 대한 데이터들이 변수가 아닐 경우 하나의 변수로 통합해서 관리할 필요가 있는데, 변수 하나로 통합해서 데이터를 조정하여 데이터 분석에 필요한 형태로 확정합니다.

### ■ 데이터 확정

하나로 열을 통합하는 과정이 필요하므로 열들을 하나의 열로 통합해서 데이터의 기준을 변경합니다.

### [예제 10-6] 데이터 조정해서 확정하기

판다스의 pd.melt 함수를 이용해서 기존 데이터에 지정된 행의 인덱스를 해제합니다. 그리고 새롭게 인덱스 기준을 정의한 후에 열을 통합하는데, 하나의 열과 값으로 통합해서 처리합니다.

통합된 결과를 확인하면 별도의 행 인덱스가 생깁니다. 팀 구분이라는 변수의 값과 팀이라는 열도 다시 조정됩니다.

In :
```
tidy = pd.melt(games_all.reset_index(),
               id_vars=['게임', '경기일자'], value_vars=['방문팀', '홈팀'],
               var_name='팀구분',value_name='팀')
```

In :
```
tidy.head()
```

Out:

| | 게임 | 경기일자 | 팀구분 | 팀 |
|---|---|---|---|---|
| **0** | 0 | 2017-10-17 | 방문팀 | Boston Celtics |
| **1** | 1 | 2017-10-17 | 방문팀 | Houston Rockets |
| **2** | 2 | 2017-10-18 | 방문팀 | Milwaukee Bucks |
| **3** | 3 | 2017-10-18 | 방문팀 | Atlanta Hawks |
| **4** | 4 | 2017-10-18 | 방문팀 | Charlotte Hornets |

처리된 결과의 마지막을 tail로 확인해도 똑같이 처리되었습니다.

In :
```
tidy.tail()
```

Out:

| | 게임 | 경기일자 | 팀구분 | 팀 |
|---|---|---|---|---|
| 203 | 99 | 2017-10-30 | 홈팀 | Utah Jazz |
| 204 | 100 | 2017-10-31 | 홈팀 | Brooklyn Nets |
| 205 | 101 | 2017-10-31 | 홈팀 | Indiana Pacers |
| 206 | 102 | 2017-10-31 | 홈팀 | Los Angeles Lakers |
| 207 | 103 | 2017-10-31 | 홈팀 | Milwaukee Bucks |

경기일자의 데이터 자료형을 확인하면 Timestamp 자료형인 것을 알 수 있습니다.

```
In :  tidy.경기일자.dtype

Out:  dtype('<M8[ns]')
```

팀을 기준으로 경기일자의 열을 가져와서 그 일자를 기준으로 −1을 적용하면 날짜를 계산해서 처리됩니다. 이를 가지고 실제 발생한 차이를 비교해서 하루 간 여유를 확인하면 실제 팀별로 처리한 일자가 확인됩니다.

```
In :  x = (tidy.groupby('팀')['경기일자'].diff().dt.days == 1 )

In :  tidy['경기일자'][x]

Out:  9      2017-10-18
      27     2017-10-21
      28     2017-10-21
      31     2017-10-21
      33     2017-10-21
      34     2017-10-21
      44     2017-10-23
      61     2017-10-25
      63     2017-10-25
      76     2017-10-28
      79     2017-10-28
      88     2017-10-29
      91     2017-10-30
      96     2017-10-30
      97     2017-10-30
      137    2017-10-21
      173    2017-10-27
      Name: 경기일자, dtype: datetime64[ns]
```

이를 실행한 정보를 다른 변수에 저장하고 널 값을 확인하면 30개의 누락 값이 발생한 것을 알 수 있습니다.

```
In :  ab = tidy.groupby('팀')['경기일자'].diff().dt.days -1

In :  ab.shape

Out:  (208,)
```

In :
```
ab.isnull().sum()
```

Out:
```
30
```

위에서 처리한 것을 하나의 열인 휴식일로 넣고 처리하면 30개의 누락 값이 열로 들어갑니다. 이 누락 값을 0으로 처리합니다.

In :
```
tidy['휴식일'] = tidy.sort_values('경기일자').groupby('팀').경기일자.diff().dt.days - 1
```

In :
```
tidy.isnull().sum()
```

Out:
```
게임        0
경기일자     0
팀구분      0
팀         0
휴식일     30
dtype: int64
```

In :
```
tidy = tidy.fillna(0)
```

In :
```
tidy.shape
```

Out:
```
(208, 5)
```

실제 휴식일이 없는 것은 0이므로 휴식일 열에 빈 날짜가 없으면 0으로 처리됩니다.

In :
```
tidy.head()
```

Out:

| | 게임 | 경기일자 | 팀구분 | 팀 | 휴식일 |
|---|---|---|---|---|---|
| **0** | 0 | 2017-10-17 | 방문팀 | Boston Celtics | 0.0 |
| **1** | 1 | 2017-10-17 | 방문팀 | Houston Rockets | 0.0 |
| **2** | 2 | 2017-10-18 | 방문팀 | Milwaukee Bucks | 0.0 |
| **3** | 3 | 2017-10-18 | 방문팀 | Atlanta Hawks | 0.0 |
| **4** | 4 | 2017-10-18 | 방문팀 | Charlotte Hornets | 0.0 |

pivot_table 함수로 새로운 데이터 프레임을 만들어서 데이터 값을 확정합니다.

```
In : by_game = pd.pivot_table(tidy, values='휴식일',
                            index=['게임', '경기일자'],
                            columns='팀구분')
```

```
In : by_game.head()
```

Out:

| 팀구분 | | 방문팀 | 홈팀 |
|---|---|---|---|
| **게임** | **경기일자** | | |
| **0** | 2017-10-17 | 0.0 | 0.0 |
| **1** | 2017-10-17 | 0.0 | 0.0 |
| **2** | 2017-10-18 | 0.0 | 0.0 |
| **3** | 2017-10-18 | 0.0 | 0.0 |
| **4** | 2017-10-18 | 0.0 | 0.0 |

열의 이름을 .rename 메소드를 이용해서 변경하면 실제 데이터 구조가 확정됩니다.

```
In : by_game = by_game.rename(columns={'방문팀': '방문팀휴식일',
                                       '홈팀': '홈팀휴식일'})
```

```
In : by_game.head()
```

Out:

| 팀구분 | | 방문팀휴식일 | 홈팀휴식일 |
|---|---|---|---|
| **게임** | **경기일자** | | |
| **0** | 2017-10-17 | 0.0 | 0.0 |
| **1** | 2017-10-17 | 0.0 | 0.0 |
| **2** | 2017-10-18 | 0.0 | 0.0 |
| **3** | 2017-10-18 | 0.0 | 0.0 |
| **4** | 2017-10-18 | 0.0 | 0.0 |

실제 원본 데이터를 조회합니다. 두 개의 데이터 프레임을 concat 함수로 통합하면 하나의 데이터 프레임으로 확정됩니다.

```
In : games_all.head()
```

Out:

| | | 방문팀 | 방문팀점수 | 홈팀 | 홈팀점수 |
|---|---|---|---|---|---|
| 게임 | 경기일자 | | | | |
| 0 | 2017-10-17 | Boston Celtics | 99 | Cleveland Cavaliers | 102 |
| 1 | 2017-10-17 | Houston Rockets | 122 | Golden State Warriors | 121 |
| 2 | 2017-10-18 | Milwaukee Bucks | 108 | Boston Celtics | 100 |
| 3 | 2017-10-18 | Atlanta Hawks | 117 | Dallas Mavericks | 111 |
| 4 | 2017-10-18 | Charlotte Hornets | 90 | Detroit Pistons | 102 |

이를 조회하면 실제 휴식일이 열로 들어갑니다.

In :
```
df.head()
```

Out:

| | | 방문팀 | 방문팀점수 | 홈팀 | 홈팀점수 | 방문팀휴식일 | 홈팀휴식일 |
|---|---|---|---|---|---|---|---|
| 게임 | 경기일자 | | | | | | |
| 0 | 2017-10-17 | Boston Celtics | 99 | Cleveland Cavaliers | 102 | 0.0 | 0.0 |
| 1 | 2017-10-17 | Houston Rockets | 122 | Golden State Warriors | 121 | 0.0 | 0.0 |
| 2 | 2017-10-18 | Milwaukee Bucks | 108 | Boston Celtics | 100 | 0.0 | 0.0 |
| 3 | 2017-10-18 | Atlanta Hawks | 117 | Dallas Mavericks | 111 | 0.0 | 0.0 |
| 4 | 2017-10-18 | Charlotte Hornets | 90 | Detroit Pistons | 102 | 0.0 | 0.0 |

In :
```
df.tail()
```

Out:

| | | 방문팀 | 방문팀점수 | 홈팀 | 홈팀점수 | 방문팀휴식일 | 홈팀휴식일 |
|---|---|---|---|---|---|---|---|
| 게임 | 경기일자 | | | | | | |
| 99 | 2017-10-30 | Dallas Mavericks | 89 | Utah Jazz | 104 | 1.0 | 1.0 |
| 100 | 2017-10-31 | Phoenix Suns | 122 | Brooklyn Nets | 114 | 2.0 | 1.0 |
| 101 | 2017-10-31 | Sacramento Kings | 83 | Indiana Pacers | 101 | 1.0 | 1.0 |
| 102 | 2017-10-31 | Detroit Pistons | 93 | Los Angeles Lakers | 113 | 1.0 | 2.0 |
| 103 | 2017-10-31 | Oklahoma City Thunder | 110 | Milwaukee Bucks | 91 | 2.0 | 1.0 |

데이터의 구조를 확인하고 누락 값이 있는지를 확인합니다.

In :
```
df.shape
```

Out: (104, 6)

In :
```
df.isnull().sum()
```

Out:
```
방문팀          0
방문팀점수      0
홈팀            0
홈팀점수        0
방문팀휴식일    0
홈팀휴식일      0
dtype: int64
```

지금까지 처리한 것을 메소드 체인으로 처리하고 열 단위로 통합하면 간단하게 처리되는 것을 알 수 있습니다.

In :
```
by_game_ = (pd.pivot_table(tidy, values='휴식일',
                           index=['게임', '경기일자'],
                           columns='팀구분')
            .rename(columns={'방문팀': '방문팀휴식일',
                             '홈팀': '홈팀휴식일'}))
```

In :
```
df_ = pd.concat([games_all, by_game_], axis=1)
```

메소드 체인으로 처리된 것을 조회하면 위와 같습니다.

In :
```
df_.head()
```

Out:

| | | 방문팀 | 방문팀점수 | 홈팀 | 홈팀점수 | 방문팀휴식일 | 홈팀휴식일 |
|---|---|---|---|---|---|---|---|
| 게임 | 경기일자 | | | | | | |
| 0 | 2017-10-17 | Boston Celtics | 99 | Cleveland Cavaliers | 102 | 0.0 | 0.0 |
| 1 | 2017-10-17 | Houston Rockets | 122 | Golden State Warriors | 121 | 0.0 | 0.0 |
| 2 | 2017-10-18 | Milwaukee Bucks | 108 | Boston Celtics | 100 | 0.0 | 0.0 |
| 3 | 2017-10-18 | Atlanta Hawks | 117 | Dallas Mavericks | 111 | 0.0 | 0.0 |
| 4 | 2017-10-18 | Charlotte Hornets | 90 | Detroit Pistons | 102 | 0.0 | 0.0 |

## 10.2 주가 데이터로 시계열 처리

시계열을 처리하기 위해서 일단 파이썬과 판다스 모듈에 있는 날짜와 시간을 처리하는 모듈을 먼저 알아봅니다. 날짜 처리 방식을 알아본 후에 주식 데이터를 가지고 시계열 처리에 필요한 다양한 메소드와 함수를 적용해봅니다.

### 10.2.1 파이썬의 날짜 처리 이해

파이썬에 있는 datetime 모듈을 알아보면서 날짜 처리하는 기준을 간단히 알아봅니다.

#### ■ 파이썬 datetime 모듈

날짜 모듈은 date와 time을 구분해서 처리할 수도 있고 datetime을 합쳐서 처리할 수도 있습니다. 날짜 처리의 기준을 예제를 보면서 알아봅시다.

#### [예제 10-7] 파이썬 datetime 모듈 알아보기

파이썬에서 제공하는 날짜에 대해 알아봅니다. 파이썬 날짜를 확인하기 위해 datatime 모듈을 임포트합니다.

날짜를 지정하기 위해 date 모듈을 이용해서 년, 월, 일을 넣으면 date 객체가 생성됩니다.

In :
```
import datetime
```

In :
```
date = datetime.date(2018,9,29)
```

In :
```
date
```

Out:
```
datetime.date(2018, 9, 29)
```

생성된 date 변수에서 연, 월, 일의 속성을 이용하여 그 내부의 값을 하나씩 조회하는 것도 가능합니다.

In :
```
date.year, date.month, date.day
```

Out:
```
(2018, 9, 29)
```

시간에 대한 객체를 생성하려면 time 함수를 이용해서 시, 분, 초, 마이크로초에 대한 정보를 주고 생성합니다.

In :
```
time = datetime.time(12,30,19,463198)
```

In :
```
time
```

```
Out:  datetime.time(12, 30, 19, 463198)
```

생성된 시간에 개별 속성을 이용해서 조회하는 것도 가능합니다.

```
In :  time.hour, time.minute, time.second, time.microsecond
```

```
Out:  (12, 30, 19, 463198)
```

날짜와 시간을 합친 datetime 함수를 통해 날짜와 시간을 동시에 하나의 객체로 만들 수 있습니다.

```
In :  dt = datetime.datetime(2018,9,29,12,30,19,463198)
```

```
In :  dt
```

```
Out:  datetime.datetime(2018, 9, 29, 12, 30, 19, 463198)
```

시간의 간격을 확인하기 위해 timedela 객체도 제공합니다. 주, 일수, 시간, 분, 초, 밀리초, 마이크로초를 지정해서 표시할 수 있습니다.

```
In :  td = datetime.timedelta(weeks=2, days=5,
                             hours=10, minutes=20,
                             seconds=6.73,
                             milliseconds=99,
                             microseconds=8)
```

```
In :  td
```

```
Out:  datetime.timedelta(19, 37206, 829008)
```

시간의 간격에 대한 속성인 날짜 기간, 초 기간, 마이크로초 기간, 전체를 초로 표시하는 기간 등을 조회할 수 있습니다.

```
In :  td.days, td.seconds, td.microseconds, td.total_seconds()
```

```
Out:  (19, 37206, 829008, 1678806.829008)
```

특정 날짜와 시간 간격을 더하거나 빼면 새로운 날짜가 나옵니다.

In :
```
date + td
```

Out:
```
datetime.date(2018, 10, 18)
```

In :
```
dt + td
```

Out:
```
datetime.datetime(2018, 10, 18, 22, 50, 26, 292206)
```

In :
```
dt - td
```

Out:
```
datetime.datetime(2018, 9, 10, 2, 10, 12, 634190)
```

특정 시간을 처리하기 위해 시간 간격을 더하거나 빼면 예외가 발생합니다. 왜냐하면 실제 datetime.time 클래스의 네임스페이스인 __dict__ 안에 구현된 +, - 연산자를 호출하는 스페셜 메소드인 __add__, __sub__이 없기 때문입니다.

In :
```
time
```

Out:
```
datetime.time(12, 30, 19, 463198)
```

In :
```
datetime.time.__dict__.get('__add__',"존재하지 않음")
```

Out:
```
'존재하지 않음'
```

In :
```
try :
    time + td
except Exception as e :
    print(e)
```

Out:
```
unsupported operand type(s) for +: 'datetime.time' and 'datetime.timedelta'
```

In :
```
datetime.time.__dict__.get('__sub__',"존재하지 않음")
```

Out:
```
'존재하지 않음'
```

In :
```
try :
    time - td
except Exception as e :
    print(e)
```

```
Out:  unsupported operand type(s) for -: 'datetime.time' and 'datetime.timedelta'a
```

### 10.2.2 판다스의 날짜 처리 이해

파이썬 datatime 모듈을 알아보았습니다. 이제는 판다스에 있는 날짜 처리 클래스인 Timestamp와 Period를 배울 차례입니다. 파이썬 코어에서 제공하는 모듈과 어떻게 다른지를 예제를 통해서 알아봅니다.

#### ■ Timestamp 클래스와 to_datetime 함수

Timestamp 클래스로 날짜를 만들면 실제 만들어진 객체는 datatime64의 객체라고 표시합니다.

**[예제 10-8] pandas의 Timestamp 처리 알아보기**

먼저 판다스에서 제공하는 Timestamp 클래스의 처리 기준인 유닉스가 만들어진 일자를 기준으로 처리되는 객체를 만들어봅니다.

```
In :  pd.Timestamp(0)

Out:  Timestamp('1970-01-01 00:00:00')
```

판다스로 날짜를 넣고 실제 데이터를 관리하는 시리즈에 넣어서 하나의 객체를 만듭니다. Timestamp를 하나의 원소로 갖는 시리즈의 데이터 타입을 확인하면 datetime64가 나옵니다.

시리즈의 인덱스 연산자를 통해 내부의 원소를 확인하면 실제 Timestamp 객체가 들어있음을 알 수 있습니다.

```
In :  a = pd.Timestamp(0)

In :  s = pd.Series(a)

In :  s
```

```
Out:  0    1970-01-01
      dtype: datetime64[ns]
```

```
In :  s[0]
```

```
Out:  Timestamp('1970-01-01 00:00:00')
```

Timestamp 클래스에서 객체를 만들 때 unit이라는 매개변수를 제공해서 특정 일자, 시간, 분에 대한 정보를 넣어 날짜를 생성할 수 있습니다. Unit을 기준으로 유닉스가 만들어진 기본 일자에서 더해서 날짜를 생성합니다.

```
In :  pd.Timestamp(17800, unit='D')
```

```
Out:  Timestamp('2018-09-26 00:00:00')
```

```
In :  pd.Timestamp(17800, unit='h')
```

```
Out:  Timestamp('1972-01-12 16:00:00')
```

```
In :  pd.Timestamp(17800, unit='m')
```

```
Out:  Timestamp('1970-01-13 08:40:00')
```

날짜를 생성할 때 초 단위는 더 상세하게 초, 밀리초, 마이크로초, 나노초로 구분해서 작은 단위의 시간을 표시할 수 있습니다.

```
In :  pd.Timestamp(17800, unit='s')
```

```
Out:  Timestamp('1970-01-01 04:56:40')
```

```
In :  pd.Timestamp(17800, unit='ms')
```

```
Out:  Timestamp('1970-01-01 00:00:17.800000')
```

```
In :  pd.Timestamp(17800, unit='us')
```

```
Out:  Timestamp('1970-01-01 00:00:00.017800')
```

```
In :  pd.Timestamp(17800, unit='ns')
```

```
Out:   Timestamp('1970-01-01 00:00:00.000017800')
```

Timestamp 클래스의 생성자로 생성할 때는 microsecond로만 상세한 초 단위를 표시할 수 있습니다.

```
In :   pd.Timestamp(year=2017, month=1, day=1, hour=12,
                    minute=30, second=10, microsecond=10)
```

```
Out:   Timestamp('2017-01-01 12:30:10.000010')
```

### [예제 10-9] 판다스의 to_datetime 처리 알아보기

날짜를 나타내는 문자열을 to_datetime 함수에 넣고 반환 값을 확인하면 Timestamp 객체가 반환되는 것을 알 수 있습니다. '

연도가 아닌, 일이 월보다 먼저 나와도 날짜를 생성하고자 할 때 매개변수 dayfirst=True를 지정해서 처리하면 Timestamp의 객체를 만들고 일이 월 다음으로 들어가서 처리됩니다.

```
In :   pd.to_datetime('2018-09-29')
```

```
Out:   Timestamp('2018-09-29 00:00:00')
```

```
In :   pd.to_datetime('2018-29-09', dayfirst=True)
```

```
Out:   Timestamp('2018-09-29 00:00:00')
```

```
In :   pd.to_datetime('29-09-2018', dayfirst=True)
```

```
Out:   Timestamp('2018-09-29 00:00:00')
```

특정 일자를 기준으로 처리하고자 하면 origin 매개변수에 기준이 되는 일자를 문자열로 넣습니다. 특정 정수 값을 넣어서 일자만큼 지난 날짜를 만들려면 unit=D를 넣으면 됩니다. 2018년 1월 1일을 기준으로 271일에 해당되는 날이 2018년 9월 29일이라는 것을 알 수 있습니다.

```
In :   pd.to_datetime(271, unit='D', origin='2018-01-01')
```

```
Out:  Timestamp('2018-09-29 00:00:00')
```

시리즈를 하나 만든 후에 이 시리즈를 to_datetime 함수에 넣고 unit=D로 처리하면 시리즈를 기준으로 한 일자를 생성합니다. 시리즈 안의 데이터 자료형은 Timestamp가 아닌 datetime64라는 것을 알 수 있습니다.

```
In :  s = pd.Series([10,100,100,1000,10000])
```

```
In :  pd.to_datetime(s,unit='D')
```

```
Out:  0   1970-01-11
      1   1970-04-11
      2   1970-04-11
      3   1972-09-27
      4   1997-05-19
      dtype: datetime64[ns]
```

데이터 프레임을 만들 때 키를 year, month, day로 하고 연도, 월, 일을 리스트로 해서 생성한 후에 to_datetime에 넣으면 데이터 프레임에 있는 것을 조합해서 날짜를 만든 시리즈를 반환합니다.

```
In :  df = pd.DataFrame({'year': [2015, 2016],
                         'month': [2, 3],
                         'day': [4, 5]})
```

```
In :  pd.to_datetime(df)
```

```
Out:  0   2015-02-04
      1   2016-03-05
      dtype: datetime64[ns]
```

시리즈에 날짜를 문자열 리스트로 넣고 객체를 하나 생성합니다. 일단 문자열이므로 날짜에 대한 제약은 없습니다. 실제 월과 일은 범주형 데이터이므로 아무 숫자나 마음대로 대입해서 사용할 수 있는 것은 아닙니다. 문자열이기 때문에 아무런 문제 없이 객체가 만들어집니다.

이 시리즈를 to_datetime 함수에 넣고 처리하면 월 단위가 1부터 12까지의 값만 처리되어야 한다는 예외를 발생시킵니다.

```
In : s1 = pd.Series(['09-05-2018', '09/05/2018', '2018-09-01','40/23/2018'])
```

```
In : s1
```

```
Out: 0    09-05-2018
     1    09/05/2018
     2    2018-09-01
     3    40/23/2018
     dtype: object
```

```
In : try :
         pd.to_datetime(s1)
     except Exception as e :
         print(e)
```

```
Out: month must be in 1..12
```

날짜가 타임 스탬프 제한을 충족시키지 않으면 errors = 'ignore'를 전달하면 예외를 발생시키는 대신 원래 입력을 반환합니다.

```
In : pd.to_datetime('13000101', format='%Y%m%d', errors='ignore')
```

```
Out: datetime.datetime(1300, 1, 1, 0, 0)
```

날짜가 잘못된 경우에는 errors= 'coerce'로 처리하면 정상적인 날짜는 처리하고 맞지 않는 경우 NaT로 처리해서 누락 값을 표시합니다.

```
In : pd.to_datetime('13000101', format='%Y%m%d', errors='coerce')
```

```
Out: NaT
```

위에서 만들어진 시리즈를 가지고 to_datetime 함수를 처리할 때 일단 예외가 발생하면 NaT로 처리되어 예외가 발생하지 않음을 알 수 있습니다.

날짜가 만들어진 시리즈를 가지고 .isnull 메소드로 처리하면 누락 값 NaN과 똑같이 처리됩니다.

```
In : s2 = pd.to_datetime(s1,dayfirst=True, errors='coerce')
```

```
In : s2
```

```
Out: 0   2018-05-09
     1   2018-05-09
     2   2018-09-01
     3          NaT
     dtype: datetime64[ns]
```

```
In : s2.isnull().sum()
```

```
Out: 1
```

문자열로 처리되는 날짜에 대한 포맷을 to_datetime 함수에 전달하면 다양한 날짜 표현을 바로 인식해서 처리가 가능합니다.

```
In : pd.to_datetime('2010/11/12', format='%Y/%m/%d')
```

```
Out: Timestamp('2010-11-12 00:00:00')
```

```
In : pd.to_datetime('12-11-2010 01:30:50', format='%d-%m-%Y %H:%M:%S')
```

```
Out: Timestamp('2010-11-12 01:30:50')
```

매개변수에 infer_datetime_format=True가 어떤 역할을 하는지 알아보기 위해 먼저 시리즈에 날짜 문자열이 들어간 리스트 안의 원소를 1000배 해서 만듭니다.

```
In : s3 = pd.Series(['3/11/2000', '3/12/2000', '3/13/2000']*1000)
```

```
In : s3.head()
```

```
Out: 0    3/11/2000
     1    3/12/2000
     2    3/13/2000
     3    3/11/2000
     4    3/12/2000
     dtype: object
```

만들어진 시리즈를 데이터로 넣고 매개변수에 infer_datetime_format=True로 지정해서 처리하는 것이 좋습니다. 추론을 명기한 결과에 대한 처리 시간이 나왔습니다.

```
In :  %timeit pd.to_datetime(s3,infer_datetime_format=True)

Out:  10.2 ms ± 1.29 ms per loop (mean ± std. dev. of 7 runs, 100 loops each)

In :  sdt = pd.to_datetime(s3,infer_datetime_format=True)

In :  sdt.head()

Out:  0    2000-03-11
      1    2000-03-12
      2    2000-03-13
      3    2000-03-11
      4    2000-03-12
      dtype: datetime64[ns]
```

이번에는 추론을 False로 처리했습니다. 위에서 실행된 시간과 비교하면 오래 걸린 것을 알 수 있습니다.

실제 문자열로 작성된 날짜를 인식하려면 추론하는 과정을 찾아서 처리하느라 추론을 명기한 것보다 시간이 많이 걸립니다.

```
In :  %timeit pd.to_datetime(s3,infer_datetime_format=False)

Out:  343 ms ± 45.9 ms per loop (mean ± std. dev. of 7 runs, 1 loop each)

In :  sdt2 = pd.to_datetime(s3,infer_datetime_format=False)

In :  sdt2.head()

Out:  0    2000-03-11
      1    2000-03-12
      2    2000-03-13
      3    2000-03-11
      4    2000-03-12
      dtype: datetime64[ns]
```

### ■ Period 클래스

Timestamp 클래스는 특정 날짜를 표시하는 용도로 사용하지만 주기 등을 표기하기 위해 Period 클래스가 필요합니다.

시리즈나 데이터 프레임에서 관리되는 날짜의 자료형은 항상 datatime64라고 표시합니다.

### [예제 10-10] 판다스의 Period 처리 알아보기

주기를 나타내는 다양한 기호가 있습니다. 먼저 날짜에 대한 주기를 표기하는 영문 약어가 D, W, M, Q, A (달력 일, 주, 월, 분기, 연말)가 있고 시간을 나타내는 영문 약어인 H, T, S, L, U (시간, 분, 초, 밀리세컨드, 마이크로초)를 표시합니다.

추가적으로 비즈니스를 처리하기 위한 영문 약어는 B이며, 주로 영업일/영업월/영업분기/영업연말 등을 표시할 때 주기에 넣어서 사용합니다.

Period 클래스는 특정 연도를 기준으로 넣어도 연도별 주기를 만들고 일자를 넣으면 일자별로 주기를 만듭니다. 시간별로 만들어도 시간에 대한 주기를 가지고 있습니다.

```
In :  pd.Period('2014', freq='A-MAY')

Out:  Period('2014', 'A-MAY')

In :  pd.Period('06/11/2014')

Out:  Period('2014-06-11', 'D')

In :  pd.Period('11/11/1918 11:00',freq='H')

Out:  Period('1918-11-11 11:00', 'H')
```

Period 클래스로 만들어진 객체를 가지고 특정 시간과의 뺄셈도 가능하고 두 개의 월을 기준으로 만든 Period 객체를 빼면 두 기간의 월 수도 구할 수 있습니다.

```
In :  pd.Period('11/11/1918 11:00',freq='H') - 48

Out:  Period('1918-11-09 11:00', 'H')

In :  pd.Period('2014-04', freq='M') - pd.Period('2013-02', freq='M')

Out:  14
```

### 10.2.3 주식 데이터 이동 평균선

한국증권거래소에 상장된 모 회사의 주식 정보를 가져와서 판다스의 메소드나 함수를 통해 이동 평균선 그래프를 그려봅니다.

**■ 주식 데이터 가져오기**

먼저 주식에 대한 그래프를 주피터 노트북에서 처리하기 위해 matplotlib 모듈을 임포트하고 내부의 그래프를 셀에 출력하기 위해 %matplotlib inline 명령을 실행합니다.

주식 데이터를 인터넷으로 직접 검색해서 가져오려면 pandas-datareader 모듈이 필요하므로 conda나 pip를 추가로 설치해야 합니다.

```
In :  import matplotlib.pyplot as plt
```

```
In :  %matplotlib inline
```

```
In :  !conda install -c anaconda pandas-datareader
```

```
In :  !pip install pandas-datareader
```

**[예제 10-11] 주가 정보 가져와서 확인하기**

먼저 웹에서 데이터를 읽어올 모듈을 임포트하고 datetime 모듈을 이용해서 날짜를 지정합니다.

```
In :  from pandas_datareader import data
```

```
In :  import datetime
```

```
In :  start = datetime.datetime(2014, 2, 19)
```

```
In :  end = datetime.datetime(2018, 3, 4)
```

셀트리온 주가를 야후에서 가져와서 시작 일자로 읽어왔는지를 확인합니다.

```
In :  f = data.DataReader("068270.KS", "yahoo", start, end)
```

In :
```
f.head()
```

Out:

| Date | High | Low | Open | Close | Volume | Adj Close |
|---|---|---|---|---|---|---|
| **2014-02-19** | 42217.500000 | 38505.199219 | 39023.199219 | 41311.000000 | 3509017 | 41311.000000 |
| **2014-02-20** | 41699.500000 | 39843.300781 | 41570.000000 | 40145.500000 | 1413760 | 40145.500000 |
| **2014-02-21** | 41267.898438 | 39972.800781 | 40490.898438 | 40620.398438 | 793916 | 40620.398438 |
| **2014-02-24** | 41915.398438 | 40620.398438 | 40922.500000 | 40706.699219 | 884032 | 40706.699219 |
| **2014-02-25** | 41267.898438 | 40275.000000 | 41052.000000 | 40922.500000 | 501225 | 40922.500000 |

마지막 일자가 제대로 처리된 것을 확인합니다.

In :
```
f.tail()
```

Out:

| Date | High | Low | Open | Close | Volume | Adj Close |
|---|---|---|---|---|---|---|
| **2018-02-23** | 322500.0 | 307000.0 | 309000.0 | 318000.0 | 976514 | 318000.0 |
| **2018-02-26** | 328000.0 | 320500.0 | 321000.0 | 326500.0 | 827134 | 326500.0 |
| **2018-02-27** | 354500.0 | 330500.0 | 334000.0 | 351000.0 | 2097880 | 351000.0 |
| **2018-02-28** | 364500.0 | 342000.0 | 342500.0 | 353000.0 | 2414626 | 353000.0 |
| **2018-03-02** | 372000.0 | 351000.0 | 353000.0 | 372000.0 | 1964092 | 372000.0 |

누락 값이 없는지를 확인합니다.

In :
```
f.isnull().sum()
```

Out:
```
High         0
Low          0
Open         0
Close        0
Volume       0
Adj Close    0
dtype: int64
```

시각화를 위해 seaborn 모듈이 있는지 확인하고 seaborn 모듈을 임포트해서 시각화 스타일을 세팅합니다.

In :
```
!pip install seaborn
```

In :
```
import seaborn

seaborn.set()
```

주식 그래프를 .plot 메소드로 처리하면 선 그래프가 그려집니다.

In :
```
f.plot()
```

Out: <matplotlib.axes._subplots.AxesSubplot at 0xc56b978>

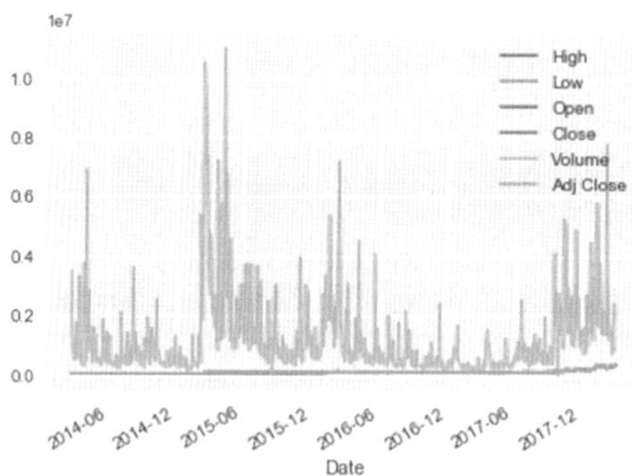


데이터 프레임의 레이블 정보를 확인하기 위해 .columns과 .index 속성을 확인합니다.

In :
```
f.columns
```

Out:
```
Index(['High', 'Low', 'Open', 'Close', 'Volume', 'Adj Close'], dtype='object')
```

In :
```
f.index
```

Out:
```
DatetimeIndex(['2014-02-19', '2014-02-20', '2014-02-21', '2014-02-24',
               '2014-02-25', '2014-02-26', '2014-02-27', '2014-02-28',
               '2014-03-03', '2014-03-04',
               ...
               '2018-02-14', '2018-02-19', '2018-02-20', '2018-02-21',
               '2018-02-22', '2018-02-23', '2018-02-26', '2018-02-27',
               '2018-02-28', '2018-03-02'],
              dtype='datetime64[ns]', name='Date', length=990, freq=None)
```

특정 기준일별로 처리하기 위해 영업일 기준으로 연말 자료만 가져와서 평균을 내고 그래프를 그립니다.

In :
```
f.resample('BA').mean().plot()
```

Out: <matplotlib.axes._subplots.AxesSubplot at 0xca1cda0>

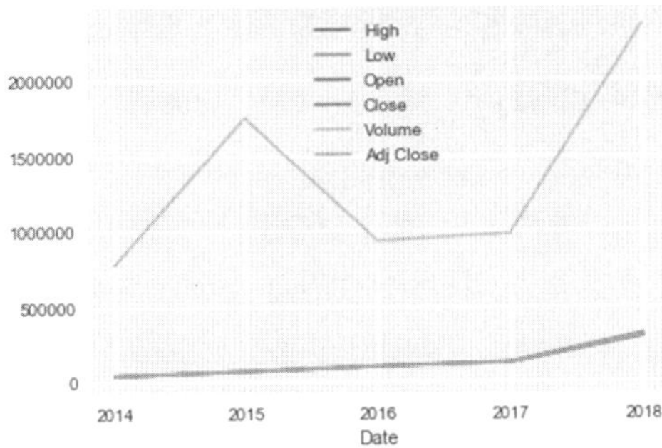


주식 가격을 영업일 기준 연말의 평균으로 처리된 결과를 조회합니다.

In :
```
f.resample('BA').mean().head()
```

Out:

| Date | High | Low | Open | Close | Volume | Adj Close |
|---|---|---|---|---|---|---|
| **2014-12-31** | 38812.771879 | 37584.153646 | 38155.839981 | 38072.798599 | 7.724510e+05 | 38072.798599 |
| **2015-12-31** | 67265.862497 | 64316.740697 | 65734.068603 | 65577.208882 | 1.748285e+06 | 65577.208882 |
| **2016-12-30** | 98997.876239 | 96084.199886 | 97541.482787 | 97293.753017 | 9.296954e+05 | 97293.753017 |
| **2017-12-29** | 124659.994489 | 120693.370332 | 122603.689607 | 122603.217713 | 9.757918e+05 | 122603.217713 |
| **2018-12-31** | 313075.609756 | 291946.341463 | 300563.414634 | 303224.390244 | 2.361683e+06 | 303224.390244 |

인덱서를 이용해서 특정 일자로 조회할 때는 실제 있는 날짜로 조회해서 처리합니다. 주식 시장은 12월 31일에 휴장을 해서 실제 데이터가 없을 때를 조회하면 레이블이 없다고 예외를 처리합니다.

In :
```
f.loc['2014-12-30']
```

Out:
```
High          35218.000000
Low           34719.398438
Open          35127.300781
Close         35218.000000
Volume       147511.000000
Adj Close     35218.000000
Name: 2014-12-30 00:00:00, dtype: float64
```

```
In :  try :
          f.loc['2014-12-31']
      except Exception as e :
          print(e)
```

```
Out:  'the label [2014-12-31] is not in the [index]'
```

영업일 기준으로 연말을 처리하려고 할 때가 있습니다. 없는 레이블을 생성할 경우 실제 데이터의 바로 전에 있는 값으로 넣고 처리하려면 .asfreq 메소드를 이용해서 매개변수 method = ffill을 넣어 전에 있는 값을 가져다 넣습니다.

```
In :  f.asfreq('BA', method='ffill').head()
```

Out:

| Date | High | Low | Open | Close | Volume | Adj Close |
|---|---|---|---|---|---|---|
| **2014-12-31** | 35218.000000 | 34719.398438 | 35127.300781 | 35218.000000 | 147511 | 35218.000000 |
| **2015-12-31** | 79365.101562 | 77684.398438 | 79365.101562 | 78898.203125 | 949112 | 78898.203125 |
| **2016-12-30** | 105588.000000 | 103039.000000 | 103725.000000 | 105294.000000 | 504993 | 105294.000000 |
| **2017-12-29** | 225700.000000 | 218100.000000 | 221900.000000 | 221100.000000 | 1859347 | 221100.000000 |

위에서 처리한 결과 중에 3개의 열을 선택해서 그래프로 그리면 거의 유사한 방향으로 가는 것을 알 수 있습니다.

```
In :  f.asfreq('BA',method='ffill')[['Close', 'High', 'Low']].plot()
```

```
Out:  <matplotlib.axes._subplots.AxesSubplot at 0xcab1ef0>
```

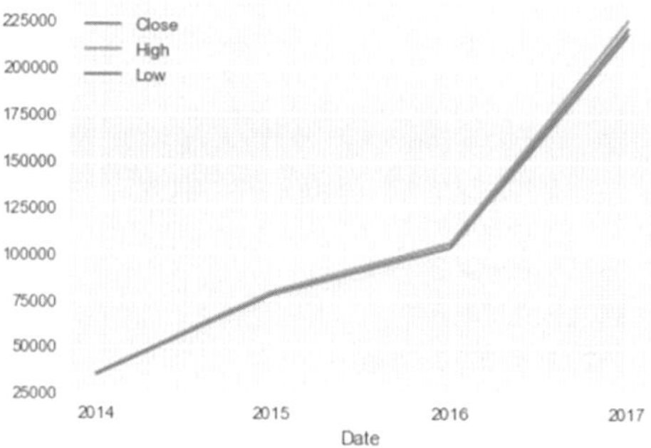


주식을 영업일 연말 기준으로 실제 거래량을 가지고 시각화하면 최근에 거래량이 많이 증가한 것을 알 수 있습니다.

```
In :  f.asfreq('BA',method='ffill')[['Volume']].plot()
```

```
Out:  <matplotlib.axes._subplots.AxesSubplot at 0xcadf278>
```

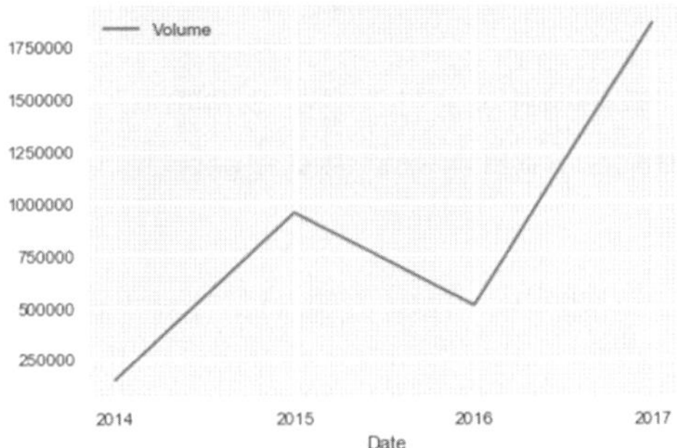


주식 가격의 변동을 예측하기 위해서는 기본적으로 특정 기준의 이동 평균을 만드는 것이 중요합니다.

이동 평균을 구하기 위해 .rolling 메소드의 매개변수 window에 이동 평균 기준을 넣고 계산하면 20일 단위로 해당 기간까지의 평균을 구해서 표시합니다.

```
In :  md20 = f['Close'].rolling(window=20).mean()
```

```
In :  md20.head(20)
```

```
Out:  Date
      2014-02-19              NaN
      2014-02-20              NaN
      2014-02-21              NaN
      2014-02-24              NaN
      2014-02-25              NaN
      2014-02-26              NaN
      2014-02-27              NaN
      2014-02-28              NaN
      2014-03-03              NaN
      2014-03-04              NaN
      2014-03-05              NaN
      2014-03-06              NaN
      2014-03-07              NaN
      2014-03-10              NaN
      2014-03-11              NaN
      2014-03-12              NaN
      2014-03-13              NaN
      2014-03-14              NaN
      2014-03-17              NaN
      2014-03-18     39595.134766
      Name: Close, dtype: float64
```

같은 방법으로 60일과 120일의 이동 평균을 만듭니다.

In :
```
md60 = f['Close'].rolling(window=60).mean()
```

In :
```
md120 = f['Close'].rolling(window=120).mean()
```

이동 평균을 만든 값을 기존 데이터 프레임에 열로 추가합니다. 이동 평균이 되는 첫 번째 기간까지는 이동 평균을 구할 수 없으므로 NaN 값이 처리됩니다.

.tail 메소드로 조회하면 마지막까지는 20일 간격으로 이동 평균이 계산된 결과가 들어 있습니다.

In :
```
f.insert(len(f.columns), "MD20", md20)
```

In :
```
f.head(3)
```

Out:

| Date | High | Low | Open | Close | Volume | Adj Close | MD20 |
|---|---|---|---|---|---|---|---|
| **2014-02-19** | 42217.500000 | 38505.199219 | 39023.199219 | 41311.000000 | 3509017 | 41311.000000 | NaN |
| **2014-02-20** | 41699.500000 | 39843.300781 | 41570.000000 | 40145.500000 | 1413760 | 40145.500000 | NaN |
| **2014-02-21** | 41267.898438 | 39972.800781 | 40490.898438 | 40620.398438 | 793916 | 40620.398438 | NaN |

In :
```
f.tail(3)
```

Out:

| Date | High | Low | Open | Close | Volume | Adj Close | MD20 |
|---|---|---|---|---|---|---|---|
| **2018-02-27** | 354500.0 | 330500.0 | 334000.0 | 351000.0 | 2097880 | 351000.0 | 304870.0 |
| **2018-02-28** | 364500.0 | 342000.0 | 342500.0 | 353000.0 | 2414626 | 353000.0 | 304870.0 |
| **2018-03-02** | 372000.0 | 351000.0 | 353000.0 | 372000.0 | 1964092 | 372000.0 | 304870.0 |

이동 평균을 열에 넣기 위해 .insert 메소드를 넣으면 내부의 정보가 바뀌어 처리됩니다.

In :
```
f.insert(len(f.columns), "MD60", md60)
```

In :
```
f.insert(len(f.columns), "MD120", md120)
```

이동 평균을 팬시 검색으로 뽑아내어 선 그래프로 그리면 이동 평균의 방향이 상승하는 것을 볼 수 있습니다.

In :
```
f[['MD20','MD60','MD120']].plot()
```

Out:
```
<matplotlib.axes._subplots.AxesSubplot at 0xcdda6d8>
```

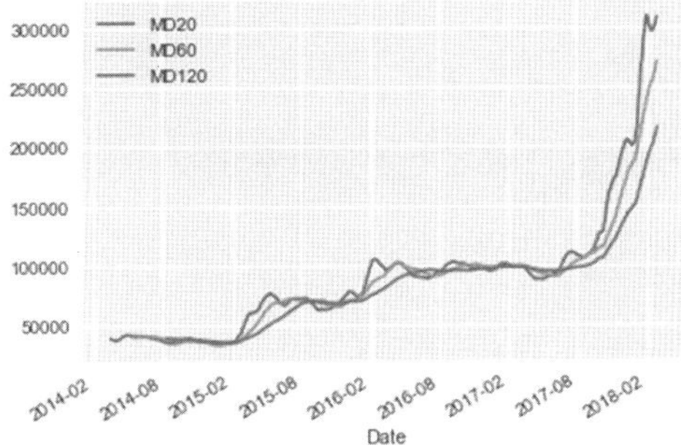


## 10.2.4 주식 데이터 수익률과 통계량

앞에서 주식 데이터를 가지고 이동 평균선을 만들어보았습니다. 이번에는 주식에 대한 수익률 등을 확인하고 실제 주식 가격의 통계에서 데이터가 어떤 의미가 있는지도 알아봅니다.

### ■ 주식 수익률

주식 종가를 비교해서 전일 대비 수익이 있는지를 확인해봅니다.

### [예제 10-12] 주가 정보로 수익률 알아보기

시각화 처리도 해야 하므로 matplotlib 모듈을 임포트 처리하고 주피터 노트북에 그래프를 결과로 출력해야 하므로 %matplotlib inline을 설정합니다.

In :
```
import pandas as pd
```

In :
```
import numpy as np
```

In :
```
import matplotlib.pyplot as plt
```

In :
```
%matplotlib inline
```

먼저 특정 주식의 정보를 특정 사이트에서 가져오고 이 정보를 파일로 저장합니다.

In :
```
from pandas_datareader import data
```

In :
```
import datetime
```

In :
```
start = datetime.datetime(2014, 2, 19)
```

In :
```
end = datetime.datetime(2018, 8,31)
```

In :
```
slb = data.DataReader("068270.KS", "yahoo", start, end)
```

In :
```
slb.to_csv("../data/cel_stock_2018.csv")
```

저장된 파일을 .read_csv 함수로 읽어서 데이터 프레임으로 전환한 후에 데이터를 head 메소드로 확인합니다.

In :
```
cel = pd.read_csv('../data/cel_stock_2018.csv',index_col='Date')
```

In :
```
cel.head(3)
```

Out:

| | High | Low | Open | Close | Volume | Adj Close |
|---|---|---|---|---|---|---|
| **Date** | | | | | | |
| **2014-02-19** | 42217.500000 | 38505.199219 | 39023.199219 | 41311.000000 | 3509017 | 41311.000000 |
| **2014-02-20** | 41699.500000 | 39843.300781 | 41570.000000 | 40145.500000 | 1413760 | 40145.500000 |
| **2014-02-21** | 41267.898438 | 39972.800781 | 40490.898438 | 40620.398438 | 793916 | 40620.398438 |

데이터 프레임에서 행의 정보가 주식의 데이터를 읽어온 날짜와 맞는지를 확인하면, 날짜가 행의 레이블로 들어와 있지만 자료형은 문자열인 것을 볼 수 있습니다.
열의 레이블도 확인하면 총 6개인 것을 알 수 있습니다.

In :
```
cel.index
```

Out:
```
Index(['2014-02-19', '2014-02-20', '2014-02-21', '2014-02-24', '2014-02-25',
       '2014-02-26', '2014-02-27', '2014-02-28', '2014-03-03', '2014-03-04',
       ...
       '2018-08-20', '2018-08-21', '2018-08-22', '2018-08-23', '2018-08-24',
       '2018-08-27', '2018-08-28', '2018-08-29', '2018-08-30', '2018-08-31'],
      dtype='object', name='Date', length=1114)
```

In :
```
cel.columns
```

```
Out:   Index(['High', 'Low', 'Open', 'Close', 'Volume', 'Adj Close'], dtype='object')
```

행의 인덱스가 문자열이므로 이를 datatime64 자료형으로 변환하기 위해 행의 인덱스를 읽어 시리즈로 만들어서 내부의 format을 to_datetime 인자로 전달하고 실행합니다.

다른 방식으로 전환하려면 datetime.strptime에 이 시리즈를 전달해서 변환하는 익명 함수를 작성하고 이를 파싱해서 처리하도록 하면 됩니다.

파일을 읽을 때 date_parser 매개변수에 사용자 정의 parser 함수를 전달해서 처리하면 자료형이 바뀝니다.

```
In :  cel.index = pd.to_datetime(cel.index.str[:10], format='%Y-%m-%d')

In :  cel.index.dtype

Out:  dtype('<M8[ns]')

In :  parser = lambda x: pd.datetime.strptime(x, '%Y-%m-%d')

In :  cel_2  = pd.read_csv('../data/cel_stock_2018.csv',index_col='Date',date_parser=parser)

In :  cel_2.index.dtype

Out:  dtype('<M8[ns]')
```

읽어온 데이터 프레임이 어떤 구조인지를 확인하기 위해 info 메소드를 실행합니다. 누락 값이 아무것도 없는 것을 확인할 수 있습니다. 전체 데이터는 1,114행과 6열로 구성된 것도 보입니다.

```
In :  cel.info()

Out:  <class 'pandas.core.frame.DataFrame'>
      DatetimeIndex: 1114 entries, 2014-02-19 to 2018-08-31
      Data columns (total 6 columns):
      High         1114 non-null float64
      Low          1114 non-null float64
      Open         1114 non-null float64
      Close        1114 non-null float64
      Volume       1114 non-null int64
```

```
Adj Close     1114 non-null float64
dtypes: float64(5), int64(1)
memory usage: 60.9 KB
```

In :
```
cel.shape
```

Out:
```
(1114, 6)
```

주식의 종가를 기준으로 전일과 비교해서 수익 여부를 pct_change 메소드로 변환합니다. 첫째 행은 비교 대상이 없으므로 NaN으로 처리됩니다.

수익률이 마이너스인 경우를 확인하면 총 550건이 발생한 것을 알 수 있습니다. 1,116에서 550건 정도면 주식이 오르고 내리는 것이 대체로 반반인 것을 예상할 수 있습니다.

In :
```
cel_daily = cel.Close.pct_change()
```

In :
```
cel_daily.head()
```

Out:
```
Date
2014-02-19         NaN
2014-02-20   -0.028213
2014-02-21    0.011829
2014-02-24    0.002125
2014-02-25    0.005301
Name: Close, dtype: float64
```

In :
```
(cel_daily < 0).sum()
```

Out:
```
550
```

종가를 별도의 변수에 할당합니다.

In :
```
cel_close = cel['Close']
```

In :
```
cel_close.head()
```

Out:
```
Date
2014-02-19    41311.000000
2014-02-20    40145.500000
```

```
2014-02-21    40620.398438
2014-02-24    40706.699219
2014-02-25    40922.500000
Name: Close, dtype: float64
```

이 종가를 가지고 통계량을 .describe 메소드로 산출합니다. 이때 사분위수를 처리하는 percentiles에 0.1과 0.9를 주면 이 범위에 포함된 것을 사분위수에 표시합니다.

```
In :  cel_des = cel_close.describe(percentiles=[.1,.9])
```

```
In :  cel_des
```

```
Out:  count      1114.000000
      mean     112684.533056
      std       81864.468027
      min       32548.099609
      10%       36908.000000
      50%       92941.203125
      90%      271280.000000
      max      373500.000000
      Name: Close, dtype: float64
```

종가가 어떤 방향으로 변하고 있는지를 시각화하기 위해 plot 메소드로 그리면 기본 선 그래프로 그려지는 것을 알 수 있습니다.

```
In :  cel_close.plot(color='black', figsize=(12,6))
      plt.show()
```

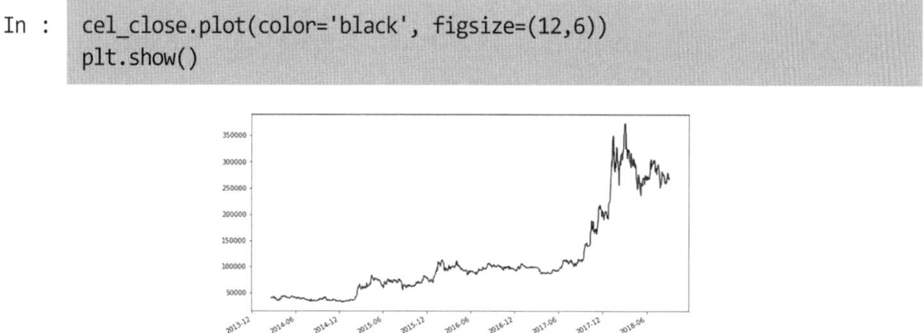


사분위수에 포함된 것들이 어느 쪽에 몰려있는지를 그래프로 그려보면 이 주식이 처음 상장해서 거래될 때 종가가 하위 10% 이내에 들어가고, 최근에 거래되는 가격이 상위 10%에 들어가는 것을 알 수 있습니다.

In :
```
cel_top_bottom = cel_close[(cel_close < cel_des.loc['10%']) | (cel_close > cel_des.loc['90%'])]
```

In :
```
cel_top_bottom.plot(marker='o', style=' ', ms=4, color='darkgray')
plt.show()
```

Out:

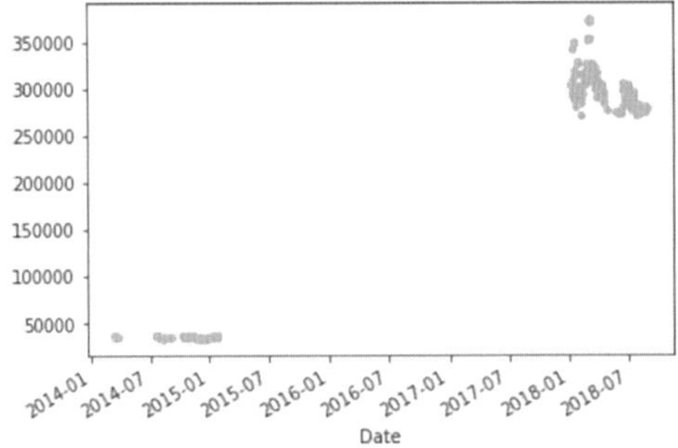


그래프에 상위와 하위 표시를 하기 위해 이 정보를 별도의 변수에 할당해서 내부에 관리하는 정보를 확인해보았습니다.

In :
```
criteria = (cel_close < cel_des.loc['10%']) | (cel_close > cel_des.loc['90%'])
```

In :
```
criteria.index
```

Out:
```
DatetimeIndex(['2014-02-19', '2014-02-20', '2014-02-21', '2014-02-24',
               '2014-02-25', '2014-02-26', '2014-02-27', '2014-02-28',
               '2014-03-03', '2014-03-04',
               ...
               '2018-08-20', '2018-08-21', '2018-08-22', '2018-08-23',
               '2018-08-24', '2018-08-27', '2018-08-28', '2018-08-29',
               '2018-08-30', '2018-08-31'],
              dtype='datetime64[ns]', name='Date', length=1114, freq=None)
```

논리식 값의 결과를 확인하면 True와 False로 구성되었습니다.

In :
```
criteria.head()
```

Out:
```
Date
2014-02-19    False
2014-02-20    False
2014-02-21    False
2014-02-24    False
2014-02-25    False
Name: Close, dtype: bool
```

이제 사분위수에 해당되는 것을 그래프에 직선으로 그려보려고 합니다. Matplotlib의 hlines 라는 함수에 통계에서 계산된 결과를 조회하여 상위와 하위를 넣고, 날짜로 이루어진 x축에 이 그래프가 그릴 min과 max를 지정한 후에 실행하면 그래프에 두 개의 수평 형태의 줄이 그려집니다.

In :
```
plt.hlines(y=[cel_des.loc['10%'],
              cel_des.loc['90%']],
           xmin=criteria.index[0],
           xmax=criteria.index[-1],
           color='red')
```

Out: <matplotlib.collections.LineCollection at 0xbf404a8>

3개의 그래프를 하나로 통합해서 표시하면 하나의 그래프에 사분위수 표시와 사분위수의 위치한 데이터 표시 그리고 종가의 움직임을 한눈에 볼 수 있습니다.

In :
```
cel_close.plot(color='black', figsize=(12,6))
cel_top_bottom.plot(marker='o', style=' ', ms=4, color='darkgray')
plt.hlines(y=[cel_des.loc['10%'],
              cel_des.loc['90%']],
           xmin=criteria.index[0],
           xmax=criteria.index[-1], color='red')

plt.show()
```

Out:

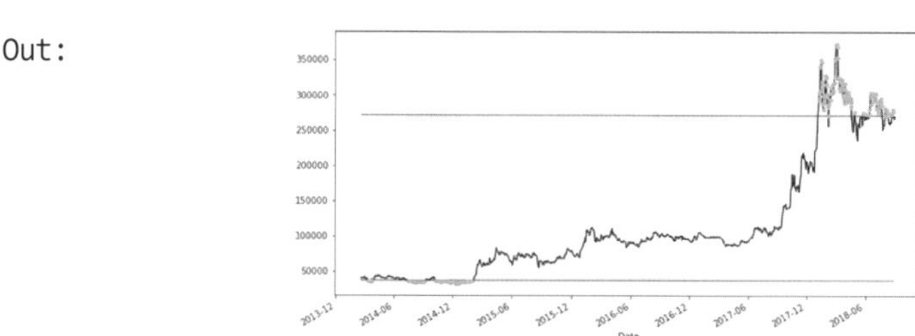

실제 수익률이 나온 계산식을 알아보면 다음일에서 전일 가격을 빼고 전일 가격으로 나누면 됩니다.

```
In :  round((cel.Close[1] - cel.Close[0])/cel.Close[0],6)
```

```
Out:  -0.028213
```

```
In :  cel.Close.pct_change().head()
```

```
Out:  Date
      2014-02-19         NaN
      2014-02-20   -0.028213
      2014-02-21    0.011829
      2014-02-24    0.002125
      2014-02-25    0.005301
      Name: Close, dtype: float64
```

실제 계산된 것 중에 누락 값을 제거합니다.

```
In :  cel_pct_change = cel.Close.pct_change()
```

```
In :  cel_pct_change.isnull().sum()
```

```
Out:  1
```

```
In :  cel_pct_change = cel_pct_change.dropna()
```

```
In :  cel_pct_change.head()
```

```
Out:  Date
      2014-02-20   -0.028213
      2014-02-21    0.011829
      2014-02-24    0.002125
      2014-02-25    0.005301
      2014-02-26   -0.005273
      Name: Close, dtype: float64
```

누락 값이 없어진 수익률 데이터를 히스토그램으로 그리면 실제 이 가격에 대한 분포를 알 수 있습니다.

In :
```
cel_pct_change.hist(bins=30)
```

Out: <matplotlib.axes._subplots.AxesSubplot at 0xc208a20>

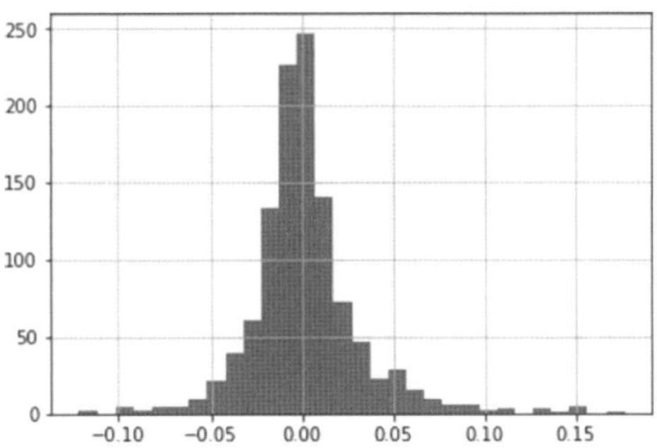


수익률 데이터를 다시 통계로 계산하면 평균, 표준편차 등이 나오는 것을 알 수 있습니다. 이 히스토그램(histogram) 그래프가 맞게 그려졌습니다

In :
```
cel_pct_change.describe()
```

Out:
```
count    1113.000000
mean        0.002142
std         0.030481
min        -0.121622
25%        -0.012362
50%         0.000000
75%         0.012800
max         0.176416
Name: Close, dtype: float64
```

평균에서 얼마나 떨어져 있는지를 계산하여 절대값으로 묶고 표준편차를 계산하면 실제 수익률이 평균에서 얼마나 떨어져 있는지도 파악 가능합니다.

In :
```
cel_pct_change.sub(cel_pct_change.mean()).abs().div(cel_pct_change.std()).head()
```

Out:
```
Date
2014-02-20    0.995873
2014-02-21    0.317808
2014-02-24    0.000583
2014-02-25    0.103639
2014-02-26    0.243291
Name: Close, dtype: float64
```

## ■ 통계량

통계 그래프가 어떤 기준에 따라 편차가 생기는지를 알아봅니다.

### [예제 10-13] 통계량 알아보기

첨도(Kurtosis)가 0이면 정규분포를 구성합니다. 이보다 크면 정규분포보다 긴 꼬리를 갖고, 분포가 보다 중앙에 덜 집중되므로 가운데가 뾰족한 모양을 갖습니다.

수익률에 대한 분포가 중앙에 많이 몰려있어 중앙이 날카롭게 올라가 있는 것을 알 수 있습니다.

In :
```
cel_daily.kurt()
```

Out:
```
5.48699027102101
```

In :
```
cel_daily.plot.hist(bins=20)
```

Out:
```
<matplotlib.axes._subplots.AxesSubplot at 0xc6578d0>
```

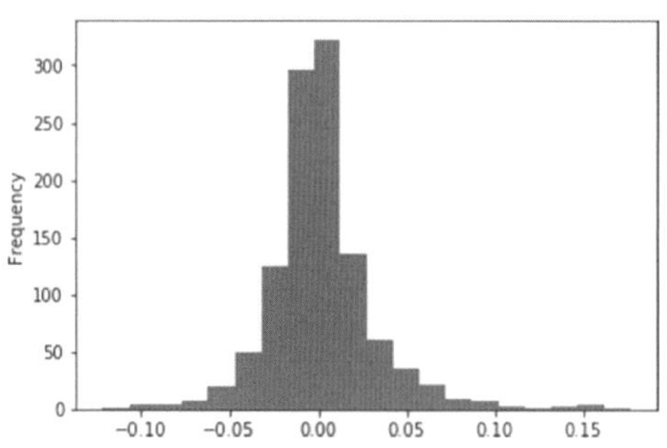


이번에는 끝부분이 어떻게 분포하는지 알아보기 위해 왜도(Skewness)를 구합니다.

보통 왜도는 분포의 비대칭도를 나타내는 통계량을 나타냅니다. 정규분포와 같은 대칭인 분포의 경우도 왜도가 0입니다. 카이제곱분포와 같이 오른쪽으로 긴 꼬리를 가지는 경우는 왜도가 양수이고 왼쪽으로 긴 꼬리를 가질 때는 왜도가 음수입니다.

이 주식의 수익률의 왜도를 구하면 양수입니다. 오른쪽 그래프가 더 긴 꼬리를 가집니다.

In :
```
cel_daily.skew()
```

Out: 1.1229045053585358

In :
```
cel_daily.plot.hist(bins=20)
```

Out: <matplotlib.axes._subplots.AxesSubplot at 0xc657978>

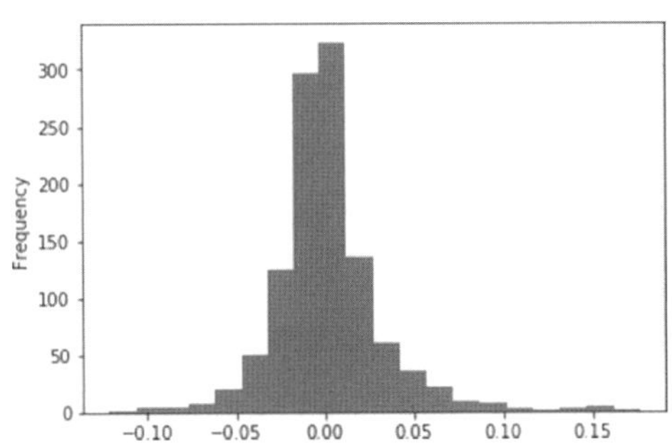


이번에는 표준점수에 대한 정보도 알아봅니다. 표준점수(Standard score)는 통계학적으로 정규분포를 만들고 개개의 경우가 표준편차상에 어떤 위치를 차지하는지를 보여주는 차원이 없는 수치입니다. 표준값, Z값(Z-value), Z점수(Z score)라고도 합니다.

표준값 z는 원수치인 x가 평균에서 얼마나 떨어져 있는지를 나타내는데, 음수이면 평균 이하, 양수이면 평균 이상입니다. 계산식은 |x− 평균|/ 표준편차입니다.

In :
```
zscore = cel_daily.sub(mean).abs().div(std)
```

표준점수 1에서 표준편차 68%의 데이터는 평균 분포이고, 표준점수 2는 표준편차 95%이며, 표준점수 3은 표준편차 99.7%에 해당하지만 이번 수익률이 정규분포가 아니므로 약간의 차이가 있는 것을 알 수 있습니다.

In :
```
pcts = [zscore.lt(i).mean() for i in range(1,4)]
```

In :
```
pcts
```

Out: [0.7998204667863554, 0.9461400359066428, 0.9784560143626571]

## 10.3 맛집 데이터를 이용한 한글 변환 처리

특정 맛집을 크롤링하고 데이터를 확인해서 누락 값을 조정해봅니다. 실제 평점과 가격대를 비교했을 때 분석 효과가 있는지를 확인합니다.

두 개 변수의 상관관계를 확인했을 때 데이터를 분석할 수 있는지 봅니다. 데이터를 정돈했지만 데이터 분석에 효과가 없는 이유를 알아보고 데이터를 수집할 때 분석에 필요한 변수들의 특성들에는 무엇이 있는지 알아보는 예시로 삼아봅니다.

### 10.3.1 문자열을 숫자로 변환

데이터를 수집하면 대부분 문자열로 처리되어 있습니다. 이 문자열을 시각화하려면 숫자로 전환해야 합니다. 누락 값도 있으므로 먼저 해당 문자열에 맞춰 값을 넣어봅니다.

#### ■ 문자열 데이터를 숫자로 변환

파일 하나를 읽어서 내부의 데이터를 정돈해봅니다.

**[예제 10-14] 맛집 데이터를 정돈하기**

파일을 읽고 이 데이터의 모양과 데이터 열의 자료형을 확인합니다. 판다스 자료형이 object이므로 파이썬 문자열로 들어온 것을 알 수 있습니다.

```
In :  matzip = pd.read_csv('../data/matzipData.csv', encoding='utf-8')

In :  matzip.shape

Out:  (400, 9)

In :  matzip.dtypes

Out:  Restaurant Name    object
      Rating             object
      Address            object
      Tel                object
      Food               object
      Price              object
      Parking            object
```

```
Operating Time     object
Holiday            object
dtype: object
```

.head 메소드를 실행하면 데이터 내용에서 누락 값이 보입니다.

In :
```
matzip.head()
```

Out:

| | Restaurant Name | Rating | Address | Tel | Food | Price | Parking | Operating Time | Holiday |
|---|---|---|---|---|---|---|---|---|---|
| 0 | 이나니와요스케 | 4.4 | 서울시 중구 을지로1가 192-11 | 02-772-9994 | 라멘/소바/우동 | 만원-2만원 | 주차공간없음 | 11:00 - 23:00 | 일 |
| 1 | 바오차이 | 4.4 | 서울시 중구 을지로2가 203 | 02-6031-0107 | 정통 중식/일반 중식 | 2만원-3만원 | 유료주차 가능 | 11:30 - 21:30 | NaN |
| 2 | 라칸티나 | 4.4 | 서울시 중구 을지로1가 50 | 02-777-2579 | 이탈리안 | 3만원-4만원 | NaN | 월-토: 11:30 - 23:00<br>일: 17:30 - 23:00 | NaN |
| 3 | 라세느 | 4.3 | 서울시 중구 소공동 1 | 02-317-7171 | 뷔페 | 4만원 이상 | 발렛 | 06:00 - 22:00 | NaN |
| 4 | 산수갑산 | 4.3 | 서울시 중구 인현동1가 15-4 | 02-2275-6654 | 탕/찌개/전골 | 만원 미만 | 유료주차 가능 | 월-금: 11:30 - 22:00<br>토: 11:30 - 20:00 | 일 |

데이터 프레임의 Holiday 열에 .isnull.sum 메소드를 실행해보면 누락 값이 274개 나옵니다. 데이터 프레임 안에서 누락 값만을 가져오려면 인덱스 연산자에 논리 값을 넣어서 검색하면 됩니다. 그중에 Holiday 열만 가져오기 위해 선택 연산자에, 리스트 안에 Holiday 문자열을 넣어서 데이터 프레임으로 가져옵니다.

데이터 프레임의 열에 접근하기 위해 인덱스 연산자를 사용하지 않고 점 연산자를 통해 직접 열 이름으로 접근해서 처리합니다. 열 이름에 빈 문자열이 없을 때는 내부에서 열의 이름이 속성으로 제공되어 점 연산자로 접근합니다.

In :
```
matzip.Holiday.isnull().sum()
```

Out: 274

In :
```
matzip[matzip.Holiday.isnull()][['Holiday']].head()
```

Out:

| | Holiday |
|---|---|
| 1 | NaN |
| 2 | NaN |
| 3 | NaN |
| 5 | NaN |
| 6 | NaN |

데이터 프레임의 Holiday 열 값들의 빈도를 .value_counts 메소드로 확인합니다. 일단 특정 요일에 쉬지 않는 값으로 .fillna에 "연중무휴"라는 누락 값을 넣습니다.

```
In : matzip.Holiday.value_counts().head()
```

```
Out: 일            75
     월            21
     토, 일         7
     화             3
     일, 첫째 월    2
     Name: Holiday, dtype: int64
```

```
In : matzip.Holiday = matzip.Holiday.fillna("연중무휴")
```

```
In : matzip.Holiday.isnull().sum()
```

```
Out: 0
```

이번에는 Price 열 값들의 빈도를 확인한 후에 누락 값이 있는지를 확인해보면 3개가 있습니다. 일단 문자열로 10,000을 넣어서 초기화합니다.

```
In : matzip.Price.value_counts()
```

```
Out: 만원-2만원    161
     만원 미만     159
     2만원-3만원    46
     4만원 이상     22
     3만원-4만원     9
     Name: Price, dtype: int64
```

```
In : matzip.Price.isnull().sum()
```

```
Out: 3
```

```
In : matzip_Price = matzip.Price.fillna('10000').copy()
```

```
In : matzip_Price.isnull().sum()
```

```
Out: 0
```

한글을 숫자로 바꾸기 위해 한글의 금액을 숫자가 들어간 문자열로 대체합니다. 시리즈의 str

속성을 이용해서 그 내부의 .replace 메소드를 통해 한글을 숫자 문자열로 변환합니다. 파이썬에서 메소드 체인으로 구성된 문장이 너무 길면 괄호를 이용해 하나의 문장처럼 만들어 실행했습니다.

```
In :  matzip_Price = (matzip_Price.str.replace("만원","10000")
           .str.replace('210000',"20000")
           .str.replace('310000',"30000")
           .str.replace('410000',"40000")
           .str.replace('미만',"")
           .str.replace('이상',"")
           .str.replace('10000-',"")
           .str.replace('20000-',"")
           .str.replace('30000-',"")
           .str.strip()
           )
```

```
In :  matzip_Price.isnull().sum()
```

```
Out:  0
```

처리된 결과를 정렬해보면 기본 값으로 숫자형 문자열인 10,000이 들어간 것을 볼 수 있습니다.

```
In :  matzip_Price.sort_values().head()
```

```
Out:  399    10000
      133    10000
      305    10000
      136    10000
      302    10000
      Name: Price, dtype: object
```

문자열 안의 값을 숫자로 바꾸었습니다. 혹시 누락 값이 있을지 모르지만 숫자로 변환될 때 누락 값이 있는 float 자료형으로 변환하고 다시 int 자료형으로 바꿉니다. 자료형을 변환하는 .astype 메소드를 두 번 실행한 것을 볼 수 있습니다.

```
In :  matzip_Price = matzip_Price.astype("float")
```

```
In :  matzip_Price.value_counts()
```

```
Out: 10000.0    162
     20000.0    161
     30000.0     46
     40000.0     31
     Name: Price, dtype: int64
```

```
In : matzip_Price = matzip_Price.astype("int64")
```

```
In : matzip_Price.value_counts()
```

```
Out: 10000    162
     20000    161
     30000     46
     40000     31
     Name: Price, dtype: int64
```

확인한 후에 기존 열의 Price에 할당해서 데이터 프레임의 열을 갱신합니다.

```
In : matzip.Price = matzip_Price
```

이번에는 Rating 열에 누락 값은 아니지만 없다는 의미인 열의 값 마이너스로 표시되었습니다. 이를 .replace 메소드를 이용해 0.0으로 변환합니다.

```
In : matzip.Rating = matzip.Rating.str.replace('-','0.0')
```

```
In : matzip.Rating.value_counts().head()
```

```
Out: 0.0    155
     4       53
     4.1     47
     4.2     40
     4.3     37
     Name: Rating, dtype: int64
```

문자열로 되어 있는 열의 자료형을 float 자료형으로 변환합니다. 그리고 자료형이 바뀌었는지를 .dtype 속성으로 확인합니다.

```
In : matzip.Rating = matzip.Rating.astype('float')
```

```
In : matzip.Rating.dtype
```

```
Out:  dtype('float64')
```

Parking 열에도 누락 값이 있어서 이를 대표값으로 바꿉니다.

```
In :  matzip.Parking.isnull().sum()
```

```
Out:  71
```

```
In :  matzip.Parking.value_counts().head()
```

```
Out:  주차공간없음              199
      유료주차 가능              89
      무료주차 가능              24
      발렛                        8
      유료주차 가능 2시간 무료    3
      Name: Parking, dtype: int64
```

```
In :  matzip.Parking = matzip.Parking.fillna("주차공간없음")
```

```
In :  matzip.Parking.isnull().sum()
```

```
Out:  0
```

## 10.3.2 시각화를 통한 데이터 이해

데이터 프레임 안의 열들에 누락 값과 의미없는 값을 수정했고 데이터 분석을 위해 문자열을 숫자 자료형으로 변경했습니다.
이번에는 그래프를 그려서 해당 열들에 있는 데이터들의 의미를 확인해서 효과가 있는 데이터인지를 알아봅니다.

### ■ 시각화를 통한 데이터의 의미

데이터를 분석하려면 숫자 자료형으로 변환하고 그 변환된 데이터의 의미를 파악해야 합니다. 그래프를 그려서 데이터의 의미를 알아봅니다.

**[예제 10-15] 맛집 데이터로 분석 가능 여부 확인하기**

그래프가 주피터 노트북의 출력 값을 보여주기 위해서는 %matplotlib inline 명령을 먼저 실행해야 합니다.

In :
```
%matplotlib inline
```

데이터 프레임의 Price 열을 가지고 .plot.hit 메소드를 사용해서 히스토그램 그래프를 그립니다. 이 데이터 프레임의 많은 데이터가 특정 가격대에 몰려 있는 것을 확인할 수 있습니다.

In :
```
matzip['Price'].plot.hist()
```

Out:
```
<matplotlib.axes._subplots.AxesSubplot at 0xa906e80>
```

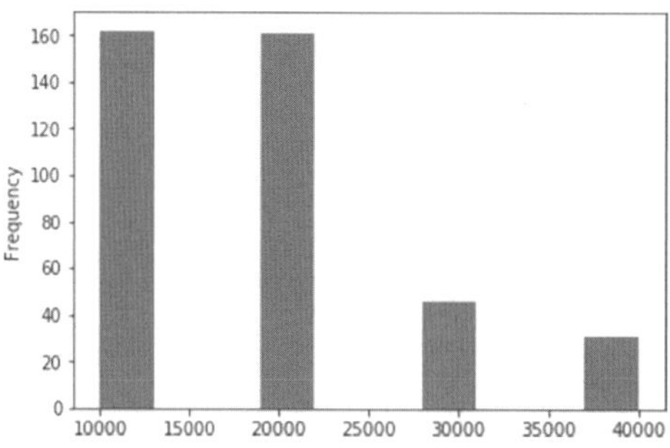


문자열로 된 열인 Parking을 가지고 히스토그램을 그리면 실제 값들이 숫자가 아니므로 예외가 발생합니다.

In :
```
try :
    matzip['Parking'].plot.hist()
except Exception as e :
    print(e)
```

Out:
```
Empty 'DataFrame': no numeric data to plot
```

특정 가격대의 값들을 추출해서 히스토그램 그래프로 그립니다. 이번에는 매개변수 normed를 True로 표시해서 실제 y축을 비율로 출력합니다.

평점을 입력하지 않은 곳이 너무 많이 있는 것을 볼 수 있습니다. 평점이 없는 것을 삭제해서 분석한다면, 실제로 많은 데이터가 빠지게 됩니다.

In :
```
matzip.loc[matzip['Price'] <= 10000]['Rating'].plot.hist(normed=True)
```

Out:
```
<matplotlib.axes._subplots.AxesSubplot at 0xad48cc0>
```

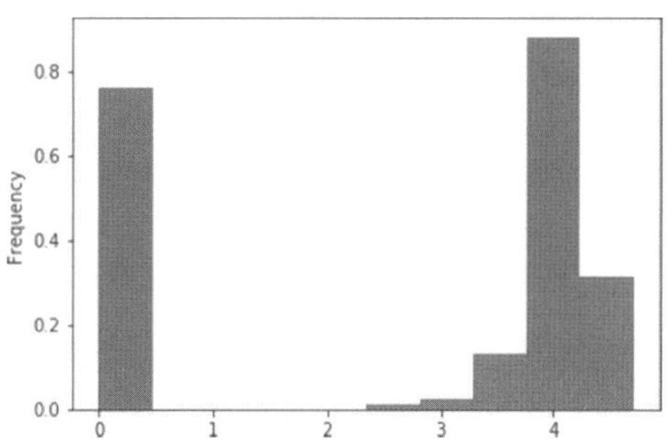


특정 가격대를 시각화해서 봐도 평점이 없는 것을 확인할 수 있습니다.

In :
```
matzip.loc[matzip['Price'] >= 20000]['Rating'].plot.hist(normed=True)
```

Out: <matplotlib.axes._subplots.AxesSubplot at 0xad68f28>

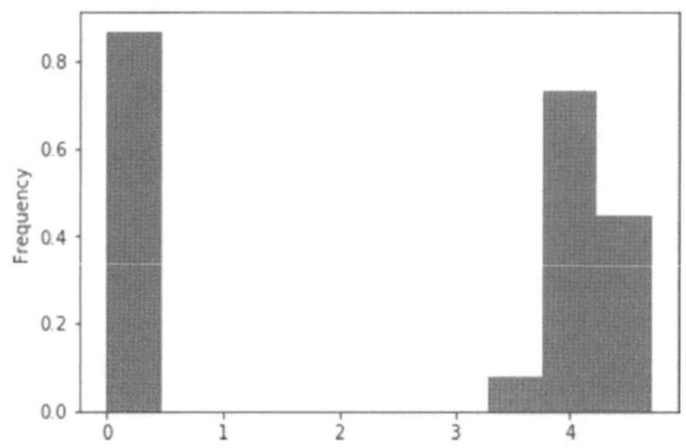


이 데이터 프레임에서 Rating 열과 Price 열의 상관관계를 확인하기 위해 점 그래프로 그려도 원하는 결과의 분포가 나오지 않습니다.

In :
```
matzip.plot.scatter('Rating', 'Price')
```

Out: <matplotlib.axes._subplots.AxesSubplot at 0xbe54208>

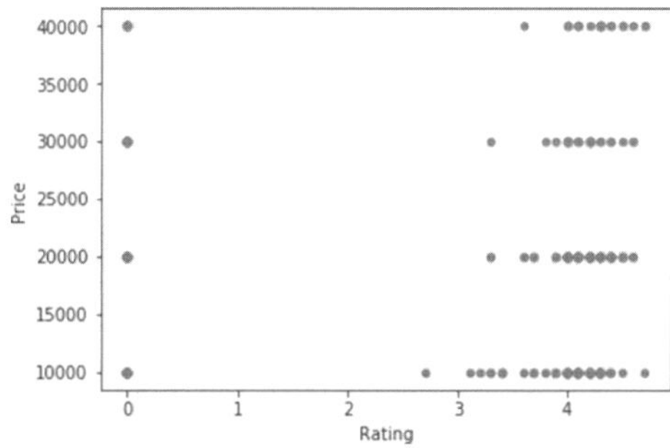

특정 평점과 가격대를 추출해서 점 그래프를 그려도 특정한 상관관계를 알 수 없습니다.

```
In :  matzip_star = matzip[(matzip.Rating >=  3) & (matzip.Price <= 20000)]

In :  matzip_star.plot.scatter('Rating', 'Price')

Out:  <matplotlib.axes._subplots.AxesSubplot at 0xbe95518>
```

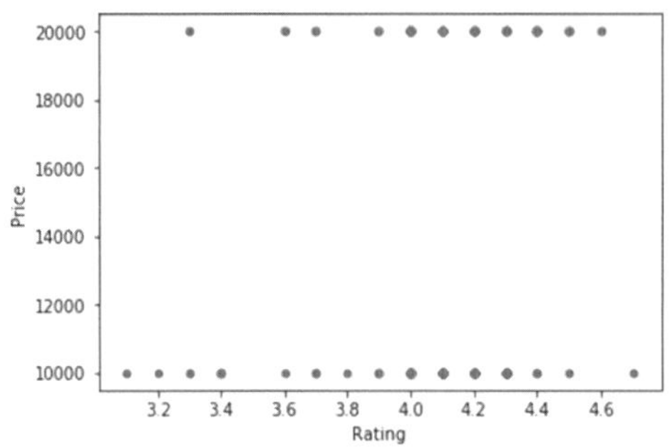


특정 음식에 대한 빈도로 분석이 가능한지를 확인하기 위해 .set_index 메소드를 이용해서 Food 열을 인덱스로 지정합니다. .value_counts 메소드를 사용해서 확인하면 다양한 음식에 대한 빈도 값들이 추출됩니다.

```
In :  matzip_food = matzip.set_index('Food')[['Rating','Price']]

In :  matzip_food.index.value_counts().head()

Out:  카페 / 디저트             68
      고기 요리                 42
      탕 / 찌개 / 전골          25
      한정식 / 백반 / 정통 한식   25
      이탈리안                  24
      Name: Food, dtype: int64
```

히스토그램 그래프를 그리면 가격대가 여러 개로 분포된 것을 알 수 있습니다.

```
In :  matzip_food.loc[['라멘 / 소바 / 우동','정통 일식 / 일반 일식',
                      '회 / 스시','돈부리 / 일본 카레 / 벤토',
                      '이자카야 / 오뎅 / 꼬치']]['Price'].plot.hist()

Out:  <matplotlib.axes._subplots.AxesSubplot at 0xbe56b38>
```

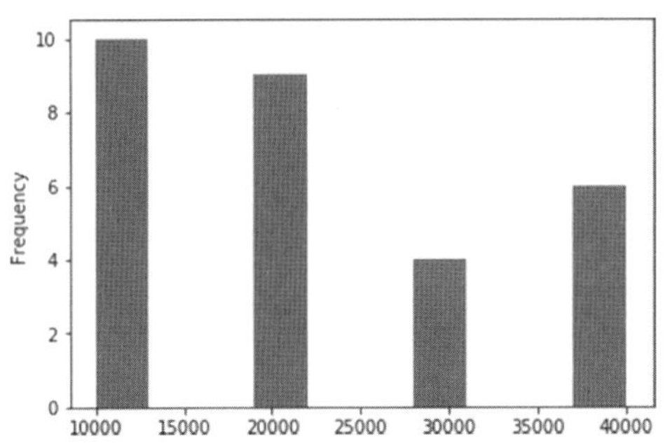


점 그래프를 그리면 상관관계 분포가 불명확하게 그려집니다.

In :
```
matzip_food.loc[['라멘 / 소바 / 우동','정통 일식 / 일반 일식',
                 '회 / 스시','돈부리 / 일본 카레 / 벤토',
                 '이자카야 / 오뎅 / 꼬치']].plot.scatter('Rating', 'Price')
```

Out:
```
<matplotlib.axes._subplots.AxesSubplot at 0xbf2f518>
```

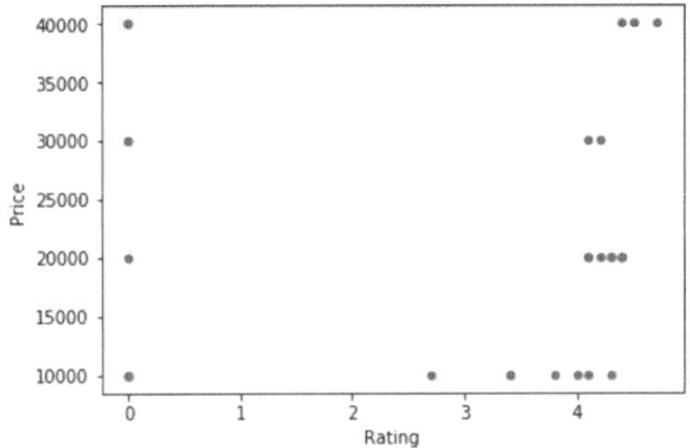


# 10.4 음악 데이터를 이용한 연도별 인기 경향 파악

여기에 네이버 음악 사이트에서 음악 데이터를 크롤링해왔습니다. 현재 제공되는 음악 데이터만을 분석할 경우 데이터 분석으로 사용할 수 있는지를 알아봅니다.

## 10.4.1 최근 인기 음악 데이터 분류

먼저 현재 인기 음악을 먼저 크롤링해서 제공되는 열들의 정보를 가지고 어떤 특징이 있는지를 확인합니다.

### [예제 10-16] 최신 인기 음악 데이터 확인하기

크롤링된 파일을 읽어서 데이터 프레임을 만듭니다. 읽어온 데이터의 모양을 .shape로 조회하고 데이터 프레임에 있는 각 열의 자료형을 확인합니다. 두 개의 열만 숫자 자료형인 것을 알 수 있습니다.

```
In : music = pd.read_csv('../data/musicData.csv', encoding='utf-8')
```

```
In : music.shape
```

```
Out: (996, 7)
```

```
In :
```

```
Out: Album Title      object
     Artist Name      object
     Genre            object
     Date             object
     Distribution     object
     Rating          float64
     Music Count       int64
     dtype: object
```

이 데이터를 확인하면 Date 열의 자료형도 실제 문자열로 되어 있습니다. 이를 날짜형으로 변경해서 다시 저장합니다.

```
In : music.head()
```

Out:

| | Album Title | Artist Name | Genre | Date | Distribution | Rating | Music Count |
|---|---|---|---|---|---|---|---|
| 0 | 거기가 어딘데?? OST | Various Artists | O.S.T | 2018.09.01 | 워너뮤직코리아 | 6.4 | 8 |
| 1 | 얍 | 갈릭스(Garlixx) | 인디뮤직, 락 | 2018.09.01 | (주)미러볼뮤직 | 3.8 | 2 |
| 2 | 너와 나 | 파란 | 발라드 | 2018.09.01 | (주)지니뮤직 | 7.7 | 7.7 |
| 3 | PRODUCE 48 - FINAL | PRODUCE 48 | 댄스 | 2018.09.01 | Stone Music Entertainment | 7.0 | 4 |
| 4 | Weather : 오늘 당신의 날씨는 어떤가요? Part 4 | 이진아 | 재즈 | 2018.09.01 | (주)지니뮤직 | 6.7 | 1 |

```
In : music['Date'] = music['Date'].astype('datetime64')
```

```
In : music.Date.dtype
```

```
Out: dtype('<M8[ns]')
```

배분 회사의 열에 어떤 기업들이 들어와 있는지 빈도 값을 확인하기 위해 .value_counts 메소드를 실행합니다.

빈도 값을 기준으로 Rating 열을 합산하고 배분사가 각 음악 앨범을 몇 건 만들었는지를 그룹화 개수에 넣고 정렬합니다.

In :
```
music.Distribution.value_counts().head()
```

Out:
```
Stone Music Entertainment      102
로엔엔터테인먼트                  95
(주)지니뮤직                     80
워너뮤직코리아                    58
(주)오감엔터테인먼트               52
Name: Distribution, dtype: int64
```

In :
```
music_star = (music.groupby('Distribution')
                   .agg({'Rating' : 'sum',
                         'Distribution' : 'count'})
              .sort_values(by='Rating',ascending=False))
```

배분사에 대한 기준으로 그래프를 그리면 실제 특정 회사들이 음악 앨범들을 많이 만들어서 관리하는 것을 알 수 있습니다.

In :
```
%matplotlib inline
```

In :
```
music_star['Distribution'].plot()
```

Out:
```
<matplotlib.axes._subplots.AxesSubplot at 0xb044d30>
```

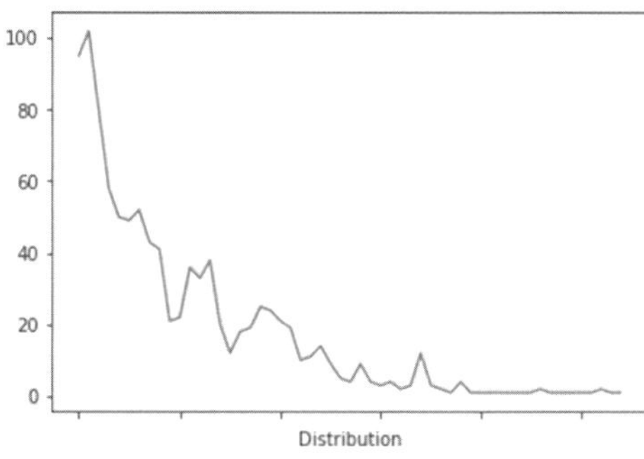


음악 앨범을 많이 발표한 배분사들이 Rating 합도 많은 것을 알 수 있습니다.

In :
```
music_star['Rating'].plot()
```

Out: <matplotlib.axes._subplots.AxesSubplot at 0xb06df60>

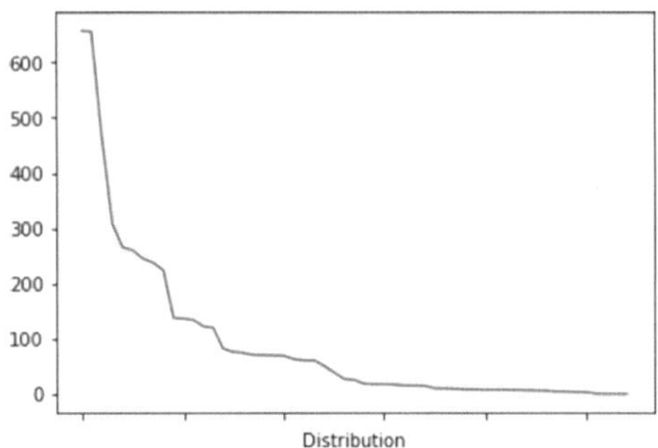


두 개 열의 결과를 하나의 그래프로 그려보면 상위 배분사들이 음반을 많이 발매했고, 그 평점도 높음을 알 수 있습니다.

In :
```
music_star.plot()
```

Out: <matplotlib.axes._subplots.AxesSubplot at 0xb4d9c50>

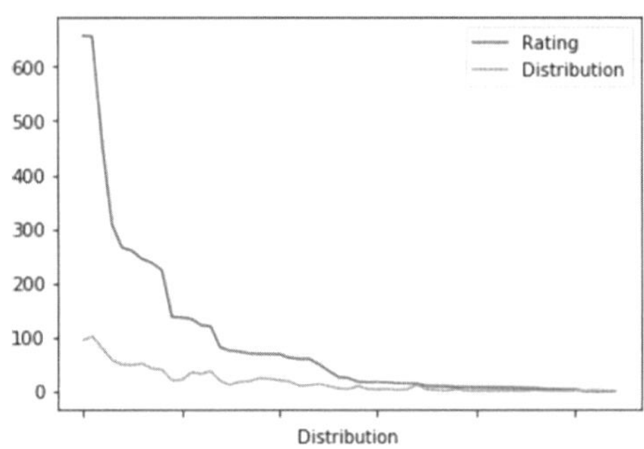


두 열 사이의 상관관계를 확인하면 음악을 많이 만들어서 발표한 곳이 평점도 높게 나오는 것을 알 수 있습니다.

In :
```
music_star.plot.scatter('Rating', 'Distribution')
```

Out: <matplotlib.axes._subplots.AxesSubplot at 0xb52f550>

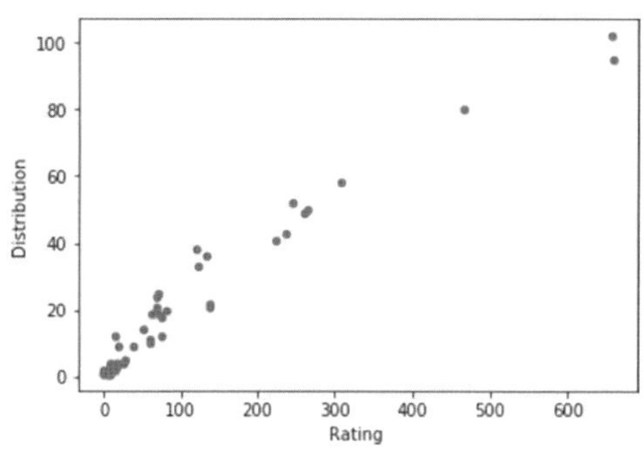


## 10.4.2 특정 연도별 인기 음악 장르 분류

연도별로 음악 데이터를 정리하고 그래프로 시각화할 때 한글로 처리하는 방법을 간략히 알아봅니다.

### ■ 연도별 음악 데이터를 처리

2017년부터 2018년까지 한국 인기 음악을 크롤링해서 가져온 후에 이를 간단히 정돈하고 그래프를 그려 시각화해보겠습니다.

**[예제 10-17] 연도별 음악 데이터 확인하기**

파일을 읽어 들입니다.

```
In :  music2 = pd.read_csv('../data/musicData2.csv', encoding='utf-8')
```

```
In :  music2.head()
```

데이터 프레임에 들어 있는 열의 정보를 확인합니다. Genre에 누락 값이 하나가 있다는 것을 알 수 있습니다.

```
In :  music2.info()
```

```
Out:  <class 'pandas.core.frame.DataFrame'>
      RangeIndex: 2178 entries, 0 to 2177
      Data columns (total 9 columns):
      Year           2178 non-null int64
```

```
Month           2178 non-null int64
Album Title     2178 non-null object
Artist Name     2178 non-null object
Genre           2177 non-null object
Date            2178 non-null object
Distribution    2178 non-null object
Rating          2178 non-null float64
Music Count     2178 non-null int64
dtypes: float64(1), int64(3), object(5)
memory usage: 153.2+ KB
```

숫자 열에 대한 정보를 .select_dtypes 메소드로 조회합니다.

In :
```
music2.select_dtypes(include=['number']).head()
```

Out:

| | Year | Month | Rating | Music Count |
|---|---|---|---|---|
| **0** | 2017 | 1 | 8.6 | 2 |
| **1** | 2017 | 1 | 8.1 | 12 |
| **2** | 2017 | 1 | 7.5 | 5 |
| **3** | 2017 | 1 | 6.9 | 1 |
| **4** | 2017 | 1 | 9.0 | 1 |

Genre에 대한 열의 값들은 .value_counts 메소드로 빈도를 확인합니다.

In :
```
music2.Genre.value_counts().head()
```

Out:
```
댄스        548
발라드       409
랩/힙합      300
알앤비/어반    172
드라마음악     141
Name: Genre, dtype: int64
```

주피터 노트북에서 값을 갱신할 때 warning 처리가 나므로 .set_option을 이용해서 경고 메시지 처리를 없앱니다.

In :
```
pd.set_option('chained',None)
```

Genre에 처리할 값을 팝으로 처리합니다.

```
In :  music2.loc[1104, 'Genre'] = '팝'
```

```
In :  music2.isnull().sum()
```

```
Out:  Year            0
      Month           0
      Album Title     0
      Artist Name     0
      Genre           0
      Date            0
      Distribution    0
      Rating          0
      Music Count     0
      dtype: int64
```

Genre 열이 처리된 결과를 .loc에 행의 레이블을 넣어서 조회하면 외국 팝 가수가 나오므로 제대로 처리된 것을 알 수 있습니다.

```
In :  music2.loc[1104]
```

```
Out:  Year                                     2017
      Month                                      12
      Album Title     All I Want For Christmas (EP)
      Artist Name                      Mariah Carey
      Genre                                       팝
      Date                               2007.11.26
      Distribution                      Sony Music
      Rating                                    8.9
      Music Count                                 3
      Name: 1104, dtype: object
```

Year와 Month 열을 하나로 합치기 위해 두 개 열의 타입을 문자열로 조정하고 중간에 /를 넣어서 연도와 월 표시를 통합한 하나의 열을 추가합니다.

```
In :  music2["YearMonth"] = music2.Year.astype('str') + "/" + music2.Month.astype('str')
```

```
In :  music2["YearMonth"].head()
```

```
Out:  0    2017/1
      1    2017/1
      2    2017/1
```

```
3    2017/1
4    2017/1
Name: YearMonth, dtype: object
```

In :
```
music2["YearMonth"].tail()
```

Out:
```
2173    2018/10
2174    2018/10
2175    2018/10
2176    2018/10
2177    2018/10
Name: YearMonth, dtype: object
```

In :
```
music2["YearMonth"].isnull().sum()
```

Out:
```
0
```

날짜가 문자열로 되어 있으므로 이를 .to_datetime 함수를 이용해서 날짜 타입으로 변환하면 datatime64로 바뀝니다. 이때 format에 %Y/%m를 지정해서 기존에 정의된 문자열 포맷을 알려줘야 합니다.

기존 데이터 프레임은 그대로 나두고 새롭게 하나의 변수에 사본을 만들어 저장합니다. 새로운 사본에 통합된 YearMonth 열을 날짜 자료형으로 변환하고 .dtype 속성으로 변환된 것을 확인합니다.

In :
```
pd.to_datetime(music2["YearMonth"], format='%Y/%m').head()
```

Out:
```
0   2017-01-01
1   2017-01-01
2   2017-01-01
3   2017-01-01
4   2017-01-01
Name: YearMonth, dtype: datetime64[ns]
```

In :
```
music3 = music2.copy()
```

In :
```
music3["YearMonth"] = pd.to_datetime(music2["YearMonth"], format='%Y/%m')
```

In :
```
music3["YearMonth"].dtype
```

Out:
```
dtype('<M8[ns]')
```

처리된 결과를 확인하면 제일 뒤에 새로운 열이 하나 만들어진 것을 알 수 있습니다.

In :
```
music3.head()
```

Out:

| | Year | Month | Album Title | Artist Name | Genre | Date | Distribution | Rating | Music Count | YearMonth |
|---|---|---|---|---|---|---|---|---|---|---|
| 0 | 2017 | 1 | Boys and Girls Music Vol. 1 | 샘김 | 알앤비/어반 | 2017.01.25 | 로엔 엔터테인먼트 | 8.6 | 2 | 2017-01-01 |
| 1 | 2017 | 1 | 여자친구 The 1st Album 'LOL' | 여자친구(GFRIEND) | 댄스 | 2016.07.11 | 로엔 엔터테인먼트 | 8.1 | 12 | 2017-01-01 |
| 2 | 2017 | 1 | Collage (EP) | The Chainsmokers | 일렉트로니카 | 2016.11.05 | 소니뮤직 | 7.5 | 5 | 2017-01-01 |
| 3 | 2017 | 1 | If You | 에일리 | 발라드 | 2016.08.23 | 로엔 엔터테인먼트 | 6.9 | 1 | 2017-01-01 |
| 4 | 2017 | 1 | 세 단어 | 젝스키스 | 발라드 | 2016.10.07 | YG PLUS | 9.0 | 1 | 2017-01-01 |

데이터 프레임을 연도에 맞춰 두 개의 데이터 프레임으로 분리합니다.

In :
```
music_2017 = music3[music3['Year'] == 2017 ].copy()
```

In :
```
music_2018 = music3[music3['Year'] == 2018 ].copy()
```

2017년도로 분리된 데이터 프레임에 두 개의 열을 삭제하고 YearMonth 열을 행의 인덱스로 지정합니다.

In :
```
music_2017 = music_2017.drop(['Year','Month'],axis=1).set_index("YearMonth")
```

In :
```
music_2017.head()
```

Out:

| | Album Title | Artist Name | Genre | Date | Distribution | Rating | Music Count |
|---|---|---|---|---|---|---|---|
| YearMonth | | | | | | | |
| 2017-01-01 | Boys and Girls Music Vol. 1 | 샘김 | 알앤비/어반 | 2017.01.25 | 로엔 엔터테인먼트 | 8.6 | 2 |
| 2017-01-01 | 여자친구 The 1st Album 'LOL' | 여자친구(GFRIEND) | 댄스 | 2016.07.11 | 로엔 엔터테인먼트 | 8.1 | 12 |
| 2017-01-01 | Collage (EP) | The Chainsmokers | 일렉트로니카 | 2016.11.05 | 소니뮤직 | 7.5 | 5 |
| 2017-01-01 | If You | 에일리 | 발라드 | 2016.08.23 | 로엔 엔터테인먼트 | 6.9 | 1 |
| 2017-01-01 | 세 단어 | 젝스키스 | 발라드 | 2016.10.07 | YG PLUS | 9.0 | 1 |

2018년도로 데이터 프레임도 동일하게 처리합니다.

In :
```
music_2018 = music_2018.drop(['Year','Month'],axis=1).set_index("YearMonth")
```

In :
```
music_2018.head()
```

Out:

| | Album Title | Artist Name | Genre | Date | Distribution | Rating | Music Count |
|---|---|---|---|---|---|---|---|
| YearMonth | | | | | | | |
| 2018-01-01 | Red Pill Blues (Deluxe Edition) | Maroon 5 | 팝, 얼터너티브 락 | 2017.11.03 | 유니버설뮤직 | 6.9 | 21 |
| 2018-01-01 | Be Ordinary | 황치열 | 발라드 | 2017.06.13 | (주)엔에이치엔벅스 | 8.5 | 7 |
| 2018-01-01 | Universe - 겨울 스페셜 앨범, 2017 | EXO | 발라드 | 2017.12.26 | (주)아이리버 | 8.6 | 8 |
| 2018-01-01 | 5집 ANOTHER LIGHT | 젝스키스 | 발라드 | 2017.09.21 | (주)지니뮤직 | 8.5 | 9 |
| 2018-01-01 | 세 단어 | 젝스키스 | 발라드 | 2016.10.07 | YG PLUS | 9.0 | 1 |

두 개의 데이터 프레임의 Rating 열을 히스토그램으로 그려보면 연도별로 평점에 대한 분포가 많이 다른 것이 보입니다.

In :
```
music_2017['Rating'].hist()
```

Out: <matplotlib.axes._subplots.AxesSubplot at 0xb6aa198>

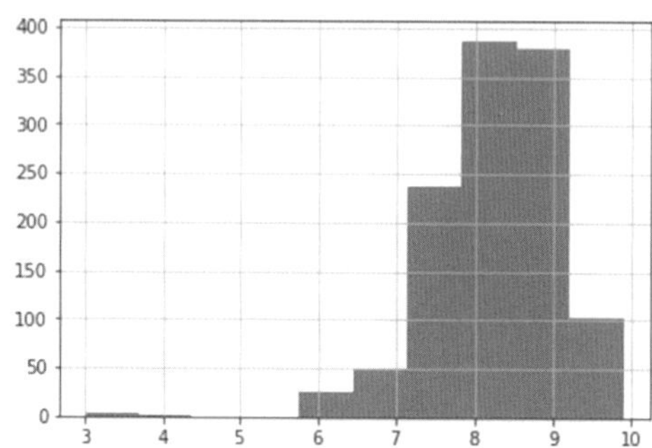


In :
```
music_2018['Rating'].hist()
```

Out: <matplotlib.axes._subplots.AxesSubplot at 0xb465160>

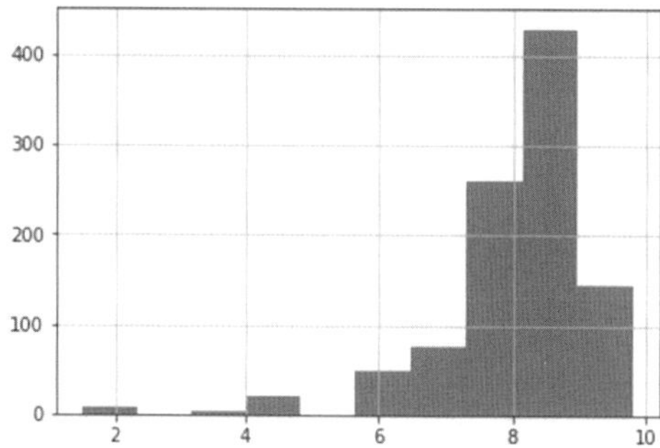

현재 작성된 컴퓨터가 윈도우 운영체제를 기반으로 처리되면 .platform 속성의 값이 win32인지를 확인합니다. 맥 운영체제이면 darwin으로 표시해서 처리하면서 맥의 한글 글꼴을 맞춰줘야 합니다. 세부 사항은 '9.2.1 한글 설정'을 참조하시기 바랍니다.

In :
```
import sys

if sys.platform == 'win32' :
    from matplotlib import font_manager, rc
     font_name = font_manager.FontProperties(fname="c:/Windows/Fonts/
malgun.ttf").get_name()
    rc('font', family=font_name)
```

2017년도 음반에는 음악이 적게 들어간 앨범들이 더 많이 발매된 것을 볼 수 있습니다.

In :
```
music_2017['Music Count'].value_counts().head()
```

Out:
```
2     181
6     169
1     137
11    135
5     100
Name: Music Count, dtype: int64
```

음악이 적게 들어간 앨범들의 평점 평균이 더 높은 것도 보입니다.

In :
```
music_2017.groupby('Music Count').agg({'Rating':'mean'}).head()
```

Out:

| | Rating |
|---|---|
| **Music Count** | |
| **1** | 8.087591 |
| **2** | 8.039227 |
| **3** | 8.116667 |
| **4** | 7.430769 |
| **5** | 8.157000 |

그래프 모듈인 Matplotlib에서 만든 fig와 axes를 이용해서 두 개의 그래프를 그리려고 합니다. 일단 .subplots 함수에 행과 열의 수를 정의하고 두 개의 축에 대한 값을 공유합니다.

내부의 그래프는 데이터 프레임 안의 .hist 메소드로 그리지만 매개변수 ax에 실제 그래프가 들어갈 위치를 연결해야 합니다.

두 그래프가 통합된 하나의 제목을 만들기 위해 .suptitle 함수에 제목을 입력했고 두 개의 축에 대한 정보를 글자로 지정하기 위해 .text 메소드에 세부 항목을 넣었습니다. .text 메소드를 보면 x축은 수평으로, y축은 수직으로 글자가 들어갔습니다.

In :
```
fig, axes = plt.subplots(nrows=1, ncols=2, sharex=True, sharey=True)

music_2017[['Music Count','Rating']].hist(ax=axes)


# set title and axis labels
plt.suptitle(' 두 개의 그래프', x=0.5, y=1.05, ha='center', fontsize='xx-large')
fig.text(0.5, 0.04, 'common X', ha='center')
fig.text(0.04, 0.5, 'common Y', va='center', rotation='vertical')
```

Out:
```
Text(0.04,0.5,'common Y')
```

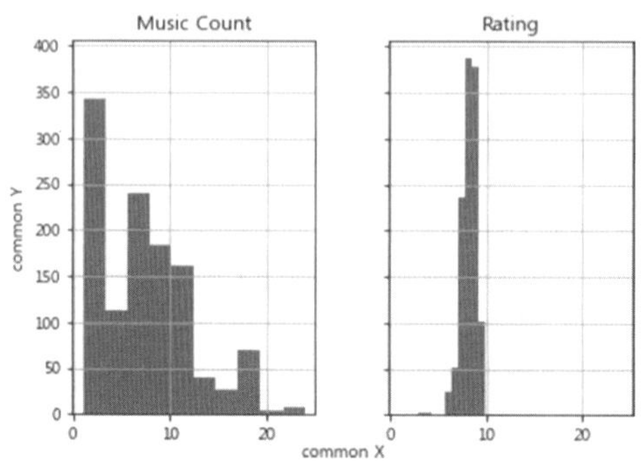


2018년도 데이터는 일반 앨범이 더 많이 발매되었지만 앨범의 수록곡이 적을수록 더 높은 평점의 평균을 갖는 것을 확인했습니다.

In :
```
music_2018['Music Count'].value_counts().head()
```

Out:
```
5    137
6    133
7    129
2    106
1     99
Name: Music Count, dtype: int64
```

In :
```
music_2018.groupby('Music Count').agg({'Rating':'mean'}).head()
```

Out:

| Music Count | Rating |
|---|---|
| 1 | 8.007071 |
| 2 | 7.694340 |
| 3 | 8.166667 |
| 4 | 7.010000 |
| 5 | 7.735036 |

2017년도와 같은 그래프를 그려서 두 개 연도의 경향이 같은지를 확인합니다. 대체로 비슷한 상황이 나오는 것을 알 수 있습니다.

데이터를 분석해서 경향의 차이를 알려면 많은 연도의 데이터와 음악을 좋아하는 사람들의 정보가 더 필요한 것으로 보입니다. 데이터 분석에는 특정 결과만을 가지고 특정 경향을 추출할 수 없다는 결과가 나옵니다.

단순한 비교가 아닌 데이터를 맞게 분석하려면 실제 평점을 준 사람들의 성향에 대해 추가로 분석해서 평점과 사람들의 성향을 매칭해야 한다는 것을 결론으로 도출해낼 수 있습니다.

In :
```
fig, axes = plt.subplots(nrows=1, ncols=2, sharex=True, sharey=True)


music_2018[['Music Count','Rating']].hist(ax=axes)

# set title and axis labels
plt.suptitle(' 두 개의 그래프', x=0.5, y=1.05, ha='center', fontsize='xx-large')
fig.text(0.5, 0.04, 'common X', ha='center')
fig.text(0.04, 0.5, 'common Y', va='center', rotation='vertical')
```

Out: Text(0.04,0.5,'common Y')

두 개의 그래프

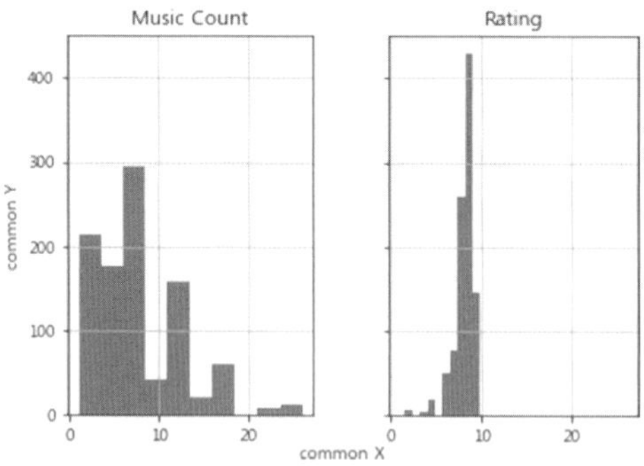

특정 장르를 기준으로 평점을 내린 건수와 평균을 확인합니다.

```
In : y = music_2017.groupby(['Genre']).agg({'Rating' : ['count','mean']}).sort_values(by=('Rating','mean'))
```

```
In : y.sort_values(by=('Rating','mean')).head()
```

Out:

| | Rating | |
|---|---|---|
| | count | mean |
| Genre | | |
| 인디뮤직, 포크 | 1 | 4.0 |
| 팝, 얼터너티브 락 | 4 | 6.9 |
| 발라드, 댄스, 알앤비/어반, 일렉트로니카 | 1 | 7.0 |
| 발라드, 재즈 | 1 | 7.3 |
| 팝, 캐롤 | 1 | 7.5 |

특정 장르에 실제 평점이 집중되어 있는지를 확인합니다. 댄스와 발라드가 2017년에 인기가 있었다는 것을 알 수 있습니다.

```
In : y[y[('Rating','count')] >= 200]
```

Out:

| | Rating | |
|---|---|---|
| | count | mean |
| Genre | | |
| 댄스 | 308 | 8.27013 |
| 발라드 | 231 | 8.42684 |

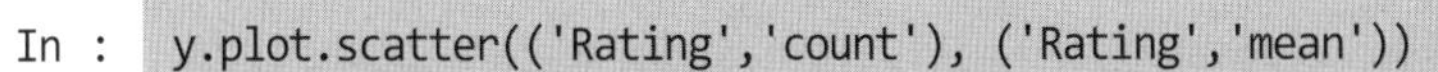

In :
```
y.plot.scatter(('Rating','count'), ('Rating','mean'))
```

Out: <matplotlib.axes._subplots.AxesSubplot at 0xc4e4a90>

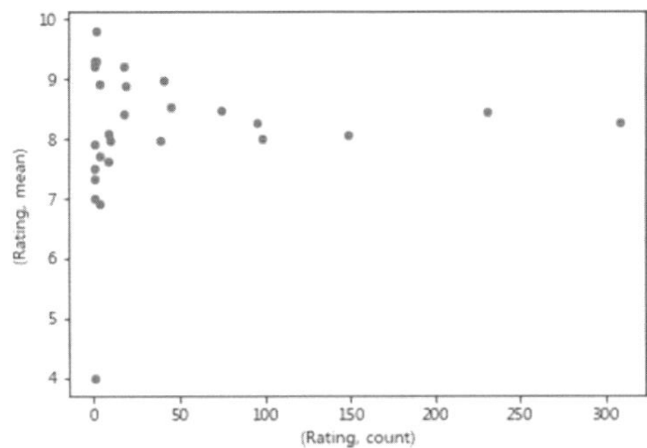


2018년도에도 동일한 것을 확인합니다.

In :
```
z = music_2018.groupby(['Genre']).agg({'Rating' : ['count','mean']}).sort_values(by=('Rating','mean'))
```

In :
```
z.head()
```

Out:

| | **Rating** | |
|---|---|---|
| | **count** | **mean** |
| **Genre** | | |
| **일렉트로니카, 인디뮤직** | 4 | 3.700000 |
| **인디뮤직, 포크** | 6 | 4.450000 |
| **팝, 얼터너티브 락** | 9 | 6.900000 |
| **발라드, 재즈** | 3 | 7.300000 |
| **댄스** | 240 | 7.697917 |

2018년에는 댄스 부문이 2017년도에 이어 인기가 높습니다.

In :
```
z[z[('Rating','count')] >= 200]
```

Out:

| | **Rating** | |
|---|---|---|
| | **count** | **mean** |
| **Genre** | | |
| **댄스** | 240 | 7.697917 |

```
In : z.plot.scatter(('Rating','count'), ('Rating','mean'))

Out: <matplotlib.axes._subplots.AxesSubplot at 0xc381240>
```

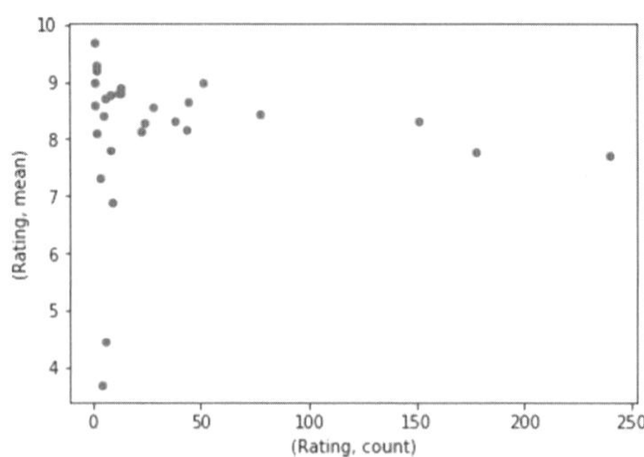


## 10.5 항공사 데이터를 이용한 항로 정보 처리

데이터를 분석하기 위해 데이터를 정리할 때, 여러 파일을 가져와서 하나로 합쳐야 할 경우도 있습니다. 또한 데이터 하나를 여러 데이터 프레임으로 분리해서 사용할 수도 있습니다.

중앙아시아 항공 데이터를 기반으로 여러 파일을 가지고 하나의 파일로 만드는 방법과 이 데이터 프레임을 여러 데이터 프레임으로 나누는 방법을 예제로 통해 배워봅니다.

### 10.1.5 국가 코드 매핑

항공 정보를 보면 출발지와 도착지에 대한 코드 정보가 있습니다. 이들 정보가 어느 국가 정보와 매핑되어야 명확한 데이터로 분류가 되는지를 알아봅니다.

#### ■ 항공 데이터와 국가 코드 매핑을 통한 국가 정보

항공 데이터와 국가 코드 데이터를 읽고 매핑해서 하나의 데이터로 통합해봅니다.

**[예제 10-18] 국가 코드 매핑하기**

데이터의 양이 많아서 먼저 warning 메시지가 나오지 않도록 .set_option 함수로 세팅합니다. 먼저 중앙아시아 지방의 항공 데이터를 파일로 읽어옵니다.

데이터의 행이 95,012가 되는 것을 알 수 있습니다.

In :
```
pd.set_option('chained',None)
```

In :
```
asia = pd.read_csv('../data/dataset_raw_data.csv',encoding="cp949")
```

In :
```
asia.shape
```

Out:
```
(95012, 12)
```

중앙아시아 항로 데이터의 열 정보를 .columns 속성으로 확인하고 내부의 데이터를 .head메소드로 조회합니다. 국가에 대한 정보가 3자리 코드로 관리되고 있습니다.

In :
```
asia.columns
```

Out:
```
Index(['노선명', '항공사', '출발공항', '출발국가', '도착공항', '도착국가', '기체번호', '기종',
       '정원(전체)', '연도', '월', '일'],
      dtype='object')
```

In :
```
asia.head()
```

Out:

| | 노선명 | 항공사 | 출발공항 | 출발국가 | 도착공항 | 도착국가 | 기체번호 | 기종 | 정원(전체) | 연도 | 월 | 일 |
|---|---|---|---|---|---|---|---|---|---|---|---|---|
| **0** | 7J105 | Tajik Air | DYU | TJK | IKA | IRI | EY-444 | B737-3L9 | 149 | 2018 | 1 | 7 |
| **1** | 7J105 | Tajik Air | DYU | TJK | IKA | IRI | EY-444 | B737-3L9 | 149 | 2018 | 1 | 14 |
| **2** | 7J105 | Tajik Air | DYU | TJK | IKA | IRI | EY-444 | B737-3L9 | 149 | 2018 | 1 | 21 |
| **3** | 7J105 | Tajik Air | DYU | TJK | IKA | IRI | EY-444 | B737-3L9 | 149 | 2018 | 1 | 29 |
| **4** | 7J105 | Tajik Air | DYU | TJK | IKA | IRI | EY-444 | B737-3L9 | 149 | 2018 | 2 | 4 |

국가 코드를 관리하는 파일을 읽고 이 데이터 프레임의 열 정보를 확인합니다. 실제 국가 이름을 확인하면 한글로 들어 있습니다.

In :
```
country_code = pd.read_csv('../data/country_code.csv',encoding="cp949")
```

In :
```
country_code.columns
```

Out:
```
Index(['나라이름', '숫자', 'alpha-3', 'alpha-2'], dtype='object')
```

In :
```
country_code.head()
```

Out:

| | 나라이름 | 숫자 | alpha-3 | alpha-2 |
|---|---|---|---|---|
| 0 | 가나 | 288 | GHA | GH |
| 1 | 가봉 | 266 | GAB | GA |
| 2 | 가이아나 | 328 | GUY | GY |
| 3 | 감비아 | 270 | GMB | GM |
| 4 | 건지 섬 | 831 | GGY | GG |

공항에 대한 코드도 별도로 관리됩니다. 공항 코드 정보도 파일에서 데이터 프레임으로 읽어옵니다.

In :
```
airport_code = pd.read_csv('../data/airport_code.csv',encoding="cp949")
```

In :
```
airport_code.head()
```

Out:

| | 도시코드 | 도시명 | 공항명 | 국가 |
|---|---|---|---|---|
| 0 | AAN | AI AIN | 알아인 | 아랍에미리트 |
| 1 | ABA | ABAKAN | 아바칸 | 러시아 |
| 2 | ABL | ABALAN | 아발란 | 러시아 |
| 3 | ACD | ACANDI | 아칸디 | 콜롬비아 |
| 4 | ACY | ATLANTIC CITY | 아틀란타 | 미국 |

이번에는 반복자 처리를 이용하여 행의 정보를 하나씩 읽어서 처리하는 방식을 이용합니다. 먼저 공항에 대한 정보에 국가에 대한 영문 정보를 먼저 넣습니다.

.iterrows 메소드는 데이터 프레임이 모든 것을 반복자에 의해 처리하는 기능을 제공합니다. 일단 순환문 두 개를 연결해서 매칭된 결과인 국가 영문 코드를 공항 코드에 넣습니다. 판다스는 주로 열 처리를 하므로 다른 처리보다 속도가 늦다는 것도 기억하고 있어야 합니다.

In :
```
for a, row_a in airport_code.iterrows() :
    c = row_a['국  가']

    for j, row_c in country_code.iterrows() :
        if row_c['나라이름'] == c :
            airport_code.loc[a,'영문 이름'] = row_c['alpha-3']
```

In :
```
airport_code = airport_code.dropna()
```

In :
```
airport_code[airport_code['영문 이름'] == '']
```

Out:

| 도시코드 | 도시명 | 공항명 | 국가 |
|---|---|---|---|

공항코드 정보를 확인하면 영문명이 들어간 것을 볼 수 있습니다.

In :
```
airport_code.head()
```

Out:

| | 도시코드 | 도시명 | 공항명 | 국가 | 영문 이름 |
|---|---|---|---|---|---|
| 0 | AAN | AI AIN | 알아인 | 아랍에미리트 | UAE |
| 1 | ABA | ABAKAN | 아바칸 | 러시아 | RUS |
| 2 | ABL | ABALAN | 아발란 | 러시아 | RUS |
| 3 | ACD | ACANDI | 아칸디 | 콜롬비아 | COL |
| 4 | ACY | ATLANTIC CITY | 아틀란타 | 미국 | USA |

중앙아시아 데이터에 누락 값이 들어온 열을 삭제한 후에 내부에 들어온 정보를 확인합니다.

In :
```
asia = asia.dropna(axis=1)
```

In :
```
asia.head()
```

Out:

| | 노선명 | 항공사 | 출발공항 | 출발국가 | 도착공항 | 도착국가 | 기체번호 | 기종 | 정원(전체) | 연도 | 월 | 일 |
|---|---|---|---|---|---|---|---|---|---|---|---|---|
| 0 | 7J105 | Tajik Air | DYU | TJK | IKA | IRI | EY-444 | B737-3L9 | 149 | 2018 | 1 | 7 |
| 1 | 7J105 | Tajik Air | DYU | TJK | IKA | IRI | EY-444 | B737-3L9 | 149 | 2018 | 1 | 14 |
| 2 | 7J105 | Tajik Air | DYU | TJK | IKA | IRI | EY-444 | B737-3L9 | 149 | 2018 | 1 | 21 |
| 3 | 7J105 | Tajik Air | DYU | TJK | IKA | IRI | EY-444 | B737-3L9 | 149 | 2018 | 1 | 29 |
| 4 | 7J105 | Tajik Air | DYU | TJK | IKA | IRI | EY-444 | B737-3L9 | 149 | 2018 | 2 | 4 |

이 중에 출발국가와 도착국가 정보만 추출해서 별도의 변수에 저장합니다.

In :
```
asia_ = asia[['출발국가','도착국가']].copy()
```

In :
```
asia_.shape
```

Out:
```
(95012, 2)
```

In :
```
asia_.head()
```

Out:

| | 출발국가 | 도착국가 |
|---|---|---|
| **0** | TJK | IRI |
| **1** | TJK | IRI |
| **2** | TJK | IRI |
| **3** | TJK | IRI |
| **4** | TJK | IRI |

이번에는 .merge 메소드로 영문 국가 코드를 이용해서 출발국가와 alpha-3를 키로 하여 조인을 처리합니다.

조인을 INNER로 처리하면 내부적으로 정렬이 생기므로 이번에는 왼쪽을 고정으로 만들어서 조인을 처리합니다. 왼쪽을 고정하려면 조인의 기준을 LEFT로 처리해야 합니다. 그래서 asia_ 변수에 할당된 데이터 프레임은 추가적인 정렬이 발생하지 않고 고정적으로 처리됩니다.

In :
```
asia_depart = asia_.merge(country_code,
                          left_on="출발국가",
                          right_on="alpha-3",
                          sort=False,how='left')
```

In :
```
asia_depart.isnull().sum()
```

Out:
```
출발국가      0
도착국가      0
나라이름      0
숫자          0
alpha-3       0
alpha-2       0
dtype: int64
```

통합된 데이터 프레임에 있는 나라이름 열을 다른 이름으로 변경하기 위해 .rename 메소드를 사용합니다. 변경할 열의 이름은 출발국가 이름입니다. 이를 딕셔너리에 넣어서 변경합니다.

원본은 그대로 두고 처리된 결과를 같은 변수명에 다시 할당했습니다.

In :
```
asia_depart.columns
```

Out:
```
Index(['출발국가', '도착국가', '나라이름', '숫자', 'alpha-3', 'alpha-2'], dtype='object')
```

In :
```
asia_depart = asia_depart.rename(columns={'나라이름': "출발국가이름"})
```

In :
```
asia_depart.head()
```

Out:

| | 출발국가 | 도착국가 | 출발국가이름 | 숫자 | alpha-3 | alpha-2 |
|---|---|---|---|---|---|---|
| 0 | TJK | IRI | 타지키스탄 | 762 | TJK | TJ |
| 1 | TJK | IRI | 타지키스탄 | 762 | TJK | TJ |
| 2 | TJK | IRI | 타지키스탄 | 762 | TJK | TJ |
| 3 | TJK | IRI | 타지키스탄 | 762 | TJK | TJ |
| 4 | TJK | IRI | 타지키스탄 | 762 | TJK | TJ |

두 개의 데이터 프레임을 합쳐서, 필요 없는 열들이 들어가 있습니다. 이를 .drop 메소드를 이용해서 필요 없는 열의 이름을 리스트에 넣어 삭제합니다.

In :
```
asia_depart = asia_depart.drop(['숫자','alpha-3','alpha-2'], axis=1)
```

In :
```
asia_depart.head()
```

Out:

| | 출발국가 | 도착국가 | 출발국가이름 |
|---|---|---|---|
| 0 | TJK | IRI | 타지키스탄 |
| 1 | TJK | IRI | 타지키스탄 |
| 2 | TJK | IRI | 타지키스탄 |
| 3 | TJK | IRI | 타지키스탄 |
| 4 | TJK | IRI | 타지키스탄 |

도착국가도 .merge 함수를 이용해서 통합한 하나의 데이터 프레임을 만듭니다. 이때는 위에서 처리된 asia_depart에 들어간 데이터 프레임에 열을 추가했습니다. 처리된 결과를 asia_arrival 변수에 할당해서 새로 생긴 사본을 저장합니다.

In :
```
asia_arrival = asia_depart.merge(country_code,
                                 left_on="도착국가",
                                 right_on="alpha-3",
                                 sort=False,
                                 how='left')
```

In :
```
asia_arrival.shape
```

Out: (95012, 7)

In :
```
asia_arrival.isnull().sum()
```

Out:
```
출발국가        0
도착국가        0
출발국가이름    0
나라이름        0
숫자            0
alpha-3         0
alpha-2         0
dtype: int64
```

나라이름이라는 열을 변경하기 위해 매개변수 colums에 딕셔너리를 주고 열의 레이블을 변경합니다.

In :
```
asia_arrival = asia_arrival.rename(columns={'나라이름': "도착국가이름"})
```

In :
```
asia_arrival.head()
```

Out:

| | 출발국가 | 도착국가 | 출발국가이름 | 도착국가이름 | 숫자 | alpha-3 | alpha-2 |
|---|---|---|---|---|---|---|---|
| **0** | TJK | IRI | 타지키스탄 | 이란 | 364 | IRI | IR |
| **1** | TJK | IRI | 타지키스탄 | 이란 | 364 | IRI | IR |
| **2** | TJK | IRI | 타지키스탄 | 이란 | 364 | IRI | IR |
| **3** | TJK | IRI | 타지키스탄 | 이란 | 364 | IRI | IR |
| **4** | TJK | IRI | 타지키스탄 | 이란 | 364 | IRI | IR |

필요 없는 열을 삭제합니다.

In :
```
asia_arrival = asia_arrival.drop(['숫자','alpha-3','alpha-2'], axis=1)
```

In :
```
asia_arrival.head()
```

Out:

| | 출발국가 | 도착국가 | 출발국가이름 | 도착국가이름 |
|---|---|---|---|---|
| **0** | TJK | IRI | 타지키스탄 | 이란 |
| **1** | TJK | IRI | 타지키스탄 | 이란 |
| **2** | TJK | IRI | 타지키스탄 | 이란 |
| **3** | TJK | IRI | 타지키스탄 | 이란 |
| **4** | TJK | IRI | 타지키스탄 | 이란 |

간단하게 두 개의 데이터 프레임을 통합할 수 있지만 노트북 기기의 메모리 문제가 발생할 수 있습니다. .merge 메소드를 이용해서 통합할 때 일반적인 노트북에서는 MemoryError가 발생합니다.

이 책은 최소 사양의 노트북을 기준으로 썼으므로 .merge 메소드 대신 다른 함수를 이용해서 통합합니다.

In :
```
try :
    aisa = asia.merge(asia_arrival, on="출발국가")
except MemoryError as e :
    print('MemoryError', e)
```

Out:
```
MemoryError
```

이 정보를 이용해서 중앙아시아 항로의 데이터에 출발국가 이름과 도착국가 이름을 .concat 함수를 이용해서 하나로 통합했습니다.

In :
```
asia = pd.concat([asia, asia_arrival[['출발국가이름','도착국가이름']]], axis=1)
```

In :
```
asia.get_dtype_counts()
```

Out:
```
int64      4
object    10
dtype: int64
```

작성된 것을 .head 메소드로 확인합니다.

In :
```
asia.head()
```

Out:

| | 노선명 | 항공사 | 출발공항 | 출발국가 | 도착공항 | 도착국가 | 기체번호 | 기종 | 정원(전체) | 연도 | 월 | 일 | 출발국가이름 | 도착국가이름 |
|---|---|---|---|---|---|---|---|---|---|---|---|---|---|---|
| 0 | 7J105 | Tajik Air | DYU | TJK | IKA | IRI | EY-444 | B737-3L9 | 149 | 2018 | 1 | 7 | 타지키스탄 | 이란 |
| 1 | 7J105 | Tajik Air | DYU | TJK | IKA | IRI | EY-444 | B737-3L9 | 149 | 2018 | 1 | 14 | 타지키스탄 | 이란 |
| 2 | 7J105 | Tajik Air | DYU | TJK | IKA | IRI | EY-444 | B737-3L9 | 149 | 2018 | 1 | 21 | 타지키스탄 | 이란 |
| 3 | 7J105 | Tajik Air | DYU | TJK | IKA | IRI | EY-444 | B737-3L9 | 149 | 2018 | 1 | 29 | 타지키스탄 | 이란 |
| 4 | 7J105 | Tajik Air | DYU | TJK | IKA | IRI | EY-444 | B737-3L9 | 149 | 2018 | 2 | 4 | 타지키스탄 | 이란 |

작성된 것을 .tail 메소드로 확인합니다.

In :
```
asia.tail()
```

Out:

| | 노선명 | 항공사 | 출발공항 | 출발국가 | 도착공항 | 도착국가 | 기체번호 | 기종 | 정원(전체) | 연도 | 월 | 일 | 출발국가이름 | 도착국가이름 |
|---|---|---|---|---|---|---|---|---|---|---|---|---|---|---|
| 95007 | ZM809 | Air Manas | FRU | KGZ | KHG | CHN | EX-37801 | B737-82R | 189 | 2016 | 12 | 16 | 키르기스스탄 | 중화인민공화국 |
| 1 | ZM809 | Air Manas | FRU | KGZ | KHG | CHN | EX-37801 | B737-82R | 189 | 2016 | 12 | 19 | | |
| 2 | ZM809 | Air Manas | FRU | KGZ | KHG | CHN | EX-37801 | B737-82R | 189 | 2016 | 12 | 23 | | |
| 3 | ZM809 | Air Manas | FRU | KGZ | KHG | CHN | EX-37801 | B737-82R | 189 | 2016 | 12 | 26 | | |
| 4 | ZM809 | Air Manas | FRU | KGZ | KHG | CHN | EX-37801 | B737-82R | 189 | 2016 | 12 | 30 | | |

## 10.5.2 항공 데이터 분할

다양한 데이터를 이용해 필요한 데이터를 가공하려면 하나의 데이터를 여러 개의 데이터로 분할하는 일도 해야 합니다.

일단 10.5.1절에서 만들어진 데이터를 통합된 데이터로 보고 특정 기준별로 분할해 데이터 분석을 한다는 가정 아래 이를 분할해봅니다.

### ■ 정리된 데이터를 여러 개로 분할

다양한 조건을 그룹화해서 여러 파일로 분리하겠습니다.

**[예제 10-19] 특수한 조건별로 데이터 분할하기**

항공사, 출발공항, 출발국가를 중심으로 .groupby 메소드를 사용해서 그룹화합니다. 그룹화한 데이터는 별도 클래스의 객체가 만들어지는 것을 볼 수 있습니다.

In :
```
asia_dep_port = asia.groupby(["항공사","출발공항","출발국가","출발국가이름","도착공항","도착국가","연도","월"])
```

In :
```
asia_dep_port
```

Out:
```
<pandas.core.groupby.groupby.DataFrameGroupBy object at 0x000000000AE4E668>
```

그룹화한 것을 가지고 월, 연도, 출발국가, 도착국가, 정원에 대해 .count와 .sum 메소드를 실행해서 새로운 데이터 프레임을 만듭니다. 만들어진 데이터를 .head 메소드로 확인합니다.

In :
```
a = asia_dep_port.agg({'월':'count',
                       '연도':'count',
                       '출발국가':'count',
                       '도착국가':'count',
                       '정원(전체)':'sum'})
```

In :
```
a.head(20)
```

Out:

| 항공사 | 출발공항 | 출발국가 | 출발국가이름 | 도착공항 | 도착국가 | 연도 | 월 | 월 | 연도 | 출발국가 | 도착국가 | 정원(전체) |
|---|---|---|---|---|---|---|---|---|---|---|---|---|
| AZAL Azerbaijan Airlines | SCO | KAZ | 카자흐스탄 | GYD | AZE | 2016 | 6 | 8 | 8 | 8 | 8 | 500 |
| | | | | | | | 7 | 7 | 7 | 7 | 7 | 514 |
| | | | | | | | 8 | 12 | 12 | 12 | 12 | 760 |
| | | | | | | | 9 | 2 | 2 | 2 | 2 | 164 |
| | | | | | | | 11 | 2 | 2 | 2 | 2 | 140 |
| | | | | | | | 12 | 3 | 3 | 3 | 3 | 298 |
| | | | | | | 2017 | 5 | 1 | 1 | 1 | 1 | 50 |
| | | | | | | | 6 | 5 | 5 | 5 | 5 | 270 |
| | | | | | | | 7 | 4 | 4 | 4 | 4 | 220 |
| | | | | | | | 8 | 8 | 8 | 8 | 8 | 604 |

현재 열의 정보를 .colums로 확인하고 필요한 열의 정보를 수정합니다. .colums 속성은 불변이므로 같은 개수를 넣어 대체합니다. 바뀐 정보를 .head 메소드로 확인합니다.

In :
```
a.columns
```

Out:
```
Index(['월', '연도', '출발국가', '도착국가', '정원(전체)'], dtype='object')
```

In :
```
a.columns = ['운항회수', '연도', '출발국가', '도착국가', '정원(전체)']
```

In :
```
a.head()
```

Out:

| 항공사 | 출발공항 | 출발국가 | 출발국가이름 | 도착공항 | 도착국가 | 연도 | 월 | 월 | 연도 | 출발국가 | 도착국가 | 정원(전체) |
|---|---|---|---|---|---|---|---|---|---|---|---|---|
| AZAL Azerbaijan Airlines | SCO | KAZ | 카자흐스탄 | GYD | AZE | 2016 | 6 | 8 | 8 | 8 | 8 | 500 |
| | | | | | | | 7 | 7 | 7 | 7 | 7 | 514 |
| | | | | | | | 8 | 12 | 12 | 12 | 12 | 760 |
| | | | | | | | 9 | 2 | 2 | 2 | 2 | 164 |
| | | | | | | | 11 | 2 | 2 | 2 | 2 | 140 |

특정 열이 필요 없으므로 .drop 메소드를 이용해서 삭제합니다. 내부의 원본을 바꾸므로 매개변수 inplace = True로 지정합니다.

In :
```
a.drop(columns="연도",axis=1,inplace=True)
```

In :
```
a.head()
```

Out:

| | | | | | | | | 월 | 출발국가 | 도착국가 | 정원(전체) |
|---|---|---|---|---|---|---|---|---|---|---|---|
| 항공사 | 출발공항 | 출발국가 | 출발국가이름 | 도착공항 | 도착국가 | 연도 | 월 | | | | |
| AZAL Azerbaijan Airlines | SCO | KAZ | 카자흐스탄 | GYD | AZE | 2016 | 6 | 8 | 8 | 8 | 500 |
| | | | | | | | 7 | 7 | 7 | 7 | 514 |
| | | | | | | | 8 | 12 | 12 | 12 | 760 |
| | | | | | | | 9 | 2 | 2 | 2 | 164 |
| | | | | | | | 11 | 2 | 2 | 2 | 140 |

이 데이터 프레임을 다시 사용하려면 .to_csv 메소드를 이용해서 파일로 저장합니다. 이때 인코딩 방식을 euc-kr로 지정했는데, 다른 인코딩 방식을 사용할 수 있지만 엑셀에서 이 파일을 열 때 한글이 깨져 나오므로 적절하게 지정해서 처리할 필요가 있습니다.

In :
```
a.to_csv("example_lee.csv",encoding='euc-kr')
```

이번에는 출발국가부터 지정해서 도착국가 이름을 표시하고, 도착국가에 가는 비행 정원을 알아봅니다.

In :
```
asia_출발국가  = asia.groupby(["출발국가",
                           "항공사",
                           "출발공항",
                           "도착공항",
                           "도착국가",
                           "도착국가이름",
                           "연도",
                           "월"])
```

In :
```
aa = asia_출발국가.agg({'월':'count',
                    '연도':'count',
                    '출발국가':'count',
                    '도착국가':'count',
                    '정원(전체)':'sum'})
```

데이터 프레임이 만들어지면 열의 정보를 수정해줍니다.

In :
```
aa.columns = ['운항회수', '연도', '출발국가', '도착국가', '정원(전체)']
```

In :
```
aa.head()
```

Out:

| | | | | | | | | 운항회수 | 연도 | 출발국가 | 도착국가 | 정원(전체) |
|---|---|---|---|---|---|---|---|---|---|---|---|---|
| 출발국가 | 항공사 | 출발공항 | 도착공항 | 도착국가 | 도착국가이름 | 연도 | 월 | | | | | |
| KAZ | AZAL Azerbaijan Airlines | SCO | GYD | AZE | 아제르바이잔 | 2016 | 6 | 8 | 8 | 8 | 8 | 500 |
| | | | | | | | 7 | 7 | 7 | 7 | 7 | 514 |
| | | | | | | | 8 | 12 | 12 | 12 | 12 | 760 |
| | | | | | | | 9 | 2 | 2 | 2 | 2 | 164 |
| | | | | | | | 11 | 2 | 2 | 2 | 2 | 140 |

필요 없는 열을 삭제하고 데이터 프레임이 제대로 만들어졌는지를 확인합니다.

In :
```
aa.drop(columns="연도",axis=1,inplace=True)
```

In :
```
aa.head(20)
```

Out:

| | | | | | | | | 운항회수 | 출발국가 | 도착국가 | 정원(전체) |
|---|---|---|---|---|---|---|---|---|---|---|---|
| 출발국가 | 항공사 | 출발공항 | 도착공항 | 도착국가 | 도착국가이름 | 연도 | 월 | | | | |
| KAZ | AZAL Azerbaijan Airlines | SCO | GYD | AZE | 아제르바이잔 | 2016 | 6 | 8 | 8 | 8 | 500 |
| | | | | | | | 7 | 7 | 7 | 7 | 514 |
| | | | | | | | 8 | 12 | 12 | 12 | 760 |
| | | | | | | | 9 | 2 | 2 | 2 | 164 |
| | | | | | | | 11 | 2 | 2 | 2 | 140 |
| | | | | | | | 12 | 3 | 3 | 3 | 298 |
| | | | | | | 2017 | 5 | 1 | 1 | 1 | 50 |
| | | | | | | | 6 | 5 | 5 | 5 | 270 |

만들어진 결과를 파일로 저장합니다.

In :
```
aa.to_csv("example_lee_dep_con.csv",encoding='euc-kr')
```

도착국가와 출발국가를 중심으로 연도, 월별 운항에 대한 정보를 알아봅니다.

```
In :  asia_도착국가  = asia.groupby(["도착국가",
                                     "출발국가",
                                     "항공사",
                                     "출발공항",
                                     "도착공항",
                                     "연도",
                                     "월"])
```

```
In :  aaa = asia_도착국가.agg({'월':'count',
                              '연도':'count',
                              '출발국가':'count',
                              '도착국가':'count',
                              '정원(전체)':'sum'})
```

필요한 데이터 프레임이 만들어지면 필요 없는 열은 삭제합니다.

```
In :  aaa.columns = ['운항회수', '연도', '출발국가', '도착국가', '정원(전체)']
```

```
In :  aaa.drop(columns="연도",axis=1,inplace=True)
```

```
In :  aaa.head()
```

Out:

| | | | | | | | 운항회수 | 출발국가 | 도착국가 | 정원(전체) |
|---|---|---|---|---|---|---|---|---|---|---|
| 도착국가 | 출발국가 | 항공사 | 출발공항 | 도착공항 | 연도 | 월 | | | | |
| AFG | KAZ | Bek Air | ALA | KBL | 2016 | 6 | 2 | 2 | 2 | 200 |
| | | Kam Air | ALA | KBL | 2016 | 12 | 2 | 2 | 2 | 252 |
| | | | | | 2017 | 1 | 3 | 3 | 3 | 378 |
| | | | | | | 2 | 1 | 1 | 1 | 126 |
| | | | | | | 3 | 4 | 4 | 4 | 504 |

데이터 프레임을 파일로 저장합니다.

```
In :  aaa.to_csv("example_lee_ari_con.csv",encoding='euc-kr')
```

# 찾아보기

## A



## B



## C



## D

## S



## T



## U



## V



## W



## X